西方哲学史

（修订版）

Xifang Zhexueshi

邓晓芒　赵林　著

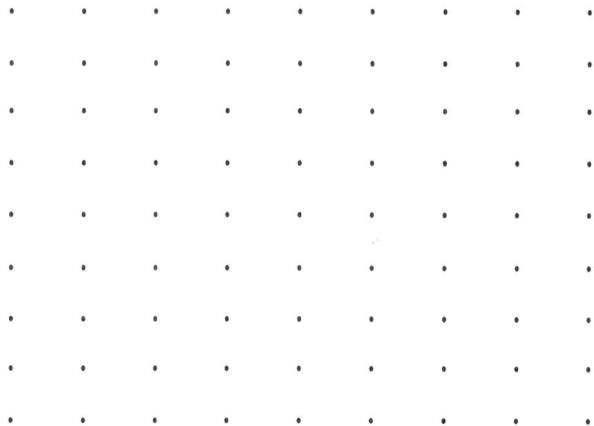

A History of
Western Philosophy

U0652214

高等教育出版社·北京

内容简介

　　本书是一部系统讲解西方哲学史的大学教材。与国内现有的同类教材相比，本书的最大特点就在于突出西方哲学思想发展演进的内在脉络和精神实质，将哲学史看作是哲学思想在历史过程中自身演进的逻辑结果，力图把不同时空背景中呈现出来的各个哲学派别和各种哲学思想作为一个有机联系的整体来把握；在内容上分为五章，即古希腊罗马哲学、中世纪基督教哲学、16—18 世纪西欧哲学、德国古典哲学、近代哲学的终结与向现代哲学的过渡；修订时更注重章与章之间的启承转化，力求体现一种逻辑的必然性和历史的合理性；思路清晰严谨，资料丰富详实，文字顺达优美，融深邃的思辨和广博的知识于一体，是引导大学生和哲学爱好者探究西方哲学堂奥的难得向导，适合高等院校哲学专业学生及有兴趣的读者学习使用。

图书在版编目（CIP）数据

　　西方哲学史/邓晓芒，赵林著. —2版（修订本）. —北京:高等教育出版社，2014.6（2023.12重印）
　　ISBN 978-7-04-039604-1

　　Ⅰ．①西…　Ⅱ．①邓…　②赵…　Ⅲ．①西方哲学-哲学史-高等学校-教材　Ⅳ．①B5

　　中国版本图书馆 CIP 数据核字（2014）第 075829 号

策划编辑　李　喆	责任编辑　李　喆	封面设计　赵　阳	版式设计　余　杨
责任校对　张小镝	责任印制　刁　毅		

出版发行	高等教育出版社	网　　址	http://www.hep.edu.cn
社　　址	北京市西城区德外大街 4 号		http://www.hep.com.cn
邮政编码	100120	网上订购	http://www.landraco.com
印　　刷	三河市华润印刷有限公司		http://www.landraco.com.cn
开　　本	787mm×960mm　1/16	版　　次	2005 年 8 月第 1 版
			2014 年 6 月第 2 版
印　　张	20		
字　　数	370 千字	印　　次	2023 年 12 月第 19 次印刷
购书热线	010-58581118		
咨询电话	400-810-0598	定　　价	39.80 元

本书如有缺页、倒页、脱页等质量问题，请到所购图书销售部门联系调换
版权所有　侵权必究
物料号　39604-00

目　　录

绪　论

一

在我们这个星球上,古老的中国文化是与西方文化距离最远的文化。说距离最远,不仅是指地理位置而言,也是指两种文化之间的陌生感而言。根据史家的看法,人类古老文明有古埃及、古巴比伦、古印度、中国四大发源地,而在雅斯贝尔斯(Karl Jaspers,1883—1969)所说的"轴心时代"即公元前 800 年至公元 200 年,则主要是古印度、中国、古希腊罗马和犹太文化为人类文明的发展奠定了基础。然而,在所有这些文化和文明的发展过程中,中国文化居于一个特殊的地位。自从五千年前华夏先民跨进文明的门槛以来,中国文化与其他各大文化就几乎一直处于互相隔绝的状态。公元前 4 世纪,马其顿的亚历山大曾通过征服希腊、埃及、巴比伦和印度而建立了一个跨欧、亚、非三大洲的庞大帝国,他的征服止步于喜马拉雅山西麓。250 年后,罗马人又一次统一了地中海沿岸的广阔地域,使这里成为当时世界各大文明的交流中心,而中国同样置身事外。中国大约自汉代起就隐约知道罗马帝国的存在,当时称之为"大秦"。唐代时曾有一些东罗马帝国的基督教传教士来华,在西安竖立"大秦景教流行中国碑",至今犹存。但除此之外,中国对西方所知了了。在中国人心目中,"西方"一词的含义是指印度,这与佛教的传入有关。佛教对中国文化的发展产生了巨大的影响,通常被视为中外文化交流的一次成功的示范。但对于西方人来说,印度文化和佛教都还只能算是东方文化。西方人在很长时期内对中国的知识恐怕不会比中国对西方的知识更多。13 世纪马可波罗的中国游记一直被当作天方夜谭,以至于两百年后哥伦布航行的目标也不是中国,而是要发现向西边通往印度的航路。16—17 世纪意大利耶稣会士利玛窦等人来华传教,中国上层知识分子才与西方社会有了一定的思想交流,但范围极其狭窄,了解也极其粗浅。传教士在中国的地位几起几伏,直到 19 世纪西方列强打开中国的国门,中国人才算对西方文明有了第一次痛彻骨髓的感受。

综观数千年的世界文明发展史,可以看出,以西方文明为一方,以中华文明为另一方,我们这个地球被划分成了两个最大的文明轴心区,它们各自有自己的影响范围和势力边界。而这两个文明轴心之间的一个最明显的区别,就是西方文明轴心的历史中充满着多个古老的发达文明之间的外部冲突和交互影响,这些文明在向文明轴心贡献出自己的一份力量之后,通常就或是消亡,或是退出了历史舞台;相反,中华文明轴心则是由唯一的一个古老文明与周边各个落后的游牧民族之间发生冲突并将它们同化,即使是内部的分裂和纷争也没有导致这一文明的破碎和断裂,而是五千年来一脉相承,始终占据着历史舞台的中心。中华文明唯一接触过的"西方"发达文明是印度,但仅限于宗教(佛教)领域,不是全方位的,而且马上就通过"中国化的佛教"而将其中的外来成分减少到最低限度。此外,这种影响也不是互动的,而是单向的、一次性的,印度影响了中国,中国却几乎没有影响印度,这就不足以形成如西方文明那样的多元轴心。由此可见,当我们以中华文明是世界各大文明古国中唯一没有中断过的文明而自豪时,我们同时也应当意识到由此所带来的局限,即我们几千年来一直主要是靠吸收落后民族的新鲜血液来维持自己的发展和更新,而西方文明则是通过吸收好几个不同的先进文明的营养、同时也吸收落后民族的新鲜血液,来实现对这些文明的超越的。

这一格局随着西方列强的炮声而终结了,中华文明首次全方位地遭遇到了并不逊色于自己、而且在某些方面还更胜一筹的先进文明。中华民族一百年间因战败和被瓜分而遭受到的屈辱,由于五千年来从未有过的文化对比上的劣势而更形沉重了。然而,从大尺度的历史范围来看,这未尝不是中华民族千载难逢的一次起死回生的机遇。我们第一次有机会面对一种完全陌生的对等文明,从这个文明身上,我们可以学习我们从任何其他民族身上所不能学到的新东西。但遗憾的是,这一百多年来我们民族内忧外患所带来的深重的民族危机和生存苦难,使我们不能以平和的心态来看待和评价西方文化,来吸取这种文化身上能够使我们变得前所未有的强壮的各种营养。我们实在是被欺侮怕了,被歧视怕了,我们希望借用西方的东西来自强,而自强以后,我们又幻想能够筑起一道新的长城,将一种异质的文明阻挡在国门之外。由于国际国内的种种机缘际会,我们居然在三十年中做到了这一点。只是从改革开放以来,当中国人终于摆脱了自造的心理牢笼而以新的眼光看世界,并一步步将国门打开的时候,我们才突然发现外面的世界是那么的精彩。我们以往确实活得太累了,仅仅为了活着,我们就牺牲了太多有价值的东西。我们曾以为这种牺牲任何时候都是值得的,现在却发现完全可以有另一种更好的活法。

人们都说,21世纪是全球化的世纪。而所谓全球化,则体现了以西方文化为强势文化或主导文化的趋势。不论人们对待这种趋势抱有怎样的态度,人们都不得不承认它的不可抗拒性和必然性。因此,从道德上先入为主地对它加以谴责是无济于事的(这种谴责西方人自己做得最多,也最深刻),为未来计,我们必须对西方文化有比以往任何时候都更加深入的理解和研究,要把握这种文化的来龙去脉和内在精神,了解它在今天对世界各地的人们发生作用的方式,以更加切实和明智的态度与外部世界打交道。在所有这些工作中,一个最具有基础性质的工作就是对西方哲学的学习和了解。

二

西方哲学东渐已有一百余年的历史了。在这一百多年中,我们对西方哲学思想的了解和研究有了很大的进展,翻译了大量的西方哲学文献,也展开了成系列的介绍和评论,在某些时候(如五四时代和改革开放以来)甚至成为"显学"。然而总的来说,不论是与我国思想文化建设的需要还是与善于学习的日本民族相比,这些研究都还太薄弱、太落后。

中西文化在漫长的历史过程中逐渐形成了迥然各异的文化精神。概括而言,传统中国文化注重现世性的道德修为和建功立业,强调学以致用;传统西方文化注重超越性的精神思辨和批判意识,强调学以致知。西方每一种具有独特精神原则的哲学思想的产生和发展,固然不可能完全脱离其所处时代的经济状况和政治环境,但西方哲学本身所固有的为学术而学术或者"学以致知"的特点,使其往往具有一种超越现实生活而遨游于永无定论的形而上学问题的倾向,这种超越的倾向在整个西方哲学史的发展过程中都表现得格外明显。这种关注于超验世界的形而上学的哲学传统在西方近代经验主义崛起的时代受到了强烈的挑战,并在 20 世纪哲学的一片"拒斥形而上学"的呼声中遭到了根本性的质疑。然而,西方哲学的某些时段性特点和地域性特点并不能取代西方哲学的总体特征和基本倾向。尽管解构形而上学的例子在西方哲学史上曾多次出现(从希腊化时代的世俗化怀疑论哲学一直到 20 世纪末期的后现代主义),但是从宏观和全局的角度来看,形而上学始终是西方哲学的不折脊梁和精神根基。

西方哲学与现实世界的关系基本上是一种批判的关系,它的眼光与其说是盯着实实在在的大地,毋宁说是投向无限高远的天空。在一个功利主义甚嚣尘上的繁荣世界里,哲学往往会保持一种傲慢的沉默;而当现实世界进入冥暗的"黄昏"时,哲学这只"密涅瓦的猫头鹰"才开始起飞。西方哲学所独具的这种追求形而上学理想的超越性倾向和将知识本身作为终极目标的学术特点,是与中国文化语境中的哲学理解大相径庭的。一般来说,中国文化自孔子以来就培养了一种深厚的"实用理性精神",重实际而轻玄想,崇现实而抑超越,所谓"天道远,人道迩","六合之外,圣人存而不论",所谓"未能事人,焉能事鬼","未知生,焉知死",等等,无非都是要人执著于现实世界,不去关注虚幻的形而上学问题。即使是《周易》中所谓的"形而上者谓之道",按照正统的解释也并没有西方人所注重的那种思辨的超验性,而是"其高极乎太极无极之妙,而其实不离乎日用之间;其幽探乎阴阳五行之赜,而其实不离乎仁义礼智刚柔善恶之际"(朱熹)。说到底,在中国,哲学和其他学术中的一切深奥思想都必须满足于为政治实践和道德实践服务的现实需要,形而上学必须落实到道德教化和日常事功之中,舍此便是学而无用、徒劳无益的"屠龙之术"。

中国哲学和文化的这种实用性特点,使得中国人在理解西方哲学的意义时,非常自然地把政治与道德的目的赋予西方哲学,偏爱于穿凿附会西方哲学的实践效用,而忽略了它的纯思辨性特点。以中国传统的"学以致用"的思维定势来审视"学以致知"的西方哲学,正如同用"神道设教"的中国宗教观来审视西方的唯灵主义宗教一样,其结果必然会将形而上的超越性湮灭于形而下的实用性之中。这就是中国学者长期以来习惯于将西方哲学对真理本身的追求政治化、意识形态化的文化根源。

西方哲学的实践性方面只是到了马克思主义哲学中才真正成为了哲学的根本依据。在马克思看来,以往的哲学家们所关注的是如何解释世界,而问题在于改变世界,这就是哲学在新时代所肩负的历史使命。但这种转变是西方哲学自身发展的逻辑结果,具有深刻的历史必然性和现实合理性。在马克思那里,对世界的改变是以对现实生活的客观而充分的解释(如《资本论》的分析)为前提的。然而,西方哲学自身发展的这种历史结果,却被中国人急功近利地加以理解,片面地用来应付现实中的策略性、技术性问题,似乎这种实践哲学相对于思辨哲学来说,要更符合中国人的"政治实用理性"的口味。我们只顾按照自己的政治诉求的意愿"改变世界",而无暇顾及客观地、不带偏见地"解释世界"。特别是在西方哲学东渐的过程中,马克思主义的批判性的实践哲学经过苏联日丹诺夫的"科学的哲学史观"的粗暴中介以后,竟成为了政治实用的工具和教条。日丹诺夫把整个哲学史变成了只是"唯物主义世界观及其规律的胚胎、发生与发展的历史",即"唯物主义与唯心主义斗争的历史",并主张唯物主义与唯心主义两种意识形态的斗争必须从社会经济基础与阶级斗争的现实状况出发,来予以直接的"对号入座"式的说明。于是,复杂的理论探索和平等的思想对话变成了阵线分明的善与恶、正确与错误的"两条路线"。这种扭曲的哲学史观使苏联和受苏联影响的中国哲学界在数十年间无法理解本来面目的西方哲学思想,为中西思想文化的交流造成了人为的障碍和巨大的精神损失。改革开放以来,这种局面有了很大的改观,但如何彻底清理中国的西方哲学研究中的这些偏见,至今还是一个摆在我们面前的任务。

三

一种文化的精髓集中体现在它的哲学思想上,西方文化也不例外。西方哲学正式被引进中国的这一百多年的历史,虽然几经坎坷,毕竟意义重大。在某种意义上甚至可以说,正是西方哲学才使得中国的哲人们对自己的哲学有了哲学自我意识和哲学的学科意识。就连"哲学"这个词,也是日本人首先用来翻译西方的 philosophia(原意为"爱智慧"),然后才传到中国来的。然而,什么是"哲学"？这个问题就连西方的哲学家们也众说纷纭，没有确定的答案。之所以如此，一个重要的原因就在于哲学这门学科在西方本身就处于不断发展变化过程中，因而不同的历史时期对"哲学"的理解也就很不相同。所以正如恩格斯所说的，一个人想要学习哲学，除了学习哲学史外，别无他途。

那么，如何学习哲学史呢？有一种方法就是把哲学史上的那些人物和他们的思想言论牢记在心，如数家珍，甚至尽可能地背诵下来。这种方式是非哲学的方式，而且往往是事倍功半，让人头脑僵化。用真正哲学的方式来学习哲学史，就是要敞开自己全部的心胸，试着用历史上一个一个哲学家的眼光看世界。这种方式特别适合于西方哲学史的学习。因为西方哲学史一个重要的特点就是重视论证，很少教条，具有自由思想的风度；另一个重要特点则是有自己清晰的历史发展线索，它是一个个哲学家一步一个脚印地承前启后发展起来的。任何一个具有基本的思维能力和思维兴趣的青年人，都不会对人类思维是如何从其童年的天真逐渐成熟起来，并发展到今天如此复杂高深的程度这个问题无动于衷。的确，当我们用古希腊哲人们的眼光仰望星空并思考万物的本原时，我们会唤起自己童年时代的回忆，那时我们小小的身体里蕴含着多么丰富的哲学灵感啊！我们在中世纪哲学家们身上领悟到青春的压抑和躁动，我们向黑暗的旷野里大声呼唤却没有回答，我们只有转回内心祈求命运的指引。近代哲学是一次光辉的日出，理性从地平线上跃起，整个世界进入了热烈喧闹的白天，人类思维成熟了，它如同一个成人冷静地面对日常生活并思考着生活后面的根据，以便更有把握地驾驭这种生活。现代哲学则有如一个智慧的老人，既有老人的宽容，也有老人的偏执，还时有老人的狡黠和玄奥，要完全理解他，的确太难，除非你自己有足够的阅历。当我们沿着人类思维的踪迹走过一遍，我们就完成了自己精神上的再生。如同肉体上的成长一样，这种精神的再生也需要经受磨炼，经历痛苦，但总的来说是欢乐的，因为它是自由的。在道路的前方有迷人的前景吸引着我们，我们渴望"成人""成己"。到那时，我们会感到自己窥见了人性的奥秘，理解了人生的真谛，我们获得了一种力量来设计自己的人生，把自己的生命贡献给自己所选择的目的。

然而，在我们达到这一步之前，我们还有很多工作要做。"学会用每个哲学家的眼光看世界"，这种思想实验很有意思，但也很不容易。青年人常常缺乏耐心，急于作出自己的判断，且偏爱作否定性的判断，以为否定判断最易于显出自己的个性。其实一个总是习惯于说"不"的人恰好暴露出思想的空疏，他的分辨力只相当于一个三岁儿童对小白兔和大灰狼的分辨力。当一个青年刚刚读到一位哲学家的几句话便傲然宣布："我不赞成他的观点！"这只能说明他还完全没有入门。凡是在哲学史上留下自己见解的哲学家，都具有绝顶聪明的头脑和过人的大智慧。人类的思维能力在几千年这么短暂的时期内并没有明显的进化，因此我们在阅读古人写下的思维轨迹时,相当于在同一起跑线上和他们竞技。

我们的优势仅仅在于,我们不但知道他们的看法,我们还知道他们以后的那些人的看法,包括批评他们的种种看法。但我们要能批评他们,首先还得理解他们,就像他们的那些批评者所做的一样。而由于我们有了当时人们所不可能有的历史知识和更广阔的视野,我们理解他们就比当时的人理解他们要容易得多。正如生物进化几亿年的历史被压缩在人的胚胎发育的十个月内一样,我们也有可能在两个学期的学习时间里走过人类两千多年哲学思想的进程。但前提是,我们必须"自知其无知",以开放的心态投身于每个哲学家所处的精神氛围和在这氛围中所产生的问题,并进而体会他们的苦恼和困境。他们是一步步把我们引入哲学殿堂的导师和朋友,我们与他们神交,就是与人类哲学思维本身打交道。

当然,我们也必须"入乎其里,出乎其外",但我们跳出他们的局限并超越他们的最好方式,莫过于再以投入的心态读他们的后继者的书。就这样,当我们全身心地投入了一个又一个哲学家的思想之后,我们也就相继超越了一个又一个哲学家;我们不断地转移自己的立场,训练着对一个哲学观点的快速的领悟力和把握上的灵活性。长此以往,我们就逐渐拥有了一种能力,能够面对一种陌生的观点或思潮迅速洞察其要点,并作出自己的评价。这就叫做"哲学素养"。

正是在这种意义上,学习哲学史就是学习哲学,或者如黑格尔所说,哲学史就是哲学。一个不学哲学史的人,哪怕他记熟了一大套哲学"原理"和教条,哪怕在日常生活中他满嘴的哲学名词和术语,他也不懂哲学。哲学无定论,它不是僵死的教条,而是在不断对话中生成和发展的有生命的思想。对话必须有对话者,而最有价值的对话者是历史上最聪明的人,这些人最集中地汇聚在哲学史中。

四

我们面前的这本书,就是考虑到青年人学习哲学的特点和兴趣而撰写的。我们把以往哲学史著作中常见的那种大量的社会历史和时代背景的分析限制在最必要的限度内,也把人物的传记资料作了尽可能的精简和压缩,而把重点放在哲学家思想本身的内在分析和意义阐释上,力图写成一本思想含量尽可能浓缩、思想发展的线索尽可能清晰的哲学史。我们的目标是,一个大学本科生(或相当于大学本科学力的青年),不论他是学哪个专业、从事哪个行当的,如果他想要对西方哲学史有一个大致的了解的话,他通过对本书的阅读和学习能够得到基本的训练,不仅是知道一些最必要的哲学史知识,而且能够从最初步的哲学思维逐步上升、循序渐进,获得基本的哲学思维能力。因此本书在编排上特别强调了哲学思想的连贯性,不仅注意交代清楚从一个哲学家到另一个哲学家的过渡,而且在每个新的哲学阶段到来时都有一段概括性的提示,这些提示或许有助于读者从整体上把握哲学发展的内在逻辑线索。现在,在这篇绪论中,我们也愿意对全书的基本线索作一个总的提示,即指出西方哲学史各个发展阶段的总体特点。

首先我们将看到,在西方哲学发展的第一阶段即古希腊罗马哲学中,哲学家们所提出的基本上都是一种有关客观世界的哲学,即自然哲学和本体论(存在论)哲学,即使是这一阶段后期的人生哲学,也是以自然哲学和本体论哲学为基础、并以人对外部世界(包括自己的物质生活)的态度为主要内容的。这个时期的一切哲学努力都是为了搞清客观世界及其原因或规律究竟"是什么"(包括人作为客观存在者究竟"是什么")的问题,为此人们创造了数学方法、辩证法和逻辑。这是西方理性思维的萌芽时期,理性思维的最重要的特点就是把主观和客观分离开来,通过一种间接的方式去把握客观规律。所以,西方哲学在古希腊的诞生同时也就是西方科学精神的诞生。

中世纪的基督教哲学构成西方哲学发展的第二阶段。这个阶段的哲学主要是有关主观精神世界的哲学,即心灵哲学和一神论的宗教哲学。主观精神的世界是一个比外在的客观世界更深邃的世界,但只有在探索客观世界的历练中掌握了适用于一切对象的逻辑理性工具之后,对这个世界的深入才不会流失于不可言说的内心体验,而能有步步为营的创获。所以中世纪基督教哲学虽然是对古代哲学的一次彻底否定,但本身却是以古希腊罗马哲学为前提的,没有希腊哲学的修养,我们无法理解中世纪哲学。同时,中世纪哲学也是西方哲学精神的一种自我深化,西方哲学以上帝的名义建立了自己的真正据点或安身立命之地——具有人—神结构的个体意识的灵魂。

西方哲学发展的第三阶段是以文艺复兴为开端的近代哲学。这种哲学的主题是立足于独立化了的主观精神去探讨主观世界和客观世界的关系。这种探讨本身又分成三个层次。首先是人和自然的关系,文艺复兴和宗教改革分别表达了自然(包括人的自然)的原则和人(包括支配自然的人)的原则,这两大原则在上帝的保证下相互过渡和统一,形成近代精神的张力。其次是思维和存在的关系,展开了近代哲学的核心问题即认识论问题,表现为由笛卡尔所开创的理性派哲学和由培根所开创的经验派哲学对人类认识之谜的探讨,其中双方又就认识对象的本体论问题各自分化为唯心主义和唯物主义两个不同的方向。18世纪法国启蒙哲学则将这种认识论的成果向人和自然的关系上全面放大,并冲击到上帝的统一性纽带而导向无神论。第三个层次是主体能动性和客观制约性的关系,德国古典哲学的大师们开始了用主观能动的精神去建构客观世界并由此实现主客同一的伟大目标的进程,最终在黑格尔那里构成了一个认识论、本体论和逻辑学三统一的辩证唯心主义体系。

西方哲学发展的第四阶段是现代和当代哲学,这不是我们这本西方哲学史所要讨论的主题。但本书也特别设立了"近代哲学的终结与向现代哲学的过渡"一章来阐明西方哲学史和现代西方哲学的关系。我们认为,尽管现代和当代哲学五花八门,但从纯粹哲学的角度看无非四种形态,即先验哲学、经验哲学、非理性哲学和辩证哲学。因此我们在这一章中讨论了费尔巴哈和马克思的辩证哲学、叔本华和克尔凯郭尔的非理性哲学、孔德等人的经验主义的实证哲学,最后还提到了胡塞尔的先验现象学。必须特别说明的是,由于我国的特殊情况,国内以往的西方哲学史通常都是把马克思的哲学排除在外的,这样做的理由显然并不是一种学术性的理由,而恰好是一种把马克思主义简单化、教条化的做法。马克思的哲学既然产生于西方哲学的肥沃土壤中,它当然就是一种西方哲学,回避这一点,马克思主义就失去了自己的根。德国古典哲学是马克思主义哲学的来源,这早已是人所皆知的常识。但时至今日,这一常识竟然尚未在西方哲学史教科书中得到体现,似乎德国古典哲学没有产生出它最重要的成果就直接跳到了现代西方哲学,这是极不正常的。本书的这一尝试则力图克服这种违背常识的偏见。认真读完本书的读者当不难发现,将马克思的哲学还原到它在西方哲学史中的客观历史位置,并不会有损于它的真理的光辉。恰好相反,由于这种承前启后的位置,马克思哲学获得了它在人类思维发展过程中的新的生命力,展示出了它所蕴含的更深层次的意义。

我们的时代是一个开放的时代,中国人有了放眼世界与各种不同的人类打交道的机会和探索其他不同人性的非功利的好奇心,从而有了更好地认识我们自己、成为一个更为自觉的民族的机会。然而,要能够抓住这个机会使悠久的中华文明焕发出新的光彩,还有很多艰苦的工作要做。其中一个不可缺少的工作,就是对西方哲学思想乃至于整个西方精神的深入理解和客观把握。我们愿与年轻的朋友们一道来做这件很有兴趣的工作,它能够提高我们的精神境界,丰富我们的思想内涵。

第一章　古希腊罗马哲学

第一节　概　　论

一、希腊哲学产生的背景

黑格尔把希腊看作西方人的精神家园,认为西方现世的科学、艺术以及一切"使精神生活有价值、有光辉的东西",都是从希腊世界直接或间接传承而来[①]。希腊文化以其自由的个性和卓越的成就而著称于世,而在璀璨夺目的希腊文化园圃中,哲学更是因其精美的形式和深刻的内涵而成为一支最绚丽的奇葩。

虽然东方各古老文化——中国、印度、巴比伦、埃及等——都曾在自己最原始的文化形态(神话、史诗等)中表述了深刻的哲学思想,但是使哲学从神话、史诗和历史叙事诗中分离出来,成为一门独立的学科或知识体系,却是古代希腊人的独特贡献。亚里士多德认为,求知是人类的本性,而哲学作为一门超越实用目的、为知识而知识的纯粹的自由学术,最初起源于人们对自然万物的"惊异";而当"人生的必需品以及使人快乐安适的事物几乎全部获得了以后",这种"惊异"就会引导人们把眼光投注到具体的功利目标之外,去探寻宇宙最根本的原理与原因,从而使哲学这门"最神圣的学术"得以产生[②]。倘若如亚里士多德所言,"惊异"和"闲暇"是哲学产生的两个基本条件,那么它们充其量只是哲学产生的必要条件,而不是其充分条件。因为在东方诸古老文化中,同样可以找到这两个条件——对自然万物的"惊异"是人类的共性,而"闲暇"却为东方专制国家中的一切特权阶层所享有。由此看来,除了"惊异"和"闲暇"之外,希腊哲学的产生还有其更加深刻的原因。后世的哲学家都认为希腊民族是一个具有思辨性格的民族,正是这种擅长于思辨的性格使希腊人开创了独立的哲学思想。但是问题的关键就在于,希腊人是如何成为一个具有思辨性格的民族的?

公元前 1600 年左右,多瑙河流域的一支游牧部落阿卡亚人来到了希腊地区,征服了当地的土著,并带来了游牧部落的迁徙和掠夺的习气。由于希腊半岛三面临海,周围布满无数大小岛屿,不适合于农业而适合于航海经商,这就给阿

---

① 黑格尔著,贺麟、王太庆译:《哲学史讲演录》第一卷,商务印书馆 1959 年版,第 157 页。
② 亚里士多德著,吴寿彭译:《形而上学》,商务印书馆 1959 年版,第 5 页。

卡亚人提供了充分发挥其冒险精神和开拓精神的广阔天地。公元前 12 世纪,又一支更为剽悍的游牧民族多利亚人从北方汹涌而来,推动了希腊本土居民继续向外移民和殖民。希腊人以其惯于迁徙的民族特性,充分利用了希腊半岛所提供的商业和海运条件,通过贸易和商品生产建立起一个个由商业和海上交通枢纽自然形成的城邦。希腊城邦社会是在商品经济冲破了原始氏族公社血缘关系的基础上,以个人私有财产不可侵犯为基本原则而形成起来的,①这种适应商品生产和公平交换所建立的城邦奴隶制国家,其政治形式必然会日益走向工商业奴隶主民主制。

公元前 8 世纪以后,新兴的希腊文明就以其分离主义和自由主义的城邦社会而与东方幅员辽阔的专制帝国(埃及、波斯等)形成了鲜明的对照。由于商品经济所形成的格局,虽然希腊城邦地域狭小、人口有限,其政体形式也各不相同,但是每个城邦都是一个公民的集合体②。在这些公民集团中,无论是实行君主制、僭主制还是民主制,都必须遵从一定的法律规范。事实上,城邦正是由于一般性的立法而获得其本质规定性的,梭伦、吕库古等立法者也因此而成为希腊各城邦(雅典、斯巴达等)的真正缔造者。城邦社会将普遍性的法律确立为不可动摇的圭臬的做法,使希腊人养成了一种把抽象的原则看得比感性的生活更加具有本质性的思维习惯。黑格尔认为,希腊的精神就是"尺度"和"限制",就是将规定性给予那些不可度量的东西③。而这种关于"尺度""限制"或"规定性"的意识,正是在城邦社会的法制生活中逐渐培养出来的普遍意识,它是东方那些处于专制集权状态下的古老文化所不具有的。

正是由于现实生活中的这种强调统一性和规范性的"尺度"意识(或法律意识),酝酿了希腊人探索宇宙本原和万物根据的哲学冲动。在希腊哲学产生之初,哲学与科学以及一切知识领域都是水乳交融的,在希腊语中,"哲学"(φιλ óσοφια)一词的本义是"爱智慧"。因此从广义上来说,一切与知识有关的内容都可以纳入哲学的范围。然而从狭义上来说,只有那种探寻事物的一般原理和原因、追问自然万物的本原和根据的知识,才能称得上是真正的"智慧",用亚里士多德的话来说:"智慧就是有关某些原理与原因的知识。"④对这种"智慧"的热爱与追求(即亚里士多德的"第一哲学"或形而上学),才是真正意义上的哲学。就此而言,真正的哲学是离感觉经验最远、最少实用性和包含着最普遍的原

① 参看《马克思恩格斯选集》第四卷,人民出版社 1995 年版,第 108 页。
② 亚里士多德指出:"城邦的一般涵义,就是为了要维护自给生活而具有足够人数的一个公民集团。"见亚里士多德著,吴寿彭译:《政治学》,商务印书馆 1965 年版,第 113 页。
③ 黑格尔著,贺麟、王太庆译:《哲学史讲演录》第一卷,商务印书馆 1959 年版,第 161 页。
④ 亚里士多德著,吴寿彭译:《形而上学》,商务印书馆 1959 年版,第 3 页。

理的知识体系。如果说广义的哲学即一般意义上的知识探索是世界各个古老文化都共同具有的话,那么狭义的哲学即对于自然万物的最普遍的原理与原因的探索,却是希腊民族所首创的一门独立学术。这种哲学冲动植根于城邦时代的希腊人对法律、正义、命运、必然性等一系列普遍性范畴的尊崇之中。在正常发展的市场经济中对公平和契约精神的遵守使希腊人习惯于认为,纷纭复杂的宇宙万象也是受某种统一的根据所制约的,具有一种本质的规定性,正如自由交易的日常生活是受某种法律体系所制约,普遍约定的立法原则构成了城邦这个公民集团的本质规定性一样。这种由于城邦现实生活而造就的心理倾向和思维习惯,使希腊成为一个思辨的民族或哲学的民族。

在希腊,哲学不仅与科学,而且与宗教也有着千丝万缕的联系。罗素认为,哲学乃是某种介乎于科学与神学之间的东西,就其研究的对象范围而言,哲学与神学一样都具有超越性;而就其使用的方法而言,哲学则与科学一样诉诸理性[①]。希腊哲学最初表现为自然哲学,它是人们研究自然现象的理论结晶,最初的一批希腊哲学家都是伟大的自然科学家。但是另一方面,他们也受到希腊宗教的深刻影响。如果说从米利都学派一直到原子论者寻找万物的质料和元素的做法更多地体现了自然科学的研究方式,那么从毕达哥拉斯学派一直到柏拉图哲学,探索万物的形式和原则的做法则更多地延续了希腊神话中命运决定论的思想传统。希腊人不仅是一个擅长思辨的民族,而且也是一个热爱神灵的民族,因此对于希腊哲学的研究不应该脱离当时的宗教背景。希腊多神教的浓郁氛围不仅表现在希腊的史诗、悲剧和艺术作品中,而且也在抽象的哲学思维中打下了深深烙印。

二、希腊哲学发展的梗概

希腊哲学的发展,可以划分为三个大的阶段。

第一个阶段是自然哲学创立和形而上学发萌的阶段,从泰勒斯创立希腊哲学开始,直到爱利亚学派对自然哲学的超出,其中贯穿着的核心问题是万物的本原问题,所围绕的基本矛盾则是:本原的性质是"无定形"还是"有定形"的? 米利都学派是"无定形"学派,把万物的本原归结为"水""无定形的东西"和"气";毕达哥拉斯学派是最早的"有定形"学派,把万物的本原归结为抽象的规定——"数"。赫拉克利特则是两派的统一,既把万物的本原归结为无定形的"火",又提出了规定着"火"的燃烧与熄灭的"逻各斯"。到了爱利亚学派,有定形和无定形又分裂为作为真理的"存在"和作为意见的"非存在",前者得到最高的推崇,

---

① 罗素著,何兆武、李约瑟译:《西方哲学史》上卷,商务印书馆1963年版,第1页。

后者则遭到贬抑。哲学开始显示出自己的层次结构,并为下一阶段作了铺垫。

第二阶段是在逻各斯的基础上从自然哲学走向形而上学的阶段,其中贯穿着的核心问题是"存在"和"一"的问题。哲学家们按照各自的倾向分为两大流派:一派是通过"打碎"逻各斯的"存在"和"一"而重构自然哲学,使之结构化,这就是恩培多克勒的"四根说"、阿那克萨戈拉的"种子说"、留基波和德谟克利特的"原子论";另一派是通过对逻各斯本身的解构和重构,呈现出逻各斯背后的"尺度",即人和神的"努斯"(心灵),并由此建立起哲学概念的思辨结构,所探讨的问题也不再限于自然,而是主要转向了人的伦理生活和社会生活。这就是由智者派的诡辩、苏格拉底和柏拉图的"辩证法"所代表的唯心主义思辨哲学。最后则是亚里士多德在柏拉图思辨哲学的基础上,融会自然哲学的思想精髓,建立起一个博大精深的形而上学体系,在本体论、宇宙论、认识论和逻辑学方面都达到了古希腊哲学的最高峰。这是希腊哲学的完成阶段。

第三阶段是希腊形而上学衰落并专注于伦理学和人生哲学的阶段,它一直延伸到罗马哲学,其中贯穿的核心问题是人生如何能够达到"不动心"的幸福境界,自然哲学(宇宙论)、认识论和逻辑学则成为论证这一问题的手段。该阶段最重要的思想流派有三个:其一是伊壁鸠鲁派的感觉论的幸福主义伦理学,以德谟克利特的原子论为理论基础;其二是斯多葛派的理性主义的禁欲主义伦理学,以逻各斯主义的宇宙论为理论基础;其三是怀疑派对一切伦理学的解构,在理论上既解构了感性自然,又解构了理性的逻辑论证,只剩下一颗力求超越一切判断的空幻心灵。这就为新柏拉图主义以"否定神学"的方式进入到基督教的精神氛围准备了思想前提。

第二节　早期希腊哲学

早期希腊哲学主要指爱奥尼亚地区的米利都学派和爱非斯学派,以及大希腊(南意大利)地区的毕达哥拉斯学派和爱利亚学派的哲学思想。它们是希腊哲学的最初形态,第一次摆脱了希腊神话的传统思维模式,以哲学的方式提出了关于"本原"的问题。米利都学派试图以某种自然物质来说明万物的本原,奠定了自然哲学的基础。毕达哥拉斯学派初步涉及事物的抽象本质,开启了形而上学的源流。爱非斯学派的赫拉克利特既延续和推进了米利都学派的自然哲学,又进一步发展了毕达哥拉斯学派的抽象思想,力图在一与多、永恒与流变、抽象的本质与具体的现象之间建立统一性。爱利亚学派的哲学家们则强调上述矛盾范畴之间的绝对对立,极力用一来否定多,用静止来否定运动,用本质来否定现象。早期希腊哲学各流派尽管对本原的理解互不相同,但是它们都致力于寻找本原,强调本原作为万物的开端或本质的重要意义。

一、米利都学派

1. 泰勒斯

泰勒斯(Thales,鼎盛年约在公元前 585 年)出身于米利都的名门望族,早年曾到巴比伦、埃及等地游学,并将巴比伦的天文学、埃及的几何学介绍给了希腊人。他曾经准确地预测了公元前 585 年的一次日食,确定了 365 天为一个太阳年,运用几何学定理来测量海上船只的距离,并且由于预见到来年的橄榄大丰收而事先租借榨油机以至于发财致富。由于知识渊博,他与雅典城邦的立法者梭伦等人一起被列为希腊的"七贤"之一。据说泰勒斯有一次观察星象时不慎跌入一个坑里,他的仆人就嘲笑他能够认识天上的事物,却看不见脚下的东西。这个轶闻倒是反映了哲学家们往往更关注超越日常经验的事物而不是眼前的东西。

水本原说　泰勒斯没有留下什么著作,他的思想是通过古代文献的转述才为后世所知。他之所以被誉为"哲学之父",只是由于他表述了这样一个观点:万物都是从水中产生,而后又复归于水。这种关于万物本原的说法是非常朴素的,对于把海洋视为生存命脉的希腊人来说再平常不过了;但它却是突破传统的神话宇宙论、试图用自然物质本身来说明万物本原的第一个尝试。在泰勒斯提出水是万物的本原之前,希腊人对于宇宙起源和自然演化的理解都是依据神话的生殖原则(如赫西俄德的《神谱》)。泰勒斯的伟大创见就在于,他第一次摆脱了神话宇宙论的传统藩篱,试图以非神话的方式、用某种自然物质(水)的性质来说明万物的根源。

自然界的物质形态万千,泰勒斯为什么要把水说成是万物的本原呢?泰勒斯通过观察发现,"一切种籽皆滋生于润湿,一切事物皆营养于润湿,而水实为润湿之源。"[①]他认为水不仅是万物由以产生的源泉,也是万物运动变化的原因。泰勒斯曾经说过"磁石有灵魂,因为它吸动铁"这样的话,他把灵魂理解为某种"具有引起运动的能力"的东西,并且主张万物都具有"灵魂"。但是泰勒斯所理解的"灵魂"不是一种纯粹精神性的东西,而是水所产生的湿气,这种湿气弥漫于宇宙中,构成了万物运动的原因。在泰勒斯那里,万物的质料因和动力因尚未分化。那种把物质性的本原看作是惰性的和被动性的,而将能动性归结于某种独立的精神实体的观点,是在较晚的希腊哲学中才产生的。

2. 阿那克西曼德

阿那克西曼德(Anaximander,鼎盛年约在公元前 570 年)是泰勒斯的朋友和

---

① 亚里士多德著,吴寿彭译:《形而上学》,商务印书馆 1959 年版,第 7 页。

学生,他对天文学、地理学均有过较为深入的研究,发明了日晷和天球仪以测定太阳的轨迹和昼夜平分点,绘制了第一张陆地与海洋的轮廓图。他也是第一个用文字来记录自己思想的人,他写过一部名为《论自然》的著作,可惜早已失传。阿那克西曼德还以一种朴素方式表达了进化论的思想,他认为生物都是从太阳所蒸发的湿元素中产生的,而人则是从鱼进化而来的,因为人在胚胎状态时很像鱼。他建立了一种宇宙论模型,认为世界的形状像一个圆筒,地球处于圆筒的中间,被大气和火圈所环绕,人们透过气孔而看到的火光就是日月星辰。

无定形者　"本原"(ἀρχή,又译作"始基")这个概念据说是由阿那克西曼德最先使用的,而且他使得"本原"概念具有了一点抽象的和形而上学的意味。阿那克西曼德显然对泰勒斯把水说成万物本原的做法不满意,在他看来,泰勒斯之所以要把水作为本原,是由于水具有"无定形"的特点;但是宇宙间无定形的不单只是水,还有其他许多生灭变化之物,所以本原就应当是"无定形者"(ἄπειρον,又译作"无限",或音译为"阿派朗")。阿那克西曼德认为:"在火、气、水、土之中任何一种都不能生成万物。除此而外的其他事物也不能,如某种介乎气与水或气与火之间的中间物。"①总之,任何单一的或单纯的自然物均不能成为万物的本原,只有那种超越了具体的物质形态的原始混沌体,才是万物的本原。尽管阿那克西曼德并没有具体说明"无定形者"究竟是什么,但是他却明确地表示它不是任何一种具有固定形态的东西,因为任何单纯的和有形的东西都是有生有灭的,而作为万物本原的东西必须是不生不灭的,一切生灭变化的东西都是作为结果从中产生出来的。正如亚里士多德所解释的:"它作为本原,是不生不灭的。凡是产生出来的东西,都要达到一个终点,然而有终点就是有限〔有定形〕。所以说,无限者〔无定形者〕没有本原,它本身就是别的东西的本原,包罗一切,支配一切。"②可以说,"无定形者"或"无限者"是阿那克西曼德对万物本原的一种否定式的表述,黑格尔认为,阿那克西曼德"把原则规定为'无限',所造成的进步,在于绝对本质不再是一个单纯的东西,而是一个否定的东西、普遍性,一种对有限者的否定。"③这意味着哲学思维层次的提高。

"无定形者"作为一种原始混沌体,包含着一些对立的东西于自身之中,这些对立物就是冷与热、干与湿,由于它们的作用,从原始混沌的"无定形者"中分离出万事万物。与泰勒斯不同,阿那克西曼德认为事物的产生不是由于某种基本元素(水)的转化,而是由于永恒的运动把对立物从"无定形者"中分离出来,因此,所谓产生即是对立物的分离。辛普里丘在介绍阿那克西曼德的哲学思想

① 苗力田主编:《古希腊哲学》,中国人民大学出版社 1989 年版,第 24 页。
② 《西方哲学原著选读》上卷,商务印书馆 1981 年版,第 17 页。
③ 黑格尔著,贺麟、王太庆译:《哲学史讲演录》第一卷,商务印书馆 1959 年版,第 195 页。

时写道:"万物由之产生的东西,万物又消灭而复归于它,这是命运规定了的。因为万物在时间的秩序中不公正,所以受到惩罚,并且彼此互相补足。这是他以颇带诗意的语言说出的话。"①这种以朦胧的诗意语言表达的哲学思想,与表现"命运"主题的希腊悲剧具有内在的相似性,都反映了一种由神秘的"命运"所主宰的对立面冲突和最终恢复正义的思想。这种关于"命运"的决定论思想,稍后在与阿那克西曼德有过师承关系的毕达哥拉斯的哲学中也可以看到。

3. 阿那克西美尼

阿那克西美尼(Anaximenes,鼎盛年约在公元前 546 年)是阿那克西曼德的学生,我们关于他的生平情况所知甚少。与米利都学派的前两位自然哲学家一样,阿那克西美尼也对自然现象作过一些研究,他认为地球和日月星辰都是从空气中产生出来的,并且被空气和一种神圣性的"嘘气"(或"精气")所包围着,他因此而提出了气是万物本原的观点。

气本原说　阿那克西美尼关于气是万物本原的观点显然是对泰勒斯和阿那克西曼德思想的一种综合。如果说泰勒斯的水是对万物本原的一种肯定性表述,阿那克西曼德的"无定形"是对万物本原的一种否定性表述,那么阿那克西美尼的气则是对万物本原的一种否定之否定的表述。气一方面是一种与水一样的自然物质,另一方面却比水更加具有无定形的特点,它似乎是一切无定形之物中"最"无定形的东西;气一方面实实在在地存在着,另一方面却不可测量和无边无际,无孔不入也无所不包。因此将气说成万物的本原似乎更加顺理成章,既超出了泰勒斯的局限性,也克服了阿那克西曼德"无定形之物"的笼统性。气具有无定形的属性,它的聚散离合构成了宇宙万物。气具有冷与热两种性质并引起与之相对应的凝聚与稀散两种运动,阿那克西美尼说道:"使物质集合和凝聚的是冷,使它稀薄和松弛的则是热。"②作为万物本原或基质的气,"借稀薄和浓厚而形成不同的实体。当它很稀薄的时候,便形成火;当它浓厚的时候,则形成风,然后形成云,而当它更浓厚的时候,便形成水、土和石头;别的东西都是从这些东西产生出来的。"③由于冷、热这两种对立性质的相互消长,气就随着凝聚和稀散这两种相反的运动而分别转化为火、水、土以及宇宙万物。

阿那克西美尼的气不仅是指一种自然物质,有时候也指呼吸、灵魂或某种神圣性的东西("精气")。但是无论是哪一种意义上的气,都不具有独立的精神性含义,它仍然是一种物质性的气。此外,气是万物本原的思想与希腊神话关于众神产生于混沌的说法也不谋而合。基尔克指出:"可能阿那克西美尼自己关于

---

① 《古希腊罗马哲学》,商务印书馆 1961 年版,第 7 页。
② 《古希腊罗马哲学》,商务印书馆 1961 年版,第 13 页。
③ 《古希腊罗马哲学》,商务印书馆 1961 年版,第 11 ~ 12 页。

神说过一些什么:有理由可以推论出的是:世界上的诸神本身是从包含一切的气中派生出来的,只有气才是真正神圣的。"①神本身就是从气中产生的,因此神圣的"嘘气"或"呼吸"与灵魂之类的东西仍然是一种物质性的气。就此而言,阿那克西美尼的"气本原"说表现了一种朴素的物质与精神未分的思想。早期希腊人缺乏关于独立的精神实体的观念,同样也缺乏脱除了精神性的纯粹物质的观念。只有到了希腊城邦文化的鼎盛时期,希腊哲学家(阿那克萨戈拉)才提出了独立的精神实体("心灵")的概念。

二、毕达哥拉斯学派

毕达哥拉斯(Pythagoras,鼎盛年约在公元前531年)出生在萨摩斯岛,早年曾就学于泰勒斯和阿那克西曼德,40岁时由于与萨摩斯僭主波吕克拉底发生冲突而移居南意大利的克罗顿城邦,并在那里建立了一个带有宗教色彩的学术团体,后据说被他的政敌所杀。一些哲学史家认为,毕达哥拉斯主义是奥尔弗斯神秘教内部的一种改良运动,它代表着与爱奥尼亚的自然哲学相对立的神秘主义倾向。毕达哥拉斯本人就是一个令人费解的神秘人物,他既是一位伟大的数学家,也是一个神秘主义宗教团体的创始人,并且被这个团体当作介乎于人与神之间的半神来加以崇拜。在他所创建的团体中既传授数学、音乐等方面的知识,又有着许多奇怪的忌禁,例如禁食豆子、不许杀生、不许吃动物的肉,等等。毕达哥拉斯在科学上卓有建树,他是"毕达哥拉斯定理"的发明者,第一次提出了"心灵和表象是在脑子里面"的观点(在此之前人们都认为心灵是在心脏里),创立了宇宙中心火(地动说)的理论,并且在谐音学方面也颇有造诣。另一方面,他也在奥尔弗斯宗教的基础上提出了灵魂不死和轮回转世的思想,据说他有一次阻止人们去打一条狗,因为他从这条狗的叫声中听到了他的一位逝去的朋友的声音。

数本原说　毕达哥拉斯学派提出万物的本原是"数"。在他们看来,"无定形的东西"不配作万物的本原,因为它们连自己都没有定形,如何能给万物定形呢? 所以万物的本原应该是有定形的东西,而最有定形的东西就是"数"。他们发现一切事物都包含着数量关系,数与万物之间的联系远远超过了水、火、土、气等任何一种元素与万物之间的联系。这种思想产生于他们对于数学和谐音学的研究。他们根据音调高低取决于同样粗细的弦的长度这一原理,进而认为一切事物的性质都是由它们包含的数所决定的。数不仅可以用来解释具体事物,而且可以用来解释抽象事物,数构成了一切变化不定之物共同的确定不变的东西。

---

① 汪子嵩等著:《希腊哲学史》第一卷,人民出版社1988年版,第232页。

数作为万物的本原,已经超越了米利都学派的感性物质意义上的开端,具有了抽象原则的含义。亚里士多德认为,毕达哥拉斯学派"不从感觉对象中引导出始基。……他们所提出的始基和原因是用来引导他们达到一种更高级的实在的。"①这就在认识论上开创了一条理性主义的思路。不过,在毕达哥拉斯学派那里,数虽然具有了最初的抽象意义,但是它却并未完全脱离形体,而是首先要用来构成形体的。在他们看来,数是构成事物实体的物理质点或基本元素。作为一切数之根本的"1"是第一本原,而"1"表现为点,由"1"派生出其他的数乃至万物的过程则被表述为:点(1)产生线(2),线(2)产生面(3),面(3)产生体(4),体(4)构成水、火、土、气等四种元素,这四种元素则以不同的方式相互结合和转化,从而产生出世界的万事万物。

正因为万物都是由数构成的,所以数是决定事物性质的比例关系或抽象原则。而最基本的原则就是从奇数与偶数的对立中引申出来的十对基本的对立范畴,即有定形与无定形(有限与无限)、奇数与偶数、一与多、右与左、阳与阴、静与动、直与曲、明与暗、善与恶、正方与长方,每一对范畴的前一项都优于后一项。他们用这些对立范畴来说明事物的性质和价值。此外,毕达哥拉斯学派还用自然数来象征抽象事物。例如,"1"代表灵魂或理智(因为它是最基本的数),"2"表示意见(因为它是摇摆不定的),"4"和"9"是正义(因为它们分别是第一个偶数"2"和第一个奇数"3"的平方),"5"是婚姻(因为它是第一个偶数与第一个奇数之和),"8"是爱情与友谊(因为八度音是协和音程),"10"则是完满与和谐(因为它是1、2、3、4之和)。毕达哥拉斯学派常常用这种神秘的象征方式来解释事物的性质,认为具体事物是对于数的"摹仿",因此要求具体的存在物必须与数相符合。例如,他们认为天体的数目应该是10(完满与和谐),因此他们就在观察到的九个移动天体(日、月、地球等)之外又杜撰出一个想象的天体——"对地"(意思是它与地球对立),以满足和谐的需要。

毕达哥拉斯早年曾到埃及、巴比伦等地游学,从那里获得了几何学、天文学等方面的知识。埃及人在很早的时候就由于丈量土地和建造金字塔的需要而创立了几何学,但是埃及人的几何学始终停留在经验的水平,尚未从具体的几何图形中抽象出一般的数学定理。例如关于直角三角形的问题,埃及人已经知道如果一个三角形的边长比例为3∶4∶5,那么该三角形必为直角三角形。但是将这种经验性的观察结果抽象为一般性的数学定理:$a^2+b^2=c^2$,却是毕达哥拉斯的伟大功绩。"毕达哥拉斯定理"的得出,意味着数学命题可以脱离几何图形而独立地表示事物的比例关系,这样就蕴含着一种把数看得比形更加具有本质意义

---

① 《古希腊罗马哲学》,商务印书馆1961年版,第39页。

的可能性。而伴随着"毕达哥拉斯定理"的发明而必然出现的不可公约数危机，进一步加强了人们关于数与形相分离的观念，这种倾向在后世一方面使独立于经验图形的纯粹数学演绎成为可能，另一方面却培养了一种形而上学的倾向，即把通过抽象思维所把握到的对象（如超时空的数学定理、哲学概念或逻辑命题）当作最真实的东西，当作先于和高于具体存在物（现象）的本质。正因为如此，黑格尔对毕达哥拉斯学派大加赞扬，"本质被描述成非感性的东西，于是一种与感性、与旧观念完全不同的东西被提升和说成本体和真实的存在"，从而"形成了实在论哲学到理智哲学的过渡"①。

毕达哥拉斯学派代表了一种与米利都学派完全不同甚至相反的思维倾向，除了从感性的东西上升到抽象原则之外，他们还抛开了前人推崇"无定形"的做法，通过数的确定性第一次建立起一种"有定形"的最高原则，这一原则对后世西方哲学和科学（直到近代定量化的精密自然科学）的发展产生了巨大而深远的影响。另一方面，毕达哥拉斯学派从奥尔弗斯宗教那里继承并发展了关于灵魂不死和轮回转世的思想，这种强调灵、肉分离甚至相互对立的思想突破了希腊人传统的灵肉统一观念，构成了源远流长的西方唯灵主义的雏形。它后来通过苏格拉底、柏拉图和新柏拉图主义而融入基督教中，成为基督教神学的理论砥柱。

三、赫拉克利特

赫拉克利特（Heraclitus，鼎盛年约在公元前504—前501年）是爱非斯学派的主要代表，爱非斯是爱奥尼亚地区的一个繁荣的港口城市，赫拉克利特出身于爱非斯王族，本应是王位的继承人，但是他却由于热爱哲学而把王位让给了弟弟。据古代文献记载，赫拉克利特恃才傲物、目中无人，对于荷马、赫西俄德、毕达哥拉斯等著名人物均嗤之以鼻，认为他们仅有博学而无智慧。他愤世嫉俗，蔑视民众，满脑子精英意识，曾公开宣称一个最优秀的人抵得上一万个人。他因为自己的朋友赫尔谟多罗被放逐而攻击所有爱非斯人："爱非斯的每一个成年人最好都将自己吊死，并把城市留给尚葆其天真的少年。"②他远离城邦政治，潜心于一种神秘的沉思生活，由此造成了他的哲学思想的极度晦涩。晚年的赫拉克利特离群索居，靠吃草根树皮为生，最终患水肿病而死。

爱非斯与米利都同属于爱奥尼亚的城邦，从赫拉克利特的哲学思想中可以看到米利都学派的影响。此外，虽然赫拉克利特曾以轻蔑的口吻谈论毕达哥拉斯，但是在他的哲学中同样可以看到毕达哥拉斯学派的思想痕迹。他的哲学中

---

① 黑格尔著，贺麟、王太庆译：《哲学史讲演录》第一卷，商务印书馆1959年版，第217～218页。

② 苗力田主编：《古希腊哲学》，中国人民大学出版社1989年版，第52页。

有两个最重要的主题,这就是火本原和逻各斯。

火本原说　赫拉克利特在留存至今的著作残篇中明确表示:"这个世界,对于一切存在物都是一样的,它不是任何神所创造的,也不是任何人所创造的;它过去、现在、未来永远是一团永恒的活火,在一定的分寸上燃烧,在一定的分寸上熄灭。""一切转为火,火又转为一切,有如黄金换成货物,货物又换成黄金。"①赫拉克利特认为火通过浓厚化而变为气,进一步浓厚化则依次变为水和土,这是"下降的道路";反之,土通过稀薄化而变为水,进一步稀薄化则依次变为气和火,这是"上升的道路"。而"上升的道路和下降的道路是同一条路",它们都表现了火与万物之间的相互转化过程。他用"生"与"死"这两个概念来形容火、气、水、土之间的循环转化:"火死则气生,气死则水生。——土死水生,水死气生,气死火生;反过来也是一样。"②由此可见,赫拉克利特与米利都学派一样,坚持用某种无定形之物来说明世界的产生和变化。不同的是,他把万物的本原规定为火。

但赫拉克利特火本原说的创新意义并不在于用另一个东西来说明万物及其转化,而在于强调了这种转化是按照"一定的分寸"进行的,亦即在不断转化的"无定形"原则中加入了"有定形"的原则。火的燃烧和熄灭是无定形的,但是整个燃烧和熄灭的过程却始终遵循"一定的分寸",这样就将无定形和有定形统一起来了,从而实现了米利都学派和毕达哥拉斯学派的两种对立哲学原则的综合。火是变化无常的,始终处于不断转化的过程中("活火"),但其"分寸""次序""周期""必然性"等却是永恒不变的,是世界万物所遵循的普遍法则。这种永恒不变的普遍法则又被赫拉克利特表述为"逻各斯"。

逻各斯　"逻各斯"(λóγος)一词的原意是"话语",也由此带来了规律、命运、尺度、比例和必然性的意思。"赫拉克利特说[神就是]永恒的流转着的火,命运就是那循着相反的途程创生万物的'逻各斯'。""赫拉克利特断言一切都遵循命运而来,命运就是必然性。——他宣称命运的本质就是贯穿宇宙实体的'逻各斯'。'逻各斯'是一种以太的物体,是创生世界的种子,也是确定了周期的尺度。"③"逻各斯"概念的提出是西方哲学史上一个里程碑式的创举,它对于西方形而上学的发展具有十分重要的意义,它标志着西方哲学中语言学精神的出现,语言及其规律和结构(逻辑)从此成了哲学家们离不开的一个参照维度。从毕达哥拉斯的数可以很自然地就过渡到赫拉克利特的逻各斯,因为事物的运动变化都具有数或量的必然规律;但赫拉克利特的逻各斯不仅是量的规定性,更

---

① 《西方哲学原著选读》上卷,商务印书馆 1981 年版,第 21 页。
② 《西方哲学原著选读》上卷,商务印书馆 1981 年版,第 21 页。
③ 《古希腊罗马哲学》,商务印书馆 1961 年版,第 17 页。

是一种质的必然性,这种质的必然性只有通过逻各斯(话语)才能表达。

因此,逻各斯在赫拉克利特那里不仅具有客观规律的含义,同时具有主观理性的含义,因为语言本身就是主客观统一的。赫拉克利特认为,"'逻各斯'是灵魂所固有的,它自行增长。"因此,对于逻各斯的听从就是智慧。显然,逻各斯的客观含义(规律或秩序)与主观含义(理性或智慧)在赫拉克利特这里也是统一的,所谓理性或智慧就在于对客观规律或秩序的认识和把握。他由此对理性思维倍加推崇,认为"逻各斯"是惟有思想才能把握的对象,"眼睛和耳朵对于人们乃是坏的见证","思想是最大的优点;智慧就在于说出真理"①,表现出某种唯理主义的倾向。

这样一来,我们就在赫拉克利特哲学中看到了两个不可分割的原则,即作为万物本原的火与作为万物运动变化法则的逻各斯。逻各斯不是外加于火的,而是火本身固有的尺度,它规定和制约着火与万物之间的流变转化,而火又反过来显示出逻各斯的永恒不变性。"从一切产生一,从一产生一切。"②"逻各斯"是"一",它"永恒地存在着","万物都根据这个'逻各斯'而产生",因此,"承认一切是一,那就是智慧的。"③。

辩证法的奠基人 赫拉克利特的哲学以晦涩而著称,他的语言充满了高深莫测的神秘色彩,同时包含着极其丰富的辩证思想。黑格尔认为,"在赫拉克利特那里,哲学的理念第一次以它的思辨形式出现了",而赫拉克利特哲学之所以显得晦涩,正是由于它包含着日常理智所无法理解的"深奥的、思辨的思想"④。这些思辨的思想揭示了逻各斯的深刻内涵,从而使赫拉克利特成为古代辩证法的重要奠基人。

赫拉克利特的辩证思想表现在如下几个方面:第一,认为一切事物均处于普遍的运动变化与相互转化之中。"赫拉克利特在某处说,万物流变,无物常住。他把存在着的东西比作一条河流,声称人不可能两次踏入同一条河流。"⑤"我们既踏进又不踏进同样的河流;我们既存在又不存在。"⑥第二,说明运动变化的根据是对立面的冲突。赫拉克利特明确表示,对立的状态或相反的性质导致了和谐,相反者才能相成。"互相排斥的东西结合在一起,不同的音调造成最美的和谐,一切都是斗争所产生的。""在我们身上,生与死,醒与梦,少与老,都始终是同一的东西。后者变化了,就成为前者,前者再变化,又成为后者。""疾病使健

---

① 《古希腊罗马哲学》,商务印书馆 1961 年版,第 29 页。
② 《古希腊罗马哲学》,商务印书馆 1961 年版,第 19 页。
③ 《古希腊罗马哲学》,商务印书馆 1961 年版,第 18、23 页。
④ 黑格尔著,贺麟、王太庆译:《哲学史讲演录》第一卷,商务印书馆 1959 年版,第 295、298 页。
⑤ 苗力田主编:《古希腊哲学》,中国人民大学出版社 1989 年版,第 39～40 页。
⑥ 《古希腊罗马哲学》,商务印书馆 1961 年版,第 27 页。

康舒服,坏使好舒服,饿使饱舒服,疲劳使休息舒服。"①赫拉克利特把毕达哥拉斯提出的对立范畴辩证地统一起来,并把对立统一看作事物运动变化所遵循的必然规律或"逻各斯"。第三,强调事物的相对性和不同的评价标准。赫拉克利特用一种言简意赅的箴言方式写道:"海水最干净,又最脏:鱼能喝,有营养;人不能喝,有毒。""驴爱草料,不要黄金。""猪在污泥中洗澡,鸟在灰土中洗澡。""最美的猴子同人类相比也是丑的。"②

当然,辩证法与诡辩之间只有一步之遥,关键在于如何把握度。赫拉克利特关于运动变化的辩证思想被他的弟子克拉底鲁推向极端,从而蜕变为一种诡辩论。克拉底鲁用绝对的运动来否定相对的静止,认为"人一次也不能踏入同一条河流"。他甚至拒绝用语言来表述事物,因为当一句话脱口而出的那一瞬间,它所表述的事物已经变得面目全非了,因此对于变动中的事物,最多只能动一下手指头来加以暗示。这就偏离了赫拉克利特的思想。

四、爱利亚学派

1. 克塞诺芬尼

克塞诺芬尼(Xenophanes,鼎盛年约在公元前 540 年)是爱利亚学派的创始人,他出生于爱奥尼亚的科罗封城,年轻时代由于反对波斯人的统治而被逐出母邦,长期在西西里岛等地过着流浪生活,以吟游为生,晚年才定居爱利亚,活了近百岁之久,著有《哀歌》《讽刺诗》《论自然》等诗篇,至今仅剩下少数残篇。

克塞诺芬尼是第一个对神人同形同性的希腊神话进行公开批判的人,在此之前,虽然米利都学派和赫拉克利特等人也曾试图突破神话的影响而建立独立的自然哲学,但是在他们的哲学思想中或多或少地掺杂着神话的成分。如果说吟游诗人荷马和赫西俄德是希腊神话世界观的重要奠基人,那么同样是吟游诗人的克塞诺芬尼则从根本上动摇了神话世界观。

众所周知,神人同形同性是希腊神话的最基本的特点,克塞诺芬尼的批判正是针对着这一基本特点而展开的。他认为,并非神创造了人,而是人按照自己的形象创造了神,并让神穿着人的衣服,说着人的语言。因此,不同的民族就有各自不同形态的神。"埃塞俄比亚人说他们的神皮肤是黑的,鼻子是扁的;色雷斯人说他们的神是蓝眼睛、红头发的。"推而论之,"假如牛、[马]和狮子有手,并且能够像人一样用手作画和塑像的话,它们就会各自照着自己的模样,马画出和塑出马形的神像,狮子画出和塑出狮形的神像了。"③人们不仅按照自己的模样而

---

① 《古希腊罗马哲学》,商务印书馆 1961 年版,第 19、27、29 页。
② 《西方哲学原著选读》上卷,商务印书馆 1981 年版,第 24～25 页。
③ 《古希腊罗马哲学》,商务印书馆 1961 年版,第 46 页。

且还根据自己的性情虚构出神,因此神也像人一样有喜怒哀乐和七情六欲,荷马和赫西俄德甚至把人类的各种丑恶行径——偷盗、奸淫、欺诈等——也加到神的身上,这样的神并不值得人们去崇拜。

"一"和神　在否定了与人同形同性的多神教之后,克塞诺芬尼提出了一个不变不动、独一无二的"神"作为万物的本原和主宰。万物的本原是"一",惟有"一"才是神,这个神超越了人的特殊性和有限性,具有普遍性和绝对性的特点。他说道:"有一个惟一的神,是诸神和人类中间最伟大的;他无论在容貌上或思想上都不像凡人。""神是全视、全知、全闻的。"①神永远在同一个地方,但是却用他的思想支配着世间的一切事物。克塞诺芬尼所说的这个神不具有人的形体,而是一个无形的主宰,它是无法用时间和空间的尺度来加以限定的。正因为如此,克塞诺芬尼认为这个神既不是无限的,也不是有限的;既不是静止的,也不是运动的。神作为万物的本原,是不生不灭的。克塞诺芬尼第一次运用一种归谬法来说明神不是产生出来的:"它不是产生出来的,因为产生出来的东西应当或者从同类的东西生出,或者从不同类的东西生出;可是照他说,同类的东西不能有产生同类的东西的作用,因为既有理由说这个产生那个,也有同样的理由说这个为那个所产生;而另一方面,如果存在是从不同类的东西产生的,那它就是从不存在的东西生出;这样也就证明了它不是产生出来的,而是永恒的。"②

克塞诺芬尼的这种归谬法尽管非常粗糙,其中的一些论证明显带有牵强的色彩,但是他毕竟开创了一种逻辑论证的方式,这种论证方式在爱利亚学派的其他哲学家那里被发展为一种具有深刻的思辨内容的"诡辩",并经过智者派的进一步发展,最终在苏格拉底那里形成了希腊的辩证法。

2. 巴门尼德

巴门尼德(Parmenides,鼎盛年约在公元前 500 年)出身于爱利亚的豪门望族,是克塞诺芬尼晚年时的学生,但是真正引导他走向沉思生活的却是一位毕达哥拉斯学派的哲学家阿美尼亚,此外他与另一位毕达哥拉斯派学者狄奥开达也是至交。巴门尼德也非常了解米利都学派的思想,有一种不太可靠的说法认为他是阿那克西曼德的学生。他曾经为母邦立过法,据说爱利亚城邦的执政者每年都要遵循巴门尼德所立的法进行公民宣誓。他还用六韵步诗体写过一部哲学著作,在那里他不点名地批评了赫拉克利特的观点。在这部诗体著作的"序诗"中,巴门尼德用想象的方式描写了他乘坐着驷马高车,在太阳神女儿的指引下穿越了光明之门,受到了正义女神的亲切接待,女神勉励他要坚持"真理"而远离"意见"。

---

①　《西方哲学原著选读》上卷,商务印书馆 1981 年版,第 29 页。
②　《古希腊罗马哲学》,商务印书馆 1961 年版,第 42 页。

存在与非存在　　克塞诺芬尼的不变不动、独一无二和不生不灭的"神"被巴门尼德表述为一个纯粹的哲学概念——"存在"（on，又译作"是"），而与此相区别的一切处于运动流变之中的事物则被他称为"非存在"。巴门尼德自觉地站在米利都学派和赫拉克利特的对立面上，认为哲学的首要任务就是要弄清"存在"与"非存在"之间的根本区别。面对这个根本性的问题，巴门尼德明确地指出了"真理之路"与"意见之路"之间的分歧："第一条是：存在物存在，它不可能不存在。这是确信的途径，因为它遵循真理。另一条是：存在物不存在，这个不存在必然存在。走这条路，我告诉你，是什么都学不到的。因为不存在物你是既不能认识（这当然办不到），也不能说出的。"①

巴门尼德这段话的意思通常被简要地表述为："存在物存在，非存在不存在"（或"是者是，不是者不是"）。"存在"或"存在物"（二者在此尚无分别）在巴门尼德那里具有如下特点：第一，"存在"既不产生、也不消灭。"它没有过去和未来，因为它整个在现在，作为完整、统一、联系的（连续的）东西。"②巴门尼德沿用了克塞诺芬尼曾经用过的归谬法，来说明"存在"既不能从"存在"中产生（因为这样就无所谓产生），也不能从"非存在"中产生（因为"非存在"是无，无中不能生有）。第二，"存在"是"一"，它没有部分，不可分割。"存在物也是不可分的，因为它全部都是一样的，没有哪个地方比另一个地方多些，妨碍它的连续，也没有哪里少些。因此它是整个连续的；因为存在物是与存在物连接的。"③第三，"存在"是不变不动的。"存在物是不动的，被巨大的锁链捆着……它是同一的，永远在同一个地方，居留在自身之内。"④第四，"存在"虽然是无始无终的，但是它却不是无边际的或无定形的，强大的必然性从四面八方围绕着它。"存在物不能是无限的，因为它没有缺陷；如果无限，那就正好是有缺陷的了。"⑤巴门尼德之所以认为"存在"不能是无限的（无定形的），显然是受了毕达哥拉斯学派的影响。因为阿那克西曼德的"无定形"是不确定的，故而是"有缺陷的"，因此毕达哥拉斯学派的十对范畴中才把"有定形"视为优于"无定形"的。正是由于反对把"存在"理解为无定形的，所以巴门尼德认为"存在"在各方面都是锁闭的，"好像一个滚圆的球形"，从中心到球面上每一点的距离都相等（这种相等被视为完满）。同时他也坚决否认在这已获定形的"存在"之外还有任何其他东西存在。这也说明巴门尼德的存在论尚未完全摆脱形体的理解而上升到概念的纯粹

---

① 《西方哲学原著选读》上卷，商务印书馆 1981 年版，第 31 页。
② 《古希腊罗马哲学》，商务印书馆 1961 年版，第 52 页。
③ 《西方哲学原著选读》上卷，商务印书馆 1981 年版，第 33 页。
④ 《西方哲学原著选读》上卷，商务印书馆 1981 年版，第 33 页。
⑤ 《西方哲学原著选读》上卷，商务印书馆 1981 年版，第 33 页。

思辨。

与米利都学派、赫拉克利特等人把流变的东西当作存在的观点相反,巴门尼德认为只有那永恒的、唯一的和不变不动的东西才是存在,因为处于流变之中的事物没有定形,因而是转瞬即逝的,这种变化无常的东西不能是其所是——当我们说它是什么时,它就已经不再是什么了(克拉底鲁已经表明,我们连一次也不能踏进同一条河流),因而这些东西只能是"非存在"。只有那个始终如一地是其所是的东西,才是真正的"存在"。

真理与意见　巴门尼德的"存在"(或"存在物")抽掉了一切感性特征和数量规定,是对事物进行了各种抽象之后仅剩下来的最基本的规定或表述。这种规定所表述的东西是超越时空的,因此是不变不动、独一无二和不生不灭的,它是通过逻各斯这条"道路"所通达的。正因为如此,巴门尼德才强调"存在物"只能存在于思想和语言中,"能够被表述、被思想的必定是存在","思想只能是关于存在的思想,因为你找不到一个没有它所表述的存在的思想"[①],所以"思维与存在是同一的"[②]。而那些作为感官对象的、处于生灭流变过程中的具体事物(包括水、火、土、气等)正因为无法用语言确切地表述出来、固定下来,因而都只不过是"非存在"罢了。在巴门尼德看来,米利都学派由于把变化无常的"非存在"(水、气等)当作万物的本原,主张"非存在"存在,所以是虚妄的"意见";赫拉克利物认为"存在物"("逻各斯")存在,"非存在"(火及万物)也存在,"存在和非存在既相同又不相同",所以同样也是荒谬的"意见"。只有坚持"存在物"(抽象本质)存在,"非存在"(感性现象)不存在,才是唯一的"真理之路"。

巴门尼德的这种观点无疑构成了西方形而上学的基石,在以后的西方哲学中,关于"存在"的学问就被称为本体论(Ontology,其中 On 即"存在")。另一方面,巴门尼德通过逻各斯首次建立起思维与存在的同一性也开了西方认识论从语言中寻求线索这一做法的先河。由于"存在"作为系词("是")是任何语言表述中的确定性的体现,这才使思维有了自己确定的对象;而感觉对象则由于不确定的流变而处于"非存在"之中,无法用思维来确定。因此依据抽象思维得到的是"真理",依据感官知觉得到的则是"意见",这样就确立了一条轻视感官知觉、强调理性思维的唯理主义认识路线。

巴门尼德虽然在"真理"与"意见"之间做出了泾渭分明的区分,但是他仍然认为对于"意见"的研究有助于加强对"真理"的认识。"意见虽然不含真理,你仍然要加以体验,因为必须通过全面的彻底研究,才能制服那种虚幻之见。"[③]这

---

① 转引自汪子嵩等著:《希腊哲学史》第一卷,人民出版社 1988 年版,第 634、635 页。
② 《古希腊罗马哲学》,商务印书馆 1961 年版,第 51 页。
③ 《古希腊罗马哲学》,商务印书馆 1961 年版,第 50 页。

种"知己知彼"的态度使巴门尼德在他著作的后半部分里对自然哲学的研究对象——自然世界——进行了考察。他认为构成宇宙万物的是一对最基本的矛盾——光明与黑暗,二者充满于每一个事物之中,相互对立且彼此相等。有时候他又将这一对基本矛盾说成是火与土,或者热与冷,前者是"以太的火焰",后者是"无光的黑暗",宇宙就是由火构成的光明圆环和土构成的黑暗圆环所组成。他描绘的宇宙图形是一个圆形模型,最外层是轻柔的以太,往里是镶嵌着日月星辰的光明之环,再往里是光明与黑暗的混合地带,充满了大气和水,最里层则是黑暗之环,即地球(土)。

巴门尼德的存在论与他的宇宙论是相互对立的,亚里士多德评论道:"他被迫着追随现象,于是就主张在原理上它是一,在感觉主义上它是多。此外他还设定两种原因、两个本原,即热和冷,或者说火和土。在这两者之中他又把热列入存在,把另一个列入非存在。"[1]巴门尼德尽管把关于后者的知识称为"意见",但是他还是不得不面对现实世界,借用米利都学派和赫拉克利特的自然哲学对自然现象做出说明。对于存在论和宇宙论之间的矛盾,他采取了一种简单的方式:把二者作为"真理"和"意见"截然对立起来。在这里可以看到他与赫拉克利特的根本分歧。

3. 芝诺

芝诺(Zenon,鼎盛年约在公元前 468 年)是巴门尼德最喜爱的学生,他身材伟岸,气宇轩昂,性情孤傲,自视甚高。但是与赫拉克利特不同,芝诺并没有远离凡尘去过一种离群索居的生活,而是积极参与城邦的政治斗争,因反对僭主的统治而被捕入狱,由于拒绝招供同伙而被僭主投入臼里用杵捣死。

巴门尼德的哲学思想在当时的希腊无疑具有"阳春白雪"的格调,这种将思维的抽象物当作真实的"存在",而将感性的具体事物当作虚妄的"非存在"的观点,对于注重感性生活的希腊人来说是很难理解的。在这种情况下,作为巴门尼德的得意门生,芝诺所要进行的工作就是运用逻辑论证的方式来说明感性知觉的结论是虚假的,从而将思想的对象确立为唯一真实的东西。

芝诺本人在哲学思想上并没有什么新建树,但是他却运用克塞诺芬尼开创的归谬方法,系统地论证了其师的基本观点。巴门尼德的"存在"的基本特点是不变不动和独一无二,这是只有靠抽象的思维才能把握住的特点;芝诺则要用归谬法来说明,作为感官对象的运动和多在理论上是自相矛盾的,以此来反证巴门尼德的观点。芝诺的论证包括两个方面,一是对运动的否定,二是对多的否定。

否定运动的论证　　在否定运动这一方面,芝诺的论证有"二分法""阿喀琉

---

[1]　苗力田主编:《亚里士多德全集》第七卷,中国人民大学出版社 1993 年版,第 42 页。

斯追不上乌龟""飞箭不动"和"运动场"等。"二分法"的论证是：运动的事物要达到目的必须先走完全程的 1/2，而要达到 1/2 则又须先完成 1/2 的 1/2，如此分下去，以至无穷，因此永远也不可能达到目的。"阿喀琉斯追不上乌龟"的论证是：阿喀琉斯（又译"阿基里斯"，希腊传说中最勇猛的英雄，人称"捷足的阿喀琉斯"）要想追上乌龟，必须首先到达乌龟出发的地点，而在这一段时间里，乌龟已经向前爬了一段距离，于是阿喀琉斯又先要赶上这一段路，而此时乌龟又往前爬了一点……如此推论，阿喀琉斯只能无限地接近乌龟，却永远也追不上乌龟。"飞箭不动"的论证是：飞箭从 A 点射到 B 点要经过 A、B 之间的每一点，而在此期间的每一个瞬间，飞箭都分别停留在每一点上，因此是静止的，飞箭既然在每一点上都是静止的，那么所有静止的点集合起来仍然是静止的，故曰飞箭不动。"运动场"的悖论又叫做"一半的时间等于一倍的时间"，芝诺让两列运动的物体（B、C）以相同的速度相对于一列静止的物体（A）作相向运动，如下图：

```
A  · · · ·            A' · · · ·
B  · · · · →          B' · · · ·
C    ← · · · ·        C' · · · ·
```

在一段相同的时间中，B 越过 C 的长度是它越过 A 的长度的一倍，由此推论出 B 越过 C 的时间要比它越过 A 的时间长一倍，然而它实际所用的却是同一段时间，于是得出"一半的时间等于一倍的时间"的悖论。

否定多的论证　在否定多这方面，芝诺提出了"大小的论证""数的论证""地点的论证""谷粒的论证"等，这些论证无非是要说明，如果存在物是多，则必然导致自相矛盾。例如，关于"大小的论证"大意如下：

假定存在物为多，则存在物或者是（A）由无限多的部分构成，或者是（B）由有限多的部分构成。

（A）如果存在物是由无限多的部分构成，那么构成它的部分或者是（A₁）有体积的，或者是（A₂）没有体积的。

（A₁）如果每个部分都有体积，那么无限多的部分的体积之和就会是无限大，这显然是不可能的。

（A₂）如果每个部分都没有体积，那么无限多的部分之和就会是零，这显然也是不可能的。

因此，存在物不可能由无限多的部分构成（对 A 命题的否定）。

（B）如果存在物是由有限多的部分构成，那么构成它的部分或者是（B₁）连续的，或者是（B₂）间断的。

（B₁）如果部分是连续的，那么在每两个部分之间就必定会有一个中介部分，而中介部分和那两个部分之间又会有中介部分，如此推论，则中介部分的数目将会是无限多，这与"存在物是由有限多的部分构成"这一前提是相矛盾的。

（B₂）如果部分是间断的，那么每一部分又可以进一步分割为更小的部分，如此分割，以至无穷，因此同样是与前提相矛盾的。

因此，存在物也不可能由有限多的部分构成（对 B 命题的否定）。

存在物既不能由无限多的部分、也不能由有限多的部分构成，因此，存在物不可能是多，而只能是一。

"谷粒的论证"则要简单明了得多：一斗谷子洒落在地会发出响声，而一粒谷子掉在地上却悄无声息。一斗谷子是由一粒粒的谷子集合而成，如果每一粒谷子都落地无声，那么一斗谷子何以会发出声响呢？由此可见，事物是由多组成的乃是一种假象。

在芝诺的上述论证中，有一些明显是出于对事物的错误观察和理解（如"谷粒的论证"）；另一些从表面上看似乎是荒诞不经的，但是却包含着非常深刻的思辨内容。例如，"二分法"涉及空间的无限可分性问题，"阿喀琉斯追不上乌龟"涉及空间和时间的无限可分性问题，"飞箭不动"涉及运动与静止的关系问题，而"大小的论证"更是广泛地涉及无限与有限、连续性与间断性等重要的哲学问题。因此，对于芝诺的这些论证，不能简单地斥之为无聊的诡辩，而应该从这些带有诡辩色彩的论证中发掘出深刻的辩证成分。亚里士多德把芝诺称为辩证法的创始人，是有着充分根据的。

当然，芝诺的所有论证都是出于一个目的，那就是运用归谬的方法来反证"存在"是不变不动和独一无二的。这些论证的实质在于，用逻辑推理来否定经验观察，用理性证明来否定感官知觉，并且在此基础上确立起一个基本信念，即"眼见为虚，思想为实"，从而奠定了西方哲学把思想的对象看得比感觉的对象更加真实可靠的理性主义传统。

4. 麦里梭

麦里梭（Melissus，鼎盛年约在公元前 441 年）是巴门尼德的一位更为年轻的学生，他与芝诺一样，对老师的存在论进行了逻辑论证。同时，麦里梭也对巴门尼德的某些观点进行了修改，尤其是把"存在"的空间特性从有限改变为无限。麦里梭像巴门尼德一样认为，"存在"不是派生出来的，而是永恒的；然而，"正如它永远存在一样，它在大小方面也永远应当是无穷的。"①因为只有无限的东西才是不受其他事物限制的，否则它就会成为二或者多了。

麦里梭也不像芝诺那样断然否认感性事物的运动与众多，而是认为感性事物的运动与众多并不会影响"存在"本身的不动不变和自身同一。"因为其他事物在感觉上全部表现为众多。但这并未毁掉这个道理，即存在物生成，存在不是

---

① 《古希腊罗马哲学》，商务印书馆 1961 年版，第 62 页。

众多,而是既永恒又无限又在一切方面相类同的一。"①麦里梭似乎并没有把运动和众多的感性事物当作不存在的,而只是把它们当作不真实的存在,他认为只有"虚空"才是不存在的,"因为虚空就是无有,无有的东西是不存在的。"②相反,存在则是充实的,因而也是不动的,"如果它(存在)不是空虚的,它就应该是充实的。如果它是充实的,它就是不动的。"③这里表明了某种向后来的结构自然观转变的契机。

第三节 鼎盛时期的希腊哲学

从思想发展的内在逻辑来看,爱利亚派对存在的确立结束了早期希腊哲学的朴素状态。在此之后,智者派将爱利亚派对逻各斯的灵活运用发展到一个极致,使之提升为对无形的精神世界进行深入的理论探讨的有力武器,催生了古希腊由苏格拉底尤其是柏拉图承担起来的"伦理学转向"的历史使命。苏格拉底通过探讨事物的一般定义、追问事物"本身"的意义,把关注的焦点从自然界移向人的道德世界。柏拉图则把苏格拉底孜孜以求的事物"本身"从主观的抽象概念放大为客观的世界本质,从而创立了一种精致的"理念论"形而上学。另一方面,希腊自然哲学的发展并没有中断,而是向着更加精致化和系统化的方向演进,建立起一种结构性的自然观。恩培多克勒在总结早期自然哲学的基础上,以综合的方式提出了"四根说",第一次把本原理解为构成万物的基本元素而不是生成万物的原始开端。阿那克萨戈拉进一步提出了"种子说",试图解决一与多的矛盾。德谟克利特则在原子论的基础上真正实现了一与多、普遍性与特殊性之间的统一,标志着古希腊哲学中结构自然观的最终形成。面对着自然哲学的元素与形而上学的本质之间的二元分裂,亚里士多德创建了实体学说,力图以一种合乎目的秩序的方式将二者统一起来。他在综合以往各家学说的基础上建立起来的"形而上学"体系,成为希腊哲学的百川之海和万仞之巅。

在这一时期,雅典成为希腊文化的中心,上述各位思想巨擘除恩培多克勒和德谟克利特之外,都麇集于雅典(德谟克利特也曾访问过雅典)。从伯里克利从政(约公元前469年)到亚历山大去世(公元前323年)的一百多年时间里,雅典城邦成为各种哲学思想大放异彩的繁茂园圃。

一、智者派

爱利亚学派的一个重大贡献就在于开创了一种对哲学观点的论辩风气。这

---

① 苗力田主编:《亚里士多德全集》第七卷,中国人民大学出版社1993年版,第4页。
② 《古希腊罗马哲学》,商务印书馆1961年版,第63页。
③ 《古希腊罗马哲学》,商务印书馆1961年版,第63页。

种论辩风气把思想的形式当作重要的东西突出出来,从而使得任何一种哲学观点如果不能得到有效的形式论证,就不具有真理性。在芝诺和麦里梭等人那里,我们可以看到思想的形式甚至成为了主要的方面,而思想的内容反倒降居其次了。这种论辩风气对于当时的希腊哲学界产生了重要的影响,在随即出现的智者派和苏格拉底等人的哲学中,这种论辩之风愈演愈烈,最终形成了古希腊意义上的辩证法。

希波战争之后,雅典成为希腊文化的中心,它所实行的民主制度也成为各城邦效法的楷模。民主制使得每一个公民都可以积极地参与政治生活,为了自身利益和城邦繁荣而充分展现自己的才智。在这种情况下,掌握论辩技巧、学习社会政治方面的有关知识,以便在公共生活和法律诉讼等方面立于不败之地,便成为一件时髦的事情。于是在希腊社会中,就出现了一批专门以教授"智慧"为生的人,他们向人们传授论辩术、修辞学等方面的技巧,并收取一定的费用。这些人被时人称为"智者"。智者派严格说来并非一个统一的学术派别,智者们彼此在哲学思想、政治态度等方面存在着很大的分歧,但是他们都擅长于逻辑推理和语言技巧,思维敏捷,能言善辩,其思想中不乏真知灼见,同时也充斥着惑人耳目的诡辩。柏拉图笔下的苏格拉底曾经轻蔑地把智者称为"批发或者零售灵魂的粮食的人";亚里士多德也说道:"智者的技术就是毫无实在内容的似是而非的智慧,智者就是靠一种似是而非的智慧赚钱的人。"[①]然而罗素却认为,柏拉图等人之所以要攻击智者,只是因为智者的智慧超群。由于苏格拉底、柏拉图、亚里士多德等人的贬抑,"智者"(sophist)一词被等同于"诡辩家",后来的哲学家们则更愿意自称或被人称为"爱智者"(philosopher)。

在这里,我们只介绍两位具有代表性的"智者"普罗泰戈拉和高尔吉亚的哲学思想。

1. 普罗泰戈拉

普罗泰戈拉(Protagoras,约前490—前421年)出生于色雷斯地区的阿布德拉城,是第一个自称"智者"的人,也是第一个采用所谓"苏格拉底式的讨论方法"的人。他从壮年时就开始在希腊各城邦收费讲学,曾两次到过雅典,并且为图里翁城邦制定过法律。在第二次访问雅典时,他曾与年轻的苏格拉底有过一次思想上的交锋,据柏拉图在《普罗泰戈拉篇》中记载,普罗泰戈拉声称他的职业就是向人们传授"私人事务以及公共事务中的智慧"。

古罗马思想家西塞罗曾认为苏格拉底第一次把哲学"从天上拉回了人间",他的意思是说,在苏格拉底那里哲学开始将眼光从自然界转向了人的道德世界。

---

① 《古希腊罗马哲学》,商务印书馆1961年版,第144页。

实际上，普罗泰戈拉在苏格拉底之前就已经这样做了。普罗泰戈拉将注意力集中于城邦生活中的"私人事务以及公共事务中的智慧"，而对古希腊先贤们所讨论的自然哲学和神学宇宙论缺乏兴趣。如果说希腊早期学派——无论它们彼此之间的观点是如何对立——都把本原问题当作关注的焦点，那么普罗泰戈拉则是古希腊第一个撇开本原问题的哲学家。

人是万物的尺度　普罗泰戈拉的一个著名观点是："人是万物的尺度，是存在的事物存在的尺度，也是不存在的事物不存在的尺度。"尺度和逻各斯只存在于人那里，人完全可以根据自己的逻各斯去描述和衡量万物的存在与非存在。因此，"事物对于你就是它向你呈现的样子，对于我就是它向我呈现的样子。"[①]他以刮风为例，刮风的时候有人感觉冷，有人却感觉不冷，因此不能说风本身是否冷，而只能说风对于感受者来说是冷还是不冷。这样一来，事物也就无所谓客观规定性可言，更不存在什么永恒不变的本原，一切均以每个人的立场为转移。

普罗泰戈拉的这种相对主义明显是针对着爱利亚学派的绝对存在的。爱利亚学派用抽象的"神"或"存在"来否定现象世界（"非存在"），这"神"或"存在"是客观的、绝对的，它决不会由于个人感觉的差异而变化。然而在普罗泰戈拉看来，这种绝对的存在本身就是一种无法证实的思想虚构物，每个人在变化不定的感觉中发现，他自己才是事物存在的唯一尺度。普罗泰戈拉明确地说："至于神，我既不知道他们是否存在，也不知道他们像什么东西。有许多东西是我们认识不了的；问题是晦涩的，人生是短促的。"[②]

无论是赫拉克利特还是爱利亚学派，都把逻各斯理解为绝对的"一"。普罗泰戈拉则反其道而行之，强调"人是万物的尺度"，从而使逻各斯成为相对的"多"。但他并没有抛弃逻各斯，只是把逻各斯"打碎"成了每个人内心的主观原则。尽管神圣的"一"变成了世俗的"多"。但逻各斯在每个人心中仍然是"一"，他把逻各斯变成了一种个人运用来自圆其说的辩论（诡辩）技巧。为了清晰地表达意思，他不再依靠神谕，而是着眼于语言本身，首次区分了动词的时态和名词的阳、中、阴三性，划分了句子的陈述式、疑问式、命令式、祈使式，等等，还纠正了语法中的种种错误，成为希腊语法的奠基人。他也是古希腊第一个收费讲授修辞学、雄辩术的教师。可见普罗泰戈拉虽然强调人的感觉的相对性，但并不是一个感觉论者，而只是以感觉的相对性为例来证明人的判断或逻各斯的相对性。所以亚里士多德把他的"人是万物的尺度"理解为："实际上是说正在认识或正在感知的人，因为他们有各自的知识或感觉，所以说知识和感觉是对象的尺

---

① 《古希腊罗马哲学》，商务印书馆 1961 年版，第 133 页。
② 《古希腊罗马哲学》，商务印书馆 1961 年版，第 138 页。

度。"①这种理解是比较全面的。

理论的相对性　普罗泰戈拉的相对主义有一条基本原则,即"一切理论都有其对立的说法",这条原则在实践上源于智者们进行论辩的需要,而在理论上则开创了一种主观辩证法,即把赫拉克利特所发现的客观世界的对立引入到思想中,使之尖锐化而成为矛盾。他将矛盾仅仅看作是主观方面的分歧,认为这些分歧只要言之成理,就都是可以成立的,从而导致了一种"一切皆真"的相对主义。为此他甚至不惜使自己陷入自相矛盾的境地。据说他收徒有一条规矩:学生学成后打第一场官司如果赢了,才收学费;但有位学生所打的第一场官司正是控告他非法收费,结果不论他输还是赢,他都得不到钱。其实"一切理论都有其对立的说法"这条原则本身就是自相矛盾的,因为该原则自身也属于"一切理论"之列。所以柏拉图在评论这一原则时说道:"它总是一个令人奇怪的学说,既摧毁其自身又摧毁了其他理论。"②普罗泰戈拉的这种做法虽然导致悖论的出现,而且往往会流入诡辩,但也常常有力地揭露出理论中的矛盾,包含有辩证法的因素。古希腊的辩证法正是一种诘难对方理论矛盾的论辩方法。同时,由于这种相对主义极大地高扬了个人立场的至上地位,普罗泰戈拉在社会政治和道德观上突破了神创论,不承认既定的社会秩序"天然合理",而认为这些秩序只是一些个人"从俗约定"的结果。他由此成为西方社会契约论的先驱者。

2. 高尔吉亚

高尔吉亚(Gorgias,约前485—前380年)出生在西西里的雷昂底恩,据说曾经师从芝诺和恩培多克勒,擅长于论辩。他曾游历四方,在雅典教授过雄辩术,希腊著名的演说家伊索克拉底和犬儒学派的创始人安提斯泰尼都是他的学生。高尔吉亚著有《论自然或非存在》等书,活了一百多岁才无疾而终。

高尔吉亚与普罗泰戈拉一样把矛头对准了爱利亚学派,但是他们两人的方法却不尽相同。普罗泰戈拉主张用主观判断的多样性来否定爱利亚学派通过逻辑论证而建立起来的唯一性,高尔吉亚则严格坚持爱利亚学派的逻辑论证方法,但是却"以子之矛,攻子之盾",侧重于从理论上证伪爱利亚学派的基本命题。普罗泰戈拉的相对主义承认一切主观感受都是真的,高尔吉亚的怀疑主义则力图证明,一切客观对象都是假的,进而我们对客观对象的认识也是假的,再进而我们对这种认识的表述仍然是假的。他用了三个命题来表达这三层意思:"第一个是:无物存在;第二个是:如果有某物存在,这个东西也是人无法认识的;第

---

①　汪子嵩等著:《希腊哲学史》第二卷,人民出版社1993年版,第257页。

②　苗力田主编:《古希腊哲学》,中国人民大学出版社1989年版,第187页。

三个是：即令这个东西可以被认识，也无法把它说出来告诉别人。"①高尔吉亚的这三个命题显然是分别针对爱利亚学派的"存在物存在""思维与存在是同一的"以及"存在与思维的同一能被表述"这三个命题的。

"无物存在" 如同爱利亚学派一样，高尔吉亚主要运用归谬法来证明命题，即通过揭露反命题的荒谬性来证明命题本身。对于第一个命题"无物存在"，高尔吉亚首先设定了其反命题"有物存在"。如果有物存在，则该存在物或者是（A）非存在，或者是（B）存在，或者是（C）既存在又非存在。

（A）非存在存在——非存在就是无，说非存在存在就是说它同时既存在又不存在，这是自相矛盾的；此外，如果非存在存在，那么存在物就不存在了（因为二者是相反的），这也是不可能的。因此（A）不能成立（这里借用了爱利亚学派的证明）。

（B）存在者存在——这也是不可能的，因为如果存在者存在，则或者（B_1）存在者是永恒的，或者（B_2）存在者是派生的，或者（B_3）存在者既是永恒的又是派生的。

（B_1）存在者是永恒的——永恒的也就是无限的（麦里梭已经证明了这一点），那么这无限的存在者存在于什么地方呢？它不能小于它所在的地方，因为这样它就不是无限的了；它也不能等于它所在的地方，因为这样它就既是地方又是物体，这显然是矛盾的；它也不能大于它所在的地方，因为这样它就没有地方可以存在了。因此存在者不能是无限的，从而也就不能是永恒的。

（B_2）存在者是派生的——如果存在者是派生的，那么它是从哪里产生的呢？它不能从存在者中产生，因为这样就不是产生（自己产生自己）；它也不能从非存在中产生，因为非存在是无，无中不能生有。因此存在者也不能是派生的（这一点克塞诺芬尼和巴门尼德都曾经证明过）。

（B_3）存在者既是永恒的又是派生的——永恒与派生是一对相互否定的概念，因此该命题是荒谬的。

（B_1）（B_2）（B_3）均被证伪，因此（B）不能成立。

（C）既存在又非存在之物存在——如果既存在又非存在之物都存在，那么存在和非存在就被等同了，这将导致说存在物存在就是说它非存在，而这是荒谬的。所以既存在又非存在之物不可能存在。

既然（A）、（B）和（C）都不能成立，因此"有物存在"这一反命题也就不能成立，由此证明了"无物存在"。

"即使有物存在，也无法认识" 高尔吉亚前一命题的结论是这样说的："既然没有存在，也没有非存在，又没有既存在又非存在，而且没有别的选择可供思

———————————

① 《古希腊罗马哲学》，商务印书馆1961年版，第138页。

考,那么显然是无物存在。"①这就为本命题的证明提供了前提,即:我已经穷尽了一切可能性,都没有可能思考任何东西的存在,这本身已说明(我的)一切思维都无法认识存在;而这反过来就说明,即使有物存在也不是思维所能认识的。所以高尔吉亚在本命题的论证中一开始就说:"如果所想的东西是不存在的,那么存在就不能被设想",并说"这是一个健全的、前后一致的推论"。② 但所想的东西作为已经在思想中出现的东西是否指向某种存在呢?对此他仍然运用归谬法从两个方面来证明:第一,"如果我们所思想的东西真实存在,凡是我们所想的东西便都存在了"③,但是我们可以想象一个人在天上飞或者一辆车在海上行驰,而显然这些事情并不存在。第二,"如果我们所想的东西真实存在,不存在的东西就思想不到了"④,但是六头十二足的女妖和吐火怪兽这些并不存在的东西却可以被思想。因此,爱利亚派的"思维和存在是同一的"这一命题不能成立,由此证明了"如果有某物存在,这个东西也是人无法认识的"。

"即使认识了,也无法言说" 对于第三个命题,高尔吉亚认为,"我们告诉别人时用的信号是语言,而语言并不是给予的东西和存在的东西;所以我们告诉别人的并不是存在的东西,而是语言,语言是异于给予的东西的。"⑤例如,我们看到的是某种颜色,但是我们告诉别人的却是关于这种颜色的语言,直观的感觉与表达感觉的语词是完全不同的东西,决不能相互指代。因此,即使我们对某物有了认识,也不能告诉别人。

与爱利亚学派的独断主义一样,高尔吉亚的怀疑主义论证注重的也只是思想的形式而非内容。他采用"以其人之道还治其人之身"的做法,像其师芝诺那样完全无视感性的现实事物,纯粹从逻辑上对爱利亚学派的观点进行了反驳。在现实生活中,高尔吉亚或许并不怀疑客观世界的存在,也不会怀疑对存在物的认识和表达,但是他却像芝诺等人一样坚信,理性比经验更可靠,抽象的逻辑推理比任何具体的感官知觉都要更加有说服力。

高尔吉亚与普罗泰戈拉殊途同归,他们一个用"一切皆真"的相对主义、另一个用"一切皆假"的怀疑主义解构了爱利亚学派的不变不动和独一无二的抽象本质——"存在",颠覆了早期希腊哲学关于万物本原的信念。智者派的观点虽然很快就被同时代或稍后的自然哲学家(恩培多克勒、阿那克萨戈拉、德谟克利特等)和形而上学思想家(苏格拉底、柏拉图等)所超越,但是他们的论证方式却促进了古希腊辩证法的最终确立,他们的思想观点也对希腊化时期的怀疑主

---

① 汪子嵩等著:《希腊哲学史》第二卷,人民出版社 1993 年版,第 267 页。
② 汪子嵩等著:《希腊哲学史》第二卷,人民出版社 1993 年版,第 270 页。
③ 《古希腊罗马哲学》,商务印书馆 1961 年版,第 141 页。
④ 《古希腊罗马哲学》,商务印书馆 1961 年版,第 142 页。
⑤ 《古希腊罗马哲学》,商务印书馆 1961 年版,第 142 ~ 143 页。

义学派产生了重要的影响。甚至在整个西方哲学史上,由智者派所开创的怀疑主义都始终是对形形色色的独断论哲学的强劲挑战。

二、原子论者及其先驱

1. 恩培多克勒

恩培多克勒(Empedocles,约前492—前432年)是西西里岛南部的阿克拉伽人,据说他是毕达哥拉斯的学生,这种说法不太可信,但是他关于水、火、土、气按照不同比例构成万物的思想显然是受了毕达哥拉斯学派的影响。此外,他对巴门尼德也非常敬佩,像后者一样用诗歌形式来发表思想,但是他显然只是对巴门尼德的宇宙论而不是存在论感兴趣。恩培多克勒是一位知识渊博的人,不仅在天文、气象、生物等方面卓有建树,而且精通医学,据说他曾经使一位濒危的妇女起死回生。他也是阿克拉伽新建立的民主政权的重要领导人,晚年由于遭政敌的陷害而被迫流亡,客死他乡。

四根说　恩培多克勒在综合早期自然哲学的基础上提出了著名的"四根说",第一次明确地把本原理解为构成事物的基本元素,即认为万物均由四种本原——火、气、土、水——构成。他用诗化的语言写道:"你首先要听到那化生万物的四个根:照耀的宙斯,养育的赫拉,爱多纽,以及内斯蒂,它的泪珠是凡人的生命之源。"[1]这四种元素每一种都是永恒不变的有定形的"一",不能互相转化;但它们的结合和分离则产生变化和"多",它们"在时间的流转中轮流占据上风",按照不同的比例构成世间万物。例如,肌肉是由等量的四种元素混合而成,神经是由一份火、一份土和两份水构成,骨骼则是由两份水、两份土和四份火构成。人的聪明与否也与元素的混合情况有关,凡是各种元素混合均等且间隔适当的,就是聪明的人,反之则是愚蠢的人。这就较好地说明了一和多、永恒和生成的关系问题,由一构成的多被看作是自然界的结构方式。他说道:"任何变灭的东西都没有真正的产生,在毁灭性的死亡中也并没有终止。有的只是混合以及混合物的交换:产生只是人们给这些现象所起的一般名称。""当各种元素混合在人身上出现时,或者混合在野兽、植物或鸟类身上时,人们便说是产生了。当各种元素彼此分离时,人们便又说有了不吉的死亡了。"[2]由此可见,恩培多克勒用本原与万物之间的聚散结构取代了早期希腊自然哲学的生灭转化。

爱与恨　恩培多克勒在哲学上的另一个重要贡献在于,他第一次在作为元素的本原(四根)之外,又提出了两个独立的作为动力的本原——爱与恨,认为正是这两个东西造成了四根的聚散和万物的生灭——爱的力量使四根组合而生

---

① 《西方哲学原著选读》上卷,商务印书馆1981年版,第41页。宙斯等四位神分别指火、气、土、水。
② 《古希腊罗马哲学》,商务印书馆1961年版,第81页。

成万物,恨的力量则使四根分解而毁灭万物,两种力量在事物的运动变化中交替占上风。"爱"与"恨"在希腊文中的原意分别是"友好"和"争吵",恩培多克勒用这两个概念来说明万物生灭变化的动力,明显地带有拟人化的色彩。因此爱与恨看来像是两种精神性的本原。然而,恩培多克勒也明确地说过"爱的长和宽是相等的"之类的话,似乎又肯定了它们的物质性。可见他虽然已把爱和恨置于四根之外作为独立的动力因,但尚未从性质上与物质元素完全区别开来。精神和物质的区别要到阿那克萨戈拉那里才完成。

流射说　恩培多克勒也是第一个创立了较为系统的认识论的哲学家,他在"流射说"的基础上提出了"同类相知说"的认识理论。他认为,客观事物发出一种流射,作用于人的感官。人的眼睛内部是一团火,周围包围着土和气,形成了薄薄的帷幕,水则在帷幕四周流动。帷幕上有一些细小的孔道,让事物的流射可以穿过。我们的认识之所以能够发生,是因为我们与客观事物之间有同样的元素在对流。"我们是以自己的土来看土,用自己的水来看水,用自己的气来看神圣的气,用自己的火来看毁灭性的火;更用我们的爱来看[世界的]爱,用我们的可厌的恨来看它的恨。"①正是由于同类元素在孔道中的相通,认识才成为可能。

恩培多克勒的"四根说"标志着爱利亚派的"一"在与自然哲学相结合的努力中已开始自行分化为多,并力图在多中仍然保持一的特性。一和多的这种结合方式就推动自然哲学从单一的本原寻求进到了复杂的结构建构。

2. 阿那克萨戈拉

阿那克萨戈拉(Anaxagoras,约前500—前428年)出生于小亚细亚的希腊殖民城邦克拉左美奈,20岁左右即来到雅典,在那里居住了30年之久。他是第一个把哲学引入雅典的人,是雅典民主派领袖伯里克利的老师和挚友,著名的悲剧家欧里庇得斯也是他的学生。阿那克萨戈拉对学术充满了热忱,对于现实政治却不闻不问,有人指责他不关心祖国,他却指着天空回答道:"不要胡说,我对我的祖国是最关心不过的。"他曾经根据陨石把太阳说成是一团燃烧的物质,认为月亮上有山谷而且有人居住,因此被雅典人控告为不敬神灵,并被雅典法庭缺席判处死刑。只是由于伯里克利的多方说项,才在交付了罚金之后被驱逐出境,在穷困潦倒中死于兰萨库斯城。几十年以后,雅典的另一位伟大哲学家苏格拉底也由于同样的原因(不敬神灵)而被雅典法庭处死。由此可见,即使是在以民主制度而著称的雅典,自由地表达哲学思想也往往会成为政治的牺牲品。

阿那克萨戈拉虽然比恩培多克勒年长几岁,但是他从事哲学活动却较晚一些。阿那克萨戈拉的思想渊源是米利都学派,尤其深受阿那克西美尼的影响,同

①　《古希腊罗马哲学》,商务印书馆1961年版,第90页。

时也熟知爱利亚学派的哲学观点。他是否了解恩培多克勒的哲学,我们无法断定,但是他们考虑的问题和得出的基本结论是比较接近的。从思想发展的内在逻辑来看,阿那克萨戈拉哲学构成了恩培多克勒哲学与德谟克利特哲学之间的必要中介。

种子说 恩培多克勒为了克服早期自然哲学用一来说明多的局限性,把唯一的存在一分为四来说明多(万物),这一思想的进一步发展必然是把存在再细分为无限多来说明多,这就是阿那克萨戈拉的"种子说"。阿那克萨戈拉也看到了一无法说明多的困境,他既不赞成由一种本原生成万物的观点,也不同意由几种元素构成万物的观点,而认为世间千差百异的事物各有自己的本原,这无限多的本原就是构成各种事物的最小微粒,他称之为"同类的部分",即"种子"。例如,骨头是由骨头的种子构成,毛发是由毛发的种子构成,甚至连水、火、土、气这些一直被认为是最基本的本原或元素的东西,也同样是由各自的种子构成的。种子的种类和数量无限多(因为世间事物是无限多的),体积无限小,但不同类的种子在性质上却彼此相异,各具有"不同的形状、颜色和气味"。① 世间万物每一个都包含有其他一切事物的种子,只不过其中某一类种子占优势就使之成了该事物。

阿那克萨戈拉在《论自然》的残篇里描绘了宇宙演化的情景:宇宙最初处于一种原始混沌状态,无数异质的种子相互混杂在一起。通过一种旋涡运动,各种不同种类的种子彼此分离开来,同类的种子开始聚集在一起,形成了形态各异的大千世界。但是这种分离和组合只是相对的,因为从原始混合状态中分离出来的种子不可能是完全纯粹的,多多少少地带有一些其他种子的成分。这种"你中有我,我中有你"的情形就可以解释为什么事物会发生性质的变化,如白雪融化后会变成黑水,吃了面包后会长出头发、肌肉、血液和骨骼等,都是由于其中本来包含的某类种子增长的缘故。所以,"一物的本性被认为是它所包含的那个最多的成份的本性。"②"一切中包含着一切"③,这就从事物的内部结构上说明了宇宙万物的统一性和多样性。

心灵 世间万物都是或多或少地彼此包含和相互分有,但是使它们如此安排和形成起来的却是一种在宇宙之外、不与所有的事物相混杂的动力,这就是"心灵"(nous,音译作"努斯")。"心灵是万物中最稀最纯的,对每一事物具有全部的洞见和最大的力量。对于一切具有灵魂的东西,不管大的或小的,心灵都有

① 汪子嵩等著:《希腊哲学史》第一卷,人民出版社1988年版,第883页。
② 苗力田主编:《古希腊哲学》,中国人民大学出版社1989年版,第144页。
③ 《古希腊罗马哲学》,商务印书馆1961年版,第70页。

支配力。因此心灵也能支配整个旋涡运动,它推动了这个运动。"①心灵是独立的、自为的和能动的,它从外部推动宇宙,使种子从宇宙最初的混沌状态中分离出来并组合成各种事物,但它本身却与这个宇宙相分离。这是西方哲学史上第一次明确地把精神和物质区分开来,能动性和独立性被归于精神一边,而物质则被视为被动的东西。心灵成为安排宇宙秩序的"第一推动力":"万物都在混沌中,然后有心灵出,对万物加以安排。"②以往哲学家们最关注的是构成自然的本原元素,恩培多克勒开始关注是什么力量使这些元素构成万物(爱和恨),阿那克萨戈拉则进一步使这种力量纯粹化,提升为独立的精神因素("心灵"),古希腊源远流长的朴素"物活论"至此划上了一个句号。

然而,把"心灵"视为万物的终极动力的观点立即就会导致目的论的出现,因为既然安排宇宙秩序的东西是一种类似于人的理智或心灵的东西,那么这东西就一定不会是盲目地而是自觉地进行安排,从而把一种主观目的注入了客观世界的进程之中。黑格尔在论及阿那克萨戈拉的"心灵"时敏锐地指出:"'心灵'就是这种活动,它把一个最初的规定作为主观的东西建立起来,却又把这个主观的东西变成客观的;这样一来,这个主观的东西就变成了它的对方,但这个对立又再被扬弃,致使那客观的不是别的而就是原来那个主观的东西……这个活动就是目的,'心灵',思维。"③因此,在阿那克萨戈拉之后不久,苏格拉底就明确地提出了目的论的思想。

把阿那克萨戈拉在自然结构的处理上"化一为多、寓一于多"的思想再向前推进一步,就产生了原子论。

3. 留基波

留基波(Leucippus,鼎盛年约在前440—前430年)是一位带有扑朔迷离色彩的人物,关于他的生平资料留存极少,我们甚至连他到底是何方人氏都不清楚。关于他的师承关系也众说纷纭,一种通常的说法认为他曾在爱利亚师从芝诺,但是可以肯定的是,他曾在阿布德拉成为德谟克利特的老师。在古代文献中,人们往往把他与德谟克利特相提并论。原子论的思想据说是由留基波首先提出来的,但是德谟克利特却将其发扬光大了。

4. 德谟克利特

德谟克利特(Democritus,约前460—前370年)是阿布德拉人,与著名的智者普罗泰戈拉是同乡。德谟克利特从小就表现出强烈的求知欲,曾拜留基波和阿那克萨戈拉为师,并游历了埃及、波斯、巴比伦、印度等地,广泛地学习了天文

① 《古希腊罗马哲学》,商务印书馆1961年版,第70~71页。
② 《古希腊罗马哲学》,商务印书馆1961年版,第65页。
③ 黑格尔著,贺麟、王太庆译:《哲学史讲演录》第一卷,商务印书馆1959年版,第356页。

学、几何学、物理学、数学、伦理学、文学和技艺等方面的知识,成为古希腊最博学的百科全书式人物。他也曾造访过雅典,听说过苏格拉底的大名,但是后者却不认识他。当他在八十多岁的高龄远游归来时,由于耗尽了祖产而被阿布德拉法律拒绝落叶归根,于是他就在阿布德拉人面前宣读了他撰写的《宇宙大系统》一书,结果人们不仅同意他将来在故乡举行葬礼,而且为他立了一尊铜像。德谟克利特一生涉猎极广,著述颇丰,同时代无人可以望其项背,可惜这些著作至今仅存残篇。

原子与虚空 德谟克利特认为,宇宙是由原子和虚空共同组成的。"原子"('ἄτομος)一词在希腊语中的原意是指"不可分割"的东西,德谟克利特把它看作是构成一切事物的最后单位。原子具有如下特点:(1)内部充实的、不可分和不可入的基本粒子,原子虽然是构成一切具体事物的最后单位,但是原子本身却是不可感知的;(2)数量无限,性质相同,相互之间只有形状、次序和位置方面的差别,原子构成事物就如同字母构成单词一样;(3)受因果必然性决定,在虚空中作直线运动,由于方向不同而相互碰撞,形成旋涡运动并构成万物;(4)不生不灭的本原,万物的产生与毁灭不过是原子的聚散。

从以上特点可以看到,德谟克利特的每个原子都具有巴门尼德的"存在"的性质,但数量却从"一"成为了"多"。所以有人认为,德谟克利特的原子是"打碎了的巴门尼德的存在"。但是原子与"存在"的差异不仅在于多与一,而且也在于运动与静止。这是由于德谟克利特把虚空作为"非存在"也纳入了存在的范畴,他认为不但"存在"(原子)是存在的,"非存在"(虚空)也是存在的,"存在比非存在并不更多存在"[1]。对虚空的这种承认使整个宇宙都松动起来,使得原子有了运动的余地,从而使得从爱利亚学派一直到恩培多克勒和阿那克萨戈拉由于否认虚空而无法解决的"运动如何可能?"的问题得到了解决。

原子与运动 原子与四根或种子的另一个重要区别在于原子具有能动性。德谟克利特否认原子受其他东西的支配,而主张原子本来就在运动的观点,他把运动看作是原子的固有属性。德谟克利特描绘了一幅原子运动的图景:无数原子在宇宙中形成旋涡运动,重的凝结成大地,轻的被抛向外层空间。在激烈的碰撞过程中,不同形状的原子相互结合,形成了世界上的各种事物。德谟克利特认为,灵魂也同万物一样是由原子构成的,只不过构成灵魂的原子更加精细和活跃一些,它们与构成火的原子是相同的。人一死,构成灵魂的原子也就消散了,因此根本就不存在什么"不死的灵魂"和"享有不死的本性的神"。由于否定了"心灵"自身的独立性,德谟克利特就从根本上消除了用外在的精神性原因来解

---

[1] 苗力田主编:《亚里士多德全集》第七卷,中国人民大学出版社 1993 年版,第 38 页。

释物质运动的可能性,从而在原子与虚空的基础上确立了世界的物质统一性。他由此被视为第一个严格意义上的唯物主义者和无神论者。

由于否定了外在的精神动力(心灵),目的因在自然世界中也就不复存在,"德谟克利特忽略了目的因,把自然界一切作用都归之于必然性。"①这种强调一切依必然性而运动的观点固然有助于消除神学目的论,却导致了一种严格的机械决定论。这种机械决定论展现了一幅受着铁一般不可伸缩的必然性制约的世界景象,一切都是事先注定的和不可改变的。但是这样一来,这种铁的必然性本身就成了一个最大的偶然性。另一方面,这种机械论最终也并没有把运动赋予原子内部,而是归于外来的推动,运动在诸多原子之间传递,却并非原子自发地产生,这就仍然悬置了运动的最终来源问题,为后人用神的"第一推动"来解释运动的起源留下了空档。

影像说　德谟克利特在认识论上提出了一种比"流射说"更接近科学的"影像说",他认为,每一个物体都会发出一种与自身形状相似的影像,这种影像通过空气的作用而在我们的眼睛里压下印记,从而形成感觉和思想。这是唯物主义的反映论的首次明确表达。"留基波、德谟克利特和伊壁鸠鲁主张感觉和思想是由钻进我们身体中的影像产生的;因为任何一个人,如果没有影像来接触他,是既没有感觉也没有思想的。"②这就承认了外界事物的影像对感官的刺激是我们的一切认识得以发生的根本原因。

但是另一方面,德谟克利特也像赫拉克利特和巴门尼德一样在感觉与思想、意见与真理之间做出了区分,并且表现出一种唯理主义的倾向。他认为感觉是因人而异的,它受到情感、意见等多种因素的影响,我们关于事物性质(如颜色、味道等)的感觉本来就是约定俗成的;而对于不可感知的原子和虚空,只有通过理性才能认识,它才构成了真正的知识。他把通过感觉获得的知识称为"暗昧的认识",把通过理性获得的知识称为"真理性的认识"。但是他并没有像巴门尼德那样把二者看作是谬误与真理的对立关系,而是认为二者只有精确程度上的差异。他明确地说道:"有两种形式的认识:真理性的认识和暗昧的认识。属于后者的是视觉、听觉、嗅觉、味觉和触觉。但真理性的认识和这根本不同。""当暗昧的认识在最最微小的领域内不能再看,不能再听,不能再嗅,不能再尝,不能再触摸,而知识的探求又要求精确时,于是真理性的认识就参加进来了,它具有一种更精致的工具。"③在德谟克利特看来,影像对感官的刺激构成了理性认识原子和虚空的必要媒介,因此缺乏感觉的理性就是无源之水。他曾借用感

---

① 《古希腊罗马哲学》,商务印书馆1961年版,第99页。
② 《西方哲学原著选读》上卷,商务印书馆1981年版,第50页。
③ 《古希腊罗马哲学》,商务印书馆1961年版,第106页。

官的话来批评理性:"无聊的理性,你从我们这里取得了论证以后,又想打击我们! 你的胜利就是你的失败。"①但是他仍然明显地表现出一种轻视感觉的倾向,他在《论规范》一书中把感觉称作"私生的",而把理性称作"嫡出的",他对认识所作的"暗昧的"与"真理性的"区分本身也表现了一种价值倾向。根据一种传说,德谟克利特在晚年时为了不受感觉的蒙骗而弄瞎了自己的眼睛。

德谟克利特在伦理学、政治学等方面也有许多建树,他倡导顺应自然,认为遵循必然性的生活才是愉快的;主张在理智的指导下过一种有节制的生活,因为享乐的过度和不足都会引起灵魂的骚乱。他反对专制而提倡民主,认为"在一种民主制度中受贫穷,也比在专制统治下享受所谓幸福好,正如自由比受奴役好一样"②。他强调人应该坚持正义和遵守法律,只有这样才能保持内心的平静,享受一种高尚的快乐生活。

德谟克利特的原子论是希腊自然哲学发展的高峰,它在前人思想的基础上,较为完满地解决了一与多、存在与非存在、本原与运动、理性与感觉等重大理论问题,使古希腊的结构自然观达到了完备的形态。这种形态首次做到了只凭自然物质本身、而不用任何神或精神的力量来解释自然界,对后世的唯物主义哲学和自然科学产生了深远的影响。

三、苏格拉底与柏拉图

1. 苏格拉底

苏格拉底(Socrates,前469—前399年)是古希腊最伟大的思想家之一,也是对西方文化影响最为深远的道德圣贤。苏格拉底出生于雅典,父亲是一个雕刻匠,母亲是一个助产婆,他早年曾随其父学手艺,据说在雅典卫城的神像中还有他的作品。伯罗奔尼撒战争爆发后,他曾三次从军出征,因表现勇敢而立过战功;他也曾一度从政,公元前406年还被选入五百人会议,但是他最热爱的事情还是进行哲学思考。苏格拉底身材矮小,头颅硕大,面目丑陋,性格怪异,平时不修边幅,一年四季光着脚、披着一件破旧的大氅在广场上与人讨论各种问题,或者仰面朝天进行哲学沉思,有时甚至通宵达旦。他虽然喜爱与人辩论,却对智者派的诡辩颇为反感,尤其厌恶智者们用知识来赚钱的做法,认为这样玷污了智慧的清誉。为了与"智者"划清界限,他自称"爱智者"(即"哲学家"),并把追求智慧当作人生鹄的。公元前399年,苏格拉底被雅典法庭判处死刑,罪状有两条:一是教唆青年反对父母;二是不敬国家所崇奉的神灵,宣传新神。在法庭上,苏格拉底表现出一种对死亡的超然态度,他直言不讳地承认自己毕生都听到一个

---

① 《西方哲学原著选读》上卷,商务印书馆1981年版,第51页。
② 《古希腊罗马哲学》,商务印书馆1961年版,第120页。

"灵异"的声音的感召,正是这个声音引导他孜孜不倦地探寻智慧,以至于死而无悔。在监狱中,苏格拉底仍然平静地与他的朋友和弟子们讨论哲学问题,阐发他对生命和死亡意义的独特理解,并且拒绝了朋友们帮助他逃跑的建议和机会,从容赴死,成为西方历史上为理想而殉道的典范。

苏格拉底一生述而不作,后人关于他的思想言行,主要是通过他的两个学生——克塞诺芬尼(勿与爱利亚学派的克塞诺芬尼相混淆)和柏拉图的记载而得知。前者侧重于记录苏格拉底的生平事迹,后者则更多地转述了苏格拉底的思想。在柏拉图的三十多篇对话体作品中,多以苏格拉底为对话的主角。学术界一般认为,柏拉图早期的一些对话作品,如《申辩篇》《克力同篇》《斐多篇》《普罗泰戈拉篇》等较为真实地反映了苏格拉底的思想,而晚期的著作则更多地是借苏格拉底之口来表述自己的思想。

认识你自己　在柏拉图的《申辩篇》里,苏格拉底讲述了一个他为什么要锲而不舍地探寻智慧的故事:苏格拉底的一位朋友凯勒丰曾到德尔菲神庙去问神,有谁比苏格拉底更有智慧,传神谕的女祭司回答说没有。苏格拉底感到非常困惑,因为他认为自己并没有智慧,于是他就遍访了许多著名的政治家、哲学家、诗人和工匠,试图发现他们比自己更有智慧。然而结果却是令人失望的,这些人不仅没有真正的智慧,还自作聪明,对自己的无知一无所知。苏格拉底因此明白了神为什么要说他是最有智慧的,因为只有他"自知其无知"。苏格拉底由此进一步推论,真正的智慧只有神才配享,而人充其量不过是爱智慧而已。"那个神谕的用意是说,人的智慧没有多少价值,或者根本没有价值。看来他说的并不真是苏格拉底,他只是用我的名字当作例子,意思大约是说:'人们哪!像苏格拉底那样的人,发现自己的智慧真正说来毫无价值,那就是你们中间最智慧的了。'"①正是受了这条神谕的启发,苏格拉底毕其一生都在坚持不懈地以一种批判的态度探寻智慧,对那些自称有智慧的人(特别是智者)进行揭露,因此得罪了不少人。当他被推到法庭上时,他依然不改初衷,公开表示:"时至今日,我仍然遵循神的意旨,到处察访我认为有智慧的人,无论他是本城公民还是外地人;每想到有人不聪明,我就试图通过指出他是不聪明的来帮助神的事业,这个事业使我无暇参与政治,也没有时间来管自己的私事。事实上,我对神的侍奉使我一贫如洗。"②

与探索自然奥秘的爱奥尼亚哲学家们相反,苏格拉底认为人首先应该关心自己身边的事情。因为自然界是神创造的,充满了神的特殊旨意和目的,是神的智慧的对象,缺乏智慧的人是无法认识的。苏格拉底引用镌刻在德尔菲神庙门

---

① 《西方哲学原著选读》上卷,商务印书馆1981年版,第68页。
② 王晓朝译:《柏拉图全集》第一卷,人民出版社2002年版,第9页。

前的箴言来号召人们:"人啊,要认识你自己。"在他看来,哲学应该研究正义、美德、勇敢、虔敬等与人生相关的问题,而不要把眼光只盯在深邃玄奥的自然界。正因为如此,西塞罗才说苏格拉底把哲学从天上拉回了人间。从某种意义上说,苏格拉底的"认识你自己"与普罗泰戈拉的"人是万物的尺度"似有异曲同工之妙,都是要人们将注意力从自然界转向自身。但是普罗泰戈拉把人理解为一个个孤立的特殊主体,因此"人是万物的尺度"就导致了相对主义;苏格拉底则把人看作是理性的思维主体,"认识你自己"正是要求人们去发现人的共同的和普遍的本质。智者派通过强调"人是万物的尺度"而抛弃了本质,苏格拉底则通过强调"认识你自己"而重建起本质,只不过这本质作为普遍的逻各斯(定义),主要是指精神和道德世界中的事物。所以智者教人说话只是为了卖钱,苏格拉底与人论辩时则有一种道德使命感,认为自己是神派到雅典来的一只大牛虻,为的是刺激雅典这只行动迟缓的笨牛快步前进。

神学目的论 苏格拉底早年曾受自然哲学的影响,但他始终不满于自然哲学无法圆满解决万物运动、包括精神活动的原因问题。后来听说阿那克萨戈拉的"努斯"(心灵)学说,便抱着希望读了他的著作,结果大失所望。原来阿那克萨戈拉只是谈到努斯推动和"安排"了万物,并没有说到它是如何安排和推动的,在具体解释事物的运动时仍然诉之于那些偶然的自然条件。苏格拉底则认为既是"安排",就应当有目的,就像人的行为决不是由他的肌肉、骨头及周围的空气、声音等等决定的,而是由他所选择的目的决定的一样。克塞诺芬尼在《回忆录》中记载了苏格拉底在牢狱里与一位不信神的犯人的谈话,苏格拉底用人的器官为例,向这位犯人说明神造万物都是有着特殊目的的。神不仅为了让人感受事物而创造了各种器官,而且还用心良苦地将它们设计得如此精致:"比如因为眼睛是很娇嫩的,就用眼睑来保护它,好像两扇门似的,当必要用视觉时就打开,而在睡觉时就闭上。又使睫毛长得像帘幕,免得风伤害眼睛。在眼睛上面用眉毛做一个遮檐,使头上流下的汗不会妨碍它。使耳朵长得能接受所有各种声音,而又从来不会被阻塞住,使所有动物的门牙都长得适宜于咬东西,而后面的白齿则适宜于从门牙接受食物并且来咀嚼它。"[1]这一切倘若不是出于神的精心安排,又怎么会如此和谐? 神把灵魂赋予人,使人成为比动物更优越的生灵,并把整个自然(无生命物、植物、动物)都安排成一个以人为目的的系统,人则是以认识神作为其最终目的。苏格拉底的这些论证成为西方思想史上关于上帝存在的设计论证明的最初雏形。

正是由于怀着这种神学目的论的信念,苏格拉底从生到死都表现出一种强

---

[1] 《古希腊罗马哲学》,商务印书馆 1961 年版,第 168 页。

烈的神圣使命感,他宣称自己始终都听从一个"灵异"声音的指引,就是这声音驱策他去探寻智慧,鼓励他到法庭上来为自己辩护,并且让他义无反顾地选择了死亡。面对死刑判决,苏格拉底坦然说道:"我以为我碰上的这件事是一种福气,而我们极为错误地认为死亡是一种恶。我这样想有很好的理由,因为我做的事情若非肯定会有好结果,那么我习惯了的灵异不会不来阻止我。"①在行刑之前,苏格拉底一直在与斐多等人谈论灵魂不朽的问题,并描绘了灵魂在摆脱肉体之后与神为伴的美好景象。他说道:"哲学家的事业完全就在于使灵魂从身体中解脱和分离出来",因此,"一个真正把一生贡献给哲学的人在临死前感到欢乐是很自然的,他会充满自信地认为当今生结束以后,自己在另一个世界能发现最伟大的幸福。"②苏格拉底所信仰的神并非希腊传统的有血有肉的奥林匹斯诸神,而是一个无形的"灵异",非常类似于爱利亚学派的克塞诺芬尼所设想的那个以思想支配世界的神。此外,毕达哥拉斯关于灵魂不朽和轮回转世的思想也在苏格拉底这里发展成为一种向死而生或者以死为生的唯灵主义,如果说在前者那里肉体还是灵魂的驿站,那么在后者那里肉体已经成为了灵魂的囚牢。

美德即知识　　在西方哲学史上,泰勒斯被称为自然哲学之父,苏格拉底则被认为是道德哲学的创始人。苏格拉底号召人们把目光从自然界转向人自身,如果说对人的身体的认识导致了神学目的论,那么对人的心灵的认识则导致了道德哲学。心灵的内在原则就是美德(或德性),因此美德问题就成为苏格拉底关注的主要对象。在柏拉图的《美诺篇》等著作中,苏格拉底对美德的一般定义进行了探讨,最终得出了"美德即知识"这一结论,具体地说,即美德是关于善的概念的知识。

一般说来,知识论解决真的问题,道德论(或伦理学)解决善的问题,苏格拉底的"美德即知识"这一命题则把真与善统一起来,真正的知识必然是与最高的道德范畴——善——密切相关的。在苏格拉底看来,任何一种具体的行为本身并不足以构成美德,因为同一种行为对于不同的人可能会具有不同的道德含义,例如欺骗朋友是一种恶行,而欺骗敌人却是一种善行。但是善本身(善的概念)却并不会因为每一种具体善行的相对性而失去它的绝对的和普遍性的意义,相反,每一种善行之所以是善行恰恰是因为它"分有"了善的概念。只有关于这种绝对的、普遍的善(即善的概念)的知识,才是美德。由于善本身有着不可改变的绝对内容,美德也就获得了客观的规定性,成为普遍的知识,而不再是个人的任意活动。

苏格拉底把美德完全等同于知识,因此,一种行为之符合于善并不在于这种

---

① 王晓朝译:《柏拉图全集》第一卷,人民出版社 2002 年版,第 30 页。
② 王晓朝译:《柏拉图全集》第一卷,人民出版社 2002 年版,第 65、60 页。

行为本身,而在于对这种行为的正确认知,一个无意中做出某种善行的人称不上美德。由于"一切善的东西都是有益的",恶的东西都是有害的,而人不会自己害自己,所以"无人有意作恶",作恶都是出于无知。于是,从"美德即知识"中又引申出"知识即美德,无知即罪恶"这一结论①。这种把美德与知识完全等同起来的观点开创了西方伦理学中的一个重要思想流派,即唯智主义伦理学。

苏格拉底一方面强调美德是心灵的内在原则,另一方面又认为美德作为一种知识是可以通过教育而获得的,这样一来,在人的向善本性与后天教育之间就出现了一种矛盾。苏格拉底在与美诺讨论美德问题时曾表述过一个著名的认识"悖论":人既不可能学习他已知道的东西(已经知道就不必学习了),也不可能学习他不知道的东西(不知道的东西无从学起)。这一"悖论"恰恰表明,在苏格拉底看来,美德是某种介于已知与未知之间的东西。作为人的向善本性,美德只是潜在于人心之中,并未被自觉到,因此人对于美德既非完全的无知,亦非完全的已知,而后天的教育正是要把这潜藏在心中的内在原则揭示出来,使人充分认识到自己心灵固有的向善本性。苏格拉底的这一思想在柏拉图那里被进一步发展为灵魂回忆说,从而得出了"学习即回忆"的结论。

归纳论证与普遍定义　苏格拉底对美德问题以及其他问题的探讨是以一种对话的方式进行的,这种在问答中诘难对方,使对方陷入矛盾,从而让对方自己逐渐修正意见,最终达到真理的方法被称为"苏格拉底式的讨论方法",也被称为"辩证法"(dialectic 一词在希腊文中的原意是"对话""论辩")。克塞诺芬尼《回忆录》中写道:"他注意到 διαλ έγεσθαι [辩证]这个词导源于人们的一种活动,就是聚在一起讨论问题,按对象的种属加以辨析[διαλ έγοντες]。因此他认为每个人都应当下决心掌握这种艺术。"②苏格拉底在与人讨论问题时,往往从对方所承认的前提出发,然后从这前提中引出自相矛盾的结论,一步一步剥离出个别事例背后掩藏着的普遍原则,归纳出关于讨论对象的一般定义。他把这种通过启发让对方发现自己心中隐藏的真理的方法称为"精神接生术",并说这是从他母亲那里学来的,只不过他母亲接生的是婴儿,他接生的却是事物的共相或定义。

在《美诺篇》里,苏格拉底运用这种"辩证法"来与美诺讨论美德的问题。苏格拉底首先承认自己对美德一无所知,他请教美诺:"什么是美德?"美诺回答说,男人的美德是能干地管理城邦事务,女人的美德则是小心地照管家庭事务,孩子和老人也各有自己的美德。苏格拉底说,我问你什么是美德,你却给了我

---

① 柏拉图:《拉开斯篇》,194D。王晓朝译本为:"好人就是聪明人,坏人就是不聪明的人。"参见王晓朝译:《柏拉图全集》第一卷,人民出版社 2002 年版,第 188 页。

② 《西方哲学原著选读》上卷,商务印书馆 1981 年版,第 59 页。

"一窝美德",什么是这些美德的"共同性质"？美诺回答说,这就是"统治人的能力"。苏格拉底反问道,这种美德能适用于儿童和奴隶吗？美诺不得不承认自己关于美德的一般定义并不能普遍适用,于是又进一步把美德说成是正义、勇敢、节制、智慧、尊严等等。但是苏格拉底却表示,正义、勇敢等等都只是"一种美德",而不是美德"本身",正如圆形只是一种图形而非图形本身,白色只是一种颜色而非颜色本身一样。苏格拉底的诘难再一次令美诺陷入了矛盾之中,他不得不在苏格拉底的启发之下,一步一步地从具体的美德种类走向美德的一般定义,最终得出了"美德即知识"的结论。在其他许多作品中,苏格拉底也是通过一步一步地揭露对方矛盾而逼近真理。虽然在通常的情况下,苏格拉底的对话并没有得出明确的答案,但是这种试图通过在具体事例中揭示矛盾、解决矛盾而上升到事物的本质定义的做法,却具有极其重要的方法论意义。这种意义还不仅是亚里士多德所说的作为"科学的出发点"的"归纳推理和普遍定义"①,而且确立了一种在思想的对话和交锋中发现矛盾、并在矛盾的逼迫下飞跃到更高思维层次的方法,即"辩证法"。

面对着智者派消解本质的相对主义和怀疑主义,苏格拉底坚持从特殊的现象背后去寻求普遍性的东西(事物的一般定义或共相),从而肩负起拯救本质的历史重任。从这种意义上来说,苏格拉底哲学构成了毕达哥拉斯学派、爱利亚学派等早期希腊形而上学与柏拉图"理念论"之间的重要理论中介。当然,由于苏格拉底把目光集中于伦理道德领域,他所坚持的事物"本身"或普遍本质并非自然实体,而是道德范畴;而且苏格拉底仅仅把事物的一般定义或共相视为主观辨析的成果,并未将其看作是脱离个别事物而独立存在的客观实体。柏拉图则进一步把普遍本质或共相("理念")从人的主观世界扩展到整个客观世界,将其当作与个别的可感事物相分离的独立客观实体,并把普遍本质或共相当作具体事物所"分有"和"摹仿"的根据,从而建立了古希腊第一个纯粹思辨哲学的理论形态——理念论。

2. 小苏格拉底学派

苏格拉底死后,他的朋友和弟子们分散到希腊各处,他们在传述和发展苏格拉底哲学的过程中,从不同侧面撷取了苏格拉底的一些思想片断,形成了彼此不同的学术流派。这些流派被通称为"小苏格拉底学派",大致上可分为如下几支。

麦加拉派 该派的主要代表人物为麦加拉城的欧几里德(Euclides,约前450—前369年)及其门徒欧布里德(Eubulides,公元前4世纪),他们把苏格拉底

① 参看苗力田主编:《亚里士多德全集》第七卷,中国人民大学出版社1993年版,第297页。

的伦理学原则与爱利亚派的"存在"和"一"结合起来,把苏格拉底的主观精神意义的"善"扩展为宇宙的普遍原则。欧布里德曾是亚里士多德的劲敌,他深入研究了论辩术,提出了"说谎者论辩""蒙面人论辩""谷堆论辩"和"有角人论辩"等一系列悖论,这些悖论中有的是明显的诡辩,有的则涉及思维矛盾的辩证法和逻辑本身的根据问题。如"说谎者悖论"是说,有人声称"我在说谎",如果"我在说谎"是真的,那么这句话就是"谎话";然而如果这句话是"谎话",那么"我在说谎"恰恰又表达了真实情况,所以它又是一句真话。麦加拉派提出这些论辩的目的在于论证该派的基本主张,即只有普遍的东西("存在")才是绝对真实的,而对于个别事物("非存在")的判断则会使人们的思维陷入自相矛盾的困境中。

昔尼克派(犬儒学派)　该派的创始人是苏格拉底的学生**安提斯泰尼**(Antisthens,约前444—前366年),他常常在雅典郊外名为"白犬之地"的体育场讲学,并且由于宣扬人应该像狗一样采取一种最简单粗陋的生活方式而被人们称为"犬儒学派"(Cynic School,音译即昔尼克派)。犬儒学派的主要特点是宣扬一种随心所欲的生活态度,鄙视一切社会习俗和道德规范,以自然本性来对抗人为矫饰。该派的一位主要代表人物第欧根尼(Diogenes,约前404—前323年)出身于贵族,却公开倡导弃绝一切财富、荣誉、婚姻和家庭,主张背离文明而回归自然。他常年住在一只废弃的大木桶里,除了一只喝水用的杯子外,身无长物。有一次当他看到一个牧童用手捧溪水喝时,索性连这只杯子也扔掉了。他的言行惊世骇俗,曾在大白天打着灯笼到处寻找"真正的人",柏拉图称他为"一个发了疯的苏格拉底派"。据说亚历山大大帝曾经慕名拜访他,询问他有什么要求,第欧根尼回答道:"只要你别挡住我的太阳光!"后人因此而把那种玩世不恭、我行我素的生活作风称为"犬儒主义"。

昔勒尼派　该派的创始人和主要代表是北非昔勒尼城的**亚里斯提卜**(Aristippus,约前435—?),他将普罗泰戈拉的相对主义与苏格拉底的伦理学结合起来,认为每个人在美德和情感问题上都有自己独特的判断标准。他从感觉论的方面发展了苏格拉底的"善",主张善就是快乐,个人的快感就是美德和情感问题的标准。昔勒尼派把感觉论原则从认识领域转移到伦理领域,从事实层面转移到价值层面,他们只关注于情感、想象本身的真切性,而不再关心引起情感和想象的客观事物本身。昔勒尼派用情感体验来取代客观真实,认为一切美德都不过是促进快乐的手段,快乐就是生活的目的。昔勒尼派的这种快乐主义观点对于希腊化时期的伊壁鸠鲁伦理学产生了较为深刻的影响。

3. 柏拉图

柏拉图(Plato,前427—前347年)是苏格拉底的嫡传弟子,也是把苏格拉底思想发扬光大并加以体系化改造的最杰出的希腊哲学家。柏拉图出身于雅典的贵族世家,其家族中既有雅典民主制的热心支持者,也有伯罗奔尼撒战争之后雅典"三十寡头"中的首脑人物。柏拉图在 20 岁左右就开始师从苏格拉底,长期的耳濡目染使他深受其师思想和人品的影响,并且由于苏格拉底之死而对雅典的民主政治充满了失望和仇恨。苏格拉底死后,柏拉图离开雅典,周游各地,曾先后三次来到西西里岛的叙拉古,试图用哲学思想来改造当地的统治者,以实现他的"哲学王"的宏伟理想。柏拉图的远大抱负并没有成为现实,他本人也差一点被当作奴隶拍卖。然而,在政治理想方面屡遭挫折的柏拉图在哲学教育方面却取得了极大的成功,公元前 387 年,他在雅典城外的阿加德米运动场附近创立了一所学园(Academy)。柏拉图本人在学园里一面讲授哲学、数学、天文学、植物学等方面的知识,一面从事著述活动达四十年之久。柏拉图学园中培养了许多杰出的思想家,其中最著名的就是亚里士多德。柏拉图死后,学园由他的弟子们继续办下去,传承和发展柏拉图的哲学思想,一直到公元 529 年查士丁尼皇帝下令关闭雅典各异教学园时才结束。

柏拉图一生中写了三十多篇对话体著作,其中绝大多数是以苏格拉底为对话的主角,最重要的有《斐多篇》《美诺篇》《会饮篇》《国家篇》(《理想国》)、《巴门尼德篇》《智者篇》《蒂迈欧篇》《法律篇》等。由于柏拉图学园的长期存在以及中世纪基督教哲学对柏拉图主义的思想沿袭,柏拉图的作品基本上都得以流传至今,与德谟克利特著作的遭遇形成了鲜明的对照。

理念论　柏拉图早年曾就学于赫拉克利特派的哲学家克拉底鲁,熟知该派的"一切皆变,无物常住"的思想,以及克拉底鲁将这一思想推至极端而导致的"语言无法表述事物"的不可知论观点。此外,毕达哥拉斯学派关于具体事物"摹仿"数目的观点,巴门尼德关于存在是不变不动的以及思维与存在相同一的观点,都构成了柏拉图哲学的重要理论来源。但是对柏拉图影响最大的,还是苏格拉底从具体事物背后去寻求一般定义的做法。显然,一般定义不是关于感性事物、而是关于普遍本质的,这普遍本质正如同巴门尼德的"存在"一样,只能是思维或理智的对象。柏拉图把这种理智的对象称为"理念"(idea 或 eidos),这个词源于希腊语中的动词"看",作为名词则是指"看到的东西"或"显相""型相"。但是在柏拉图那里,"理念"不是指肉眼所看到的东西,而是指心灵或理智所"看"到的东西,是具有"一"的统一性和"存在"的实在性的观念,即普遍的概念、共相或形式。

柏拉图的"理念"与苏格拉底的"定义"虽然具有直接的渊源关系,但是二者之间却有着两点根本性的区别。第一,苏格拉底把寻求一般定义的工作局限于精神生活的范围内,他探讨的是关于美、美德、正义、善、勇敢等审美和道德范畴的普遍本质;而柏拉图则把理念扩大到世界的一切方面,认为各种自然物和人造物都有自己的理念作为其存在的根据,甚至连较大、较小等表现事物关系的范畴,也是对"大"和"小"的理念的分有。第二,苏格拉底虽然通过一般定义来探寻关于事物的普遍本质,但是他并没有把普遍本质与个别事物截然分离开来,在他那里,普遍本质是寓于个别事物之中的,它只能体现在人的抽象思想和语言之中,并不具有客观实在性;柏拉图则将普遍概念(理念)实体化和客观化,不仅将其看作是独立于个别事物的实在本体,而且将其看作是独立于人的头脑的客观精神。这样一来,在柏拉图的哲学中就出现了个别事物与普遍概念之间的二元分离。他明确地说道:"一方面我们说有多个的东西存在,并且说这些东西是美的,是善的等等……另一方面,我们又说有一个美本身,善本身等等,相应于每一组这些多个的东西,我们都假定一个单一的理念,假定它是一个统一体而称它为真正的实在。"①

面对着普遍与个别、一与多、不变不动的理念与流动变化的可感事物之间的二元分离,柏拉图并没有像巴门尼德那样简单地用前者来否定后者,而是将前者作为后者存在的根据,用自身同一的理念来说明形态各异的具体事物。在他看来,可感事物正是通过"摹仿"或"分有"理念而获得其实在性的。正如同木匠做床一样,具体的床是对木匠头脑中床的理念进行摹仿的结果,每一张床在形态上虽然互不相同,但是它们都或多或少地分有了"床"的理念。惟有如此,它们才能成其为床。其他事物的情况也是这样,柏拉图说道:"一个东西之所以是美的,乃是因为美本身出现于它之上或者为它所'分有',不管它是怎样出现的或者是怎样被'分有'的……美的东西是由美本身使它成为美的。""一个东西之所以存在,除掉是由于'分有'它所'分有'的特殊的实体之外,还会由于什么别的途径……凡事物要成为二,就必须'分有''二',要成为一就必须'分有''一'。"②由于可感事物是对理念的摹仿和分有,因此它永远也不如理念那样完美,正如艺术品中的摹本不如原作完美一样。任何具体事物都存在着这样或那样的缺陷,而理念本身却是完美无瑕的,因此理念不仅是可感事物的根据或原型,而且也是它们追求的目标③。

由于万事万物都各有自己的理念,因此各种理念就构成了一个等级分明的"理念世界"。这个"理念世界"由低到高大体上可以分为如下几类:(1)自然物的理念,如石头、马和人的理念,这是最低层次的理念;(2)人造物的理念,如桌子、椅子和床的理念,它们构成了各种人工制品摹仿的"原型";(3)数学意义上的理念,如方、圆、三角形、大于、小于等;(4)范畴意义上的理念,如存在与非存

---

① 《古希腊罗马哲学》,商务印书馆 1961 年版,第 178～179 页。

② 《古希腊罗马哲学》,商务印书馆 1961 年版,第 177、178 页。

③ 晚年的柏拉图曾在《巴门尼德篇》中对自己的理念论进行了批判,提出了污秽的东西是否有其理念和追求其理念,"大"的理念和大的事物是否有第三个"大"作为二者的统一体等问题,并对"分有说"进行了质疑。柏拉图的这些自我批判在一定程度上启发了亚里士多德对柏拉图理念论的批判。

在、静止与运动、同与异等;(5)道德和审美领域的理念,如美、勇敢、节制、正义等;(6)"善"的理念,这是最高的理念,它构成了各种理念由以派生的终极根据,同时也是所有理念——以及作为各种理念的"摹本"的感性事物——共同追求的最高目标。一方面,"理念世界"中的各种理念构成了可感事物摹仿和分有的原型;另一方面,所有的理念又都追求着"善"的理念。这样就形成了一个众多感性事物趋向于它们的理念,较低级的理念趋向于较高级的理念,所有的事物和理念都趋向于"善"的理念的秩序井然的世界模型和本体论体系。

"善"的理念与神创世界　　与苏格拉底把"善"局限于伦理学领域的做法不同,柏拉图把"善"的理念确立为整个世界的终极本体,将其提升为本体论和认识论的最高范畴。柏拉图用太阳来比喻"善",正如太阳一方面用光芒照亮事物、一方面给予我们视觉能力一样,"善"一方面将真理赋予客观对象(理念),一方面使认识主体获得了关于客观对象的知识。"给认识的对象以真理,给认识者以知识的能力的实在,即是善的理念。""知识的对象不仅从'善'得到它们的可知性,并且从善得到它们自己的存在和本质,而善自己却不是本质,而是超越本质的东西,比本质更尊严、更强大。"①

在柏拉图那里,"善"不仅使一切理念(并通过理念使一切具体事物)获得了实在性和本质(形式),而且也是万事万物追求的终极目的和创造世界的根本动力。在晚年所写《蒂迈欧篇》中,柏拉图用哲学与神话相结合的方式,描写了作为至善的神创造世界的过程。柏拉图明确地表示,世界并非永远存在的,而是由一个神或造物主(Demiurge,音译作"德穆革")以善的理念为指导,以理念世界为模型,将各种理念模式加诸原始混沌的"物质"而创造出来的。柏拉图的创世说不同于后来基督教的创世说,神不是从虚无中创造出万事万物,而只是将本质或形式赋予原本已有的原始物质,使其成为具有规定性的存在物(感性事物)。就此而言,柏拉图的神与其说是一个造物主,不如说是一个建筑师或巨匠,他只是通过赋予规定性或形式,使已有的素材或质料从潜在的事物转变为现实的事物。柏拉图把理念看作真实的存在,但是他并没有像巴门尼德那样把感性事物说成是非存在,而是认为它们介于存在与非存在之间,而真正的非存在是处于混沌状态中的无性无状的原始"物质"。原始物质由于对理念的摹仿和分有而获得了形式,从而成为感性具体的个别事物。正是因为可感事物分有了理念,所以它们是存在;然而,由于感性事物本身是由原始物质构成的,因此它们同时也是非存在。由此可见,在关于存在与非存在的问题上,柏拉图批判性地综合了赫拉克利特、巴门尼德和德谟克利特等人各种相互对立的观点,最终形成了关于理念

---

① 苗力田主编:《古希腊哲学》,中国人民大学出版社 1989 年版,第 315 页。

（存在）、原始物质（非存在）与可感事物（既存在又不存在）三者之间关系的学说，并且使得形式（以及目的、动力）与质料之间的矛盾明显地突出出来。

在柏拉图看来，神既然是至善的，他所创造出来的世界当然也就是最好的，因为神的至善本性使他"根本不会也不允许作出什么不是最好的事情来"。柏拉图写道："让我们来看一看造物主为什么要创造这个生灭变化的世界。他是善的，而善的东西就不会嫉妒任何东西。既然他是不会嫉妒的，因此他愿意使一切东西尽可能和他相像。这就是我们可以完全正确地从有智慧的人那里学来的宇宙变化的最高原则。"[①]神根据至善至美的原则创造出唯一的世界，把生命和灵魂赋予世界，用秩序与和谐来统辖处于运动变化中的万事万物，让地球处于世界的中心，日月星辰围绕着地球转动，并让具有理性灵魂的人居住在地球上，成为万物的灵长。这一切都充分体现了神的智慧、正义和大能，同时也处处显示出神的别具匠心的目的。柏拉图在《蒂迈欧篇》中展现的神创世界理论不仅是对苏格拉底神学目的论的进一步论证，而且也第一次明确地表述了把神当作一个最好世界的充足理由的神正论思想。

回忆说　　柏拉图在认识论上发展了苏格拉底的"认识你自己"的原则，他把从奥尔弗斯教和毕达哥拉斯派那里吸收来的灵魂转世说引入了认识论，认为灵魂在进入肉体之前曾经居住在"理念世界"里，因而早就具有了关于各种理念的知识。当灵魂进入肉体后，由于受肉体的遮蔽而暂时忘记了关于理念的知识，所以需要经过一段时间的"学习"才能重新获得知识。而所谓"学习"，在柏拉图看来无非就是"回忆"。他说道："如果我们在生前获得了知识而在出生的时候把它丢掉了，可是在以后通过我们的感觉又重新获得了我们以前所有的知识，那么，这样一个我们叫做学习的过程，实际上不就是恢复我们自己已经有的知识吗？我们称之为回忆是不是对呢？"[②]在柏拉图看来，如果我们在进行感觉之前没有关于相等本身、美本身、善本身、公正本身之类的知识，我们何以能够比较事物的彼此相等，何以能够判断什么东西是美的、善的或公正的呢？因此，我们在生下来之前就已经有了关于事物"本身"或"绝对本质"之类的知识，出生后却暂时遗忘了，由于感觉经验的刺激又重新回忆起来。这个回忆的过程既是知识的重现，也是灵魂不断摆脱肉体束缚而得以净化和升华的过程。这里有三点需要指出：第一，柏拉图虽然否认感觉经验（"意见"）是知识的来源，但是却承认感觉经验是刺激人回忆起知识的媒介或机缘，正如看到一位故友常用的七弦琴会使我们回忆起他的模样一样，一些相等的东西、一个美的事物可以使我们回忆起"相等"本身和"美"本身。第二，通过感觉的媒介而进行的回忆不是对某个具体

---

① 《古希腊罗马哲学》，商务印书馆 1961 年版，第 208~209 页。

② 《古希腊罗马哲学》，商务印书馆 1961 年版，第 188 页。

事物的回忆,而是对事物"本身"即理念的回忆,"用视觉、听觉或者其他官能感觉到一件东西的时候,可以由这个感觉在心中唤起另一个已经忘记了的、与这件东西有联系的东西。"①第三,回忆是一个不断上升的过程,需要调动灵魂的主体能动性,而所谓灵魂(努斯)就是"推动自己运动的东西","灵魂的本质是自动"②。这就以先验论的方式表达了认识主体的能动性原则,"回忆说"因此成为西方哲学史上第一个系统阐发的唯心主义先验论的认识论思想。

为了更加清晰地说明"回忆说",柏拉图在《国家篇》里讲述了一个著名的寓言("洞喻"):有一些从小就被捆绑着不能转身的囚犯面朝洞壁而坐,洞口有一堆火焰在洞壁上映出一些木偶的影子,这些囚徒一直以为这些影子就是现实的事物。直到有一天一个囚徒解除了束缚,转身看到火光下的木偶,才知道以前看到的只是一些影子。等他走出洞口,看到阳光照耀下的万物,才知道那些木偶也不是真正的事物本身,不过是人与自然物的摹本。最后,当他逐渐适应了外面的光线,他才抬头看见了太阳,并且终于明白了这一切事物都是藉着阳光而被看见的,太阳才是最真实的东西。柏拉图这个"洞喻"的意图不仅要说明洞外事物之于洞里阴影正如理念之于可感事物,太阳之于世间万物正如"善"的理念之于理念世界一样,而且也试图表明人的灵魂是通过不断"转向"来认识事物的本质的——从洞壁转向洞口,从洞口的火光转向外面的事物,再从真实的事物转向天上的太阳。转向就是反思和再反思,虽然是不断地转回头,但总的来说使知识呈现为一个线性的上升过程。所以柏拉图又用"线喻"表明了这个上升过程的各个阶段。

知识与意见　柏拉图为了说明知识的各个不同阶段,把一条线段划分为两个部分,分别代表"可见世界"和"可知世界"的知识;它们各自又分为两个部分,这样就划分出了具有不同清晰程度和高低之别的四个知识等级:关于可见世界的知识即"意见",包括"想象"和"信念"两个等级;关于可知世界(理念)的知识即"真理",包括"理智"和"理性"两个等级。在"意见"和"真理"之外,还有"无知"(对应于作为非存在的原始物质)。可见柏拉图对于意见并不是采取简单的否定态度,而只是认为它不如知识那样明确,但并不是无知。在这一点上,柏拉图吸收了赫拉克利特的思想,即认为处于运动变化中的可感事物并非完全不可认识,只不过这种认识不是真理,而是模棱两可的意见罢了。柏拉图与他的论敌德谟克利特一样,都把对可感事物的认识看作是不可靠的(意见或"暗昧的认识"),而把对思维的抽象物(理念或原子)的认识当作真正的知识;但是被德谟克利特推崇的"真理性的认识"的对象是物质性的原子和虚空,在柏拉图那里却

---

① 《西方哲学原著选读》上卷,商务印书馆1981年版,第81页。
② 王晓朝译:《柏拉图全集》第二卷,人民出版社2003年版,第159页。

是抽象的形式即理念。

　　意见是关于可感世界的认识,可感世界又可分为事物和事物的影像(如事物在水中的映像、在阳光下的阴影或在艺术品中的肖像等),因此意见也可再分为对事物影像的认识,即"想象",以及对事物的认识,即"信念"。信念所针对的事物已经是理念的影子了,"想象"比"信念"更加缺乏确定性,它是"影子的影子",和真理"隔着三层"。真理是关于可知世界的认识,而可知世界也可以分为数理对象与纯粹理念两部分,数理对象虽然也是理念,但是这些涉及数学和自然科学的理念如"圆本身""三角形本身"仍然需要借助于直观的图形和假设来加以表现,因此还不是完全脱离了感官知觉的纯粹理念。相对于可知世界的这两个部分,知识也可再分为关于数理对象的"理智"和关于纯粹理念的"理性"。"理智"由于把未经证实的假设(如几何学的公理)当作绝对的出发点,而且也不能完全摆脱感性事物的辅助,因此还不是纯粹的知识;而在"理性"的认识活动中,假设不再被当作绝对的起点,而仅仅被当作上升到第一原理的跳板,而且"人的理念决不引用任何感性事物,而只引用理念,从一个理念到另一个理念,并且归结到理念。"①这种从一个理念转化为另一个理念的"理性"认识活动被柏拉图叫做"辩证法",它是"真正的知识"或"真正的科学",是"一切科学的基石或顶峰"。所有的数学知识和科学知识都是为了学习辩证法而做准备的,都构成了辩证法这一"主要乐章"的"前奏曲"。而在这个至高点上,我们最终诉诸一种"理性的迷狂"状态,即超越一切感性和理智而窥见了彼岸理念世界的真理,但只有一瞬间,便由于力量不足而掉回到现实世界中来。柏拉图由此而对后世的神秘主义哲学产生了深远的影响。

　　辩证法　柏拉图的"辩证法"是一种研究纯粹理念(哲学范畴)的逻辑联系与相互转化的学说,它虽然不涉及抽象概念与现实事物之间的关系,但是却系统地探讨了各个哲学范畴之间的对立统一关系,将智者派和苏格拉底所开创的主观辩证法推向了一个高峰。在辩证法中,柏拉图集中考察了各种纯哲学范畴,如存在和非存在、一和多、同和异、动和静等等,而将"马""桌子"等等具体事物的理念当作低层次的东西撒在一边。他发现纯粹哲学范畴有一种特点,就是超出自身而向它的对立范畴转化的内在必然性。在较后期的对话如《巴门尼德篇》和《智者篇》中,柏拉图专门探讨了这些理念之间的自我否定和对立统一的关系。他受到爱利亚派辩证法的启发,主张在考察一个范畴的内涵时同时考虑与它相反的情况。

　　举例来说,当人们考察"一"时,"你不仅应该假设如若'一'存在,研究它将

---

① 《古希腊罗马哲学》,商务印书馆 1961 年版,第 201 页。

产生什么结果,还要假设这同一个'一'不存在[它将产生什么结果]。"①但柏拉图并不像爱利亚派那样,以为否定了对立的概念"多"就可以通过归谬法反证自己的概念"一"成立,相反,他还证明"一"若孤立起来看,正如"多"一样也会导致荒谬的结果。他对这一点的论证有两个层次:(1)假如"一是"(或"有一""一存在"),那么由于它是一(而不是多),所以它不能是多于一的任何东西,只能是它本身即"一",因而我们只能说"一是一";但我们又不能说"一是一",因为如果这样说,就表示它和本身"相同",但"相同"并不是"一",这就在"一"上加上了不是"一"的东西,"一"也就不再是"一"而成了"多";再者,我们甚至也不能说"一是",因为"是"本身也不是"一",说"一是"已经在"一"上加上不是"一"的东西了。结论:如果"一是",则"一不是"。(2)假如"一是",那么这一命题包括两个部分:"是"和"一",其中每个部分又既是"是"又是"一",如此类推,以至无穷,这样"一"就是"无限的多"了。结论:如果"一是",则"一是多"(或"一不是一,而是多")。②

柏拉图在《巴门尼德篇》中这套反驳"一"的论证与爱利亚派的芝诺反驳"多"的论证恰好构成一对类似于康德的"二律背反"的命题,他实际上是借巴门尼德之口,与芝诺关于存在和一的论证唱了一场对台戏,即以其人之道还治其人之身。但其目的并不是要驳倒爱利亚派,而只是要通过这种戏剧性的反讽揭示出这些概念的矛盾本性。至于如何解决这种矛盾,他还没有找到答案。只是到了《智者篇》中,柏拉图才找到了解决矛盾的途径,这就是"通种论"。这时他意识到对立双方都有其真理的一面,它们只有在一个高于它们的第三者、即一个更普遍的"种"概念之下才能统一起来,这就是"通种论"。例如动和静本身是不能直接结合的,动不是静;但在"存在"这个概念中,动和静是可以结合起来的,存在既是动的,又是静的。同样,一不是多,但既然说"不是",所以一和多在"不是"即"非存在"之下可以结合起来。所以,孤立的一个理念是没有意义的,任何理念都是和与它相对立的理念一起结合在一个更高的理念(通种)之下的,因而整个理念世界就不再是一盘散沙,而是一个在不同层次上对立统一的严密逻辑体系了。柏拉图由此就大大超出了爱利亚派和智者派的带有诡辩色彩的"消极的辩证法",而提升到了黑格尔所谓的"积极的辩证法"的水平。发现一切事物都是相对的,依条件不同而转化的,这种消极的辩证法孤立地运用就会成为诡辩;由对立面的冲突提升到一个更高的概念以解决这种冲突,才真正能使辩证法产生出积极的结果来。这就是柏拉图的辩证法对后世的辩证法(特别是黑格尔

　　①　汪子嵩等著:《希腊哲学史》第二卷,人民出版社1993年版,第872页。
　　②　参看陈康译:《巴曼尼得斯篇》,商务印书馆1982年版,第159页;又参看王晓朝译:《柏拉图全集》第二卷,人民出版社2003年版,第777~778页。

的辩证法)最重要的启发。

理想国   与这种等级分明的知识论相对应,柏拉图在政治思想方面提出了知识与权力相结合的"理想国"学说。柏拉图对雅典式的民主政治深为反感,他按照斯巴达的模式设计了一套理想的政治制度,试图将哲学家与统治者融为一体,建立一种"哲学王"的理想国度。在柏拉图看来,既然整个世界是一个由"善"的理念所统辖的秩序井然的体系,那么掌握了"善"的知识的人(哲学家)也应当成为一个等级森严的国家的主宰。国家是由个人组成的,它不过是放大了的个人,而个人的本性即灵魂由三个部分组成,这就是理性、意志和欲望。灵魂的这三个部分各有其德性,理性是灵魂中最优秀的部分,它的德性是"智慧";意志是根据理性的命令来发动行为的部分,它的德性是"勇敢";欲望则是灵魂中最低劣的部分,它的德性是"节制"。当灵魂的这三个部分都恪守自己的德性时,整个灵魂也就达到了自然和谐,从而实现了最高的德性——"正义"。与个人灵魂的这三个部分相适应,在国家里也应该有三个社会阶级,即统治者、保卫者和劳动者,他们的职责分别是以智慧来治理国家、以勇敢来保卫国家和遵行节制而勤奋工作(柏拉图在《国家篇》中甚至试图用神话来说明这三个阶级分别是神用金、银和铜铁做成的)。当这三个社会阶级各守其职时,一个遵循"正义"原则的"理想国"就应运而生了。所以智慧、勇敢、节制和正义就构成了理想国中的"四德"。

在柏拉图的"理想国"中,第一、二等级实行财产公有,甚至取消家庭,过集体生活,按照优生学原理由国家统一安排男女两性的结合,对于后代的抚养和教育也由国家负责,这就是所谓"柏拉图的共产主义"。理想国中等级森严、分工明确,"每个人必须在国家里面执行一种最适合于他的天性的职务",不得相互干扰和随意僭越。"理想国"的统治者必定是掌握了最高知识的哲学家,柏拉图明确地说道:"除非哲学家变成了我们国家中的国王,或者我们叫做国王或统治者的那些人能够用严肃认真的态度去研究哲学,使得哲学和政治这两种事情能够结合起来,而把那些现在只搞政治而不研究哲学或者只研究哲学而不搞政治的人排斥出去,否则我们的国家就永远不会得到安宁,全人类也不会免于灾难。"①柏拉图的这种"哲学王"理想在今天已经被人们当作一种浪漫的乌托邦而抛弃,但是他按照严格的理性来设计人类社会的合理结构的做法,却一直为后世各种社会政治哲学所仿效。

四、亚里士多德

亚里士多德(Aristotle,前384—前322年)是古希腊哲学的集大成者,也是

---

① 《古希腊罗马哲学》,商务印书馆1961年版,第231页。

各门科学的奠基人。亚里士多德出生于色雷斯的斯塔吉拉城,父亲是马其顿王腓力的宫廷御医,他的早期教育与医学有密切关系。17岁时他来到雅典,进入柏拉图学园并在那里学习和工作了近二十年,深受柏拉图思想的熏陶。当时正逢马其顿兴起且开始吞并希腊各城邦的时代,公元前343年他应马其顿国王腓力之邀做了亚历山大王子的教师,亚历山大继承王位后仍然对亚里士多德尊敬有加,在东征途中还不断让人为亚里士多德采集动植物标本以供研究之用。关于这两位伟大人物在思想上究竟有多深的联系,历来都是众说纷纭;但亚历山大所到之处传播希腊文明,开创了"希腊化时代",与他本人所受的教养肯定有关。公元前335年,亚里士多德离开马其顿回到雅典,在一个名为"吕克昂"的体育场建立了学校,开始从理论上对其老师柏拉图的理念论进行批判,并在批判的基础上建立了自己的哲学体系。由于亚里士多德常常与学生们一边散步一边教学,他的学派被人们称为"逍遥学派"。公元前323年,亚历山大大帝在回师巴比伦时染病身亡,亚里士多德遭到了雅典反马其顿党的攻击,不得不流亡他乡,次年即病逝了。

亚里士多德是古代最博学、最深邃的思想巨擘,他的教学和著述广泛涉及形而上学、逻辑学、物理学(广义的自然科学)、心理学、伦理学、政治学、文艺理论等诸多领域,被称为"百科全书式的学者"。他的思想经过历代弟子和学者们的整理编纂而汇集为《亚里士多德全集》20多卷,其中最主要的著作有《形而上学》①《工具篇》《物理学》《论灵魂》《尼各马可伦理学》《政治学》《诗学》等。

对理念论的批判　亚里士多德对其师柏拉图充满了崇敬之情,但是这并没有妨碍他对柏拉图的理念论进行全面而深刻的批判,他的一句名言是:"吾爱吾师,吾更爱真理。"亚里士多德对理念论的批判比较集中地表现在《形而上学》中,这些批判可以归纳为如下几点:

第一,理念作为事物的形式、实体或共相只能存在于具体事物之中,而不能在事物之外独立存在。"说实体和那些以它为实体的东西会彼此对立,这似乎也是不可能的。理念既然是事物的实体,怎么能够独立存在呢?"②柏拉图理念论的要害就在于,认为在个别事物之外还独立存在着一个与之相应的理念,并且把二者的关系颠倒过来,将理念说成是"在先的",具体事物反而退居其次了,这样就在存在和认识的次序上都使得"相对的先于绝对的了"。

第二,人们用来论证理念存在的方法都站不住脚,它们或者是缺乏必然性的

---

①　"形而上学"一词原文为Metaphysic,直译为"物理学之后",因后人编纂亚里士多德的著作时,将其自称为"第一哲学"的各篇置于《物理学》之后而得名。由于该部分论及的问题极其高深且具有根本性,故而汉译取《周易·系辞上》的"形而上者谓之道,形而下者谓之器"之语,译作"形而上学"。

②　《西方哲学原著选读》上卷,商务印书馆1981年版,第128页。

推论，或者推出了一些没有与之对应的东西的形式或理念，如"否定了的东西""缺乏"也有其理念，不能独立存在的"关系"也有相应的理念，这显然是荒谬的。更为严重的是，将具体事物与理念相分离必然会导致"第三者"的出现，因为要想说明具体事物与理念的相似性，就必须设定一个"第三者"，它与具体事物和理念都具有某种相似之处。而为了说明这个"第三者"与具体事物和理念的各自相似性，又必须设定一个新的"第三者"，这样就会陷入"第三者"概念的无限倒退。

第三，"分有"只能是对"实体"的分有，因为只有"实体"才具有形式或理念，而柏拉图却让那些非实体性的东西也具有理念，这样一来，"分有"就成为一句空话，充其量不过是"一种诗意的比喻"而已。至于"摹仿"，更是无稽之谈。"任何东西都能够存在和生成，和别的东西一样，不必是从理念摹下来的，因此不论苏格拉底①是否存在，苏格拉底这样一个人都可以生出来，而且很明显，就算苏格拉底是永恒的，也仍然可以有苏格拉底出世。"②而且，如果具体事物是对理念的分有或摹仿，那么同一个事物就会有几个不同的形式或理念，例如苏格拉底的理念既是"人本身"，也是"动物"和"两脚的"，那么苏格拉底岂不是同时分有或摹仿了好几个理念？而在这些理念中，"人本身"是"动物"的摹本，同时又是苏格拉底的原本，这样一来，一个东西岂不是同时既是原本又是摹本了吗？这显然是自相矛盾的。

第四，从现实的角度来看，理念对于感性事物没有任何意义，它既不能引起事物的运动变化，也不能帮助人们更好地认识事物。就前一个方面而言，理念本身是不变不动的，因此它不能成为运动变化着的事物的原因；就后一个方面而言，理念论在具体存在的事物之外又加上了数目与之相等的"形式"或"理念"，从而使我们不仅要面对众多的事物，而且还要面对与事物同名的单一的理念，把问题的难度徒然增加了一倍。

在从各方面对理念论进行了批判之后，亚里士多德总结道："一般说来，虽然哲学家是寻求感性事物的原因的，我们却放弃了这个任务，因为我们完全没有谈变化的原因。我们幻想自己在说出感性事物的实体时，却是断言了另一种实体的存在。我们说那种实体如何如何是感性事物的实体，说的其实都是些废话。因为所谓'分有'，如前面所指出的，是毫无意义的说法。"③亚里士多德在批判柏拉图理念论的基础上，建立了自己的形而上学体系。

第一哲学及存在论　亚里士多德把哲学理解为一切科学的总汇，它由理论

①　指"苏格拉底"的理念。
②　《西方哲学原著选读》上卷，商务印书馆1981年版，第128页。
③　《西方哲学原著选读》上卷，商务印书馆1981年版，第131页。

科学、实践科学和艺术三大部分组成,其中理论科学又分为第一哲学(即形而上学)、物理学(即自然科学)以及作为方法论的逻辑学,实践科学则包括伦理学和政治学。亚里士多德在上述各个领域都有卓越的建树,本书将主要介绍他的第一哲学。

在《形而上学》一书中,亚里士多德说明了第一哲学的基本宗旨,这就是阐明事物的一般原因和原理。亚里士多德认为,求知是人类的本性,人的认识从感觉和记忆开始,通过积累经验而上升到技术。经验是个别知识,而技术则是普遍知识,但是这种普遍知识仅限于某种具体科学和生产部门的范围之内,因此技术仍然只是特殊的和次级的学术。从生产部门的技术再上升到理论部门的知识,才能达到最高的智慧。这种智慧就是第一哲学或形而上学,它的对象不是特殊的存在物,而是存在本身或"作为存在的存在"。第一哲学与第二哲学(物理学或自然科学)的区别就在于,前者研究存在本身,后者研究特殊的存在物。这种关于"作为存在的存在"的科学,就是通常所说的"本体论"①。

亚里士多德在《形而上学》中围绕"存在"问题而展开论述,其中最重要的问题就是给"存在"分层和分类。亚里士多德认为,要解释各种事物的原因,不能像柏拉图和其他人那样将各种不同的存在混在一起,而首先应当建立一门有关"存在"的学问,看它们分为哪些种类和等级。当然,其中最高等级的存在就是"存在本身"。这一提法表面上还是沿着自巴门尼德到柏拉图的思路,而承认了最普遍的、无所不包的"作为存在的存在"在哲学上的绝对性和第一性,即认为任何存在里面都含有一个使它们成为存在的"存在本身"。但是接下来亚里士多德就和他们分道扬镳了,因为他提出了一个从来没有人提出过的、石破天惊的问题:"存在是什么?"历来人们都是把存在当作一切讨论的前提,顶多涉及存在与非存在、与"一"等等的关系,但却没有人把存在本身当作讨论的对象而问一问它是什么。当然,由于存在是最高的,我们不可能用一个比它更高的概念(更高的"种")来给它下一个定义,所以对这个问题的回答就只能是对存在进行分析,看看它究竟包含有哪些种类的存在。

亚里士多德认为,事物被称为"存在"主要有两种意义:(1)偶然的属性(偶性),如"这人是文明的"或"这人是白的","文明"和"白"就是偶性,它们存在于这人身上是偶然的,因为这人也可以不文明或不白。(2)必然的本质,即范畴,如实体,以及性质、数量、关系、主动、被动、处所、时间等,这些都是任何一个事物具有的必然的(本质的)存在,因为任何一个东西都不可脱离这些方面的规定而存在,只要去掉了其中一种规定,它也就不存在了。而在这些必然的本质或范畴

---

① 本体论(ontology),又译"存在论",意指"关于存在的学说"。该词不是亚里士多德的用语,而是17世纪经院哲学家郭克兰纽所提出来的,有时指形而上学本身,有时则指形而上学的核心部分。

中,又可以进一步对"实体"的存在和其他范畴的存在进行区分,由此就引出了亚里士多德形而上学的"核心的核心",即作为存在学说之核心的实体学说。因为在他看来,实体是一切存在的中心。一切属性的存在,甚至一切范畴的存在,都是唯一地与实体这个范畴相联系而得以存在的,它们都不是独立的存在,只有实体才是真正独立的存在。"作为存在的存在"是什么?就是实体。实体是一切存在的类别中最根本的一种。于是,形而上学的一切问题,包括"存在是什么"的问题,最终都归结为甚至等同于"实体是什么"的问题了。

亚里士多德认为,对存在本身的研究是以对"实体"的本性和基本原则的研究为核心的。正因为如此,亚里士多德的第一哲学或形而上学也可以被称为实体哲学。实体哲学主要研究三个问题:第一,实体是什么?第二,实体的原因是什么?第三,实体是如何生成的?对第一个问题的回答构成了亚里士多德的狭义的"实体学说";对第二个问题的回答导致了"四因说";对第三个问题的回答则形成了"潜能与现实"的理论。

实体学说 亚里士多德所说的"实体"(希腊文 ουσια,拉丁文 substance)作为哲学的最基本的范畴是第一性的和独立存在的,一切其他范畴(如数量、性质、关系等)都必须依附于实体而存在。显然,当我们说一个东西"是怎样的"之前,首先要弄清楚它"是什么","是什么"的问题在任何意义上都是最根本的问题。亚里士多德指出:"尽管最初有许多意义,但实体在一切意义上都是最初的,不论在定义上、在认识上,还是在时间上。其他范畴都不能离开它独立存在。唯有实体才独立存在……存在是什么,换言之,实体是什么,不论在古老的过去、现在、以至永远的将来,都是个不断追寻总得不到答案的问题。有些人说它是一,有些人说它是多,有些人说它是有限的,有些人说它是无限的。所以,我们首要的问题,或者唯一的问题,就是考察这样的存在是什么。"①

因此,在谈论任何有关实体的问题之前,首先要弄清楚实体是什么。亚里士多德在《范畴篇》中对实体下了一个基本的定义:"实体,在最严格、最原始、最根本的意义上说,是既不述说一个主体,也不依存于一个主体的东西。如'个别的人'、'个别的马'。"②所谓"不述说一个主体",是指实体不能在一个陈述句里作为谓词来述说主词,例如在"苏格拉底是人"这个陈述句中,"人"是用来述说"苏格拉底"的,但是"苏格拉底"却不能反过来述说"人"或其他的东西。"苏格拉底"是一个个别的人,而"人"则是苏格拉底所属的一个普遍的属,从逻辑上来说,我们只能用后者述说前者,不能用前者述说后者。所谓"不依存于一个主体"则是指实体必须具有独立存在的特点,它不同于属性,后者只能依附于某个

---

① 苗力田主编:《亚里士多德全集》第七卷,中国人民大学出版社 1993 年版,第 153 页。
② 苗力田主编:《古希腊哲学》,中国人民大学出版社 1989 年版,第 407 页。

主体而存在。例如"苏格拉底是白的"这个陈述句,"白的"不仅是用来述说苏格拉底的某种特性,而且也必须依附于苏格拉底的身体,它不可能脱离苏格拉底或其他主体而独立存在。因此,一般说来,用来述说主体的东西或者是普遍性的种属概念(如"人""动物"等),或者是依附于被述说者的某种属性(如"白色的""勇敢的"等),而被述说者则通常只能是具体的个别事物(如"苏格拉底""那匹白马"等)。亚里士多德把这些既不述说、也不依存于其他主体的具体的个别事物称为"第一实体",它们构成了支撑一切其他事物(种属或属性)的最后的载体和绝对的主体(在一切陈述句中恒为主词)。

　　根据上述定义,实体具有如下特点:首先,实体是一个具体的、个别的东西,是"这一个",而不是抽象的、普遍的东西;其次,实体不同于属性,它没有与之相反的东西,例如,与"大"相反的属性是"小",与"好"相反的属性是"坏",但是却没有什么东西是与"苏格拉底"相反的;再次,实体没有程度上的差别,即没有一个实体比另一个实体更是实体,例如我们不能说"张三"比"李四"更是实体;最后,实体是变中之不变,无论苏格拉底是脸黑还是脸白,是年少还是年老,他都是苏格拉底。苏格拉底的具体属性可以变化,但是作为实体却是始终如一的。当然亚里士多德并不否认实体本身也有生灭变化,但是这种变化不同于属性的变化,就每一个实体来说,它都是自身同一的。必须注意的是,上述规定都有一个明显的特点,即它们都是从人们的说话方式即语言语法中引出来的,亚里士多德相信语言的逻各斯与存在的事物有着相同的结构,因而他的本体论与逻辑学一开始就有一种密切的内在联系。

　　从实体的定义中我们可以看到,亚里士多德把个别的、具体的事物当作第一实体的做法是与柏拉图把普遍的、抽象的种属概念("理念")当作真实的存在的做法截然对立的。但是亚里士多德在"第一实体"之后马上又提出了"第二实体"的概念,这就是逻辑上的"种"和"属"的概念。亚里士多德说道:"人们所说的第二实体,是指作为属,包含第一实体的东西,就像种包含属一样。如,某个具体的人被包含在'人'这个属之中,而'人'这个属自身又被包含在'动物'这个种之中。所以,这些是第二实体,如'人'、'动物'。"①这样一来,作为种属概念的"理念"也就如同个别事物一样成为了实体,尽管只是第二实体。亚里士多德承认,只有第一实体才具有"既不述说一个主体,也不依存于一个主体"这两个基本特点,而第二实体则仅仅只具有"不依存于一个主体"的特点,它却可以述说一个主体(述说个别事物),因此,"第一实体比其他事物更是实体""第一实体乃是在最严格意义上的实体"。但是,把属概念当作实体必然会导致把一切抽象

---

① 　苗力田主编:《古希腊哲学》,中国人民大学出版社1989年版,第407页。

的普遍概念都当作实体这一逻辑后果,因为任何一个述说属的种又可以被一个
更大的种所述说。这样一来,亚里士多德又部分地回到了柏拉图的理念论,差别
仅仅在于,亚里士多德把个别事物与"理念"(种属概念)都看作是实体,柏拉图
则只把"理念"当作实体(存在),而把个别事物看作是介于存在与非存在之间的
不确定的东西。

四因说   亚里士多德认为,第一哲学不仅要说明实体是什么,而且更要说明
实体为什么成了实体,即不仅要"知其然",而且更要"知其所以然",这就要探讨
实体存在或产生的原因。亚里士多德在总结以前各种本原学说的基础上创立了
他的"四因说",将实体的原因归结为质料因、形式因、动力因和目的因。以建造
一所房屋为例,砖瓦木料是房屋的质料因,设计蓝图是它的形式因,工匠及其技
艺是它的动力因,而房屋的用途——供人居住——则是它的目的因。

亚里士多德认为,在人造物中"四因"是彼此区别的,但是在自然物中,动力
因和目的因都可以归结为形式因。例如一棵橡树,从树上生长起来的橡子是质
料因,而橡子所要长成的橡树则是形式因,同时橡树也是橡子所要达到的目的以
及推动橡子生长的动力。因此,形式因、动力因和目的因是合一的,"四因"可以
归结为形式因与质料因这两个最基本的因素。形式规定了事物的本质,包含着
事物发展的动力和目的,因此是积极的、能动的和决定性的因素,质料则是消极
的、被动的和被决定的因素。

于是亚里士多德由实体的原因反过来再对实体加以规定,看看什么才是
"真正的"实体或"本质的"实体。他首先把实体的原因追溯到质料因,认为质料
作为实体的"载体"是最基本的实体,一个东西没有质料就根本谈不上存在。但
他又认为,一个东西光有质料也不可能存在,因为作为最基本的"第一实体"的
个别事物必定具有其独特的形式。如在一尊苏格拉底铜像中,铜不一定构成
"这一个"实体,它也可以用来铸成别的塑像,只有苏格拉底的形象才使这些铜
料成为了"这一个"铜像。由于任何个别事物都是由形式和质料构成,因此质
料、形式都是实体。但是相比之下,形式由于代表了一个实体的个别性,因而比
具有"无定形"的普遍性的质料更是实体。正是形式把那些没有确定形状的质
料聚集在一起,才构成了一个有定形的个别实体,所以真正的实体应该是形式。
一个实体的形式就是使其成为"这一个"实体的东西,即作为本质的实体。

但在亚里士多德看来,任何个别事物都是形式与质料的统一,同时事物的形
式与质料又是相对的,对于低一级的事物是形式的东西,对于高一级的事物则是
质料。例如,砖瓦是泥土的形式(泥土是砖瓦的质料),同时又是房屋的质料;房
屋是砖瓦的形式,却又是街道的质料。以此类推,整个宇宙就形成了一个从质料
到形式交替上升的统一序列,高一级事物不仅构成了低一级事物的形式,而且也
是推动或吸引低一级事物向自己发展和上升的动力和目的。这个序列的最下端

就是没有任何形式的"纯质料",它相当于"非存在";这个序列的最顶端则是不再构成任何事物质料的"纯形式"或"形式的形式"。这个"纯形式"是一切事物追求的终极目的,也是推动一切事物向其发展运动的"第一推动者",它自身不动却推动万物,因而是"不动的推动者",亚里士多德又把它称为"神"。因此,"第一哲学"也被他称为"神学"。

至于形式和质料结合的方式,亚里士多德诉之于目的论。在他看来,自然本身如同人工产物一样,也含有目的论意义,"自然是一种原因,一种为一个目的而活动的原因。"①在由自然产生的事物中,这目的就表现为质料对形式的追求、趋向,但不是质料主动追求,而是形式的吸引,给质料赋形,使自己在质料中实现出来。因此对于自然产生的东西,形式就是目的,质料是被动的可能性,形式是主动的现实性。形式不是抽象僵化的形式(如通常讲的"形式主义"),而是能动的活动(形式活动)。如一棵树的形式就是树从种子到长成大树所追求的目的。当它还未长成大树时,目的是"潜在"于种子里的,而长成之后则是目的(形式)"实现"出来了。所以形式作为事物的目的,看起来似乎后于质料(作为结果),实际上却先于质料(作为动机)。

潜能与现实　亚里士多德不仅说明了"实体是什么"和"实体的原因是什么",而且也试图说明"实体是如何生成的"。原子论者及其先驱们用元素(四根、种子或原子)的机械组合来说明事物的生成,柏拉图用"分有"或"摹仿"来说明事物的生成,亚里士多德则立足于目的论,提出了潜能与现实的学说,以说明万物生成的根据。他认为任何实体或个别事物都处于从潜在状态("潜能")到现实的运动过程中,他甚至以此来给运动下定义:"所以正是那潜在的东西,并且作为潜在的东西,其完全的现实性才是运动"②。潜能与现实的关系对应于质料与形式的关系,任何事物都是由质料与形式共同组成,当质料尚未获得该事物的一定形式时,它就是处于潜在状态的事物;只有当它获得了这种确定形式之后,才成为现实的事物。亚里士多德认为,潜能与现实是不可截然分开的,它们并不是两个漠不相关的东西,而是同一事物的两种不同的存在状态,潜能之为潜能,仅在于它还没有实现或完成。

亚里士多德认为,实体的生成过程就是从潜能向现实的转化过程,这个转化过程就是运动。运动既不同于单纯的潜能,也不同于完全的现实,但是作为现实的形式正是吸引作为潜能的质料向自身运动的动力。质料是能被推动者,形式则是能推动者,正是后者吸引或推动着前者运动起来,因此运动是属于现实或形式一方的。运动是正在进行的实现过程,现实则是已经完成了的运动结果(称

---

①　《古希腊罗马哲学》,商务印书馆 1961 年版,第 258 页。
②　《古希腊罗马哲学》,商务印书馆 1961 年版,第 269 页。

之为 entelecheia，音译"隐德莱希"，意译"圆成"）。在亚里士多德看来，现实既是一个正在进行的过程，也是一个已经完成的过程，因为在希腊语中，"现实"一词（ενεργεια）的本意就是"正在运动"。现实不仅是引起运动的动力，而且也是运动所要实现的目的，当潜能通过完全的实现过程（运动）而成为现实时，运动也就达到了它的目的，从而一个实现了自己的形式的实体或个别事物也就形成了。由此可见，亚里士多德对于事物的运动发展是从目的论的角度来进行阐发的，他对宇宙万物的结构的解释持一种有机论的立场，常常以植物（如橡树）甚至动物作例子来说明宇宙的生长活动。他曾认为一只从身体上割下来的手就不再是手了①，这种有机论观点可能与他出身于医生世家有关。他由此而把神也看作一个生物有机体："神的自我的现实性就是最美好的永恒的生命，所以我们说神是有生命的、永恒的、至善的；不断延续的生命只能属于神。"②在西方哲学史上，亚里士多德的目的论长期以来成为自然哲学中片面机械论的中和剂，同时也是神学的重要支柱。

认识论　亚里士多德的认识论也如同本体论一样，表现出一种折中与调和的特点。一方面他承认对于第一实体或个别事物的认识是从感觉开始，客观存在的事物是感觉发生的源泉。他把人的"感性灵魂"比作"蜡块"，感觉就是外物印在"蜡块"上的痕迹。"离开感觉，没有人能够理解任何东西"。认识的顺序是从感觉经过记忆、经验而上升到科学技术和哲学的认识。哲学的认识就是智慧，它不是对个别事物、而是对一般原理和原因的认识，这些一般原理和原因是"理性灵魂"通过分析和归纳从"感性灵魂"这个"蜡块"的痕迹中得出的。因此，亚里士多德实际上已经接近了"凡是在理智中的，无不先在感觉之中"这一经验论的基本原则。

但是亚里士多德同时又表现出巴门尼德—柏拉图传统的唯理论一面，他认为，感觉只能感受事物的形式而不能把握其实质，更不能使我们认识到事物的本质。"'感官'是指这样一种东西，它能够撇开事物的质料而接纳其可感觉的形式。这正像一块蜡接纳图章的印迹而撇开它的铁或金子。我们说产生印迹的是铜的或金的图章，而它的特殊金属素质如何却不相干。同样情形，感官受到有颜色的、有香味的、或者发声音的东西影响，至于那个东西的实质是什么却没有关系。"③这就是所谓的"蜡块说"。所以，感觉与感觉的对象是彼此外在的，感觉在对象面前是完全被动的，而且它只能对个别的事物进行感觉，不能把握普遍的东西，普遍的东西是内在于理性灵魂之中的。他在《论灵魂》中说道："现实的感觉

---

①　参看汪子嵩等著：《希腊哲学史》第三卷，人民出版社 2003 年版，第 581 页。

②　汪子嵩等著：《希腊哲学史》第三卷，人民出版社 2003 年版，第 874 页。

③　《西方哲学原著选读》上卷，商务印书馆 1981 年版，第 149 页。

是个别的,而知识是普遍的。在某种意义上,普遍存在于灵魂自身之中,这就是人们何以只要愿意,便能随时思维的原因。而感觉不是随自己意愿的,它必须要受到感觉对象的启动,关于感性对象的知识也是如此,由于同样的原因,感觉对象是个别的、外在的。"①从这种意义上来说,感觉当它尚未被外在的对象刺激时,只是一种潜在的认识能力;只有内在地包含着普遍概念的理性灵魂的思维活动,才是现实的认识。

亚里士多德虽然承认理性灵魂中关于一般原理和原因的知识不能脱离感觉经验,但是他却把感觉经验仅仅当作普遍知识的触媒,而不是它们的来源。在他看来,科学的第一原理和基本概念,如数学公理、形式逻辑的思维规律等,都是潜在于理性灵魂之中的,只是通过感觉经验的刺激才被理性直观到(在这里可以看到柏拉图"回忆说"的明显痕迹)。因此,普遍知识就其根本而言是先验的。亚里士多德把理性灵魂(努斯)区分为两种状态,一种是受肉体遮蔽的消极被动的理性灵魂,它以外界事物为对象,建立在感觉、记忆和经验的基础之上,随着身体的死亡而消失;另一种是积极能动的理性灵魂,它摆脱肉体束缚,只以自身为对象,只思维不涉及任何质料的"纯形式",在这里,"思维者和被思维者是一样的;因为思辨的知识和它的对象是一样的"②。这种积极能动的理性灵魂是永恒的精神实体,它并不随着身体的死亡而消失,而是从"外部"进入身体的神圣精神的闪光,正是它使得潜在于灵魂中的普遍原理成为现实的知识。显然,亚里士多德关于有死灵魂与不死灵魂的划分是对德谟克利特和柏拉图的灵魂学说的一种调和,德谟克利特认为构成灵魂的原子随着身体的死亡而彻底消散,因此根本就不存在什么"不死的灵魂";柏拉图主张灵魂可以在不同的肉体之间进行轮回,因此灵魂就其本性而言是不死的。亚里士多德则试图以一种折中的方式把这两种对立的灵魂学说协调起来,认为在人身上既存在有死的灵魂,也存在不死的灵魂。但是他同时又强调,积极能动的理性灵魂只存在于自由人的身体中,奴隶作为"会说话的工具"只具有消极被动的灵魂。

逻辑学　亚里士多德是传统形式逻辑的奠基人,他创建了范畴表和谓词表,提出了逻辑思维的三大规律(同一律、矛盾律、排中律),确定了判断的定义和分类,制定了演绎三段论推理的主要格式和规则,并且说明了演绎与归纳的关系。亚里士多德不仅注重逻辑的形式,而且也时常联系认识的内容来探讨思维的形式,因此在他的形式逻辑中包含着丰富的辩证因素,逻辑学并未与认识论、本体论分家,不像后来的经院哲学那样片面地将形式逻辑推向形式主义的极端。传统形式逻辑关于概念、判断和推理的基本内容,在亚里士多德那里已经得到了相

---

① 苗力田主编:《古希腊哲学》,中国人民大学出版社 1989 年版,第 490 页。
② 《西方哲学原著选读》上卷,商务印书馆 1981 年版,第 153 页。

当精确的表述。尤其是演绎逻辑,自亚里士多德以来深刻地影响了西方思想达两千年之久。

亚里士多德把逻辑形式和规律看作是客观事物存在的形式和规律在主观思维中的反映,把主谓判断看作是客观世界中个别事物与一般概念(属和种)之间的关系,或者实体与属性之间的关系。他将谓词分为两大类,即属于定义的部分和不属于定义的部分,前者是对事物本质的规定,如"人是有理性的动物";后者则仅仅表示事物的某种性质,如"苏格拉底是白的"。在《正位篇》中,他又根据谓词所表述的内容将谓词细分为五类:种、属差、定义、属性(专有性质)和偶性(非专有性质)。例如对于主词"人",可由这五类谓词来加以表述:"动物"是种,"有理性的"是属差,"有理性的动物"是人的定义,这三类谓词都是对"人"的本质的规定,属于定义的部分;"能学习语法"是人的专有属性,"白色的"则是人的偶性,这两类谓词只是对"人"的某种性质的表述,不属于定义的部分。尽管有以上差别,但是所有的谓词都是对主词的规定,从客观存在的角度来说都是对事物的本质或性质的表述,因此谓词必须依存于主词(客观事物)本身,它们不能独立地存在。

亚里士多德在对客观存在进行归纳和抽象的基础上,提出了著名的十范畴表,它们是对谓词以及谓词所反映的客观存在的最高或最普遍的分类,也是思维的最基本的内容。这十个范畴是:实体(如"人"或"马"),数量(如"二尺长"或"三尺长"),性质(如"白色的"),关系(如"二倍""一半""大于"),地点(如"在市场上""在吕克昂"),时间(如"昨天""去年"),姿态(如"坐着""躺着"),状态(如"穿鞋的""武装的"),动作(如"切割""烧灼"),遭受(如"被刺""被烧灼")等。这十个范畴(后来又增添了五个)是相互联系的,其中实体范畴是最基本的范畴,它构成了其他一切范畴的主体、基础和中心,其他范畴都是对实体的述说,必须依赖于实体而存在。亚里士多德不仅把范畴当作逻辑思维和语言表达的基本单位,同时也把它看作客观存在的最基本的形式和最普遍的联系。这样一来,亚里士多德就不仅克服了毕达哥拉斯派将诸范畴彼此孤立地加以考察的局限性,使各种范畴处于相互联系和彼此从属的关系之中,进一步发展了柏拉图"通种论"中的辩证思想,而且也把主观逻辑与客观逻辑统一起来,辩证地表述了思维与存在的同一性。

在判断理论上,亚里士多德对判断进行了初步的分类,提出了"质"的判断即肯定判断和否定判断,"量"的判断即全称判断和单称判断,"关系"的判断即简单判断和复合判断,"模态"判断即实然的、必然的和可能的判断,这些对后来康德的"先验逻辑"产生了巨大的影响。但他尚未把判断的系词"是"从纯粹逻辑意义上作形式化的理解,而是同时理解为一个谓词(如"人是"意味着"人存在"),表示肯定一个事物为真;或理解为时态动词,"因为'是'、'将是'、'曾是'、'正将要是'以及诸如此类的用语,按照我们的定义乃是动词,因为除它们的特殊意义之外,它们还表达了时间的概念。"①

　　但是亚里士多德最注重的就是对演绎三段论推理法则的制定,这一贡献使逻辑具有了精密量化的特点,因而成为具有现实可操作性的形式化工具。三段论式的定义是:"三段论是一种论说,在其中某些东西被肯定了,另外一个东西就必然由于这些基本的东西而成立。"②它的最基本的形式为:大前提、小前提和结论这三个判断中每个判断都有一个词与另一判断中的一个词辗转重叠,因而共同表达了三个词之间的这样一种必然关系,即如果最后的词包含在中间的词里,中间的词又被第一个词所包含(或排斥),那么"最先和最后的词就必定借一个完全的三段论式而发生关系"③。这种形式称之为三段论的"第一格",而其他三个格(后人补充为四个格)都是在此基础上变动三个词在判断中的位置而形成的;再加上肯定和否定、全称和特称的关系,每个格又变化出一些不同的"式"(共 24 个)。所有这些格或式都可以通过一套确定的规则还原为第一格,所以第一格也就成为检验三段论是否正确的标准了。

　　但三段论是否能得出真理,还取决于大小前提的真实性,这却是演绎三段论推理所不考虑的,它考虑的只是从已知的知识推出正确的结论,因而只是"证明"。那么,如何能保证前提的真实性呢? 为了解决这一问题,亚里士多德又提出了另外两种不同性质的三段论,即辩证的三段论和归纳三段论。前者是要通过两个截然相反的三段论互相辩难来推翻对方的前提,以考验三段论前提的真实性,其作用是批判(这里已包含有康德"先验辩证论"的先声);后者则是通过对感性知觉的处理来获得真实的前提,以便为一切学术研究建立可靠的基础。"如果没有感性知觉,就必然缺乏知识;假如我们不善于应用归纳法或证明,就不能获得知识。证明从一般出发,归纳从个别出发。要认识一般,如没有归纳法是不可能的。"④但是亚里士多德认为归纳不具有必然形式,它只是"演讲术的说服形式"⑤,远不如演绎三段论科学。

　　最后,亚里士多德还把三段论证明的确定性追溯到三条逻辑公理,即矛盾律(或"不矛盾律"):"互相矛盾的判断不能同时为真";排中律:"两个互相矛盾的命题之间不能有居中者";同一律:"一切真实的(事物)必在任何方面其自身始终如一"⑥。他认为这些公理是凭直观即可确认的,用不着证明。这就是形式逻辑的最高原则。

---

①　亚里士多德著,方书春译:《范畴篇·解释篇》,商务印书馆 1986 年版,第 58 页。
②　参见杨百顺:《西方逻辑史》,四川人民出版社 1984 年版,第 165 页。
③　《古希腊罗马哲学》,商务印书馆 1961 年版,第 302 页。
④　转引自阿赫曼诺夫著,马兵译:《亚里士多德的逻辑学说》,上海译文出版社 1980 年版,第 111 页。
⑤　阿赫曼诺夫著,马兵译:《亚里士多德的逻辑学说》,上海译文出版社 1980 年版,第 288 页。
⑥　引自杨百顺:《西方逻辑史》,四川人民出版社 1984 年版,第 104、105、110 页。

伦理学　　与苏格拉底一样,亚里士多德在伦理学中主要探讨了善与美德的问题。但是他反对苏格拉底把美德仅仅等同于知识的观点,而主张有两种美德:一种是心智方面的,即知德;另一种是道德方面的,即行德。心智方面的美德主要是指一种沉思的生活,它以理性沉思活动本身作为目标,对思想加以思想,并从这种活动中获得悠闲自适的愉悦,这是一种最高的幸福。亚里士多德说道:"哲学智慧的活动恰是被公认为所有有美德的活动中最愉快的","对于人,符合于理性的生活就是最好的和最愉快的,因为理性比任何其他的东西更加是人。因此这种生活也是最幸福的。"①这种生活是与人身上最好的东西即神圣的理性打交道,也就是在与神打交道。

在谈到道德方面的美德(行德)时,亚里士多德提出了一种"中庸"学说。他指出,人的灵魂包括三个部分,即激情、官能和性格状况。激情是指欲望、愤怒、恐惧、快乐等伴有愉快和痛苦的感觉,官能是指我们借以体验上述感觉的东西,性格状况则是指我们如何对待和处理这些激情的方式。亚里士多德认为,激情和官能都谈不上是美德,只有性格状况才存在美德和恶行的问题。一个人如果能以一种不偏不倚、执两用中的态度来对待激情,这就是美德。亚里士多德明确指出:"美德乃是一种中庸之道……它乃是以居间者为目的的。""过度和不足乃是恶行的特性,而中庸则是美德的特性。"②

关于亚里士多德的"中庸之道",有几点需要略作说明:第一,"居间者"是相对于不同主体而言的,并不存在一个绝对的平均数,必须针对一个人的具体情况来加以判断。第二,美德作为一种中庸之道,是与"过度"和"不足"这两端相对立的,因此它也可以被看作是一个极端。例如,"勇敢"是"卤莽"与"怯懦"之间的居间者,同时也是与这二者相对立的一个极端。第三,中庸既非过度中的中庸,亦非不足中的中庸,某些由于过度和不足而导致的恶行本身并不存在一个中庸的问题,例如通奸、偷盗和谋杀等行为。同样,美德作为一种与过度和不足相对立的极端,本身也不存在过度和不足的问题,例如"勇敢"本身并不存在过度的勇敢或不足的勇敢。因此亚里士多德强调,既没有一种过度和不足的中庸,也没有一种中庸的过度和不足。

亚里士多德的"中庸"学说也表现在他的政治学思想中,面对着动乱频仍、危机四伏的希腊城邦制度,亚里士多德既反对少数寡头的专制制度,也反对平民掌权的民主政治。他认为贫富悬殊和强弱对立是导致各种政变和暴乱的根本原因,因此一个理想的城邦社会应该由那些既不十分富有、也不十分贫穷的中产阶级来当政。这些人由于财产适度,所以"最容易遵循合理的原则",从而在贫富

---

① 《古希腊罗马哲学》,商务印书馆 1961 年版,第 326、328 页。

② 《古希腊罗马哲学》,商务印书馆 1961 年版,第 321 页。

两个敌对阶级中有效地发挥"仲裁者"的作用,保证国家的安定与繁荣。

除了上述领域之外,亚里士多德在美学和文艺理论方面也颇有造诣,他是西方传统美学中"摹仿论"原则的确立者,他关于戏剧的"动作的整一性"和"净化"理论一直影响到 18 世纪的戏剧理论。他不愧为古往今来"最多才最渊博(最深刻)的科学天才之一"(黑格尔语)。从古希腊哲学发展的脉络来看,亚里士多德哲学是对一直处于对立状态之中的希腊经验性的自然哲学与理性思辨的逻各斯学说这二者的综合。正是由于这种综合,使得亚里士多德哲学一方面超越了古希腊两派哲学之间的思想冲突,并在此基础上建立起一个集以往一切思想之大成的形而上学体系;另一方面也使得他的哲学体系在唯物主义和唯心主义、经验主义和理性主义之间表现出折衷动摇的特点,自身潜藏着许多难以解决的矛盾。黑格尔认为:"亚里士多德是熟识最深刻的思辨、唯心论的,而他的思辨的唯心论又是建立在广博的经验的材料上的。"①但是自从亚里士多德之后,"经验的材料"与对它们的"思辨的"把握越来越分离,最终导致了他的庞大体系的解体。

第四节　希腊哲学的衰颓

亚历山大结束了分离主义和自由主义的希腊城邦时代,建立了统一的大帝国,并且通过武力征服的方式把希腊文化的影响推及到广阔的东方世界中,由此开创了希腊化时代。但是随着亚历山大的英年早逝,他所建立的亚历山大帝国也迅速地分裂成为三个彼此冲突和内讧的希腊化王国——希腊和小亚细亚的马其顿王国、埃及的托勒密王国和西亚的塞琉西王国。小国寡民的城邦时代一去不复返,民主政治的理想在东方专制主义的侵蚀下日趋衰落。社会的动荡和战争的频仍再也不需要正义和理性的旗帜,而只有赤裸裸的野心与利益。希腊文化在经历了城邦时代的雄浑壮丽的悲剧精神之后,堕入了一个醉生梦死的平庸时代。希腊化时代的人们不再关心神和国家这样的宏大主题,而是潜心于个人的幸福和解脱;哲学家也不再把主要兴趣投向外部自然世界的本原或形而上学的本质,而是使自然哲学服务于对人生意义的探讨和个人的安身立命,为的是寻求在一切变故面前"不动心"的哲人境界。亚里士多德的形而上学体系成为古希腊哲学的最后的辉煌,在他之后,哲学日益被纳入了伦理学的窄轨,由引导人们追求真理的火炬变成了跟在生存斗争后面收拾残伤的救护车。一切高尚的情操和博大的胸怀都消失在个人自我完善的狭小天地中,英雄主义和敬神之心都淹没在关于个人肉体和灵魂得救的清醒算盘里,并且通过享乐主义和禁欲主义

---

① 黑格尔著,贺麟、王太庆译:《哲学史讲演录》第二卷,商务印书馆 1960 年版,第 270 页。

的两极冲突而导致了普遍的怀疑主义甚至消极厌世,最终转向渴望彼岸灵性生活的神秘主义,融入了基督教哲学的时代潮流之中。

亚里士多德之后的希腊哲学主要有伊壁鸠鲁学派、斯多葛学派和怀疑主义,这些学派都有早期与晚期之分,分别表现在希腊化和罗马时期。此外,新柏拉图主义在罗马帝国时期也产生了较大的影响,成为名噪一时的显学,并构成了基督教哲学的重要理论基础。

一、伊壁鸠鲁学派

伊壁鸠鲁(Epicurus,前341—前270年)生于萨摩斯,自幼家境贫寒,18岁时曾一度来到雅典服兵役,并努力研究柏拉图哲学和德谟克利特哲学。公元前306年伊壁鸠鲁再次来到雅典,在一所花园里开办了自己的学校。在"花园"里,他不仅向学生们传授哲学知识,而且也与他们一起讨论政治和社会问题。他把一切社会弊病的根源归结为希腊的统一运动,认为只有推翻马其顿的统治、恢复城邦制度才是解决各种社会问题的"灵丹妙药"。伊壁鸠鲁为人敦厚、勤奋好学,心志淡泊、作风节俭,深受学生们的爱戴和崇敬。他的著述颇丰,据说有300多部,但至今却仅存留一些残篇和三封书信。

伊壁鸠鲁明确表示哲学的目的就在于"寻求生活宁静之道",哲学是通过论辩和讨论的方式来获得幸福生活的一种活动,它可以消除心灵的烦恼和恐惧。心灵的烦恼和恐惧是由于三方面的原因产生的:一是奇异天象即自然灾害所引起的痛苦,二是对死亡的惧怕,三是人际矛盾与冲突。面对着由于天象、死亡、他人所引起的各种烦恼和恐惧,伊壁鸠鲁主张通过对各种自然现象和社会现象的研究来达到内心的宁静,他在原子论宇宙观和感觉主义认识论的基础上提出了一种"快乐论"的伦理学。

原子论的宇宙观 伊壁鸠鲁继承了德谟克利特的原子论,主张世界万物都是由原子与虚空构成的。但是伊壁鸠鲁却进一步认为,原子除了有德谟克利特所说的形状、次序、位置等方面的差异之外,还有重量上的区别,原子在虚空中进行直线下降运动的原因就在于它有重量。与亚里士多德认为物体的重量与自由下落的速度成正比的观点相反,伊壁鸠鲁认为原子的重量并不影响它在虚空中的运动速度,在伽利略以前两千年就提出了自由落体的原理。他说道:"当原子在虚空里被带向前进而没有东西与它们冲撞时,它们一定以相等的速度运动。因为当没有东西与它们相遇时,重的原子并不比小的和轻的原子运动得更快;而当没有东西与它们相撞时,小的原子也不会比大的原子更快,它们的整个行程是等速的。"①

---

① 《西方哲学原著选读》上卷,商务印书馆1981年版,第167页。

除了主张原子有重量上的差别之外,伊壁鸠鲁还提出了原子有偏斜运动的思想。德谟克利特由于片面地强调原子运动的必然性而导致了一种宿命论的观点,伊壁鸠鲁则认为,原子不仅具有进行直线下降运动的必然性,而且也具有发生偏离运动的偶然性。原子在降落的过程中由于自身的原因而发生"偏离",从而与其他原子相碰撞而形成旋涡运动,组合成世间万物。这就首次真正把运动的原因归于物质的内部,摆脱了德谟克利特从外部无法解释运动的最终来源的困境。马克思在其博士论文中指出,伊壁鸠鲁通过原子的偶然偏斜运动而高扬了个体的能动性和自由意志。

在伊壁鸠鲁看来,万事万物都是由原子构成的,甚至连神也不例外。宇宙间存在着许多彼此相似的世界,神就居住在各个世界的空隙之间,无忧无虑生活着,从来不会去干预人间的事务。人世间的凶吉祸福与神没有任何关系,只不过是原子的聚散离合而已。因此,一切天象都是自然现象,并不表达任何特殊的神灵意图,也不具有任何超自然的启示意义,故而根本就不值得恐惧。由此可见,伊壁鸠鲁的原子论宇宙观导致了一种无神论的结论。

感觉主义的认识论　与德谟克利特推崇理性、轻视感觉的观点不同,伊壁鸠鲁在认识论上倡导感觉主义。他把感官称为"真理的报导者",主张"永远要以感觉以及感触作根据,因为这样你将会获得最可靠的确信的根据"[1]。伊壁鸠鲁接受了德谟克利特的"影像说",认为认识的发生是外物影像作用于感官的结果,但是他却把感觉本身等同于真理,否定了感觉的"约定俗成"说。他认为没有任何东西可以驳倒感觉——相同的感觉驳不倒相同的感觉,不同的感觉也驳不倒不同的感觉;至于概念,由于它既不同于感觉,又依赖于感觉,因此就更不可能驳倒感觉了。对于伊壁鸠鲁来说,感觉本身无所谓错误,错误只存在于我们对感觉所作的解释和判断之中。他并不否定理性的作用,但却把感觉作为判定理性正误的准则,这就是他的"准则学"。

伊壁鸠鲁把灵魂说成是由一种非常精细的原子构成的东西,它一部分集中于心中,另一部分则散布在全身。灵魂的主要功能就是感觉,但是灵魂的感觉功能必须以身体作为基础,身体一旦死亡,灵魂就随之消散,灵魂的感觉功能也就不复存在了。因此,死亡并不值得恐惧,因为当我们活着的时候不会感觉到死亡的痛苦,而当我们死了之后则不会再有任何痛苦的感觉。"死对于我们无干,因为凡是消散了的都没有感觉,而凡无感觉的就是与我们无干的。"[2]

"快乐论"的伦理学　伊壁鸠鲁在伦理学上以提倡"快乐论"而著称,西塞罗以后的罗马人通常把伊壁鸠鲁学派的"快乐"理解为一种肉体上的放纵,"伊壁

---

[1]　《古希腊罗马哲学》,商务印书馆1961年版,第358页。

[2]　《古希腊罗马哲学》,商务印书馆1961年版,第343页。

鸠鲁主义"也因此成为了"纵欲主义"的同义词。但是伊壁鸠鲁本人并非这种意义上的"伊壁鸠鲁主义者",他所追求的"快乐"并不是声色犬马的放荡,而是指肉体上的恬淡和精神上的安宁。伊壁鸠鲁把快乐与善相联系,他明确表示:"当我们说快乐是一个主要的善时,我们并不是指放荡者的快乐或肉体享受的快乐……我们所谓的快乐,是指身体的无痛苦和灵魂的无纷扰。不断地饮酒取乐,享受童子和妇人的欢乐,或享用有鱼的盛筵,以及其他的珍馐美馔,都不能使生活愉快;使生活愉快的乃是清醒的静观,它找出了一切取舍的理由,清除了那些在灵魂中造成最大的纷扰的空洞意见。"[1]可见,快乐的根本在于心灵的宁静,这种心灵的宁静建立在人们对自然世界和社会生活的清醒认识之上。

伊壁鸠鲁把快乐等同于幸福,他认为消除对神灵、死亡的恐惧和节制自己的欲望,是获得幸福或快乐的必要条件。此外,为了消除对他人的恐惧,处理好人际关系,伊壁鸠鲁倡导人们通过约定来建立一种"自然的公正",它的目的在于防范人们相互伤害。他说道:"公正没有独立的存在,而是由相互约定而来,在任何地方,任何时间,只要有一个防范彼此伤害的相互约定,公正就成立了。"[2]正是这种约定或契约关系构成了法律、正义和国家赖以建立的基础。伊壁鸠鲁继普罗泰戈拉之后推进了社会契约论,这种约定论或契约论的社会政治观与他在本体论上强调偶然性和自由意志、在认识论上强调感觉主义、在伦理学上强调快乐论的思想态度是协调一致的,都表现了一种古代世界的启蒙意识。

从以上分析可以看到,伊壁鸠鲁的"快乐论"完全不同于罗马人的纵欲主义,但是他关于"快乐"的否定性定义("身体的无痛苦和灵魂的无纷扰")却表现了一种具有浓郁的末世论色彩的消极伦理观。后来的伊壁鸠鲁主义者把伊壁鸠鲁的伦理学概括为医治心灵的"四药方",即"神不足惧,死不足忧,乐于行善,安于忍恶"。到了罗马帝国时期,伊壁鸠鲁主义就日益由一种恬淡寡欲的精神快乐哲学转化为一种恣肆放荡的肉体纵欲主义,以至于当孟德斯鸠等人谈到罗马帝国衰亡的原因时,都把伊壁鸠鲁主义当作了腐化罗马英雄风尚的罪魁祸首。伊壁鸠鲁对世界的清明理智只有在卢克莱修(前99—前55年)那里还保留着,后者在其哲学长诗《物性论》中将伊壁鸠鲁的唯物主义原子论系统化了。

二、斯多葛学派

1. 早期斯多葛学派

与伊壁鸠鲁学派一样,斯多葛学派也是一个从希腊化时期一直延续到罗马帝国时期的哲学派别。斯多葛学派的创始人是出生于塞浦路斯岛的芝诺(Zero,

---

① 《古希腊罗马哲学》,商务印书馆1961年版,第368~369页。

② 《古希腊罗马哲学》,商务印书馆1961年版,第347页。

约前 336—前 264 年,不是爱利亚派的芝诺),他早年潜心于赫拉克利特哲学,深
受其火本原说和逻各斯思想的影响,后来又因仰慕苏格拉底而对犬儒派、麦加拉
派和柏拉图学园派的思想进行过深入的研究。公元前 294 年,芝诺在雅典开办
了自己的学园,由于该学园设在一条有壁画的长廊下,在希腊语中,"画廊"一词
(στοά)的音译为"斯多亚",芝诺的学园因此而得名为斯多葛(亚)学派,即画廊
学派。早期斯多葛学派的主要代表除芝诺外,还有**克利安提斯**(Cleanthes,前
331—前 232 年)、**克吕西普**(Chrisippus,前 280—前 206 年)等人,他们在认识论
上承认感觉是一切知识的来源和真理的标准,具有感觉论的倾向,但又主张有一
种"内部感觉",即天赋的清楚明白的理性,一切判断最终要由它来衡量。因此
他们后期转向了理性主义甚至泛理论。与伊壁鸠鲁一样,早期斯多葛学派也把
追求心灵上的安宁和"不动心"作为哲学的目标,但他们宣扬的是一种通过理性
节制欲望的伦理学。不过,在早期斯多葛派中,片面抬高伦理学地位的倾向还不
明显。他们把哲学分为逻辑学、伦理学和自然哲学三个部分,而对逻辑学的研究
尤为深入,进一步完善了亚里士多德的逻辑学,并开拓了命题逻辑的领域。

早期斯多葛学派把赫拉克利特的"火"加以神秘化,将其说成是一种有灵魂
的东西或"能思想的火气",把"逻各斯"说成是"神圣的"火的理性,即世界理性,
也就是神或宙斯。他们认为世界是一个和谐有序的整体,万物都受着严格的必
然性规律的支配,这规律是由神或"逻各斯"所决定的,它构成了万物必须服从
的"天道"或"命运"。"世界大火"的燃烧和熄灭导致了世界的周而复始的产生
与毁灭,这是一个无穷无尽的过程,每一个产生出来的新世界都与毁灭了的旧世
界没有任何实质性的差别,它们都遵循同一个"世界理性"。每个人的理性都是
世界理性的一点火花,它们具有同构性,因此每个人都可以借助理性而认识到自
然规律和客观真理。斯多葛学派认为一切人彼此是兄弟,有着共同的起源、命运
和法律,人人平等,都是"世界公民"。早期斯多葛派是亲马其顿派,主张不同民
族、阶级彼此和睦友善的世界主义。

斯多葛派在伦理学上认为,人们自觉地服从"逻各斯"和"命运",就是服从
自己的理性和实现自己的本性,这就是他们理解的"自由"。他们所看重的德性
是朴素、严肃、刚毅、节制,不主张同情、怜悯和伤感。克吕西普在《论主要的善》
中认为:"因为我们个人的本性都是普遍本性的一部分,因此,主要的善就是以
一种顺从自然的方式生活,这意思就是顺从一个人自己的本性和顺从普遍的本
性;不作人类的共同法律惯常禁止的事情,那共同法律与普及万物的正确理性是
同一的,而这正确理性也就是宙斯,万物的主宰与主管。"①与伊壁鸠鲁学派把快

---

① 《古希腊罗马哲学》,商务印书馆 1961 年版,第 375 页。

乐等同于幸福的观点相反,早期斯多葛学派主张美德就是幸福,他们认为,只有顺应自然、服从命运才是道德的生活,也才是幸福的生活。因此,人生在世应当通过理性摆脱一切快乐、欲望、恐惧和悲哀的纷扰,对于现实世界采取一种清心寡欲、无动于衷的生活态度。

2. 晚期斯多葛学派

到了罗马帝国时期,随着暴戾恣睢的罗马人在实践方面越来越深地陷入到纵欲主义的泥淖,斯多葛学派也相应地采取了一种越来越偏激的禁欲主义姿态。罗马共和国末期的元老、著名思想家和雄辩家西塞罗(Cicero,前 106—前 43 年)在把斯多葛派的观点介绍给罗马人方面,做了大量的工作。尽管他本人自称为一个柏拉图学园派的信徒,但他却以一种同情的理解转述了斯多葛学派的主要观点。晚期斯多葛学派的主要代表是罗马大臣塞涅卡(Seneca,前 4—公元 65 年)、奴隶爱比克泰德(Epictetus,55—135 年)和罗马皇帝马可·奥勒留(Marcus Aurelius,121—180 年),他们虽然地位殊异,但是基本思想却是完全一致的。顺应自然和服从命运仍然是晚期斯多葛派的基本观点,只是其基调比早期斯多葛派更加阴郁、更加悲观。他们主张取消奴隶和主人在人格上的差别,甚至倡导应当宽恕敌人,对刚刚开始在罗马帝国传播的基督教产生了重要的影响。

塞涅卡在批判亚里士多德“四因说”的基础上提出宇宙只有一个原因,这个原因就是宇宙的“创造者”即神。既然神是世界的唯一原因,因此服从神的天命也就是人的唯一明智的选择。塞涅卡的名言是:“愿意的人,被命运领着走;不愿意的人,被命运拖着走。”由此可见,“服从神就是自由”,而背离神的意愿则是一切痛苦的根本原因。塞涅卡明确地提出了“顺应自然,服从命运”的观点,他主张面对一切欲望和激情的骚扰而采取“不动心”的态度。据说他在每天晚上睡觉之前都要对灵魂进行反省,以便消除内心深处各种粗鄙的杂念,以一种宁静心情进入梦境,从而实现灵魂与纯净广宇的神秘合一。这种弃绝物欲享乐、追求灵性纯洁的禁欲主义和神秘主义后来也被融入基督教的神学思想中。但是塞涅卡本人对于他所宣扬的禁欲主义并未实行,他聚敛钱财成为罗马首富,享尽了一个罗马大臣和帝王师的种种荣耀奢华,最后却被他的学生、暴君尼禄嫉妒而赐死。

爱比克泰德是一位才华出众和精通哲学的罗马奴隶[①],后来由于受到主人的赏识而被释放为自由人。早年的奴隶处境使爱比克泰德非常强调承受苦难的坚忍精神,他把这种忍耐苦难的精神与一种宿命论观点结合起来,大力宣扬服从

---

① 在共和国晚期和帝国初期的罗马,许多出身于奴隶的人担任罗马人的家庭教师和工场监督,他们往往因为有才能而得到主人的重用。因此,在罗马,奴隶的社会地位虽然低下,但是许多奴隶却往往比崇尚武力、轻视思想的主人更加有文化修养。

命运的思想。他认为世间的一切好运和厄难都是神的特殊旨意的结果,因此应当以一种主动"配合"的方式来对待疾病、死亡、残废等灾难,正如应当以同样的方式来对待好运一样。爱比克泰德指出,引起人们恐惧的并不是灾难本身,而是人们对于灾难的观点,如果把灾难当作一件自然现象而泰然处之,人们就不会自寻烦恼了。"所以,当我们受到阻碍,或者被扰乱,或者陷入忧愁时,我们决不要把它归咎于别人,而要归咎于我们自己,就是说,归咎于我们自己的观点。由于自己的不幸而谴责别人,是一个没有教养的人的行为;如果谴责自己,那就是一个正在进入教养的人的行为;而既不谴责别人也不谴责自己,则是一个受过完满教养的人的行为。"①整个宇宙都是由神来公正地管理着的,服从神灵、顺应自然就是智慧和善的表现。一个人的能力是命定的,人只能做他力所能及的事,而不要僭越本份,庸人自扰。每个人在社会中扮演的角色也是命中注定的,人生在世就像舞台上的演员,只要按照剧本的事先安排来演好自己的角色,无论演主角还是演配角,演悲剧还是演喜剧,演三幕还是演五幕,都是一部完整的戏剧。人生之剧的剧情是神预先安排好了的,它包含着神的特殊目的。因此面对顺境时不要沾沾自喜,面对苦难时也不要怨天尤人,一切均顺其自然。"好好地运用在我们能力范围之内的东西,别的就听其自然吧。'自然'是什么意思呢? 就是神的愿望。"②

　　晚期斯多葛派的另一位代表人物马可·奥勒留是罗马帝国黄金时代——安东尼王朝的一位较为贤明宽厚的帝王,因热爱哲学被时人称为"御座上的哲学家"。他所撰写的《沉思录》一书是其内心的独白,精辟地表述了斯多葛学派的人生哲学思想。与塞涅卡和爱比克泰德相比,位极至尊的奥勒留表现了一种更加深刻透悟的悲观思想。在他看来,人只是浩瀚无边的宇宙中的一个微不足道的可怜生物,宇宙的广袤无垠与人生的短暂渺小形成了鲜明的对比。"在人的生活中,时间是瞬息即逝的一个点,实体处在流动之中,知觉是迟钝的,整个身体的结构容易分解,灵魂是一涡流,命运之谜不可解,名声并非根据明智的判断。一言以蔽之,属于身体的一切只是一道激流,属于灵魂的只是一个梦幻,生命是一场战争,一个过客的旅居,身后的名声也迅速落入忘川。"③在这种情况下,人对宇宙秩序的任何反抗都是徒劳无益的。奥勒留还从宇宙万物的普遍联系以及整体与部分的关系来论证人应该服从命运、安于现状,不要破坏了宇宙的整体和谐。他认为,一切事物都处于生灭变化的往复轮回之中,一个人在一百年、两千年或者无限的时间里看到的都是同样的东西,长生不老者和濒于死亡者失去的

---

① 《古希腊罗马哲学》,商务印书馆 1961 年版,第 439～440 页。
② 《古希腊罗马哲学》,商务印书馆 1961 年版,第 441 页。
③ 马可·奥勒留著,何怀宏译:《沉思录》,生活·读书·新知三联书店 2002 年版,第 16 页。

也是同样的东西。人生除了"现在"之外,一无所有,也一无所失。他在《沉思录》里用极其优美的语言表达了对于人生的悲观态度:"总之,要始终注意属人的事物是多么短暂易逝和没有价值,昨天是一点点黏液的东西,明天就将成为木乃伊或灰尘。那么就请自然地通过这一小段时间,满意地结束你的旅行,就像一棵橄榄成熟时掉落一样,感激产生它的自然,谢谢它生于其上的树木。"[1]

晚期斯多葛学派对于现世生活的悲观态度与新兴基督教的天国理想不期而遇,它所宣扬的"服从命运""忍受苦难"的禁欲主义也与基督教的救赎福音颇为契合,因此之故,斯多葛学派的哲学成为基督教神学的重要思想来源之一。作为希腊化时期产生的两大伦理学派,伊壁鸠鲁主义与斯多葛主义到了罗马帝国时期日益演变为两种截然对立的生活方式——伊壁鸠鲁主义逐渐被指认为一种及时行乐的纵欲主义,斯多葛主义则成为一种超凡脱俗的禁欲主义。如果说伊壁鸠鲁主义象征着罗马帝国腐化堕落的社会现实,那么斯多葛主义则在呼唤着基督教玉洁冰清的天国理想。

三、怀疑主义

怀疑主义与伊壁鸠鲁学派、斯多葛学派被黑格尔统称为希腊化时期的三个"自我意识的哲学"。与另外两派一样,怀疑主义也追求心灵的宁静,但是他们的怀疑其实是为人生哲学而作的一种探索和诘问,因而被称之为"研究派"[2]。他们认为导致心灵纷扰的根本原因在于人们在认识方面的独断论态度,即片面地执着于某一种立场或观点,从而使自己陷入了永无止境的论辩的烦恼中。黑格尔认为,伊壁鸠鲁学派和斯多葛学派都是独断论者,逍遥派(亚里士多德学派)也是如此,怀疑主义却与所有的这些独断论派别针锋相对(柏拉图的学园派则游移于二者之间)。"斯多葛派哲学把抽象思维当成原则,伊壁鸠鲁派把感觉当成原则;而怀疑主义则是对于一切原则持否定态度,而且是行动性的否定。其结果首先就是原则不可能被认识。"[3]在思想源渊上,怀疑主义沿袭了普罗泰戈拉关于"一切理论都有其对立的说法"的观点,认为任何一种感觉或命题都有其相反者存在。因此,执着于任何一种感觉或命题都会使人陷入无休无止的争辩中,最好的办法是在两种相反的观点之间保持中立,对哪一方都采取一种审慎的怀疑眼光,坚持"不发表任何意见"和"不作任何判断"的态度,这才是实现"灵魂的安宁"的"最高的善"。

---

① 马可·奥勒留著,何怀宏译:《沉思录》,生活·读书·新知三联书店 2002 年版,第 41 页。
② 《古希腊罗马哲学》,商务印书馆 1961 年版,第 339 页。
③ 黑格尔著,贺麟、王太庆译:《哲学史讲演录》第三卷,商务印书馆 1959 年版,第 7 页。

1. 早期怀疑主义

早期怀疑主义的创始人是爱利斯城邦的**皮浪**(Pyrrhon,约前 360—前 270年),他早年师从德谟克利特的继承者阿那克萨库,曾参加亚历山大的东征军队到过印度。皮浪的基本思想是:"不作任何决定,悬置判断。"在留存至今的著作残篇中,皮浪明确表示:"万物一致而不可分别。因此,我既不能从我们的感觉也不能从我们的意见来说事物是真的或假的。所以我们不应当相信它们,而应当毫不动摇地坚持不发表任何意见,不作任何判断,对任何一件事物都说,它既不不存在,也不存在,或者说,它既不存在而也存在,或者说,它既不存在,也不不存在。""最高的善就是不作任何判断,随着这种态度而来的就是灵魂的安宁,就像影子随着形体一样。"①皮浪不仅在认识上坚持不作判断的态度,而且也把这种"不动心"的态度表现在生活实践中。据说有一次,皮浪在海上航行时遇上了风暴,同船的人都惊慌失措,皮浪却指着一头正在安静吃食的猪对众人说,有智慧的人应该像这头猪一样,对任何事情都不动心。据记载,皮浪常常会做出些出格的事,如用头对着墙壁冲过去,或是故意站在马车飞驰的车道上,他的朋友们不得不总是跟着他,随时将他从各种危险中救出来。但是另外有人说,皮浪只是在哲学上坚持不作判断的态度,在日常生活中他仍然是非常谨慎的,乃至于活到九十岁高龄。无论如何,早期怀疑论对自己的怀疑也抱有一种怀疑态度,要么以身试法,以惨烈的方式去试探和检验它,要么对之保持一种可望而不可及的距离。因而他们看起来外表潇洒,内心其实是很痛苦的。

2. 晚期怀疑主义

晚期怀疑主义者主要为生活在罗马帝国时期的**埃奈西德谟**(Aenesidemus)、**阿格里帕**(Agrippa)、**塞克斯都·恩披里克**(Sextus Empiricus)等人,他们将早期怀疑主义的观点进一步深化和理论化、系统化,并且把怀疑的对象从感觉转向了理性本身。埃奈西德谟在皮浪"悬置"判断的基础上提出了怀疑感觉可靠性的十个"老论式":(1)不同的动物由于器官结构不同,对于同一对象会产生不同的表象和感觉,我们无法辩明孰真孰假;(2)作为同一物种的人,由于各自的身体状况不同,对于同一事物的感觉也不相同;(3)同一个人,用不同的感官去感知同一对象,会有不同的感受;(4)同一个人,当他处在不同的状态中时,对于同一对象也会有不同的感受;(5)一个人从不同的位置、距离、角度来观察同一个对象,会有不同的感觉;(6)当被感觉对象与不同的其他事物混杂在一起时,所给予我们的感觉是不同的;(7)被感觉对象本身处于不同的状态中时,也会给予人以不同的感觉;(8)被感觉对象的某些性质是相对的,因此我们对它们的感觉也

---

① 《西方哲学原著选读》上卷,商务印书馆 1981 年版,第 177 页。

是相对的;(9)被感觉对象出现的频繁还是稀少,会给人带来不同的感受;(10)生活在不同的伦理规范、习俗和法律制度下的人,对于同一事物会有完全不同的看法。[①] 这些论式除了第 10 个之外,都是旨在从认识论的角度来怀疑感觉的可靠性,从而说明不作判断的合理性。

塞克斯都·恩披里克则提出了怀疑主义的五个"新论式",试图说明理性或逻辑自身的悖论:(1)以认识世界为己任的爱智者——哲学家们对于世界的看法各不相同,这种观点的分歧恰恰说明了世界本身是不可知的;(2)要确定某一对象或命题为真,必须为之提供根据,而这根据本身的可靠性和真实性,又需要进一步的根据来证实,这样就必然会陷入根据的无穷追溯;(3)事物总是处于各种关系之中,这些关系既包括判断主体与判断对象之间的关系,也包括判断对象与其他事物之间的关系,这种复杂的关系使我们无法认识到事物本身的真相;(4)我们要论证一个命题又不想陷入根据的无穷推进,就必须预先假设某种自明的公理,但是任何假设都可以有一个与之相反的假设,它同样可以作为公理而存在(公理本身是不需要证明的),从而推出一个与待证命题正好相反的命题;(5)为了避免根据的无穷追溯,还可以采取结论与根据互为因果的方法,但是这样又会陷入循环论证中,而循环论证是无法证明任何东西的。

与十个"老论式"一样,怀疑主义的这五个"新论式"也是旨在说明对象的不可知性,从而坚持对事物不作判断的基本态度。然而与"老论式"不同的是,"新论式"涉及逻辑系统本身的合理根据问题,以及思维的内在矛盾问题,黑格尔认为它们"属于思维的反思,包括着确定概念本身的辩证法"[②]。它们所揭示出来的理性自身的矛盾(以及"老论式"所揭示的感觉的矛盾),成为后世哲学家们在认识论方面努力去解决的重大理论问题,并且最终为辩证法进入认识论领域开辟了道路,使得哲学家们意识到矛盾本身也是认识的本质,正如它是存在的本质一样。

四、新柏拉图主义

新柏拉图主义盛行于罗马帝国后期(公元 3 至 5 世纪),它以柏拉图哲学为思想基础,融会了希腊化时期来自东方的各种神秘主义和信仰主义,构成了希腊形而上学向中世纪基督教神学转化的重要理论中介。新柏拉图主义的思想先驱可以追溯到公元之交的一位希腊化犹太人斐洛(Philo,约前 25—40 年),他曾经

---

① 关于这十个"老论式"的具体内容,参见苗力田主编:《古希腊哲学》,中国人民大学出版社 1989 年版,第 662~665 页。在这里,为了使这些论式在逻辑上具有一种层层递进的关系,故而将它们的顺序作了适当的调整,特此说明。

② 黑格尔著,贺麟、王太庆译:《哲学史讲演录》第三卷,商务印书馆 1959 年版,第 133 页。

运用柏拉图哲学对《圣经·创世记》进行了一种隐喻性和神秘化的重新解读,这种解读深刻地影响了后来基督教的"上帝创世""道成肉身""原罪与救赎"等神学教义,斐洛因此被19世纪的青年黑格尔主义者布鲁诺·鲍威尔称为"基督教教义之父"。但是新柏拉图主义的真正创始人是罗马帝国的普罗提诺,他和他的学生波菲利使新柏拉图主义成为基督教神学全面控制西方思想之前的最后一个古典哲学形态。

1. 普罗提诺

普罗提诺(Plotinus,204—270年)出生于埃及,早年曾跟随亚历山大里亚的著名学者阿蒙尼乌斯(Ammonius)学习哲学(有人把阿蒙尼乌斯说成第一个新柏拉图主义者),40岁左右时来到罗马开办自己的学校,吸引了不少达官贵人,甚至包括加里安皇帝和皇后,一时间影响极盛。普罗提诺生活的时代恰恰处于被吉本誉为"黄金时代"的安东尼王朝刚刚结束、戴克里先和君士坦丁的新秩序尚未建立起来的混乱状态中,罗素把他称为"古代伟大哲学家中的最后一个人"。面对着悲惨的现实状况,普罗提诺像一个真正的柏拉图主义者那样把目光投向了现象背后的唯一真实的理念世界,投向了善与美的形而上学的永恒之域。他晚年所撰的54篇哲学论文由其弟子波菲利整理汇编为著名的《九章集》。

"太一"及其"流溢"　普罗提诺的形而上学建立在"太一""努斯"(nous,又译作"心智""理智")和"灵魂"这三个概念的神秘统一之上。"太一"是一个无法用定义的方式来加以表述的本原概念,它有时被称为"神",但比通常理解的人格化的神更加广阔和原始,有时则被称为"原始之善"。普罗提诺说道:"它不是一个存在,因为存在的东西有着存在的形式,而它是没有形式的,甚至没有灵明的形式。我这样说,是因为创造万物的'太一'本身并不是万物中的一物。所以它既不是一个东西,也不是性质,也不是数量,也不是心智,也不是灵魂,也不运动,也不静止,也不在空间中,也不在时间中,而是绝对只有一个形式的东西,或者无形式的东西,先于一切形式,先于运动,先于静止。"①这样一个无以言状的东西,上承克塞诺芬尼的不可规定的"一"(即"神"),下启基督教中的"否定神学",体现了西方哲学中的神秘主义传统。

比"太一"次一等的实体即"努斯"或心智,它是"太一"因自身充盈而"流溢"的结果。"我们应当怎样来想这些围绕着'太一'的常住不变的本质的次等实体呢?我们应当把它想成一种从'太一'发出来的辐射,从常住不变的'太一'里发出来,正如围绕太阳的太阳光永远不断地从太阳里产生出来,太阳的实体却毫无改变和运动一样。"②因此,"努斯"是太一借以显示自身和认识自身的形式。

---

① 《西方哲学原著选读》上卷,商务印书馆1981年版,第214页。
② 《西方哲学原著选读》上卷,商务印书馆1981年版,第216页。

普罗提诺有时候也把"努斯"称作太一的"影子",并且认为这"影子"与太一本身乃是同一个东西,不可定义的太一正是通过"努斯"而获得了自身的规定性,这种规定性就是理念和整个理念世界。

"努斯"是体现为一的"太一",它是一种整体性的精神,一切理念都是它创造的;当它进一步"流溢"而分化为多时就产生出诸多的"灵魂"(psyche),这些灵魂包括人的灵魂或其他自然生物的灵魂;再往下流溢出来的就是灵魂凭借理念所创造出来的自然界,自然万物以理念为形式而含有质料;而纯粹的质料则是纯粹的黑暗,没有理念赋予它们确定的形式,它们就只能是非存在。当灵魂沉沦在理念赋形于质料而形成的自然世界之中时,它被肉体所拖累,时时面临着滑向黑暗变成非存在的危险。然而灵魂在本质上来源于一个更高的世界,它具有一种要返回到"太一"的向往,每个灵魂都力图通过与"努斯"的联系而窥见和分有"太一"。因此善的生活就在于摆脱肉体的束缚,循着从实践的美德(如政治)到理论的美德(如辩证法)再到精神的沉思这样一个方向不断上升,最后还要借助于一种无意识的"出神"("迷狂")状态,才能与神或"太一"真正融为一体。普罗提诺说道:"摆脱了自己的身体而升入于自我之中;这时其他一切都成了身外之物而只潜心于自我;于是我便窥见了一种神奇的美;这时候我便愈加确定与最崇高的境界合为一体;体现最崇高的生命,与神明合而为一;一旦达到了那种活动之后,我便安心于其中;理智之中凡是小于至高无上者的,无论是什么我都凌越于其上。"①但是普罗提诺承认,这种境界极难达到,他本人一生中也只有六次这样的顿悟。

普罗提诺的三位一体的形而上学具有浓厚的思辨色彩,同时也带有明显的神秘主义成分。这种神秘主义成为基督教摈弃肉体享受、向往灵魂自由的神学思想的重要根源,并为超理性的信仰提供了理论支持。奥古斯丁甚至认为,如果普罗提诺再晚生一点,只需"改动几个字句,就是一个基督徒了"。

2. 波菲利

波菲利(Porphyrios,233—304 年)是叙利亚人,早年曾在雅典等地求学,262年来到罗马,不久后成为普罗提诺的学生。他也是普罗提诺的传记作者和著作编纂者,并著有《亚里士多德〈范畴篇〉引论》《句要篇》等论文。

波菲利在《亚里士多德〈范畴篇〉引论》中把柏拉图与亚里士多德的思想分歧归结为关于共相性质的三个问题:(1)共相(种或属)究竟是独立存在的实体,还是仅仅存在于人的思想之中?(2)如果它们是实体,那么它们究竟是有形的,还是无形的?(3)如果它们是无形的,它们究竟是与可感事物相分离的,还是寓

---

① 转引自罗素著,何兆武、李约瑟译:《西方哲学史》上卷,商务印书馆1963年版,第366页。

于可感事物之中？波菲利认为,这些问题是极其高深的,需要下很大的功夫才能进行研究。他本人对于这些问题并没有给出答案,但是从这三个问题中可以看出柏拉图主义与亚里士多德主义的根本分歧。此外,尽管波菲利本人对当时方兴未艾的基督教持一种坚决的反对态度,曾专门撰写了15卷的《反基督教》一书,但是他所提出的这三个问题后来却成为中世纪基督教经院哲学中实在论与唯名论激烈争论的焦点。

　　波菲利把东方神秘主义宗教与希腊理性主义哲学奇妙地结合起来,他一方面强调灵魂的罪恶本性,另一方面又大力宣扬净化灵魂的道德学说和关于神恩的救赎论思想。他站在希腊哲学的立场上来反对基督教,同时又在灵肉二元论的基础上把柏拉图哲学与基督教神学连接起来;他激烈地批判了基督教以及希腊罗马多神教的外在性的崇拜形式,同时却在无意之中将希腊式的思辨精神输入到基督教的内在血脉之中。到了基督教成为罗马帝国的合法宗教甚至国教之后,新柏拉图主义与希腊的其他各种哲学流派一样,也遭受到了被排斥和被禁绝的命运,不得不掉头向东方去寻求生存与发展。但是新柏拉图主义的精神内涵却深深地渗透于基督教的神学理论中,成为经院哲学崛起之前的基督教哲学——教父哲学——的主流意识。

第二章　中世纪基督教哲学

第一节　概　论

　　基督教最初是从犹太教的母体中孕育而生的,公元 1 世纪上半叶,彼得和保罗等人把原始基督教的福音传播到外邦人中,使其在罗马帝国的广阔域界内得以发展。对于信奉传统多神教的罗马统治者来说,宣扬唯一上帝和彼岸福音的基督教无疑是一种蛊惑人心的邪教,因此基督教最初只能处于地下状态,信仰者大多是社会地位低下的奴隶和下层民众。自从尼禄皇帝第一次公开迫害基督徒开始(64 年),一直到君士坦丁一世颁布《米兰敕令》(313 年),罗马帝国的统治者们对新兴的基督教进行了多次大规模的迫害。但是早期基督徒们在坚定的信仰和纯洁的道德的支撑下,勇敢地面对罗马帝国的屠刀。他们以宽容和忍耐精神赢得了越来越多的罗马人的同情和皈依,终于使基督教在 4 世纪初被罗马帝国统治者承认为合法宗教,并在不久后取代了传统的多神教而成为罗马国教。

　　到了公元 5 世纪以后,由于日耳曼蛮族的入侵和西罗马帝国的崩溃,基督教成为凌驾于分散混乱的西欧封建社会之上的唯一的宗教信仰和绝对的意识形态,罗马天主教会则成为高踞于分崩离析的世俗王权之上的权力中心,它所控制的各级教会组织如同蛛网一般密布于整个西欧社会。如果说早期基督教是通过宽容和忍耐而赢得世界的,那么当基督教成为中世纪占统治地位的唯一宗教信仰之后,罗马教会就变得越来越专断和暴虐,以至于把社会生活的一切方面都纳入它的绝对控制之下,尤其是对精神生活的控制,在中世纪达到了无以复加的程度。在这种情况下,一切社会意识形式都被打上了深深的宗教烙印,所有的学科和思想都丧失了独立存在的意义,无不处于基督教信仰的浓重阴影之下。

　　与中世纪的其他文化形态一样,哲学也深受基督教信仰的影响,而且由于哲学所探讨的问题本身就具有形而上学的特点,因此哲学与基督教神学的关系比其他任何学科与神学的关系都更加密切。罗马帝国时期的希腊教父奥利金认为,哲学和几何学、音乐、文法等一样,都不过是“神学的婢女”;而同时代的另一些教父则认为,基督教本身就是真正的哲学,它比任何哲学都更全面、更真实地表达了真理。与希腊哲学不同,中世纪哲学——无论是早期的教父哲学还是后来的经院哲学——从来就没有获得过独立的地位,它所讨论的问题都直接或间接地关系到基督教的基本信仰和教义。因此,哲学家们的抽象思想如果不能成为正统基督教信仰和教义的理论依据,就会被视为滋生各种异端观点的危险温床。

　　基督教的理想是罪得救赎之后才能达到的圣洁天国,基督教的本质精神就是唯灵主义,因此它在哲学上必然会对应于一种唯心主义观点,即把精神看得比物质更加具有根本性,把作为思维对象的概念世界看得比作为感觉对象的现象世界更加本质和真实。这种唯心主义观点在希腊哲学中可以找到最典型的表现形式,这就是柏拉图的"理念论"。在中世纪,基督教哲学把柏拉图"理念论"中的二元分离的思想推向了极端,它一味强调灵魂与肉体、彼岸与现世、精神与物质之间的对立,完全否定了二者之间的统一,从而发展出一种彻底唾弃世俗生活的唯灵主义。

　　在基督教信仰笼罩整个社会生活的背景下,灵魂得救和天国理想成为中世纪一切意识形态关注的焦点。在这种情况下,中世纪基督教哲学不再像古希腊哲学那样关注自然世界和客观存在,而是把灵魂和上帝作为研究的对象。灵魂属于主观精神世界,上帝作为一种绝对的和无限的客观精神,其实质仍然不过是主观精神本身的一种客观化或异化,因此中世纪基督教哲学从根本上来说是一种关于主观精神世界的哲学,具体表现为心灵哲学和宗教哲学。它所追问的核心问题也不再是世界的本原,而是精神的本质——通过对上帝这个绝对精神的追问而深入到具有人—神结构的个体意识的灵魂,深入到一般精神的能动本质,尽管这种个体意识和一般精神的能动本质是通过唯心主义或唯灵主义的形式表现出来的。由于主观精神世界是一个比客观自然世界更加深邃的世界,所以中世纪基督教哲学尽管具有种种扭曲和偏颇的形式,但是它对于西方哲学精神向自身内部的深化仍然具有十分重大的意义,构成了西方哲学发展的一个必不可少的环节。

　　基督教哲学的发展大体上可以分为两个阶段,即早期的教父哲学和后期的经院哲学(大致以公元11世纪为界)。事实上,教父哲学并非中世纪的产物,它的主要思想家都生活在罗马帝国时期,但是由于它是基督教的哲学形态之一,教父们为基督教的基本教义奠定了理论基础,所以我们仍然把它放在中世纪基督教哲学一章中来加以论述。教父哲学作为基督教最初的哲学形态,它所面对的是古典文化的理性背景,因此在产生之初,教父哲学就以强调超理性甚至反理性的神秘信仰作为基本特点。这种特点反映了基督教试图超越古典文化的时代要求,正与它用道德主义来超越罗马的功利主义、用禁欲主义来超越罗马的纵欲主义、用唯灵主义来超越罗马的物质主义一样。但是在这种抗衡或超越古典文化的过程中,教父哲学却自觉或不自觉地从古典时代的哲学、尤其是柏拉图主义和新柏拉图主义中吸取了大量的精神营养,出于信仰的需要把希腊形而上学推向了神秘化的顶峰。

在教父哲学中,一切哲学问题都采取了神学的形式,教父哲学的实质就是用希腊形而上学的泉水来浇灌基督教的教义之花。早期基督教神学所讨论的教义问题主要集中于上帝论、基督论和人性论这三个方面,在这些方面,教父哲学最后达成的正统观点往往都具有超理性或反理性的神秘色彩,如三位一体、基督神—人性、原罪与救赎、上帝的预定和拣选等等。这些正统性的教义都与死而复活等教义一样,既不能为理性所理解,也不能被经验所证实。

11 世纪以后,随着西欧社会的文化复兴,遭到贬抑的理性精神开始重新萌发;而且由于与阿拉伯世界的频繁接触,曾一度在西欧成为绝学的亚里士多德主义又通过西班牙和君士坦丁堡而流回基督教世界。理性的复苏以及亚里士多德主义的影响,导致了中世纪经院哲学的产生与繁荣。

经院哲学(Scholasticism)通常又被称为繁琐哲学,它因讲究繁琐的概念辨析和逻辑论证而得名。在这方面,比较典型的例子有安瑟尔谟关于上帝存在的本体论证明、托马斯·阿奎那关于上帝存在的宇宙论和目的论证明,以及其他哲学家对于一些极其虚妄的问题——例如天堂里的玫瑰花有没有刺、亚当和夏娃有没有肚脐眼等——的繁琐论证。这些逻辑论证就其内容来说是毫无意义的,因为上帝、天堂以及亚当、夏娃等等都只是信仰的对象,关于他(它)们的任何具体特性(包括存在本身)的描述都只能是想象的结果,既不能在感性的范围内加以直观,也不能在理性的范围进行证明。对于这些信仰对象进行逻辑论证,就如同用磅秤来称精神一样荒谬。但是从形式上来看,经院哲学的这种做法却培养了一种理性的精神,即试图通过逻辑的论证而不是单凭狂热的信仰来确定真理。经院哲学导致了理性神学的产生(托马斯·阿奎那就是理性神学的最著名的代表),理性神学虽然仍旧承认信仰的至高无上性和不可动摇性,但是它所倡导的那种注重逻辑证明的方法却无疑为近代理性主义的勃兴埋下了最初的种子。

如果说教父哲学以一种扭曲的方式把柏拉图哲学推向了神秘主义的极端,那么经院哲学则同样以一种片面的方式把亚里士多德哲学推向了形式主义的极端。在教父哲学中,内容是唯一重要的东西,信仰的神秘内容是任何理性的形式都无法把握的;在经院哲学中,形式却日益显示出其重要性,论证形式本来是为信仰内容服务的,但是久而久之竟出现了取而代之的趋势。经院哲学原本想用理性来加强信仰,然而事情发展的结果却与经院哲学家们的初衷正好相反——用理性来证明信仰的做法无意之中为信仰挖掘了坟墓。作为工具的理性逐渐地成长为目的本身,而信仰反而被淹没在理性的精神之中了。理性精神与宗教信仰本来就处于尖锐的矛盾之中,经院哲学用理性来论证信仰就如同罗马教会用大学教育来消除异端思想一样荒唐可笑,其结果只能是搬起石头砸自己的脚。

无论是在教父哲学中,还是在经院哲学中,哲学始终都要仰承神学的鼻息,一切哲学问题的最终答案都要视其是否符合正统的神学教义,是否有利于罗马天主教会的绝对统治。从这种意义上来说,中世纪几乎没有纯粹的哲学问题,中世纪的哲学家同时就是神学家。但是在经院哲学中,曾一度出现过一个具有真正哲学意味的问题,这就是关于"共相"(逻辑上的"种""属")的问题。共相问题源于新柏拉图主义者波菲利在《亚里士多德〈范畴篇〉引论》一文中所提出的三个疑问,这些疑问在中世纪引起了经院哲学家们的激烈争论。争论双方的根本分歧在于,"共相"到底是独立于个别事物而存在的客观实体,还是只能寓于个别事物之中的普遍本质或抽象概念? 由此导致了实在论(realism)与唯名论(nominalism)的对立。实在论者如安瑟尔谟、托马斯·阿奎那等人认为,"共相"从根本上来说是先于和高于个别事物而独立存在的客观实体,它构成了个别事物存在的根据;洛色林、阿伯拉尔、罗吉尔·培根、邓斯·司各脱和威廉·奥卡姆等唯名论者则认为,只有个别事物是实在的,"共相"不过是一个名词、一个概念或一种寓于个别事物之中的性质,它不能独立于个别事物而存在。共相问题虽然是一个纯粹的哲学问题,但是它仍然关涉到"三位一体"的基本教义和罗马教会的普世性权威问题,因此有利于基督教信仰和罗马教会统治的实在论观点被奉为正统思想,而包含着危险因素的唯名论观点则被斥为异端。

实在论的哲学基础是柏拉图的"理念论",唯名论的哲学基础则是亚里士多德关于"第一实体"的思想。一般说来,唯名论者在哲学上的观点更加接近于经验论和唯物主义的立场,正是他们开启了近代经验哲学和实验科学之源头。但是另一方面,唯名论者在神学上却表现出一种类似于教父派的神秘主义倾向,他们坚决反对托马斯·阿奎那用理性形式来论证信仰内容的做法,坚持把知识与信仰、哲学与神学分离开来。他们在哲学上是审慎的唯名论者和经验论者,在神学上却是神秘的唯意志论者。但是,正如唯名论在理论上有助于促进经验哲学与实验科学的生长一样,唯意志论在实践上有助于鼓励个人与上帝在神秘的内心体验中进行直接的交往,从而极大地动摇了罗马教会和教皇一统天下的权威地位,对后来的宗教改革运动产生了重要的影响。

由于中世纪基督教哲学与神学非常复杂地混杂在一起,因此在本章中,我们将围绕着信仰与理性的关系这一主线,分别对教父哲学的神秘主义特点、经院哲学关于上帝存在的各种证明以及"共相"之争等问题进行论述。

第二节　教父哲学

教父是继使徒之后出现的一批具有希腊哲学素养和基督教信仰的人(他们中许多人都出任重要的神职),他们主要生活在罗马帝国时期,是基督教教义的重要奠基者和诠释者。从公元2世纪开始,希腊和拉丁的教父们在希腊形而上学和保罗神学的基础上,对基督教的基本信条进行了系统化和理论化的阐释工作,并且通过激烈的教义之争,确立了基督教的正统教义,建立起一套完整的神学体系。教父派的工作大体上可以划分为两个阶段:在《米兰敕令》颁布之前,教父们的职责是为处于受压抑状态的基督教信仰进行辩护,他们一方面将深刻的希腊哲学思想引入基督教的基本信条和教义中,使基督教从一种朴素的信仰提升为一种深奥的神学理论;另一方面则力图说明基督教神学与希腊哲学之间的差异性甚至对立性,从而凸显出基督教信仰的超越性和至高无上性。在《米兰敕令》颁布之后,已经取得合法地位的基督教会所面临的主要任务是建立统一教义(以及统一组织)的问题,因此教父们的主要职责就是通过对各种异端思想的批判来确立正统教义。在经历了激烈的教义之争以后,教父们在上帝论、基督论和人性论等方面所确立起来的基本教义在整个中世纪的基督教神学中都成为不可动摇的绝对圭臬。由于教父派的主要对手是希腊罗马的异教文化,而它用以与古典文化的感觉主义和理性主义相抗衡的武器就是狂热的信仰,这样就使得神秘主义成为教父哲学的基调。教父派最终确立的那些基本教义(如"三位一体"等),也因其超理性甚至反理性的特点而成为惟有通过虔诚的信仰才能领悟的绝对奥秘。

一、教父派对待理性与信仰的基本态度

1. "基督教是真正的哲学"

早期教父的主要任务是护教,护教主要包括两个方面的工作:一是反驳希腊罗马的非基督教思想家们对基督教的诽谤和攻击,二是谴责基督教内部的种种异端思想,捍卫"正确的信仰"(即"正统")。与此同时,早期教父们一边吸取深刻的希腊形而上学思想来加强基督教信仰的理论底蕴,另一面却对各种非基督教的希腊哲学流派——伊壁鸠鲁主义、斯多葛主义、怀疑主义甚至新柏拉图主义——进行了猛烈的批判,力图说明基督教是高于一切希腊哲学的真正哲学。

基督教在传入罗马的最初一段时间里,一直被信奉多神教的罗马人看作是一种野蛮的迷信或无神论的邪说,尤其是它的那些奇怪的宗教仪式,更是引起了罗马人的普遍反感。这种反感助长了罗马帝国统治者对基督徒的一次次的迫害。面对着罗马人的误解,早期教父们极力为基督徒的道德状况进行辩护,他们指出,有着真诚信仰的基督徒在道德方面是无可指责的,而伤风败俗的堕落恰恰是希腊罗马文化的普遍特征。拉丁教父拉克唐修(Lactantius,约260—330年)认为,希腊哲学表面上鼓吹善和美德,实际上却滋生出种种罪恶的行径:原子论使人沉溺于现世的享乐,毕达哥拉斯主义的"灵魂转世说"助长了自杀的倾向,柏拉图的理想国则公然倡导不平等的等级制度和寡头政治。对于罗马社会中普遍存在的种种奢靡放荡现象,教父们更是进行了无情的抨击,通过揭露罗马人的腐化堕落来反衬出基督徒的崇高道德境界。

在为基督徒的道德状况作辩护的同时,早期教父们还将基督教与希腊哲学进行了比较,他们认为希腊哲学只是片面的或错误的哲学,只有基督教才是真正的哲学。著名的希腊护教士查士丁(Justin,约100—165年)不仅第一个提出了"基督教哲学"的概念,而且认为希腊的一切哲学都是指向基督教哲学这一最终目标的。他在《护教篇》(又译《护教辞》)中对希腊哲学的"逻各斯"(或"道")概念进行了基督教化的阐发,他像新柏拉图主义的思想先驱斐洛一样认为基督就是"逻各斯"或"道"(这种观点与《约翰福音》中的"道成肉身"思想是完全一致的)。在基督降生之前,"逻各斯"就体现为宇宙的理性规律,它在基督教创立之前已经鼓舞了许多有智慧的希腊哲人。查士丁写道:"人的每一个认识都是基督的恩赐,而且那些原先被认为是无神论者的人,只要按照理性规律来生活,他们就是基督徒。有如希腊人中的苏格拉底和赫拉克利特,还有别的像他们一样的人。"①他认为,鼓舞苏格拉底去死的那个"灵异"后来就化身为基督,因此苏格拉底和柏拉图与基督徒所崇拜的是同一个上帝。差别仅仅在于,苏格拉底等希腊哲学家只是"部分地"认识了"道",他们只看到了"道"所启示的真理,并未见到"道"本身;只有当"道"成肉身、化作基督之后,基督徒们才能"完全地"认识"道"。因此相对于希腊哲学而言,基督教才是真正的哲学,只有它才能认识到绝对的真理。

2. 超理性的信仰

查士丁虽然把基督教提高到希腊哲学之上,但是他毕竟强调基督教与希腊哲学之间的渊源关系和统一性,承认基督教信仰与希腊理性精神("逻各斯"或"道")是协调一致的。相比之下,拉丁护教士们则表现出更加偏激的观点,他们不仅对希腊哲学采取一种敌视的态度,而且力图使基督教与一切哲学划清界线。著名的拉丁教父德尔图良(Tertullian,145—220年)认为,基督教是上帝的福音,而哲学则是"人与魔鬼的学说",它以一种歪曲的方式来解释上帝的旨意。各种与正统基督教相对立的异端思想,都是由哲学教唆出来的,因此应该彻底抛弃一切哲学,以纯洁基督教信仰。德尔图良激忿地写道:"雅典和耶路撒冷有什么相干? 学园与教会有什么相和之处? 异教徒与基督徒有什么相干? ……所有试图将斯多葛主义、柏拉图主义和辩证法与基督教信仰混杂在一起的努力,都给我滚蛋! 在拥有基督耶稣后,我们不需要出于好奇的争论;在享有福音后,我们不需要质疑! 有了信仰,我们不要其他更多的信念。"②

---

①　查士丁:《护教辞》第46章,转引自胡斯都·L·冈察雷斯著,陈泽民等译:《基督教思想史》,金陵协和神学院2002年版,第83页。

②　德尔图良:《论禁止异端》第7章,转引自科林·布朗著,查常平译:《基督教与西方思想》(卷一),北京大学出版社2005年版,第68页。

否定哲学的实质就是贬抑理性,在用信仰来排斥理性这方面,德尔图良也堪称典范。当拉丁教父们用基督教来对抗希腊哲学时,他们必定要用神秘主义的信仰来排斥理性主义的知识。对于崇尚理性精神的希腊人和沉溺于感觉主义的罗马人来说,基督教所宣扬的那些观点——道成肉身、三位一体、死而复活、原罪与救赎等等——无异于痴人说梦,是经验和逻辑都无法证实的臆断。然而惟其如此,教父们才更要坚持那世俗眼光所无法理解的神圣真理,才更加确信这真理是理性所无法窥见的最高奥秘。德尔图良公然宣称:"上帝的儿子死了;正因为这是荒谬的,却无论如何是应该相信的。并且他被埋葬了,又复活了;正因为这是不可能的,这事实却是确凿的。"[①]这段话被后人概括为:"正因为其荒谬,所以我才相信。"在德尔图良等早期教父看来,有限的理性是不可能洞见上帝的奥秘的,人类惟有依靠信仰才能认识无限本质或上帝。理性是人类制定的准则,信仰却是基督制定的准则,如果基督教的教义(三位一体、死而复活等)在理性看来是荒谬的和不可能的,这恰恰说明了理性自身的局限性。在这里应该受到谴责的不是奥秘的教义,而是理性本身,因为理性太狭窄,无法容纳汪洋大海一般宽阔的基督教真理。

3. 基督教基本教义的确立

教父哲学的神秘主义特点集中地表现在基督教的正统教义中。早在基督教刚刚传入罗马帝国时,使徒们和早期教父们就为了确定基督教的正统教义而与一切异端思想进行了不懈的斗争。基督教教义是在经历了长期的思想碰撞和观点冲突之后,才在《卡尔西顿信仰宣言》等权威性文献中最终确定下来的。在这个艰难而漫长的过程中,确定正统教义的一个不言而喻的基本原则就是超理性甚至反理性的信仰主义。在早期基督教神学所关注的上帝论、基督论和人性论等三大领域中,分别形成了"三位一体""基督神—人性""原罪"与"救赎"等基本教义。这些教义的一个最显著的特点就在于,强调基督教真理是一种超理性的奥秘,只有通过神秘的信仰才能领悟。

"三位一体"(Trinity)是基督教最基本的教义,同时也是最难以理解的奥秘。德尔图良是最早论及"三位一体"思想的教父,在《驳普拉克西亚》一书中,德尔图良对圣父、圣子、圣灵的关系解释道:"通过实质的合一,全部合为一体;这个整体又一分为三,这个奥秘的划分仍然是严守的秘密。这三者按着顺序是:父、子、圣灵。但是,所谓一分为三,并不是从实质上而是从形式上,不是从能力上而是从现象上。因为他们是同一实体、同一本质、同一能力。因为上帝是一位,只

---

　　① 德尔图良:《论基督肉身》第 5 章,转引自胡斯都·L·冈察雷斯著,陈泽民等译:《基督教思想史》,金陵协和神学院 2002 年版,第 145～146 页。

是以父、子、圣灵为名被认为有这些等级、形式和面貌。"①这种表述对于理性来说无疑是玄奥的和不可理解的,然而在德尔图良看来,这种超理解性恰恰是信仰的基本特点。正如一只杯子里无法装入浩瀚的大海一样,狭隘的理性也无法理解上帝的奥秘。

关于基督的性质问题(即"基督论")也是早期教会争论不休的重大问题,在这个问题上早期教会所确立的正统观点也同样体现了超理解的信仰特点。容易为理性所接受的阿里乌派的基督人性论、聂斯脱利派的基督神人两性分立论和西里尔派的基督神性论先后在尼西亚宗教会议、以弗所宗教会议和卡尔西顿宗教会议上被斥为异端,而无法理解的基督神人同性论却被确立为基督教的正统教义。这种观点认为,基督同时存在于双重本性中,一为神性,一为人性,这两种本性是同等完整且互不可分的。

在早期基督教神学的另一个重要问题——人性论的问题上,同样也充斥着信仰主义的浓重色彩,我们在奥古斯丁关于"原罪"和"救赎"的思想中可以清晰地看到这一点。

二、奥古斯丁的哲学思想

奥古斯丁(Augustinus,354—430 年)是教父哲学的最杰出的代表,也是基督教神学的重要奠基者。奥古斯丁出生于北非努米底亚省,早年曾信奉摩尼教,主张善恶二元论,并沉溺于感官享乐。后来又曾一度对新柏拉图主义和怀疑主义的思想深感兴趣。387 年复活节,在米兰主教安布罗斯的影响下,奥古斯丁受洗皈依基督教。回到北非家乡后,奥古斯丁潜心于著书立说和讲经布道,成就斐然,395 年被推选为北非希波城主教。奥古斯丁后半生为奠定基督教神学理论和反对多纳图派、贝拉基派等异端而写了大量的著作,其中最著名的有《忏悔录》《上帝之城》《论三位一体》等。在《忏悔录》中,奥古斯丁以优美的文笔和真挚的情感,描述了自己皈依基督教的心路历程以及对于基督教信仰的独特感受。该书成为西方思想史中享有盛誉的经典著作之一,奥古斯丁本人也被罗马教会树为"浪子回头"的典范,因其创立的上帝恩典学说而被教会奉为"恩典博士"。

上帝创世说　苏格拉底、柏拉图和亚里士多德等希腊哲学家所理解的神与基督教的上帝之间的一个显著差别,就在于前者是一个赋形于质的工匠,后者则是一个"无中生有"的创世者。柏拉图在《蒂迈欧篇》中描述了神如何将各种理念加诸原始物质、从而构造出感觉世界的情景,可见神只是创造了事物的"形式",而事物的"质料"却是原来就有的。与此不同,《圣经·创世记》中却描写了

---

① 德尔图良:《驳普拉克西亚》第 2 章,转引自威利斯顿·沃尔克著,孙善玲等译:《基督教会史》,中国社会科学出版社 1991 年版,第 81～82 页。

一个开天辟地的上帝,世界上的一切事物都是"上帝言说"(God said)的结果。奥古斯丁对基督教的这种"无中生有"的创世说进行了理论上的辩护,他认为希腊哲学家对自然原素的追问并不能产生确定的知识,基督徒只须承认世间一切事物都是因上帝的仁慈而受造的就足够了。"宇宙间除了上帝以外,没有任何存在者不是由上帝那里得到存在。"①上帝创世既不需要材料,也不需要工具,甚至连时间和空间也不需要,他仅凭语言就足以创造出整个世界。在《忏悔录》中,奥古斯丁写道:"你创造天地,不是在天上,也不在地上,不在空中,也不在水中,因为这些都在六合之中;你也不在宇宙之中创造宇宙,因为在造成宇宙之前,还没有创造宇宙的场所。你也不是手中拿着什么工具来创造天地,因为这种不由你创造而你借以创造其他的工具又从哪里得来的呢?哪一样存在的东西,不是凭借你的实在而存在?因此你一言而万物资始,你是用你的'道'——言语——创造万有。"②

在谈到上帝创世的具体过程时,奥古斯丁将柏拉图的理念论、亚里士多德的形式学说与基督教的创世说结合起来,他认为上帝首先创造了无形的"种质","种质"的复制和展开就产生出有形的万物。但是上帝创造"种质"和有形万物都是在"瞬间"完成的,圣经中关于上帝在六天内创造世界的说法只是一种有助于人们理解的比喻。因此,"种质"对于万物的优先性并非是时间上的,而是本质上的(或逻辑上的),正如在唱歌中发音与成曲在逻辑上有先后之分,在时间上却无先后之别一样。为了说明"瞬间创世说",奥古斯丁还对时间做出了新的解释,在他看来,时间并非永恒的和客观的存在,它只是"流逝的事物留给心灵的印象之持续",因此只是一种主观的知觉。奥古斯丁把这种主观知觉的持续称为"现在","现在"不是时间的一部分,而是时间的全部,因为所谓"过去"和"将来"都不过是在现在的主观知觉中对已逝事物的记忆和对将至事物的期望而已。他写道:"有一点已经非常明显,即:将来和过去并不存在。说时间分过去、现在和将来三类是不确当的。或许说:时间分过去的现在、现在的现在和将来的现在三类,比较确当。这三类存在我们心中,别处找不到;过去事物的现在便是记忆,现在事物的现在便是直接感觉,将来事物的现在便是期望。"③由于时间只是流逝的事物在主观知觉中的持续,因此在上帝创世之前就既无空间,也无时间,时间和空间是与万物一起被上帝创造出来的,这样就不存在创世之前上帝在哪里、创世之前上帝在干什么之类的问题了。

"原罪"与"救赎" 在早期基督教神学中,人性论构成了上帝论和基督论之

---

① 《西方哲学原著选读》上卷,商务印书馆 1981 年版,第 219 页。

② 奥古斯丁著,周士良译:《忏悔录》,商务印书馆 1963 年版,第 235～236 页。

③ 奥古斯丁著,周士良译:《忏悔录》,商务印书馆 1963 年版,第 247 页。

外的第三个重要领域,而基督教人性论的核心问题就是"原罪"与"救赎"。在这个问题上,奥古斯丁的神秘主义决定论思想起到了重要的奠基作用。罪恶问题是奥古斯丁一生关注的焦点,早年信奉摩尼教的奥古斯丁曾经把罪恶看作是与善良同样具有本质性的实体。在皈依基督教之后,他改变了早年的观点,认为只有善才是本质和实体,它的根源就是上帝,而罪恶只不过是"善的缺乏"或"本体的缺乏"。上帝作为至善,是一切善的根源,上帝并没有在世间和人身上创造罪恶。罪恶的原因在于人滥用了上帝赋予人的自由意志,自愿地背离了善之本体(上帝)。奥古斯丁说道:"我探究恶究竟是什么,我发现恶并非实体,而是败坏的意志叛离了最高的本体,即是叛离了你天主,而自趋于下流。"①由于始祖亚当对自由意志的滥用,导致了人类永恒的罪性,即"原罪"。因此,尽管最初的人性是纯洁无邪的,但是自从亚当堕落以后,人性就被注定成为有罪的和邪恶的。作为对"原罪"的公正惩罚,上帝使人遭受各种天灾人祸和生老病死。由此可见,正是"原罪"注定了人类的先验罪性、邪恶本质和必死命运。奥古斯丁写道:"一个人既已用自由意志犯了罪,为罪所胜,他就丧失了意志的自由。"②在这种情况下,只能依靠上帝的恩典(Grace),才能使一部分人的意志重新获得自由向善的能力,摆脱必死的惩罚而获得灵魂的永生。

奥古斯丁认为,上帝的救恩已经通过基督代替人类蒙难和死而复活的奇迹而昭示给我们,这恩宠的实质就是把信、望、爱注入我们的心中。上帝在创世之初就已经根据他自己的理由——这理由是我们人类无法理解的"奥秘"——预定了哪些人将被拯救,就此而言,拯救表现了上帝的仁慈,因为它是上帝白白赐予的恩典;至于那些未被上帝拣选的人,他们应该为始祖所犯的"原罪"而承受惩罚,因为惩罚表现了上帝的公正。奥古斯丁强调,得救并非我们自己功德的结果,相反,我们的一切功德都是上帝恩典的结果。"上帝通过我们做好事,他又为此报答我们,好像这些好事是人自己做的,并把这些功绩归于我们。"③

这种决定论的"原罪"和"救赎"理论使得基督教的人性论像上帝论和基督论一样充满了神秘主义色彩。"原罪"是先验的和形而上学的罪,而"救赎"同样也是先验地被预定的。人的自由意志遭到了贬抑,人的邪恶本性使他不可能依靠自身的力量而向善,只有上帝的恩典才能使人重新获得善良意志,并最终得到拯救。亚当的一次滥用自由意志为什么就会造成人类的永罪?上帝依据什么预定了一部分人将得到拯救?这些都是神圣的"奥秘",只能在虔诚的信仰中接受其结果,无法妄用理性来追问其理由。

---

①　奥古斯丁著,周士良译:《忏悔录》,商务印书馆 1963 年版,第 130 页。

②　《奥古斯丁选集》,基督教文艺出版社(香港)1986 年版,第 420 页。

③　威利斯顿·沃尔克著,孙善玲等译:《基督教会史》,中国社会科学出版社 1991 年版,第 210 页。

上帝之城与世俗之城 公元 410 年,西哥特人(日耳曼蛮族中的一支)劫掠了罗马,使罗马这座不朽之城蒙受了巨大的耻辱。一些异教徒认为这是朱庇特(罗马多神教的主神)对背叛多神教而改信基督教的罗马人的惩罚。为了回答这种责难,奥古斯丁于 413—427 年间写成了《上帝之城》一书。在这本书中,奥古斯丁反驳了异教徒的指责,指出罗马人自古以来就是一个邪恶的民族,因此西哥特人的劫掠体现了上帝的天惩。奥古斯丁认为,自从人类祖先亚当、夏娃因犯罪而被贬人间之后,现实世界就被划分为两座城:"一座城由按照肉体生活的人组成,另一座城由按照灵性生活的人组成。"①前者是"尘世之城",它是撒旦的领域,是肉体淫乱的渊薮,在现世中表现为异教徒的生活态度;后者是"上帝之城",它是上帝的"选民"即预定得救的基督徒的社会,这是一座永恒之城,在现世中代表着它的就是教会。这两座城并非两个政治实体或社会群体,它们在现实中是交织、混合在一起的,实际上它们只是对待同一个现实世界的两种截然对立的生活态度。这种对峙在一个人身上就表现为肉体(魔鬼的采邑)与灵魂(上帝的采邑)之间的对立,在历史中则表现为以巴比伦为象征的异教文化与以耶路撒冷为象征的基督教文化之间的对立。在《上帝之城》中,奥古斯丁把柏拉图的感觉世界与理念世界的对立进一步发展为肉体与灵魂、人间与天国的对立。

"光照说" 奥古斯丁在认识论上综合了柏拉图的回忆说和亚里士多德关于积极能动的理性灵魂的观点,提出了"光照说"。他根据《圣经·约翰福音》中"那光是真光,照亮一切生在世上的人"(第 1 章第 9 节)的说法,将恩典和真理说成是源之于上帝、见之于我们心灵的理性的东西。他把上帝比作真理之光,把人的心灵比作眼睛,而把理性比作心灵的视觉,正是上帝的光照使心灵的理性看到了真理。他认为,由于灵魂本身就是上帝创造的,因此在被造的心灵中已经潜在地包含着真理的成分,这种观点与柏拉图的回忆说有几分相似之处。但是与柏拉图不同的是,奥古斯丁认为理性对真理的认识不是通过感觉经验的刺激,而是依靠上帝的光照。奥古斯丁说道:"因为光就是上帝本身,而灵魂是被造的……所以,当它被带走,并且在身体的感官撤退之后,以一种更完善的方式面对着这光时,它也能看到在它上面的那光本身。正是在这光的照明里,它才能够看到它所看到并理解的万物。"②按照这种"光照说",只有在虔诚的信仰中,上帝的光照才会显得通明透亮,而神圣的真理也只有在灵魂摆脱肉体之后才能最终被认识。

上帝存在的证明 奥古斯丁不仅通过"原罪"与"恩典"学说表达了一种神正论思想,而且也试图用理性的方式来证明上帝的存在。虽然他强调基督教真

---

① 奥古斯丁著,王晓朝译:《上帝之城》中册,道风书社(香港)2004 年版,第 213 页。

② 转引自沙伦·M.凯、保罗·汤姆森著,周伟驰译:《奥古斯丁》,中华书局 2002 年版,第 47 页。

理的奥秘性,但是他与极力贬抑理性的德尔图良不同,在保证信仰至上性的前提下,并不拒绝运用理性来为信仰提供支持。奥古斯丁是教父派中最早尝试用理性来证明上帝存在的人之一,在这一点上,他与教父派中盛行的那种通过非理性的神秘体验来确信上帝存在的做法不尽相同。奥古斯丁把基督教称为"真正的哲学",认为上帝的智慧已经铭刻在《圣经》之中,而信仰的特点就在于"以赞同的态度思想"来对待表现在《圣经》和各种教义中的基督教真理。因此他坚持"相信,然后理解"的基本立场,在坚持信仰至上性的前提下承认理性的作用。

奥古斯丁认为,运用理性来证明上帝存在的方法有三种:一是通过宇宙的秩序,二是通过万物的等级,三是通过人心的内省和思辨。前两者都属于宇宙论证明,后者则属于本体论证明。奥古斯丁本人对前两种证明方法都不太感兴趣,他主张用第三种方法来证明上帝的存在。他的论证过程是,凡存在于记忆中的东西,都有着事先的原因,我们对上帝的认识也是如此。我们平时只要一听到人们说起上帝,马上就能在心中想起他来,可见关于上帝的观念是早就存在于我们的心灵之中的。而这个上帝观念必定是一个外在于我们的某物事先放于心灵中的,这个某物作为原因要比作为结果的心灵更加优异或伟大,我们可以将其称之为真理,而真理本身就说明了上帝的存在。奥古斯丁对他的论证总结道:"只要我能证明存在着某种高于我们的东西就足够了。因为假如有某种东西是比真理更优异的,那么它就是上帝。假如没有,那么真理本身就是上帝。所以不管如何,你都不能否认上帝存在。"①从这个论证中,我们既可以看到柏拉图回忆说的影响,也可以找到安瑟尔谟关于上帝存在的本体论证明的思想渊源。

第三节 经院哲学

从公元476年西罗马帝国灭亡,到800年查理曼帝国建立的这一段时间,在历史上通常被称为"黑暗时代"。在"黑暗时代",由于日耳曼蛮族大入侵而造成的社会动荡和经济凋敝,使得灿烂辉煌的古典文化几乎丧失殆尽。在长达三百多年的时间里,西欧社会不仅在政治经济生活方面陷入了分散落后的蛮荒状态,而且在知识方面也几乎倒退到文盲水平。这个野蛮蒙昧的"黑暗时代"一直持续到查理曼帝国建立和"加洛林王朝文艺复兴"(9世纪)出现之后才结束。到了11世纪以后,处于基督教信仰笼罩之下的西欧社会在东方阿拉伯文明的刺激下,出现了一股文化复兴的势头,而经院哲学正是在这股文化复兴的时代浪潮中应运而生的。

---

① 转引自沙伦·M.凯、保罗·汤姆森著,周伟驰译:《奥古斯丁》,中华书局2002年版,第54页。

经院哲学和教父哲学一样，都是为基督教信仰服务的，都是"神学的奴婢"。但是与奠基于柏拉图主义的教父哲学不同，经院哲学的思想基础是从古代文献中发掘出来和从阿拉伯世界中辗转流归的亚里士多德主义。在对待信仰与理性的关系问题上，经院哲学家们不再像教父派那样简单地用信仰来贬抑理性或否定理性。他们或者力图用理性来论证信仰，将基督教的信条建立在逻辑证明的基础上；或者把理性的范围与信仰的范围严格地区分开来，形成井水不犯河水的两个领域。此外，经院哲学所讨论的问题领域也比教父哲学更加广阔了，特别是关于"共相"问题的争论，已经具有了一些纯哲学的味道。然而，经院哲学毕竟是中世纪基督教的哲学形态，关于"共相"问题的争论仍然不可能完全脱离深厚的神学背景和信仰土壤，争论的结果必然关系到基督教教义的正统性和教会权力的合法性问题。因此，经院哲学究其根本而言仍然是一种神学。不过与教父哲学相比，经院哲学却代表着一种理性神学的方向，托马斯主义所倡导的逻辑论证精神对于近代理性主义的崛起具有一定的促进作用；而后期唯名论者（司各脱等人）坚持把理性与信仰、哲学与神学相分离的做法，也在客观上推动了近代经验哲学与实验科学的勃兴。

一、实在论与唯名论

1. "共相"问题的来由

"共相"问题是中世纪经院哲学争论的一个焦点问题，如前所述，它最初源于新柏拉图主义哲学家波菲利在注释亚里士多德《范畴篇》时所提出的三个问题，即共相（种属）究竟是独立存在的，还是仅存在于理智之中？共相是有形的，还是无形的？共相是与可感事物相分离的，还是寓于可感事物之中？波菲利本人对这三个问题并没有给出正面的回答，他认为："这类问题是最高级的问题，需要下很大的工夫研究的。"[1]

生活在"黑暗时代"初期的拉丁教父**波爱修**（Boethius，480—525 年）在对亚里士多德的《范畴篇》以及波菲利的注释进行翻译和重新诠释时，再一次提出了这些问题。波爱修是最早把共相问题引入哲学讨论的基督教哲学家，他对于波菲利提出的三个问题作出了明确的回答：第一，共相（种属）是独立于人的理智而存在的普遍实质（而非实体）；第二，它们是无形的实质；第三，它们存在于可感事物之中，并与可感事物相一致。波爱修指出了柏拉图与亚里士多德在种属问题上的分歧所在，他写道："柏拉图认为'种'、'属'等观念不仅被理解为共相，而且是离开形体也存在着和自存着；至于亚里士多德，则认为它们虽然当作无形

---

① 《西方哲学原著选读》上卷，商务印书馆 1981 年版，第 227 页。

的和普遍的东西来理解,但是它们却潜存于可感知的事物之中。"①由此可见,柏拉图与亚里士多德之间的根本分歧在于:种属作为共相到底是独立存在的客观实体,还是仅仅寓于可感事物之中的普遍本质。波爱修的回答虽然是站在亚里士多德的立场上,但是他却声明这只是由于他在注释亚里士多德《范畴篇》的缘故,并非因为他赞同亚里士多德的观点。

在"黑暗时代",由于文化的衰退和知识的湮灭,共相问题与其他哲学问题一样被人遗忘了。在波爱修之后的数百年时间里,几乎没有产生一个具有独立哲学见解的思想家。直到 9 世纪时,才出现了被称为"中世纪哲学之父"的**爱留根纳**(Eriugena,810—877 年)。这位被查理曼大帝之孙秃头查理召到巴黎去主持宫廷学院教学工作的爱尔兰僧侣,像奥古斯丁一样认为"真正的哲学和真正的宗教是同一的",但是他却更加重视理性的作用,主张"权威产生于理性"而不是相反。爱留根纳虽然没有直接论及共相问题,但是他却以新柏拉图主义和奥古斯丁哲学为基础,提出了关于上帝与万物的关系的学说,即"四重自然"的理论。他把"自然"划分为四种:(1)能创造但不能被创造的自然,即作为万物初始因和源泉的上帝;(2)既能被创造也能创造的自然,即内在于上帝之中的各种"理念",它们构成了万物的原型;(3)只能被创造而不能创造的自然,即世界上的各种个别事物,它们是理念的实在化;(4)既不能被创造也不能创造的自然,即作为万物最后归宿和最终目的的上帝。爱留根纳把存在于上帝之中的"理念"(第二种自然)看作个别事物(第三种自然)的原型,而把后者说成前者的实在化,这无疑蕴含着将共相看作先于和独立于个别事物而存在的观点,这种柏拉图主义的观点开了中世纪经院哲学中实在论的思想先河。但是另一方面,在爱留根纳关于上帝与万物关系的思想中也包含着一种泛神论的倾向。与教父派把上帝说成是超越于自然界之上的创世主的观点相反,爱留根纳认为上帝作为万物的真实本质,作为万物的"开端、中介和终端",是内在于万物之中的。上帝与万物并非两种彼此分离的存在,而是融为一体的。他说:"那个惟一真实的上帝,却是包罗万象的存在。"②"创造主和创造物是同一的东西","上帝是万物,万物也是上帝"③。爱留根纳的这种泛神论思想遭到了当时教会的谴责,被斥为异端。

到了 11 世纪以后,波菲利所提出、波爱修所探讨的共相问题逐渐成为经院哲学家们激烈争论的焦点,对于这个问题的不同回答导致了实在论与唯名论两大阵营的对峙。实在论者站在柏拉图主义的立场上,认为共相是独立于个别事

---

① 《西方哲学原著选读》上卷,商务印书馆 1981 年版,第 233 页。
② 《西方哲学原著选读》上卷,商务印书馆 1981 年版,第 236 页。
③ 参见特拉赫坦贝尔著,于汤山译:《西欧中世纪哲学史纲》,上海人民出版社 1960 年版,第 17 页。

物的客观实在,是比个别事物更加根本和更加实在的一般实体,它构成了个别事物存在的根据。唯名论者则坚持亚里士多德"第一实体"的观点,认为惟有个别事物才是真正的实体或实在,共相只不过是人们用以表示个别事物的名称、概念或符号,它作为普遍本质只能存在于可感事物之中,作为抽象概念只能存在于人的思维和语言之中,因此共相是后于和寓于个别事物而存在的,它不能脱离可感事物和人的思想而独立存在。

实在论与唯名论之间的分歧并非仅仅局限于纯粹的哲学范围,它也涉及基督教的根本信仰和罗马教会的权威地位。实在论关于共相是独立存在的客观实体的观点,不仅是对柏拉图—奥古斯丁哲学传统的承续和发扬,而且也构成了基督教基本教义和信条的理论基础。反之,唯名论否定共相的独立实在性和优先性的观点必然会从根本上威胁基督教的正统神学和教会权威,导致种种异端思想,例如关于上帝问题的"三神论"、关于原罪问题的贝拉基主义、关于圣餐问题的"象征说",以及否定罗马大公教会权力的阿尔比派异端等等①。正因为如此,唯名论思想在中世纪经院哲学中一直处于受压抑的状态,而实在论的观点则成为占主导地位的哲学思想。

2. 安瑟尔谟

安瑟尔谟(Anselmus,1033—1109 年,又译"安瑟伦")出身于意大利北部的一个贵族家庭,年轻时即离家到法国求学,1060 年加入本笃修会,后来升为修道院长。1093 年被罗马教皇任命为坎特伯雷大主教,成为英国教务的最高领袖,曾为维护教会权力而与英国国王多次发生冲突。安瑟尔谟一生在修道院讲学达30 多年,写过《独白》《宣讲》《论真理》《上帝何故化身为人》《论三位一体的信仰》等著作,在神学方面多有建树。1494 年被教皇追认为圣徒。

"信仰寻求理解" 安瑟尔谟被后人称为"经院哲学之父",他试图把辩证法②引入神学,将辩证法当作论证神学信条的理性工具。作为神学家和大主教,安瑟尔谟也像教父派一样把基督教信仰置于至高无上的地位,但是他一反教父派用信仰来排斥理性的做法,极力强调理性论证对于神学信条的重要意义。在他看来,仅仅满足于神秘主义的信仰乃是人性的一种懒惰,上帝是不会拯救那些

---

① "三神论"是中世纪初期的一种异端学说,该学说认为圣父、圣子、圣灵都是上帝,是三个实体,并非同一实体的三个位格。贝拉基主义是 5 世纪初不列颠隐修士贝拉基的神学主张,贝拉基认为亚当、夏娃所犯的罪应该由他们自己负责,不能遗传给子孙,故而不存在"原罪"问题。"象征说"是中世纪和宗教改革时期关于圣餐的一种观点,它认为在圣餐中基督的实体并没有变为酒和面包,圣餐只具有一种象征意义,使信徒们在精神上怀念基督。阿尔比派是 11—12 世纪盛行于法国南部和意大利北部的一个基督教派别,该派反对罗马天主教廷的绝对权力,要求地方教会在思想上和组织上的独立权利,13 世纪时遭到教皇英诺森三世和法国国王的联合镇压。

② 经院哲学的"辩证法"指运用逻辑进行单纯概念上的反复辨析和论证的方法。

单靠信仰来领悟他的福音的懒虫和傻瓜的。他说："主啊，我不敢图洞察你的尊严，因我绝不以我的理解力来和你的尊严相比拟；但我切盼多少能够理解你那为我所信所爱的真理。"①安瑟尔谟坚持认为，仅有信仰是不够的，信仰只是理解的前提，"基督徒应该由信仰进展到理性"。他说道："当我们在信仰上有了根基之后，如果我们对所相信的不努力追求进一步的理解，就未免是一大缺陷。"②因此，他试图对数百年来一直被人们当作天经地义的真理所接受的"上帝存在"这个信仰命题进行理性论证，而不再囿于单纯的信仰之中。他所开创的这种理性论证风气构成了以柏拉图主义为基础的教父哲学与以亚里士多德主义为基础的经院哲学之间的重大分水岭。

上帝存在的本体论证明　安瑟尔谟是一个极端实在论者，他坚持柏拉图理念论的基本思想，认为作为共相的一般概念不仅存在于人们的思想中，而且更是先于和独立于个别事物而存在的客观实体。这种极端的实在论思想典型地表现在他关于上帝存在的本体论证明中。

所谓本体论证明，其实质就是从上帝的概念直接推出上帝的存在。安瑟尔谟在《上帝存在论》一文中对上帝的本体论进行了具体的论述，这个证明可以概括为如下三段式推理：上帝是无与伦比地完满的东西，而无与伦比地完满的东西不仅存在于思想中，而且也在实际上存在（否则它就不是无与伦比地完满了），因此上帝存在③。

在安瑟尔谟作出这个证明之前，上帝的存在一直被当作毋庸置疑的事实，它是由信仰本身来确保的，根本无须进行理性的论证。安瑟尔谟第一次试图用严密的辩证法或逻辑来证明那个以往一直靠信仰来保证的神学命题，就此而论，安瑟尔谟开创了经院哲学逻辑论证的风气。然而从实质上看，安瑟尔谟的本体论证明并非真正意义上的证明，它不过是一种装模作样的形式主义。它的大前提"上帝是无与伦比地完满的东西"只是就人们所"设想"的上帝概念而言的；而小前提同样是从这概念中分析出来的一个概念，即"不仅存在于思想中，而且实际上存在"的概念；但结论却试图把这个始终存在于概念中的东西偷换成概念之外的客观实在性。这就使辩证法成了一种诡辩。

安瑟尔谟关于上帝存在的本体论证明在后来的西方哲学中不断被沿用，在笛卡尔、斯宾诺莎、莱布尼茨、黑格尔以及一些西方现代神学家的著作中，它曾以不同的形式一再出现。另一方面，它也遭到了从安瑟尔谟的同时代人高尼罗一

---

① 《中世纪基督教思想家文选》，金陵神学院託事部、基督教辅侨出版社 1962 年版，第 181 页。

② 《中世纪基督教思想家文选》，金陵神学院託事部、基督教辅侨出版社 1962 年版，第 208 页。

③ 关于本体论证明的具体内容，请参见《中世纪基督教思想家文选》，金陵神学院託事部、基督教辅侨出版社 1962 年版，第 182～183 页。

直到休谟、康德、罗素等人的猛烈批判。与安瑟尔谟同时代的法国修道士高尼罗（Gaunilon）提出的反驳是,有一个传说中的海岛——迷失岛,这个海岛据说是所有岛屿中"最完美的"海岛,但是我们并不能因为它是我们心中的"最完美的"海岛就必然地推出它是真实存在的。高尼罗借用安瑟尔谟的论证方式来进行归谬:既然迷失岛是我们心中"最完美的"海岛,它就不能只存在于我们心中而不同时在现实中存在(否则我们就可以设想一个不仅在我们心中、而且也在现实中存在的因而更加完美的海岛),因此迷失岛是现实存在的,但是这种推理显然是十分荒谬的。安瑟尔谟虽然也对高尼罗的诘难进行了再反驳,但是他的反驳仍然是形式主义的,缺乏令人信服的力量。

尽管安瑟尔谟的本体论证明缺乏真正的逻辑说服力,但是它毕竟突破了教父哲学中的那种片面强调"奥秘"、用信仰来排斥理性的传统,试图在信仰与理性之间寻求统一。除了关于上帝存在的本体论论证之外,安瑟尔谟还尝试用理性来证明"道成肉身""三位一体"等基本教义。安瑟尔谟的这些证明在中世纪神学中的重要意义在于,它们构成了从教父哲学的神秘主义向经院哲学的理性神学过渡的重要中介。因此,他被后世人们称为"最后一个教父和第一个经院哲学家"。

3. 最初的唯名论者

图尔的贝伦伽尔（Berengar de Tours,1010—1088 年）比安瑟尔谟年长一些,他也比后者更早地把辩证法运用到神学问题的讨论中。贝伦伽尔把理性提升到至高无上的地位,认为正是理性使人成为万物中唯一与上帝形象相同的被造物。上帝把理性作为最高禀性赋予人,而辩证法则是理性的杰作,因此人应该将辩证法运用于一切地方,包括神圣的事物与天启的真理。他公然用理性来对抗信仰和教会的权威,宣称:"理性不知比权威高多少,它才是真正的主人与裁判。"[①]贝伦伽尔把理性引入到对圣餐问题的解释中,对当时教会中流行的"实质转化说"进行了反驳,表现了最初的唯名论倾向。他以亚里士多德关于"第一实体"的思想为依据,认为实体只能是可感的个别事物,根本就没有独立存在的一般实体。因此人们在圣餐中吃的只是普通的面包和酒,而不是教会所说的已经奇迹般地发生了"实质转化"的基督的肉与血。贝伦伽尔否认基督实体临在于面包和酒的观点遭到了教会的抨击,被斥为异端,他所反对的"实质转化说"则在 1215 年召开的第四次拉特兰主教会议上被确定为正统教义。

洛色林　（Roscelinus,约 1050—1125 年）生于法国贡比涅,早年曾在布列塔尼等地教学,1092 年索松主教会议指控他为"三神论"异端。为了躲避教会的迫

---

① 参见赵敦华:《基督教哲学 1500 年》,人民出版社 1994 年版,第 228 页。

害,洛色林逃到英格兰,在那里又与安瑟尔谟发生了公开的冲突,不得不潜回罗马,最后竟不知所终。洛色林的著述几乎全部散失了,只是通过他的论敌安瑟尔谟的批驳,我们才对他的思想有所了解。

洛色林是唯名论的真正创始人,他把贝伦伽尔在圣餐问题上所表现出来的唯名论倾向发展成为一种较为系统的哲学理论。洛色林认为,只有个别的东西才是真实存在的,共相并无客观实在性,它们充其量只是代表个别事物的空洞的"记号、词语、名称"("唯名论"因此而得名)。例如,"黑色"这个共相并不能独立存在,它不过是对一切"黑色的东西"的一个记号或名称,既不是客观的实在,也不是抽象的概念,只是一个词语。据安瑟尔谟所述,洛色林甚至把共相看作只是一阵风,一种声音,或者是空气的一阵震动而已。在洛色林看来,只有个别的部分才是真实的存在,而作为部分之集合的整体也与共相一样,并无实在性,也不过是一个词语或声音罢了。

把这种极端唯名论观点运用到"三位一体"的神学信条上,必然会导致"三神论"异端,即把作为圣父、圣子、圣灵的共同实体或共相的"上帝"看作一种缺乏实在性的名称或符号,从而得出有三个个别的、具体的神的结论。因此,安瑟尔谟对洛色林的观点进行了猛烈的反驳,将其斥为"使用辩证法的异端",并且旗帜鲜明地用极端实在论来与洛色林的极端唯名论相对抗。随着洛色林思想在索松宗教会议上被斥为异端,安瑟尔谟的实在论观点日益被教会奉为正统,稍后出现的唯名论观点不得不采取一种较为温和的形式,这就是阿伯拉尔的概念论。

4. 阿伯拉尔

阿伯拉尔(Abailardus,1079—1142年)出身于法国南特的一个骑士家庭,但是他从小就对思想的兴趣远甚于对武功的兴趣,以至于主动放弃了骑士称号的继承权,为的是要参加"辩证法的比武大会"。阿伯拉尔年轻时曾拜洛色林为师,不久后就因对洛色林的极端唯名论不满意而相继转投到一些实在论者门下。但由于实在论也不能令他信服,于是阿伯拉尔从1115年开始自立门户,一面担任巴黎圣母院主教学校的神学教师,一面撰写和发表自己的神学著作。在巴黎教学期间,阿伯拉尔与他的女学生爱洛伊丝之间发生了一段真挚而浪漫的爱情,因此惨遭被阉割的酷刑,他的论文《论神圣的三位一体和整体》也在1121年的索松主教会议上受到谴责。晚年的阿伯拉尔在教会的谴责和迫害下过着悲惨的生活,但是他仍然不屈不挠地对传统的权威意见进行批判,撰写了《是与否》《基督教神学》《神学导论》《论辩证法》和《我的苦难史》等许多著作,成为经院哲学中最精通辩证法的思想大师。

"理解导致信仰" 与安瑟尔谟的"信仰寻求理解"的观点相反,阿伯拉尔主张"理解导致信仰"。安瑟尔谟把信仰当作理解的前提,阿伯拉尔则把理解当作信仰的前提。前者只是想用理性来论证信仰,理性只不过是为信仰装点门面的工具;后者则把信仰建立在理性的基础之上,要求通过对每一个词语或概念的理解来树立起正确的信仰。正是由于将理性确立为最高的权威,阿伯拉尔主张对于以往的一切权威著作"都要有充分的自由进行批判",而不应该不加怀疑地予以接受。他指出,甚至连奥古斯丁这样的教父也会犯错误(奥古斯丁曾写了《更正》一书来修正自己的错误观点),他们犯错误的原因不是由于信仰本身,而是由于语言的歧义而导致的错误理解。阿伯拉尔强调,同一个词语可以有不同的意义,同一个意义也可以用不同的词语来表达,这种情况使得我们对同一对象的理解产生了巨大的分歧。因此,为了树立起健全的信仰,首先必须对权威著作的真伪和语词的确切意义进行批判性考察。以怀疑的态度和论辩的方式来处理以往权威著作中的各种疑难之点,这正是辩证法的基本功能。阿伯拉尔坚持认为,只有通过对各种疑问的辩证考察,才能最终获得纯正的信仰。"在学问上最好的解决问题的方法就是坚持和经常的怀疑……由于怀疑,我们就验证;由于验证,我们就获得真理。"①因此,建立在怀疑精神和批判意识之上的辩证法是通往基督教信仰真理的必由之路。

阿伯拉尔倡导的辩证法也不再像安瑟尔谟所理解的那样,仅仅只是对信仰进行证明或解释,而是从根本上对一切可能产生歧义的语词或命题进行怀疑和批判。就此而言,阿伯拉尔使辩证法重新回到了苏格拉底的本义。在《是与否》一书中,阿伯拉尔列举了 156 个神学论题,对每个论题都提出了肯定与否定两种意见。例如,是否只有一个上帝? 上帝是否万能? 上帝是否全知? 基督是否教会的唯一基础? 是否所有的人都应被允许结婚? 等等。由于这些论题涉及基督教的基本教义和信条,因此对于它们的正、反两种意见必然会导致神学思想上的分歧与混乱。阿伯拉尔本人虽然只是列举了"是"与"否"两种意见而并未表明自己的态度,但是他实际上把一种怀疑精神或批判意识灌输到人们的思想中,使人们对原来不加思考地予以接受的权威观点产生了疑问,从而大胆地对这些权威观点的合理性根据进行批判性考察。

当然,阿伯拉尔本人并不想动摇基督教的基本教义和信条,他只是想通过辩证法使这些教义和信条变得更加合理和令人信服。他反对的不是基督教的信仰真理,而是教会权威对这些真理的解释以及一般信徒对于这种解释的盲目崇拜。在把辩证法或逻辑学引入神学这一点上,阿伯拉尔比贝伦伽尔和安瑟尔谟的贡献更加卓著。他把辩证法提高到仅次于《圣经》的重要地位,认为"基督教徒和逻辑学家是一个人",从而使亚里士多德的逻辑学成为一门神圣的基督教学问。从这种意义上来说,阿伯拉尔是中世纪经院逻辑学的最主要的创始人。

---

① 阿伯拉尔:《是与否》,参见周一良、吴于廑主编:《世界通史资料选辑》(中古部分),商务印书馆1964 年版,第 216～217 页。

概念论　与其师洛色林不同,阿伯拉尔在共相问题上持一种温和的唯名论立场,这种温和立场不仅仅只是迫于索松主教会议以及安瑟尔谟等神学权威对洛色林极端唯名论观点的谴责,而且更是与阿伯拉尔本人大力倡导的辩证法有关。面对着波菲利提出的关于共相(或种属)的三个问题,阿伯拉尔的回答具有深刻的辩证内涵。他既反对安瑟伦把共相说成是独立实体的极端实在论,也反对洛色林将共相仅仅看作名称或声音的极端唯名论,在综合各种对立观点的基础上提出了概念论的观点。

对于波菲利的第一个问题:"'种'和'属'是独立存在的,还是仅仅存在于理智之中?"阿伯拉尔认为,共相作为普遍概念是有其客观内容的,并非完全主观任意的空洞名称,但是它们本身却不具有独立实在性,只能存在于理智之中。他说:"实际上它们是用命名来指出真实存在的事物,这和单数名词所指示的事物是相同的,这绝非是空洞的意见;可是,在某种意义上,它们又是单独地、赤裸裸地、纯粹地包含于理解之中的。"①对于第二个问题:"如果共相存在,它们是有形体的,还是无形体的?"阿伯拉尔首先对"有形体的"这个词语的意义进行了辨析,他指出,在一般的意义下,"有形体的"是指作为感官对象的个别事物,而"无形体的"则是指普遍名词所指示的对象。但是普遍名词或共相所指示的既然是事物的本性,而事物的本性作为一种"存在着的东西"仍然可以说是有形体的,"因为存在着的东西没有是无形体的"。因此,"普遍名词本身既可以从有关事物的本性方面称作有形体的,又可以从它的意义方面称作无形体的,因为尽管它们给那些各别的事物命名,然而它们都不是各别的和限定的命名。"②对于第三个问题:"共相是与感性事物相分离的,还是寓于感性事物之中?"阿伯拉尔表示,共相作为一种普遍本性或实质寓于感性事物之中,但是作为一个概念却只能在感性事物之外被理解。"一切'种'或'属'都是在感性事物中。但是,因为对它们的理解总是和感觉分离的,所以,显得它们似乎决不在可感觉的事物之中。"③从以上回答来看,阿伯拉尔无疑是站在唯名论的立场上来讨论共相问题的,他坚持认为只有个别事物才是独立存在的客观实体,共相不是实体,它作为对客观事物的普遍本质的一种抽象概念,只能存在于我们的思想之中。

阿伯拉尔在波菲利的上述三个问题之外,又提出了第四个问题:"共相是仅仅对可感知的事物命名呢,还是也指某些其他事物?"换言之,当共相所命名的可感事物消灭了,共相是否仍然具有概念的意义?如果说对前三个问题的回答表现了阿伯拉尔的唯名论与安瑟尔谟等人的实在论之间的根本差异,那么对于

①　《西方哲学原著选读》上卷,商务印书馆1981年版,第252～253页。

②　《西方哲学原著选读》上卷,商务印书馆1981年版,第254页。

③　《西方哲学原著选读》上卷,商务印书馆1981年版,第254～255页。

第四个问题的回答则构成了阿伯拉尔的温和唯名论与洛色林的极端唯名论之间的分水岭。阿伯拉尔认为,共相不仅仅是对可感事物的命名,它还有着概念意义上的特定内涵。例如"玫瑰花"这个名词,即使世间不再有玫瑰花,"玫瑰花"一词仍然是有意义的,这个名词所具有的内涵已经形成了心灵中的普遍概念。阿伯拉尔明确地说道:"对这问题的回答是,它们既指可感觉的事物,同时又指伯里斯迁特别归之于神的心灵的那个共同概念。"①

阿伯拉尔在共相问题上虽然坚持了唯名论的基本立场,但是他的概念论却具有一种折衷或妥协的特点,尤其是他把共相归之于"神的心灵的那个共同概念",这就为后来的实在论者(如托马斯·阿奎那)用上帝心中的理念来说明个别事物的存在提供了理论根据。此外,阿伯拉尔的温和态度也影响了实在论者,使得他们尽量以一种较为温和的方式把唯名论的观点包容到自己的理论体系之中。

二、托马斯·阿奎那的哲学思想

从 12 世纪开始,随着西欧社会与阿拉伯世界接触——这种接触既包括和平的商业交往,也包括暴虐的十字军东征活动——的日益频繁,亚里士多德著作以及阿拉伯学者对亚里士多德主义的注释从阿拉伯世界大量地流归西欧,从而极大地推动了西欧学术的发展。与此同时,西欧的大学教育也开始蓬勃发展,到了13 世纪,在意大利、法兰西和英格兰的几乎每一座较大的城市里都建立了大学。为了宣扬正统信仰和防止各种异端产生,经院哲学家们被教会派往西欧各大学,在那里从事神学和"七艺"——文法、修辞、逻辑、数学、几何、音乐、天文——的教学与研究。在亚里士多德主义和大学教育的双重促进下,经院哲学在 13 世纪达到了鼎盛状态。

在推动亚里士多德主义在西欧复兴的过程中,一位阿拉伯—西班牙的哲学家阿威洛伊(Averroe,1126—1198 年,其阿拉伯名字为伊本·路西德)发挥了非常重要的作用。这位阿拉伯哲学家把阿尔弗拉比、阿维森纳等"伊斯兰亚里士多德主义者"的哲学思想融汇于他对亚里士多德著作的评注中,形成了以亚里士多德思想为核心的阿威洛伊主义。阿威洛伊的哲学思想可以概括为如下几点:(1)理性与信仰是统一的,哲学与神学并不冲突。同一真理可以具有两重形式,即哲学的理性思辨形式和宗教的隐喻象征形式,前者只能为少数人所理解,后者则易于为大众所接受。但是阿威洛伊有时候也赞同另一位阿拉伯哲学家阿维森纳的"双重真理"学说,承认理性真理与启示真理之间存在着一定的矛盾。

① 《西方哲学原著选读》上卷,商务印书馆 1981 年版,第 255 页。

（2）物质与神一样具有永恒性，真主并不是从虚无中创造出世界，而只是给了原初物质"第一次推动"，使原本就内在于原初物质之中的形式从潜能转化为现实。真主只是在逻辑上、而不是在时间上优先于物质，而且他在完成了第一次推动之后就不再干预自然的进程，因此在自然界中没有"奇迹"，万事万物只遵循严格的必然性而运动。（3）在对亚里士多德的两种理性进行改造的基础上，提出了"统一的人类理性"的思想，认为人类无论在过去、现在、未来都只有一个统一的理性，人类正是通过这个统一的理性去认识自然界的真理，形成哲学知识。但是，人类的统一理性虽然是不死的，每一个人的灵魂却会随着身体的死亡而毁灭，灵魂不死和来世报应都是腐蚀人们智慧的无稽之谈。阿威洛伊的上述具有唯物主义倾向的思想从表面上看是与基督教的正统教义直接抵牾的，因此遭到了罗马教会的坚决抵制，他所评注的亚里士多德著作也再一次遭到了罗马教会的禁绝。但是一部分具有深远眼光的经院哲学家从阿威洛伊所宣扬的亚里士多德主义中发现了有利于基督教神学的东西，在他们的不懈努力下，罗马教会终于在 1231 年下令解除了对亚里士多德自然哲学著作的查禁，并且号召经院哲学家按照教会的精神去研究和解释它。从此以后，亚里士多德主义就逐渐取代了柏拉图主义而成为基督教哲学的理论基础。在经院哲学中，利用亚里士多德的哲学思想来论证基督教神学信条的最高典范，就是托马斯·阿奎那。

托马斯·阿奎那 （Thomas Aquinas，1224—1274 年）出生于意大利那不勒斯附近的洛卡塞卡城堡，是阿奎那大封建领主郎杜尔夫公爵的第七子。托马斯 5 岁时就被父亲送到著名的卡西诺修道院当修童，15 岁时进入那不勒斯大学学习，开始接触亚里士多德的哲学。1244 年托马斯加入托钵僧团多明我修会，不久后追随第一个全面、系统介绍亚里士多德著作的拉丁学者大阿尔伯特（Albertus Magnus，1200—1280 年）研习亚里士多德主义，并在后者的推荐下进入巴黎大学神学院学习。1256 年托马斯获神学硕士学位后开始在巴黎大学执教，他一面对亚里士多德的《形而上学》《物理学》等主要著作进行评注，一面用亚里士多德思想来注释和讲解基督教神学。在不到 20 年的时间里，他撰写了大量著作，其中最著名的代表作有《反异教大全》（又称《哲学大全》）和《神学大全》。前者的主要内容是运用基督徒和异教徒共同认可的理性来证明基督教信仰；后者则运用亚里士多德学说和经院式的繁琐论证方法，将基督教的全部信条——从上帝、天使、人性一直到魔鬼——编纂为一个庞大的神学体系，其中也涉及法律、道德、政治、经济等多方面的问题。托马斯的这些鸿篇巨著奠定了他在经院哲学中的权威地位，晚年的托马斯又通过与激进的阿威洛伊主义以及保守的奥古斯丁主义的论战而名声大振，成为自奥古斯丁以来基督教神学的最重要的理论台柱，并且形成了与柏拉图—奥古斯丁传统相对立的亚里士多德—托马斯传统。1323 年，教皇追封托马斯为"圣徒"，他的哲学一再被天主教会确立为正统的官方哲学,在教内的影响至今未衰。

理性与信仰、哲学与神学的关系　教父派的一般倾向是用信仰来排斥理性,把基督教当作真正的或唯一正确的哲学,从而把神学与哲学混为一谈。奥古斯丁本人虽然在对待理性与信仰的关系问题上采取了一种较为谨慎的调和态度,但是在中世纪基督教神学中占据统治地位的奥古斯丁主义却具有浓厚的信仰主义特点,这一特点一直影响到早期经院哲学。但是到了12世纪以后,随着亚里士多德哲学在西欧的复兴,经院哲学不得不对理性与信仰、哲学与神学的关系重新加以审视,因为亚里士多德哲学显然不能纳入基督教神学的范围之内,同时亚里士多德哲学的博大精深的思想内容和严密审慎的理性精神也使得经院哲学家们不能简单地将其斥为谬误或妄见。托马斯的老师、知识渊博的"全能博士"大阿尔伯特曾极力为亚里士多德哲学进行辩护,认为它虽然不同于基督教神学,却是与后者协调一致的。他指出哲学与神学是两种不同的认识途径,一个依靠自然之光,一个依靠超自然之光,这两种光都来自于上帝,因此二者是殊途同归的。大阿尔伯特关于哲学与神学既有所区别又协调一致的思想,对于托马斯·阿奎那产生了重要的影响。

托马斯在《神学大全》的开端处对哲学与神学的特点及其区别进行了论述,他指出,二者的区别不在于研究对象,而在于研究方式——哲学通过理性来认识上帝、创世、天使、救赎等对象,神学则以天启来认识这些对象。他说:"同样的事物,哲学学科根据其为自然理性之光所能认知的一面来研讨它们,而另一学问则根据其为天主启示之光所认知的一面来研讨它们,这并无不可。"[①]哲学与神学研究的既然是同一对象,它们在内容上就必定会有重合之处。基督教的某些真理,如上帝存在、灵魂不死等,既是天启的,也可以通过理性来证明;但是另一些真理,如三位一体、原罪、道成肉身等,却是超理性的奥秘,只能诉诸天启和权威。托马斯把可以通过理性认识的部分归于自然神学,而把只能依靠天启和权威来认识的部分归于教理神学。他一方面把理性与信仰、哲学与神学区分开来,认为通过前者获得的是"理性真理",通过后者获得的是"天启真理";另一方面又坚决反对阿威洛伊主义认为二者之间存在着矛盾的"双重真理"说,主张两种真理都源于同一个上帝,它们之间是不可能发生矛盾的。托马斯对于理性与信仰、哲学与神学关系的基本态度是,天启真理是比理性真理更加深刻和更加根本的真理,对于它们只能信仰,不能根据理性来提出异议。哲学的任务就是运用理性去证明那些可以被证明的理性真理,而把不能证明的天启真理留给信仰和神学。托马斯再一次表达了"哲学是神学的奴婢"的思想,他在《神学大全》中写

---

①　圣多玛斯·阿奎那著,周克勤、高旭东等译:《神学大全》第一册,第1集第1题第1节,台湾碧华学社2008年版,第4页。中国天主教会一般习用"圣多玛斯"之译名。

道："神学可能凭借哲学来发挥，但不是非要它不可，而是借它来把自己的义理讲得更清楚些。因为神学的原理不是从其他科学来的，而是凭启示直接从上帝来的。所以，它不是把其他科学作为它的上级长官而依赖，而是把它们看成它的下级和奴仆来使用。"①

上帝存在的宇宙论和目的论证明　托马斯在运用理性来证明上帝的真理方面的最典型的例子，就是关于上帝存在的宇宙论证明和目的论证明。托马斯对于安瑟尔谟直接从上帝的观念中引出上帝存在的本体论证明不以为然，他认为安瑟尔谟的证明并不能令一个不信仰上帝的人信服，因为它把有待证明的结论当作了证明的前提，那些否认上帝存在的人决不会承认上帝是一个无与伦比地完满的东西。与安瑟尔谟的"先天证明"相反，托马斯提出了"后天证明"，即从人们熟知的事实出发来推出其原因的"回溯的"证明方法，这就是宇宙论证明和目的论证明，它们一共有五个，即著名的"圣托马斯五路证明"。

这五路证明表述如下：(1)世界上万物的运动均由他物推动，因而在一切事物之后必有一个最终的存在者，它本身是不被推动的，但它却推动其他事物。这个不动的推动者就是上帝。(2)世界上每一事物作为一个结果，必有一个原因，因而在一切他因事物的尽头必有一个自因的存在者，它的原因在于它自身，同时又构成了万物存在的"第一原因"。这个"第一原因"就是上帝。(3)经验世界中的一切存在物都是偶然的和可能的(即它们完全可以不存在)，但是我们必须假定有某种绝对必然的存在者作为其终极的根据，否则就总会有某个时候一切事物都不存在，从而也就不会有现存的任何事物了，然而这显然是与事实相矛盾的。因此，必定有一个绝对必然的存在者，这就是上帝。(4)世界上的事物都具有程度不同的完善性，这种有缺陷的完善性序列必定要以某种最完善的东西作为其判定标准和圭臬。这个最完善的东西就是上帝。(5)我们发现许多无生物都在完成一个目的，这个目的必定外在于这些无生物，因为只有生物才能有内在目的。为这些无生物制定目的、并使整个世界具有一种合目的性的，必为一最高智慧。这个最高智慧就是上帝②。

这五路证明严格说来都并非托马斯本人首创，它们曾经以类似的形式出现在古希腊的柏拉图、亚里士多德和中世纪阿拉伯哲学家阿维森纳、迈蒙尼德等人的著作中，但是阿奎那第一次把这些证明综合起来，从经验的论据出发，对上帝的存在进行了论证。与本体论证明相比，宇宙论证明从形式上看似乎更加具有说服力，因为它的出发点不是建立在抽象的概念上，而是毋庸置疑的经验事实。

---

①　《西方哲学原著选读》上卷，商务印书馆1981年版，第261页。

②　关于托马斯·阿奎那这五路证明的具体内容，参见圣多玛斯·阿奎那著，周克勤、高旭东等译：《神学大全》第一册，第1集第2题第3节，台湾碧华学社2008年版，第28~30页。

它并不是形而上学地从思维中直接推导出存在,而是从有限的、相对的经验存在物出发,然后上升到无限的、绝对的存在物(上帝)。但是在托马斯的证明中仍然隐含着两条先验的原则:第一,由果溯因的系列必须终止于某一点(或无限上溯是不可能的);第二,这个逻辑上的终止点就是基督教信仰的上帝。然而,这两条原则本身却是无法证明的,只能付诸于信仰。因此说到底,托马斯的宇宙论证明和目的论证明仍然是建立在信仰的基础上。

不过,与本体论证明一样,宇宙论证明的意义也并不在于它实际上证明了什么,而在于它坚持了从理性角度证明信仰内容的可能性。这种对信仰问题的理性证明代表了中世纪基督教哲学发展的一个阶段,这个阶段的精神特征就是寻求信仰与理性的和解。阿奎那所代表的这种和解精神是与基督教哲学中推崇神秘信仰、贬抑理性知识的奥古斯丁主义传统背道而驰的,它在无意中也开启了西方近代哲学的理性主义之先河——启蒙运动中的那个对宗教信仰进行了猛烈批判的理性精神,最初恰恰是在小心翼翼地对宗教信仰进行逻辑证明的过程中成长起来的。从这种意义上来说,近代的理性哲学与中世纪的理性神学或自然神学有着密切的内在联系。

形式与质料　托马斯在对亚里士多德著作进行评注的过程中发展了亚氏的"四因"学说,他把形式因和质料因归为"内因"范畴,把动力因和目的因归为"外因"范畴。在"内因"方面,托马斯进一步把形式分为"实体形式"和"偶性形式"(或"隐秘的质"),前者决定了事物的本质,后者决定了事物所具有的各种特性。他又把质料分为"原初质料"和"第二性质料",前者指不具有任何形式、从而没有任何现实性的纯粹潜能,后者指已经获得了某种形式规定(形状和大小),从而具有了一定现实性的物质。在"外因"方面,托马斯把动力因分为"第一因"即上帝和"第二性原因"即普遍的因果关系,把目的因分为终极目的(第一因的目的即上帝)和非终极性目的(第二性原因的目的)。这种进一步的划分在一定程度上完善了亚里士多德的"四因说",使得对实体原因的解释更加细致和清晰了。特别需要指出的是,从托马斯对质料的划分和辨析中蕴含着近代的"物质"概念,他所说的具有一定形状和大小的"第二性质料"已经不同于亚里士多德的作为绝对潜能的纯质料,而是接近于近代哲学中具有广延这一基本属性的"物质"概念了。

托马斯虽然把形式与质料都归于内因,但是他仍然从外因论的角度来说明物质中的形式产生的原因,坚决反对阿威洛伊主义把形式看作是原初物质本身固有的观点。他说:"存在于物质中的形式是从无物质的形式中产生的。"[1]所谓

---

① 参见特拉赫坦贝尔著,于汤山译:《西欧中世纪哲学史纲》,上海人民出版社1960年版,第110页。

"无物质的形式",就是亚里士多德所说的不包含任何质料的"纯形式",在托马斯这里则是指上帝以及上帝所创造的天使、人类灵魂这样的精神实体。正是"无物质的形式"将形式赋予了作为纯粹潜能的原初质料,才使后者具有了现实性,成为质料与形式相统一的物质("第二性质料")。针对阿威洛伊主义把原初物质说成与上帝同样永恒的观点,托马斯运用亚里士多德的现实与潜能学说进行了反驳。他指出,上帝作为最初的动力因是现实的存在,而原初物质只是可能的存在。"因为物质仅只是潜能,潜能性是绝对地后于现实性的……由此可见,上帝是绝对的最初存在者。"①

托马斯还根据亚里士多德关于高一级事物是低一级事物的形式和目的、低一级事物是高一级事物的质料和手段的理论,构造了一个符合基督教信仰和封建等级秩序的世界系统。在这个世界系统的最低层是水火土气四种基本元素,往上依次为植物、动物和人。在人类社会中,从低到高分别是由农民、骑士、贵族、世俗国王构成的封建等级阶梯,最上层则是以教皇为首的教会组织。在人之上是特殊的精神实体即天使,天使们居住在由不同于水火土气的第五种元素——"神圣的"元素——构成的天体上,他们也分为三个等级。处于最高级的天使之上的就是三位一体的上帝,他成为宇宙万物共同追求的最终目的和赋予万物以现实性的最初动力。与这种封建等级秩序相适应,托马斯把亚里士多德—托勒密的"地球中心说"加以神学化,他认为上帝把按照自己形象创造的人放在宇宙的中心,而让其他天体围绕着人所居住的地球转动。太阳、月亮和当时所知的五大行星组成的七个球面围绕着地球中心旋转,不动的恒星构成的第八个球面是宇宙的边缘,而作为第一推动者的上帝则处于宇宙之外高瞻远瞩地支配和监视着天体的运行。

灵魂学说　托马斯还将形式与质料学说运用来说明灵魂与肉体的关系,他把每一个人都看作是一个实体,其中肉体是质料,灵魂则是决定一个人的本质特性的"实体形式"。灵魂在与肉体结合之前是一个独立的精神实体,与其他精神实体(天使)一样是不朽的。当灵魂与肉体结合之后,它就不再作为一个实体,而是作为一个"实体形式"存在于作为实体的个别的人之中。在这里我们可以看到托马斯旗帜鲜明地站在亚里士多德主义的立场上,把个别的人而不是其中的灵魂当作独立的实体。托马斯坚决反对"柏拉图及其追随者"把灵魂与肉体的关系割裂开来,看作是舵手与船只的关系,他认为灵魂作为个体人的"实体形式"是充满于肉体的每一个部分、并在其中发挥着有机的、感觉的和理性的功能。此时的灵魂只能在肉体之中活动。尽管如此,灵魂的活动仍然具有独立性,

---

① 《西方哲学原著选读》上卷,商务印书馆 1981 年版,第 265 页。

灵魂虽然在肉体中,灵魂的纯粹活动却不受肉体的影响。当个体的人死亡之后,灵魂并未随之死亡,因为死亡不过是肉体与灵魂、质料与形式的分离,而灵魂作为无质料的纯形式是不会死亡的,它只是从"实体形式"重新变成独立存在的精神实体而已。托马斯驳斥了阿威洛伊主义的"统一的人类理性"和个体灵魂有死的观点,他认为灵魂都是个别的、单一的精神实体,每一个灵魂作为"实体形式"与特定的肉体相结合就产生了个别的人,有多少人就有多少灵魂,每一个灵魂就其本性而言都是不死的。

温和实在论　托马斯在共相问题上既反对唯名论,也不赞同安瑟尔谟的极端实在论,他像阿伯拉尔一样,力图将辩证法引入关于共相问题的讨论中。他不是一般性地笼统回答共相到底是独立存在的,还是寓于可感事物之中,而是将其和形式与质料、理智活动的性质与过程等问题联系起来,历史地和辩证地说明共相的性质与特点。他由此提出了共相分别先于、寓于和后于个别事物的观点:首先,共相作为理念或形式,是上帝据以创造世界万物的原型,因此共相先于个别事物而存在于上帝的理性之中;其次,当世界被创造之后,共相作为事物的形式或本质不可能脱离可感事物而存在,因此共相寓于个别事物之中;最后,共相作为普遍概念,建立在感性认识的基础上,是理智的抽象结果,因此它后于个别事物而存在于人的理性之中。在这里,我们可以看到托马斯把柏拉图的理念论、基督教的上帝创世说、亚里士多德的实体学说以及安瑟尔谟的极端实在论、阿伯拉尔的温和唯名论等多种观点都巧妙地调和在一起,形成了他自己的独具特色的共相学说。托马斯的共相学说一方面坚持实在论关于共相比个别事物更加真实、更加实在的观点,另一方面也承认唯名论关于共相在现实世界中只能寓于可感事物而存在的观点,因而具有极强的理论解释力。由于他从根本上仍然把共相或一般概念看作独立的客观实体,因此他的共相学说被称为温和实在论。

从阿伯拉尔的概念论(温和唯名论)和托马斯的温和实在论中,我们可以看到实在论与唯名论在共相问题上的分歧在日益缩小,一种妥协与调和的立场逐渐成为经院哲学的主流,这种妥协与调和本身就是运用辩证法和推崇亚里士多德主义的结果。

认识论　托马斯在《神学大全》中也充分讨论了认识论的问题,他把认识能力分为三种,每种认识能力都与一定的认识对象相对应。这三种认识能力是:(1)感觉,它是一种物质机体的活动,其对象是有形物质的可感形式;(2)人类的理智,它不是物质机体的活动,而是灵魂的一种能力,其对象是潜存于有形物质中的抽象形式;(3)天使的理智,它既不是物质机体的活动,也与有形物质没有任何关系,它的对象是"脱离物质而存在的一种形式"。

在谈到感觉与(人类的)理智的关系时,托马斯列举了德谟克利特、柏拉图和亚里士多德三位古代哲学家的不同观点。他既反对德谟克利特的"影像说",

也反对柏拉图的"回忆说",而坚持亚里士多德关于"知识来源于感觉"的基本立场,同时又强调:"决不能说感性认识是理智知识的总原因或全部原因,它只是在一个方面可作为原因看待。"①知识固然源于感觉,但是仅靠感觉造成的印象和观念是不够的,知识的形成还需要"更高级的东西",这就是"主动的理智"。托马斯认为,物质机体的活动(感觉)与灵魂的能力(理智)相结合才能形成知识。他驳斥了柏拉图关于灵魂与肉体相结合而导致对理念的遗忘的观点,而把灵魂与肉体的结合看作是认识发生的自然前提,认为没有依附于肉体的感觉机能,就不可能获得对有形事物的各种观念,从而也无法形成抽象的理性知识。托马斯承认人的认识是一个从感性到理性、从个别到一般的深化过程,他说道:"理性的知识起源于感性知识,因为感觉以个别为对象,理智以普遍为对象,所以,对我们来说,个别的知识必然先于普遍的知识。"②但是他却认为理性形成抽象概念和进行判断、推理的能力是灵魂所固有的,上帝早在认识活动发生之前就已经把万物的"实体形式"潜藏于灵魂之中,然后又通过外部的启示使灵魂认识到这些潜在的"实体形式",形成理性的知识。就此而论,托马斯似乎又回到了柏拉图的"回忆说",差别只在于把感觉的刺激作用说成了上帝的外部启示。

除上述观点外,托马斯在其他领域也多有建树。在伦理学方面,他接受了亚里士多德的幸福观,把幸福看作"人类的至善",同时又强调人类的至善应该以上帝的至善为目的,因此尘世的幸福应该服从于来世的幸福。他还在柏拉图的"四德"(智慧、勇敢、节制、正义)和亚里士多德的知德与行德之外,特别推崇信、望、爱三种神圣道德。在政治学方面,托马斯把支配宇宙秩序和社会秩序的法律分为四种,即永恒法、自然法、人法和神法,其中神法是凌驾于自然法和人法之上的终极性法律。托马斯从"神的理性"中引申出封建社会的法规,并对使徒保罗的"一切权力都来自于上帝"的说法进行了诠释,认为世俗政权的本质是由上帝规定的,从而系统地论证了"君权神授"和教权高于王权的政治观点,为中世纪的国家学说奠定了重要的理论基础。

托马斯是中世纪基督教神学和经院哲学的一代宗师,他的《神学大全》几乎涉及当时人类知识的所有领域,构成了中世纪哲学和神学的最全面、最系统的理论体系,代表着经院哲学的最高成就。由于托马斯的杰出贡献,推崇理性的亚里士多德主义逐渐取代了注重神秘的柏拉图主义,成为经院哲学的主流形态;托马斯主义也日益取代了奥古斯丁主义,成为权威性的天主教官方哲学。

---

① 《西方哲学原著选读》上卷,商务印书馆 1981 年版,第 271 页。
② 参见叶秀山、傅乐安主编:《西方著名哲学家评传》第 2 卷,山东人民出版社 1984 年版,第 475 页。

三、反托马斯主义的方济各修会经院哲学家

理性主义与神秘主义之间的矛盾,在中世纪基督教哲学中表现为托马斯主义与奥古斯丁主义的对立。13世纪罗马教皇为镇压异端而组建了两大托钵僧团之后,这种思想上的对立又表现为多明我修会(Dominicans,或译多米尼克修会)与方济各修会(Franciscans,或译法兰西斯修会)之间的龃龉。多明我修会的经院哲学家们一般沿袭了大阿尔伯特和托马斯·阿奎那的理性神学传统,坚持哲学与神学的同一性,注重对信仰内容的理性论证,在共相问题上持实在论观点。而方济各修会的经院哲学家们通常都反对用理性来论证信仰,主张把哲学与神学严格地区分开来,在共相问题上往往站在唯名论的立场。他们在哲学上是经验主义者,在神学上却是神秘主义者。在反对托马斯主义的理性神学方面,方济各修会的"三杰"——罗吉尔·培根、邓斯·司各脱和威廉·奥卡姆发挥了重要的作用。

1. 罗吉尔·培根

罗吉尔·培根(Roger Bacon,1214—1292年)出身于英国桑莫斯特郡的一个乡村贵族家庭,早年在牛津大学学习,毕业后曾在巴黎大学和牛津大学等校任教。与当时几乎所有的经院哲学家不同,罗吉尔·培根对繁琐的经院学术丝毫不感兴趣,对数学和实验科学却情有独钟。他于1257年加入方济各修会,本想通过修会的支持来完成自己的科学研究计划。但是该会总会长波拿文都拉却把他的研究计划视为危险之物,将他监禁于巴黎的一所修道院里达十年之久,并禁止刊行他的著作。罗吉尔·培根在被囚期间矢志不改,写了《大著作》《小著作》和《第三著作》等书。1268年解除监禁后,他更加激烈地抨击修道士们的愚昧无知,1278年又因"标新立异"的罪名重陷囹圄,1292年才被释放,不久便去世了。

罗吉尔·培根是中世纪经院哲学家中最早提倡进行科学研究的人,他的理想是用全新的实验科学来取代经院哲学中空洞繁琐的形而上学和逻辑学。在13世纪,科学往往与炼金术以及各种巫术魔法相联系,培根本人正是由于这种嫌疑而屡遭迫害。然而,不幸的遭遇使培根更加坚定勇猛地向当时的愚昧发起了攻击。他认为,影响人们获得真理的"障碍"有四种:一是"屈从于谬误甚多、毫无价值的权威";二是"习惯的影响";三是"流行的偏见";四是"由于我们认识的骄妄虚夸而来的我们自己的潜在的无知"[①]。正是这四种障碍,使得人们深陷于愚昧无知的黑暗中而不自知,错把谬误当作真理,从而妨碍了他们去认识真正科学的奥秘。

----

① 《西方哲学原著选读》上卷,商务印书馆1981年版,第285页。

罗吉尔·培根特别对托马斯主义进行了无情的揭露,他指责托马斯连希腊文都不懂,居然连篇累牍地写了那么多关于亚里士多德著作的评注。他认为经院学者们之所以误解和滥用亚里士多德哲学,主要是由于他们片面地热衷于推理,而完全忽略了更为重要的经验。他明确地说道:"没有经验,任何东西都不可能充分被认识。因为获得认识有两种方法,即通过推理和通过经验。推理作出一个结论,并使我们承认这个结论,但并没有使这个结论确实可靠。它也没有消除怀疑,使心灵可以安于对真理的直观,除非心灵通过经验的方法发现了它……所以只有推理是不够的,还要有经验才充分。"①培根举出了许多例证来说明经院学者只重推理不重经验而导致的谬见,例如关于山羊血能够切开钻石的迷信,关于容器中的热水比冷水冻结得更快的偏见,这些迷信和偏见都是由于一味地进行逻辑推理,完全不去尝试一下简单的实验而导致的。针对种种偏见和谬误,培根大声呼吁重视经验和科学实验。他把经验分为两种,一种是外在经验,即通过感官而获得的关于外部事物的经验;另一种是内在的启示,即通过信仰的天恩而获得的神圣的启示。这种"双重经验"的观点表明培根仍然试图在科学与宗教、"哲学的经验"与"神圣的启示"之间寻找一条调和之道。但是相对于这两种经验,培根更加重视科学实验。他认为科学实验就是"用艺术帮助自然",即运用各种工具来探索自然,并从中检验科学研究的结果。培根实际上已经用科学实验取代了神学作为一切科学的"主人"的崇高地位,他本人就曾做过大量的科学实验,对彩虹、火药、车船工具、平凸镜片等事物进行了深入的研究,尤其是对凸凹镜片的放大功能的研究,在三百年后启发了伽利略对望远镜的发明。此外,培根也非常重视数学在科学研究中的巨大作用,力图把数学从一门空洞的形式推理改变为适用于一切科学研究的基本方法,使其与实验科学结合起来。由于罗吉尔·培根在实验科学方面所做的贡献,他被后人称为"实验科学的先驱"。

在共相问题上,罗吉尔·培根反对把共相实体化的实在论,他认为自然界的不同事物都具有质上的差异性,这些各有特质的具体事物就是实验科学研究的对象,而实在论所主张的那些超自然的和独立存在的一般实体或本质是完全无助于科学研究的,因此应该予以摒弃。培根指出,自然界只产生许许多多个别的马,从来不产生一般的马,也不产生一般的动物;上帝创造的是具体的人,而不是一般的人。个别事物本身就是形式与质料相统一的完整实体,除此之外再无任何其他的实体;形式与质料并不能脱离彼此而独立存在,因此根本就不存在所谓的"纯形式"或"纯质料"。个别事物是以"自身的原则"为基础的,并不需要任何

---

① 《西方哲学原著选读》上卷,商务印书馆 1981 年版,第 287 页。

外在的共相或"实体形式"来作为自身存在的根据。但是另一方面,培根也不同意共相或一般只存在于人的语言或思维中的唯名论观点,他认为个别事物除了相互差异的特质之外,也具有某些共性的东西,正是它们使同一类事物彼此相似而与其他类的事物区分开来。所以这些共性因素是寓于个别事物而存在的,是个别事物本身固有的不可分离的因素。总之,无论是关于经验和科学实验的看法,还是对于共相问题的理解,罗吉尔·培根的观点在他所处的时代里都无疑具有超前性。他比三百年后的弗兰西斯·培根更早地成为了近代英国实验科学和经验哲学的始祖。

2. 约翰·邓斯·司各脱

约翰·邓斯·司各脱(Johannes Duns Scotus,1265—1308 年)出生于苏格兰,15 岁时就加入了方济各修会,后来在牛津大学、巴黎大学等校学习和任教。司各脱思想深邃、知识渊博,精通基督教神学和奥古斯丁主义,尤其擅长于进行经院式的繁琐论证,曾经独自一人与巴黎大学的全体神学教授辩论"圣母纯洁受胎"学说,获得"精细博士"的称号。他虽然只活了 43 岁,却留下了许多讲稿和著作,其中最重要的有《牛津评注》《巴黎记录》《形而上学精细论题集》《自由论辩集》等。

与托马斯·阿奎那的理性神学相对立,司各脱思想以其意志主义的特点而著称。司各脱坚持反对托马斯的神学决定论,他强调上帝的本质就是自由意志,因此上帝的意志要高于上帝的理性。司各脱认为,上帝作为无限的存在,其理智和意志都是无限的。上帝理智的无限性表现为上帝心中所包含着的无限多的理念,这无限多的理念意味着无限的可能性,然而使其中的某些理念成为现实的理念,从而产生出与之相应的具体事物,这却是由上帝的意志决定的。由此可见,上帝的创世活动是依据其意志自由地进行的,虽然上帝所意愿和所创立的东西都是合理的和有序的,但是这种合理性和有序性的根据却不是上帝的理性或某种必然性,而是上帝的自由意志。只要上帝愿意,他可以创造出任何一个与现存世界完全不同的世界来,他也可以不创造任何世界;他可以为世界建立秩序,也可以任意地改变秩序。总之,只要上帝愿意,他可以做出任何令人不可思议的事情来。然而对于我们这些有限理性者来说是不可思议的事情,在上帝这个无限理性者那里却是完全合理的,因为上帝的意志与他的理性在一种我们无法理解的奥秘状态中是完全同一的。

由于把上帝的意志凌驾于理性之上,因此在司各脱看来,上帝的属性与活动、灵魂不死、至善等神学信条都只能诉诸神秘的信仰,不能进行理性的证明,它们属于教理神学而不是自然神学。在关于上帝存在的问题上,司各脱沿袭了安瑟尔谟的本体论证明的思路,反对托马斯的宇宙论证明和目的论证明。他试图从上帝作为"无限存在"的概念中分析地得出上帝存在的结论,正如安瑟尔谟从上帝作为"无与伦比地完满的东西"的概念中推出上帝存在一样。司各脱指出，托马斯从上帝的创造物中寻找关于上帝存在的证据的做法是经不起推敲的，因为创造物作为"有限存在"是不能直接推导出"无限存在"的。"上帝同任何属于一个创造物的东西在性质上都是完全不同的。所以，用这种探索永远也发现不了上帝的理念。"①况且上帝的自由意志和绝对专断也注定了人不可能依凭有限的自然理性来认识他的目的和活动。与托马斯不同，司各脱认为上帝不是由于作为第一动力因、最终目的和最高完满性才存在的，而是由于作为"无限存在"而必然存在，上帝作为"无限存在"本身就已经内在地包含着第一动力因、最终目的和最高完满性。因此无须通过自然序列经验地追溯出上帝的存在，只要从"无限存在"的概念中就可以先天地分析出上帝的存在了。

司各脱明确地表示，他赞同阿维森纳关于"上帝不是形而上学的主题"的观点，上帝的问题属于神学而不属于哲学。哲学与神学各有其独立的研究领域和活动原则，前者的对象是有形的实物世界，运用的手段是经验和理性；后者的对象是无形的上帝，运用的手段是信仰和启示。与托马斯强调哲学与神学的一致性的观点相反，司各脱将哲学与神学严格区分开来，他认为，哲学是一门独立的科学，不应该与神学混为一谈，更不应从属于神学。经院哲学家们运用哲学的工具（理性或逻辑）来证明神学的信条只能是白费力气，"我们在今生不可能利用理智直接把握上帝的真正理念。因此，我们没有一门由自然获得的学科来研究某个真正与上帝自身相应的上帝理念。"②与方济各修会的许多其他神学家一样，司各脱在哲学上强调理性的作用，在神学上却推崇神秘的信仰。他把哲学与神学严格区分开来的目的是为了保证信仰的纯正性，使其不受理性的干扰，但是他客观上却使哲学成为一门独立于神学的科学，从而使哲学摆脱了"神学的奴婢"的屈辱地位。

司各脱把与上帝直接相关的一切问题，如上帝创世、三位一体、原罪与救赎等，都归于信仰，拒绝根据理性来讨论这些问题。但是对于上帝之外的一切创造物，包括天使和人类灵魂，他都试图用形式与质料的学说来加以说明。他认为，世界万物都以物质作为本原或基础，物质是形式与质料的统一体。物质作为实体具有独立的实在性，它在原则上可以先于形式而存在，在现实中却是与形式合一的统一实体。除上帝之外的任何创造物包括灵魂都不能是无物质的纯形式，"在灵魂中有物质"，物质构成了灵魂的基础，思维和意志则是灵魂的机能。在这里，司各脱已经朦胧地表述了物质具有思维能力的唯物主义思想，他把万能的和唯意志主义的上帝作为物质进行思维的保证——只要上帝愿意，他完全可以

①　《西方哲学原著选读》上卷，商务印书馆 1981 年版，第 282 页。
②　《西方哲学原著选读》上卷，商务印书馆 1981 年版，第 280～281 页。

赋予物质以思维能力。马克思评论道:"唯物主义是大不列颠的天生的产儿。大不列颠的经院哲学家邓斯·司各脱就曾经问过自己:'物质能不能思维?'为了使这种奇迹能够实现,他求助于上帝的万能,即迫使神学本身来宣扬唯物主义。"①

在共相问题上,司各脱基本上站在唯名论一边,他把个别事物当作物质与形式的统一体,把个别化原则看作是无须任何解释的终极原则。他断言,个别事物按其本性来说是最高的和最后的实在,只有它才是独立于理智之外的最真实、最实在的现实,而"一般在理智之外实际上并不存在"。但是另一方面,司各脱又承认事物之中存在着两种不同的形式:一种是决定事物共性的一般形式,它解决事物"是什么"的问题;另一种是决定事物个性的特殊形式,它解决同类事物中"这一个"与"那一个"相区别的问题。这两种形式都是事物本身所具有的,个体事物的形式就是二者相加的结果。这就是司各脱的"形式的区别"学说,它既反对实在论者把共相说成独立于个别事物的实体的观点,也超越了唯名论者把共相简单地等同于主观词语或概念的观点。

在认识论上,司各脱表现出经验论的倾向,他既然认为个别事物是最真实的实在,自然会把个别事物当作科学认识的唯一对象和出发点,由个别上升到一般。司各脱强调我们的一切知识都是从感觉产生的,人的理智就好像一块"白板",理性的观念说到底都是来源于对个别事物的感觉经验。司各脱的这种观点对于 17 世纪英国经验论者尤其是洛克的认识论产生了重要的影响。

司各脱把意志主义运用到伦理学上,从而提出了人是自由的道德主体的思想。他认为人与上帝一样,在他身上意志要高于理性。理性虽然是道德活动的前提,但是意志却使人具有了自决的能力和选择的自由,意志的活动表现为行动上的绝对自由。在司各脱看来,最大的幸福不是像托马斯所说的那样在认识中静观上帝,而是在行动中爱上帝。对于自由意志的强调使人摆脱了绝对必然性的束缚,由"容纳上帝恩赐的空罐子"变成了积极能动的行为主体。这种"唯意志论"观点虽然具有浓郁的神秘主义特点,但是却极大地助长了个人主义倾向和有力地冲击了教会法规。司各脱主义在经院哲学中构成了托马斯主义的劲敌,在 14—15 世纪时声势浩大,曾一度超过了托马斯主义的影响,在文艺复兴时期由于受到人文主义者的批判才逐渐衰弱。从思想渊源来看,司各脱主义更加接近于柏拉图—奥古斯丁传统,但是它将哲学与神学严格区分开来的做法却在客观上推动了西欧近代哲学与科学的复兴。

3. 威廉·奥卡姆

威廉·奥卡姆(William of Occam,1285—1349 年)是晚期唯名论的最重要的

---

① 《马克思恩格斯全集》第 2 卷,人民出版社 1957 年版,第 163 页。

代表,他出生于英国苏莱郡的奥卡姆村,早年曾在牛津大学学习神学,并加入方济各修会,毕业后在牛津大学等地教授哲学与神学。1323 年奥卡姆的《箴言书注》被牛津大学校长指控有"异端"之嫌,次年奥卡姆被召至法国阿维农教廷驻地接受审查,并在那里遭到囚禁达四年之久。1328 年奥卡姆逃离阿维农,投奔到神圣罗马帝国皇帝和巴伐利亚国王路易帐下。后者刚好与教皇处于对抗状态之中,奥卡姆就公开站在世俗王权一边,撰文抨击教皇的专制暴政和教廷的腐败行径,大力宣扬王权高于教权的理论。相传他曾对路易说:"你用剑保护我,我用笔保护你。"20 年以后,当路易开始与教皇握手言和时,奥卡姆再度准备逃亡,却于不久死于瘟疫。

奥卡姆继承了司各脱的意志主义以及哲学与神学相区分的思想,他认为上帝在意志方面是绝对自由的,在能力方面则是无所不能的。上帝完全可以化身为一块石头、一棵树木或者一头驴子,但是他最终选择了化身为一个人即基督。上帝具有绝对与无限的大能,他可以做任何他实际上没有做的事,也可以任意地改变他的想法和决定。世间的秩序和道德,并非是由于某种客观本质或必然性所决定,而是因为上帝选择的结果。凡是上帝旨意所要的就是善,凡是他所禁止的就是恶,上帝的绝对与无限的大能使他完全有可能在明天命令人们相互仇恨和谋杀,从而使这些今天的恶行成为明天的善举。

正因为上帝是随心所欲和为所欲为的,所以我们对于上帝的属性和活动不可能有任何知识。要想用逻辑必然性来推断上帝的性质与行为,那只能是徒劳无益的妄图。奥卡姆强调,对于"三位一体""道成肉身"之类的教义,我们只能信仰,不能寻求理解,因为我们有限的理性是无法把握上帝的绝对与无限的大能,我们的逻辑也无法限制上帝的自由意志。奥卡姆与司各脱一样认为信仰与知识、神学与哲学是两个彼此独立、互不相干的领域,神学以天启为基础,哲学则以经验为基础。神学不应该凭着信条来干预知识领域,哲学也不应该用理性来证明信仰问题。对于基督教的各种教义,奥卡姆在路德之前就提出了"惟独信仰"的思想。禀着这些观点,奥卡姆批判了经院哲学关于上帝存在的各种证明。对于安瑟尔谟的本体论证明,奥卡姆认为我们的感觉和理性并没有提供上帝的观念,而且即使有了上帝的观念,也不能必然地推出上帝的存在。奥卡姆对托马斯的宇宙论证明和目的论证明进行了更加深刻的驳斥,他指出凭着理性并不能从上帝的创造物中必然地追溯出一个所谓的"第一原因"或"第一推动力"。自然界的因果链条是没有止境和界限的,由于上帝无所不能,他所创造的物体本身完全有可能无须外力的推动而自己运动。托马斯关于因果系列必须有一个开端和物体不能独立运动的观点本身就是有待证明的假设,把这些未经证明的假设当作推理的基本原则显然是荒谬的。奥卡姆强调,无论是理性还是感觉都不能为我们提供上帝存在的证明:"我们对于他的观念,具有所有观念的缺点:我们无法证实这些观念的存在。为了要证明神是存在的存有,我们必须用直觉(感官经验)理解他。但这是不可能证明的。"①因此对于上帝存在以及上帝的各种属性与活动,惟有付诸信仰。

奥卡姆在哲学上最著名的思想当数"奥卡姆剃刀"原则,它是对唯名论思想在方法论上的一种概括和提炼,也被称之为"思维经济原则",并被现代自然科学视为公理。这一原则可以简要地表述为:"如无必要,切勿增加实体。"也就是说,在解释具体现象时尽量少使用玄奥抽象的实体概念。"奥卡姆剃刀"的提出,是针对经院哲学凡事都要寻求双重原因的繁琐做法,即在自然的原因之外还要寻找一个属灵的原因。在奥卡姆看来,如果一种自然规律可以解释一块石头为什么从山坡上滚落,那么就不必再引出一位天使或魔鬼来说明石头滚落的原因。奥卡姆把这一思维经济原则运用到共相问题上,从而指出在可感的个别事物之外再增加一般的实体(共相)就是多余的。奥卡姆对于实在论的批判如同亚里士多德对理念论的批判一样,他认为托马斯把"实体形式""本质""隐秘的质"之类的东西加到个别事物之上是对精神的一种浪费,因此对于这些空洞无聊的繁琐概念应该毫不犹豫地"剃掉"。在他看来,所谓共相不可能既是一个实体,又同时存在于许多物体之中,这是自相矛盾的。奥卡姆甚至认为连上帝也不具有什么永恒不变的抽象本质,他也是一个个体,只不过是一个具有绝对与无限的大能、可以任意而为的个体而已。

奥卡姆在共相问题上的立场接近于阿伯拉尔的"概念论",他认为一般概念是在感觉经验的基础上抽象而成的,一般概念在头脑中的产生过程是自然而然的,"就像火产生热一样"。一般概念或共相具有主观上的普遍性,它是一种真观念,为许多人所共有,但是它却不能脱离人的头脑而独立存在。共相既不像实在论者所说的那样是心智之外的实体,也不像极端唯名论者所说的那样仅仅只是空洞的名称或语词,而是具有某种实质的一般概念或"心智记号",虽然这种实质只是主观思维而非客观实在方面的。奥卡姆说道:"并没有白色之存在,只有不同的白色对象。那么,心智的记号,并不像普通的实体,因为并没有心智记号这种实体之存在。"②

由于否定了共相的独立实在性,奥卡姆把个别事物当作认识的唯一对象,把对个别事物的认识当作知识的起源和基础。他强调:"每一个外在于心灵的东西都是个别的东西;所以它是首先被认识到的东西。""在我们谈到认识的起源

---

①　转引自奥尔森著,吴瑞诚、徐成德译:《基督教神学思想史》,北京大学出版社 2003 年版,第 382 页。

②　转引自奥尔森著,吴瑞诚、徐成德译:《基督教神学思想史》,北京大学出版社 2003 年版,第 381 页。

时,个别事物是感官的第一个对象;所以就知识的起源说,个别事物才是首先被认识到的东西。"①他认为普遍概念不仅是从对个别事物的认识中抽象出来的,而且也是对个别事物的更加深刻的认识。奥卡姆把认识论上的这种个体性原则运用到教会组织理论上,就得出了公会议主义(conciliarism)的结论,即认为教会的实体是每一个信徒,教会应该由大公会议来管理,而不应该由声称代表抽象的神圣本质的教皇来控制。奥卡姆激烈地批判了等级森严的教阶制度,主张以早期教会中信徒之间的平等关系来取代教皇的专断体制。在国家理论上,他虽然并不否认"君权神授"理论,但是却认为国家必须借助于"人类社会共同契约"来建立,国家的权力和法律必须建立在"大家同意"的基础上,而且应该根据人民的意愿而改变。奥卡姆的先进思想极大地启发了路德等宗教改革家,并且为近代的民主化运动开启了思想源流。由于奥卡姆的影响,唯名论在法国等地声名大噪,在西欧许多大学的讲台上也与正统的实在论形成了分庭抗礼之势。奥卡姆主义和唯名论思想的兴盛最终导致了经院哲学的衰落,促进了近代经验哲学与实验科学的崛起。

---

① 《西方哲学原著选读》上卷,商务印书馆 1981 年版,第 292 页。

第三章　16—18世纪西欧哲学

第一节　概　　论

　　人类认识无论是从个体角度还是整体角度来看,其发生顺序都是由外向内、由认识对象逐渐转向认识主体。作为哲学认识的发源地,古希腊哲学关注的是自然、存在等客观对象,它所追问的核心问题是宇宙的本原和万物的统一性。在那里,主观精神世界还没有被当作独立的对象来自觉地加以探讨,精神、意识和思维的能动性尚未在反思中建立起来,精神对于自然的优越性尚未彰显。在中世纪基督教哲学中,主观精神世界成为哲学关注的主要对象甚至唯一对象,自然被当作一堆垃圾抛弃了,感性的现实生活本身也成为抽象的灵性生活的牺牲品,精神深深地痴迷于它自己的客观化变形——上帝。精神的这种自我异化固然导致了哲学知识的偏差,但是它同时也成为精神自身的一种必要的历练,成为精神实现自我认识和自我提升的一座痛苦的“炼狱”。在认识上帝的艰难尝试中,精神的理性能力或逻辑思维能力得到了提高。到了西欧近代哲学中,思想家们则公开地高举起理性精神的大旗,自觉地把人与自然、主体与客体、思维与存在的关系问题当作了哲学的核心问题。如果说古希腊哲学偏重于客观存在,中世纪基督教哲学执着于主观精神,那么西欧近代哲学则把客观世界和主观世界结合起来,用对二者关系的研究取代了偏执于任何一方的片面性,从而实现了哲学重心从本体论(存在哲学)和心灵哲学向认识论的转化。

　　汤因比曾把15、16世纪称为“世界历史的重要分水岭”,在这个时期,西欧社会发生了一系列重大的文化和社会变革运动,其中最重要的当数文艺复兴和宗教改革。这些文化和社会变革运动从根本上打破了中世纪罗马教会一统天下的思想专制格局,开创了思想解放和信仰自由的新局面,促进了近代民族国家的崛起,并为资本主义经济发展提供了合理性的依据。然而,尽管15、16世纪开创了西欧历史的新阶段,它在思想上却并非一个深刻的时代,在哲学和科学上也建树甚微。罗素认为,科学在意大利文艺复兴运动中“只占一个极微末的地位”,而“路德兴起后的十六世纪在哲学上是个不毛时期”①。15、16世纪更多地是一

---

① 罗素著,马元德译:《西方哲学史》下卷,商务印书馆1976年版,第4、43页。

个感性解放(文艺复兴)和信仰净化(宗教改革)的时代,而不是一个理性反思的时代,它的特点是文学艺术风格的更新和宗教生活方式的变革,而不是哲学批判意识的觉醒和科学理性精神的生长。

如果说15、16世纪是文艺和信仰复兴的时代,那么17世纪就是哲学与科学兴盛的时代。15、16世纪的人文主义者和宗教改革家仍然对权威充满了敬畏之情(虽然他们用古代的权威代替了中世纪的权威),17世纪的哲学家和科学家们则对一切权威——无论是古代的权威还是中世纪的权威——都充满了强烈的理性批判意识。17世纪的时代特征就是怀疑精神和经验方法,普遍的怀疑精神是那个时代几乎所有哲学家和科学家的基本原则——对被中世纪经院哲学加以滥用的亚里士多德演绎逻辑的怀疑,使弗兰西斯·培根建立了经验归纳法,为近代实验科学的发展奠定了方法论基础;对传统的各种先入之见的彻底怀疑,使笛卡尔树立起“我思故我在”的第一原理,将自我意识确立为哲学的绝对起点;对亚里士多德—托勒密体系(以及《圣经》权威)的“地心说”的怀疑,使16世纪哥白尼不敢发表的“日心说”终于在17世纪伽利略和开普勒的宇宙体系中得以公开表述。普遍的怀疑精神是17世纪哲学家和科学家向一切传统的偏见、谬误和权威发起猛攻的破城锤,而经验的方法则是他们在怀疑的废墟上重建新理论大厦的脚手架。与古代和中世纪的形而上学不同,近代科学是实验科学,它的根基毋庸置疑地埋置于经验观察的土壤之中。而17—18世纪的西欧哲学虽然表现为经验论与唯理论的对立,但是甚至连唯理论的创始人笛卡尔最初也是从内在经验出发,才得出了“我思故我在”的第一原理的。虽然他很快就从经验的出发点跳到了形而上学的云端,以便在先验论(天赋观念)的基础上建立一种比经验归纳方法更加具有普遍必然性的理性演绎法则,但是使他从怀疑一切的虚无中寻找到某个确定性的基点——自我意识——的仍然是经验(内在经验)。

近代哲学是从弗兰西斯·培根和笛卡尔那里开始的。培根代表着实验科学的哲学,这种哲学起源于“外在的”经验;笛卡尔代表着自我意识的哲学,这种哲学产生于“内在的”经验。中世纪基督教哲学从根本上来说既排斥外在经验也排斥内在经验,它一味痴迷于抽象的形而上学,因此它既不产生实验科学,也不产生自我意识,只有空洞的形式逻辑和晦涩的神秘信仰。从培根和笛卡尔开始,哲学才把重心转移到认识论问题上,哲学家们才不再固执于抽象的自然和抽象的精神,而开始对二者之间的具体联系产生兴趣。认识论问题说到底就是思维与存在的关系问题,就是主观精神如何实现对客观世界的认识问题,因此17—18世纪西欧哲学的主要兴趣就表现为对认识的来源、方法、过程及其真理性等问题的探讨。由于近代哲学与科学具有一种同构关系,许多哲学家(如培根、笛卡尔、莱布尼茨等)同时也是科学家,不同的科学研究方法使他们在认识论问题上产生了不同的观点,对于认识的来源、方法、过程和真理性的看法也迥然而异。

在当时的自然科学中,普遍运用的方法有两种:一是对各种自然现象进行观察和实验的方法,二是对各种观察的材料和实验的结果进行数学处理和理性分析、推理的方法。这两种方法在自然科学研究中往往是相互结合的,但是在哲学中它们却被片面地加以分离,最终竟形成了尖锐对立的两个哲学派别。一派在对感觉经验进行概括和提升的基础上制定了经验归纳法,形成了经验论哲学;另一派则以天赋观念或天赋原则作为逻辑起点而发展了理性演绎法,形成了唯理论哲学。在经验论和唯理论的发展过程中,每一派不仅有着纵向上的内在联系和逻辑发展,而且在相互论战中也接受了对方的一些观点。此外,由于对经验论与唯理论的划分所依据的只是认识论的观点,而从本体论的立场来看,在这两派中都既有唯物主义者,也有唯心主义者,这样就使得这一时期的哲学呈现出极其错综复杂的局面。

经验论从对具体事物的感觉经验出发,这一出发点是不证自明的和毋庸置疑的,但是如何通过经验的归纳而上升到普遍必然性的知识? 这是经验论哲学的“阿喀琉斯之踵”,正是这一致命弱点使经验论最终陷入怀疑主义或不可知论的泥淖。反之,唯理论把与生俱来的天赋观念或天赋原则当作认识的来源,通过理性演绎法建立起整个知识体系。理性演绎法可以保证推演过程和推理结论的逻辑有效性,但是却无法解决演绎前提的合理性问题,演绎的前提或出发点本身是如何确立的? 这个问题同样也成为了唯理论的理论要害,它最终使唯理论陷入了教条主义或独断论的陷阱。

无论是经验论还是唯理论,其初衷都是试图说明思维与存在的关系问题,尤其是试图建立起思维与存在的同一性。但是由于它们各执一端,缺乏辩证的综合眼光,最终竟不可避免地走向了自身的反面——经验论在休谟那里发展成为一种怀疑主义或不可知论,它对经验之外的任何存在(物质实体、精神实体以及因果联系等自然律)都采取悬疑的态度,否定了知识的客观性和普遍必然性,从而使得精神对自然的认识实际上成为不可能的。另一方面,唯理论在莱布尼茨—沃尔夫体系中发展成为一种独断论,它把知识看作由天赋观念根据矛盾律推演出来的,这样就否定了对客观世界进行广泛的经验观察的必要性,经验只是诱发理性推理的机缘而已,精神只须根据先验的天赋原则进行理性演绎就可以建立起全部的知识体系。休谟的不可知论割裂了思维与存在的同一性,莱布尼茨—沃尔夫的独断论则直接把思维等同于存在,它们都使近代哲学试图解决的认识论问题走进了死胡同。在这种情况下,才引出了从康德直至黑格尔的德国古典哲学对思维与存在关系问题的批判性思考和辩证综合。

在唯理论和经验论的这场争论中,18 世纪的法国哲学处在一个既有吸收、也有自己的创造的位置上。在这些哲学家那里,主体能动性和客观制约性的问题更多地被纳入了自然和人的关系问题来考察。本来,近代哲学的主题一个是自然,一个是人,两者的关系在思辨的形式下表现为存在和思维的关系,以及主观能动性和客观制约性的关系。在中世纪,自然和人的关系是靠神来统一的,近代随着神的权威的衰落,这一矛盾才尖锐化起来。要重新使自然和人统一起来,只有两条途径,这就是使自然人化和使人自然化。显然,在自然和人仍然被理解为两种性质截然不同的东西的前提下,把自然"人化"必然会导致设定一个最高精神来维持人与自然、人与人之间的和谐,所以法国的自然神论(正如英国自然神论一样)既把一切自主权下放给自然中的人,也在某种程度上维系了人的价值观念;另一方面,把人"自然化"则从非人的自然的角度来研究人,从而把当时以牛顿为代表和最高成就的机械论自然科学推崇到了极点,使一切"人"的东西(如丰富的感觉等等)都被归结为"物"了。在这两种倾向上给予法国哲学最直接的影响的人是洛克和笛卡尔。洛克的经验主义和感觉论给法国思想家们提供了认识论上的理论基础,笛卡尔作为法国人的本国同乡,则从机械唯物主义方面形成了法国哲学的深厚传统。但18世纪法国哲学的主要贡献不仅是发展了唯物主义的学说,而且是(与休谟一道)提出了近代资产阶级人性论的哲学新思路,从自然和人这两方面为后来哲学的发展奠定了基础。

第二节　文艺复兴与宗教改革

在中世纪末期,西欧社会发生了两场重大的文化变革活动:一场是以意大利为主的南部欧洲拉丁语世界中的文艺复兴运动,另一场则是北部欧洲日耳曼语世界中的宗教改革运动。这两场运动对于西欧历史来说具有划时代的重要意义,它为西方现代社会中的各种新思想、新制度和新生活方式的产生提供了必要的文化背景。从哲学的角度来看,文艺复兴和宗教改革虽然并没有产生出什么深刻而系统的哲学思想,但是它们却为西方近代哲学的崛起开创了一种新的文化氛围,构成了后来各种新兴哲学思想背后鼓动着的精神动力。

一、文艺复兴与人文主义

文艺复兴时期是一个混杂着旧时代的残余和新时代的萌芽的大熔炉,在那个时代的几乎所有伟大人物身上,都可以看到一种自相矛盾的特点:他们既具有开拓新生活的杰出才能和非凡勇气,又带有浓重的中世纪的陈腐气息和怪诞思想。黑格尔在总结文艺复兴时期的人文主义者的思想性格特征时精辟地指出:"他们由于精神和性格的力量而成为巨人,但在他们身上同时却存在着精神和性格的极度混乱……在他们身上,那种想要有意识地去认识最深刻的和具体的事物的热切渴望,却被无数的幻想、怪诞念头,想求得占星术和土砂占卜术等秘密知识的那种贪念所破坏了。这些特出的人物本质上很像火山的震动和爆发;

这种火山在自己内部酝酿一切,然后带来新的展露,而且它的展露还是狂野而不正常的。"①

文艺复兴的大师们在感性的文学艺术方面表现出惊世骇俗的天才,在这个时期的杰出人物如彼特拉克、薄伽丘、布鲁尼、乔托、波提切利、达·芬奇、拉斐尔、米开朗琪罗等人的天才作品中,都表现了共同的思想主题,即人性的觉醒、个性的解放以及对大自然和世俗生活的赞美,使得文艺复兴时期的文化呈现出一种瑰丽的感性色彩。文艺复兴的时代特点就是感性的解放,即以丰富多彩的自然人性来反对枯槁干瘪的抽象神性,以生机盎然的现世生活来取代虚幻渺茫的天国理想,以人的正常情欲和感官享乐来对抗中世纪的禁欲主义和变态虚伪。

在文艺复兴运动中,对于古典语言和文风的推崇产生了一批专门从事"人文学"(Studia Humanitati)研究的学者,即"人文主义者"(Humanist)。这种"人文学"主要包括修辞学、文法、历史学、诗歌和伦理学等等。人文主义者以精通古典文化而著称,然而他们却是根据一种感性原则来取舍古典文化的。希腊的史诗、悲剧和造型艺术,西塞罗的文风和维吉尔的诗歌被继承和发扬光大。那个时代的人文主义者虽然都是当时的博学之士,但是他们却对枯燥晦涩的经院哲学深恶痛绝。例如,被后世誉为"人文主义之父"的**彼特拉克**(Petraca,1304—1374 年)就对被经院哲学滥用的亚里士多德主义极为反感,他试图把柏拉图的智慧、基督教的信仰和西塞罗的雄辩融入自己的人性化的哲学纲领中,用古典的修辞学来反对经院哲学的辩证法。著名的人文主义者**洛伦佐·瓦拉**(Lorenzo Valla,1407—1457 年)大力倡导用优美简洁的古典拉丁文风来取代经院式的晦涩风格,他不仅对照希腊文圣经指出了中世纪拉丁文圣经中的许多翻译错误,以大量考证为根据揭露了 9 世纪以来一直被当作教皇世俗权力的合法依据的《艾西多尔文献》(该文献杜撰了所谓的"君士坦丁赠礼")是伪造之作,而且试图在伊壁鸠鲁主义的现世幸福与基督教的彼岸幸福之间建立起一种妥协。他致力于用拉丁语法和修辞手法来简化亚里士多德的逻辑学,主张把哲学与雄辩术之间的主从关系重新颠倒过来,认为"雄辩家可以更清楚、更严肃、更优雅地说明含混的、可怜的、贫乏的哲学家说明的问题"②。

人文主义者在哲学方面也做了一些贡献,那就是对柏拉图主义的复兴,这种复兴主要是出于对经院哲学的理论根基亚里士多德主义的强烈不满。意大利的人文主义者们试图从柏拉图哲学中找到一些富有人情味的东西。出身于意大利显贵家族的卡西诺·梅狄奇 1462 年在佛罗伦萨建立了柏拉图学园,主持学园工作的人文主义者**费西诺**(Ficino,1433—1494 年)、乔万尼·皮科(Giovanni Pico,

① 黑格尔著,贺麟、王太庆译:《哲学史讲演录》第三卷,商务印书馆 1959 年版,第 343 页。
② 参见赵敦华:《基督教哲学 1500 年》,人民出版社 1994 年版,第 551～552 页。

1463—1496 年)等人从希腊文翻译了柏拉图的大量著作,并且试图用人文主义的思想来重新解释柏拉图哲学。他们极力提高人在宇宙中的地位,强调人所具有的无限创造力,认为"人的力量差不多和神的性质相似"。乔万尼·皮科在《论人的尊严》中借上帝之口将人提高到万物之上,他认为上帝让万物遵循必然性的法则,惟独给予人以自由意志,使人可以自主地决定自己的本性和生命形式,因此人沦为畜生或者升为神圣都是自由选择的结果。

另一位柏拉图主义者**库萨的尼古拉**(Nikolaus Cusanus,1401—1464 年)反对经院哲学运用亚里士多德的形式逻辑来证明上帝存在的做法,他把上帝称为"不可理解者",主张对上帝持一种有学识的无知态度:"我在那无知的学问中受到引导,把握了那不可理解的东西;我所以能够做到这点,不是靠理解,而是靠超越于理性所能达到的那些永恒真理之上。"[①]他表达了一种泛神论的观点,认为"上帝里面的一切就是上帝,一切事物来自上帝的'一',在一切事物之中,上帝就是这些事物之所是的那样,正如真实寓于一个映像之中。"[②]因此,关于上帝的知识不应在艰深晦涩的神学中去寻求,而应在"上帝亲手写的书"即"自然之书"中去获取,人对自然界认识得越透彻,就越能够在一种有学识的无知状态中接近上帝的本质。在库萨的尼古拉看来,人与上帝、宇宙一样,都是无限,都是极大与极小的统一。正如上帝与宇宙是同一的一样,人与上帝也是同一的,人就是"人形的宇宙"或"人形的上帝",在"人性之中潜在地包含着上帝、宇宙和世界",因此通过对人的认识就可以实现对上帝的认识。

人文主义者对柏拉图主义的复兴只是一种表面文章,他们在柏拉图哲学的外壳下塞进了大量的自然和人性的内容。从时代精神的角度来看,文艺复兴和人文主义的哲学基础既不是深奥的亚里士多德主义,也不是神秘的柏拉图主义,而是感性的伊壁鸠鲁主义,这种追求现世幸福的伊壁鸠鲁主义尤其适合意大利人热情奔放的自由个性和才华横溢的艺术天才。除了被打上深深的人性化烙印的柏拉图主义和伊壁鸠鲁主义之外,文艺复兴时期还涌现出各种不同的思想倾向,如力图恢复亚里士多德主义真面目的**彭波那齐**(Pomponazzi,1462—1524 年),主张调和基督教信仰与人文主义理想的**伊拉斯谟**(Erasmus,1466—1536 年),大力提倡怀疑主义的**蒙田**(Montaigne,1533—1592 年),以及向往乌托邦理想的**托马斯·莫尔**(Thomas More,1478—1535 年)等等,这些思想各具特色。

二、宗教改革

与南部欧洲的文艺复兴和人文主义不同,北部欧洲的宗教改革不仅是一场

---

① 库萨的尼古拉著,尹大贻、朱新民译:《论有学问的无知》,商务印书馆 1983 年版,第 166 页。

② 库萨的尼古拉著,尹大贻、朱新民译:《论有学问的无知》,商务印书馆 1983 年版,第 73 页。

文化变革运动,而且也在政治、经济领域引起了巨大的连锁反应,在客观上改变了西欧社会的基本面貌。文艺复兴是发生在具有良好教养和古典文化传统的拉丁文化圈里的一场"阳春白雪"的思想解放运动,它虽然具有人性觉醒的进步意义,但是这场运动从头到脚都流露出一股精神贵族气息。相形之下,发生在日耳曼文化圈中的宗教改革则是一场"下里巴人"的群众运动。生活在北部贫穷、蒙昧状态中的日耳曼人既没有受过多少文明的教养,也没有什么古典的文化传统可以复兴,但是他们却对罗马天主教会的虚伪的道德体系和暴虐的专制统治怀着一种强烈的愤慨。宗教改革的主要成就并不表现在优美典雅的文学艺术作品中,而是表现在朴素实在的现实生活领域中,表现在虔诚的宗教信仰和平凡的日常工作中。它在思想上开创了一种自由精神,在政治上促进了民族国家的崛起,在经济上推动了资本主义的发展。而且由于宗教改革所导致的宗教分裂的现实格局,在客观上为宽容精神的出现创造了条件,而宽容精神则成为培育西方现代科学和民主的温床。

宗教改革的最重要的文化意义在于,它克服了中世纪基督教在灵魂与肉体、天国与人间、理想与现实之间造成的二元对立,以及由这种对立而导致的虚假信仰和伪善道德,把基督教的宗教理想与平凡的现实生活和谐地统一起来——路德教将神性与人性融为一体,使人类精神获得了自由;安立甘教将上帝与"凯撒"融为一体,使国家利益成为至高无上的;加尔文教将宗教生活与世俗生活融为一体,使日常工作具有了神圣性。正是由于宗教改革运动改变了世俗生活与宗教生活之间的对立关系,17 世纪以后新兴的各种宗教的和世俗的世界观才得以在理性与信仰、科学与宗教、经验知识与神学规范之间寻求和解。

宗教改革的领袖人物马丁·路德(Martin Luther,1483—1546 年)在神学思想上承袭了奥古斯丁主义的传统,表现出一种信仰至上和神秘主义的倾向。针对中世纪后期罗马教会在救赎问题上强调善功得救的自由意志论及其所导致的实践恶果,路德重申了奥古斯丁主义的否定善功得救的"因信称义"思想,创立了贬低自由意志、突出上帝恩典和基督苦难的十字架神学。路德强调,人在上帝面前是完全无能为力的和没有任何东西值得炫耀的,人应该在基督受难的十字架面前保持绝对的谦卑。人的得救与自由意志和善功无关,完全是由于上帝的恩典和基督的救赎,因此除了对此的坚定信仰之外,我们一无所有。在这方面,路德表现出一种高扬信仰、贬抑理性的态度。他虽然承认理性是上帝给予人的特殊恩赐,但是却认为,自从人类堕入"原罪"之后,理性就沦为一种从属"肉体的"的自然理性,局限于尘世的藩篱之中,无法理解道成肉身、基督的神性、三位一体等神圣奥秘。路德重申了奥古斯丁对待自由意志的基本观点——自从人类堕落以后,自由意志已经成为被邪恶所奴役的意志,它已经渗透了罪,因此只能自由地选择恶,而不可能自由地趋向善。

　　路德用信仰反对善功、用恩典反对自由意志、用圣经的权威反对教皇的权威的做法，并没有促进自然理性的发展，而是使理性的地位受到了削弱。然而从另一个角度来看，路德恰恰又开创了一种与自然理性迥然而异的思辨理性，开创了一种与近代英国人、法国人的实践自由（经济自由和政治自由）截然不同的德意志式的精神自由。路德一方面把理性贬为"娼妓"，另一方面却明确地表示："除非有人能够根据圣经而用理性的明晰论据来说服我，我不愿，亦不能取消前言。"①他一方面用信仰来否定人在实践上的自由（善功），另一方面又强调信仰给人带来了精神上的自由——"只是信，不是行为，才使人称义，使人自由，使人得救。"②在路德看来，"信者就是上帝"，每个人只要凭着自己的信仰，凭着对《圣经》的领悟，无须借助其他任何中介者（神职人员和教会），就可以实现与上帝的自由交往。人与上帝在信仰中融为一体，就此而言，路德第一次使宗教成为个人的事，成为精神的自由。可见，尽管路德否定了外在的自由，但却开创了一种内在的自由；他对那种局限于形式逻辑规则之中的、具有普遍性意义的自然理性不感兴趣，但是却对一种在神秘的信仰中直接把握神圣本质的思辨理性情有独钟。对这种内在的精神自由和思辨理性的执着成为路德所开创的近代德国文化的一个显著特点，并且在以后的德国哲学中不断地被发扬光大。

　　宗教改革运动的其他领袖人物如**梅兰希顿**（Melanchthon，1497—1560 年）、**茨温利**（Zwingli，1484—1531 年）、**加尔文**（Calvin，1509—1564 年）等与路德一样，其思想中都具有深刻的矛盾，表明近代哲学精神正在孕育之中。16 世纪的宗教改革运动虽然打破了中世纪罗马天主教会一统天下的专制格局，为西方文化的现代化转型奠定了最初的根基，但是它与文艺复兴运动一样并没有建立起新时代的哲学和科学理性，这个重要的理论工作是 17 世纪的哲学家们所要承担的历史使命。

第三节　早期经验论哲学

　　作为一种具有近代特点的认识论观点，经验论哲学产生于 17 世纪的英国。17 世纪上半叶的英国不仅在宗教信仰方面相对于欧洲大陆来说具有一种较为宽松的氛围，而且由于圈地运动的蓬勃开展而极大地刺激了资本的原始积累，促进了资本主义生产关系的生长。此外，17 世纪的英国也成为可与荷兰相媲美的实验科学的热土，而实验科学与沉溺于玄思冥想之中的经院哲学的根本差异就在于对经验事实的重视。这些因素与英国中世纪后期罗吉尔·培根所开创的唯

---

① 《路德选集》上册，金陵神学院託事部、基督教辅侨出版社 1957 年版，第 15 页。
② 《路德选集》上册，金陵神学院託事部、基督教辅侨出版社 1957 年版，第 356 页。

名论传统结合在一起,最终导致了近代经验论哲学的产生。早期经验论哲学具
有唯物主义的基本特征。它确立了"凡在理智中的,无不先在感觉之中"的基本
原则,与笛卡尔开创的唯理论哲学形成了明显的对立之势。它经历了从弗兰西
斯·培根经由霍布斯到洛克的发展,在这个发展过程中,经验论的认识原则和思
想观点不断地得以强化和系统化,同时它的片面性和内在矛盾也日益暴露出来,
最终导致了晚期经验论哲学(贝克莱、休谟)向主观唯心主义和不可知论的
转化。

一、弗兰西斯·培根

弗兰西斯·培根(Francis Bacon,1561—1626 年)出身于英国的一个贵族之
家,其父尼古拉·培根曾任英国女王伊丽莎白一世的掌玺大臣,其母安妮亦出身
于名门望族。培根从小就受到了良好的教养,并且由于体弱多病和嗜好读书而
养成了少年老成的性格。培根 13 岁就进入剑桥大学的三一学院,但是他很快就
表现出对现存教育制度和中世纪经院哲学的厌恶。1576 年培根离开剑桥到英
国驻巴黎使馆任职,开始了他的政治生涯。他历任首席检察官、掌玺大臣等要
职,1613 年擢升为全国大法官。1621 年培根受到政敌的指控,因受贿罪而被罢
官收监,虽然不久之后即得释放,但却从此告别政坛而隐退乡间,潜心于学术研
究。1626 年初春之际,培根在做一次冷冻实验时遭受风寒,不治而殁,终年
65 岁。

尽管在培根的政治生涯中存在着一些道德上的疵点和有争议的问题,但是
在学术思想上他却是一个具有划时代意义的伟人。培根的天才不限于单一的领
域,他不仅是一个杰出的哲学家和科学家,而且在法学、政治学、历史学和文学等
领域中也深有造诣。他的名言"知识就是力量"成为近代科学理性冲破宗教蒙
昧的第一声呐喊,而他在代表作《新工具》中对中世纪经院哲学的批判以及系统
地制定的科学归纳法和唯物主义经验论的基本原则,则使他成为"英国唯物主
义和整个现代实验科学的真正始祖"(马克思语)。除了《新工具》(1620 年)之
外,培根还著有《学术的进展》(1605 年)、《新大西岛》(1624 年)等书,以及后来
被编为《培根论说文集》的一系列短篇论文。

四假相   培根认为,哲学的目的就在于探求知识,而"知识就是力量",人只
有通过认识自然才能获得支配自然的力量。认识自然就是要发现自然的"形
式"即规律,而要想实现对自然"形式"的认识,就必须消除阻碍科学发展的各种
思想障碍和在研究方法上进行彻底更新。为此,培根把矛头直接对准了不产果
实的经院哲学,他呼吁人们抛弃那些繁琐的玄谈,把眼光投向"经验和自然事
物"。

培根认为研究自然的首要工作就是观察自然,然而以往人们对自然的观察

常常被他们心中各种先入为主的偏见所遮蔽,因此要想获得真正的科学知识,首先必须扫除包括经院哲学在内的各种思想偏见。培根把这种些偏见称为"假象",它们可分为如下四类:(1)"族类的假象",这是植根于人性之中的一种偏见,它使得感官和心灵总是以人类的尺度而非宇宙的尺度作为认识的根据,从而使自然事物的性质常常因为人类理智的偏见而遭到扭曲。例如,人创造任何事物都是有目的的,于是人们就习惯于把自然事物也看作是有目的性的。(2)"洞穴的假象",这是指个人受其习性、环境和教育的影响而产生的偏见,就像每个人都居住在自己的"洞穴"里,自然之光照入洞中时经过折射而改变了颜色,从而导致了认识的偏差。例如我们在现实中看到有些人"极端地崇古",另一些人却"如饥似渴地爱新"。(3)"市场的假象",这是由于语词的误用而引起的谬见,人们相互之间的思想交流过程就如同市场上的物质交换活动一样,如果使用的概念不当,就会造成理解力方面的障碍,这一点在经院哲学的各种空无内容的繁琐概念中表现得尤为明显。(4)"剧场的假象",它源于人们对权威、教条、传统的哲学体系的盲目信仰,人们往往不知不觉地对各种哲学体系的"剧本"信以为真,丧失了批判意识和怀疑精神。"最显著的例子要推亚里士多德。他以他的逻辑败坏了自然哲学。"[①]除了亚里士多德和经院哲学等"诡辩派哲学"之外,培根还把狭隘的"经验派哲学"(指中世纪的炼金术等伪科学)和"迷信的哲学"(指将"迷信以及神学之糅于哲学"的毕达哥拉斯主义和柏拉图主义)也归入这一类的假象之列。

　　弗兰西斯·培根的"四假象"理论显然受到了罗吉尔·培根关于认识真理的四种"障碍"观点的影响,他强调科学知识必须以自然事物作为研究对象,以感觉经验作为认识的起点,通过循序渐进的方式来实现对自然"形式"或规律的认识。作为近代经验论哲学的奠基人,培根强调感觉经验在认识过程中的重要性,认为对客观事物的感觉是一切知识的源泉。但是他并没有像后来的经验论者那样过分地夸大感觉经验的作用,而是力图在感性认识和理性认识之间寻求一种协调关系。他认为真正的科学认识既不应该像蚂蚁(暗讽狭隘的经验派)那样只去采集现成的材料,也不应该像蜘蛛(暗讽理性派或经院哲学)那样只凭自己的材料来编织丝网,而应该像蜜蜂一样,先从庭园和田野里采集花粉,然后再用自己的能力进行消化和加工,最终酿造成蜜糖。质言之,真正的科学认识应该从感性材料出发,经过理性的归纳而逐步上升到真理性的知识。

　　科学归纳法　为了寻找一种新的科学研究方法,培根针对亚里士多德的《工具篇》而撰写了《新工具》一书。该书的主旨就是要说明:研究自然科学必须

---

① 培根著,许宝骙译:《新工具》,商务印书馆1984年版,第35页。

采用新方法或新工具,这种新工具显然不能是那种由亚里士多德在《工具篇》中所创立、由中世纪经院哲学所滥用的空洞繁琐的演绎方法,而只能是基于切实的感性材料之上的归纳方法。这种方法以感觉经验作为出发点,以观察实验作为手段,尽可能排除心灵的自由臆断和僵硬的三段式推理,通过逐级归纳而上升到普遍公理。在《新工具》中,培根写道:"至于我的方法,做起来虽然困难,说明却很容易。它是这样的:我提议建立一列通到准确性的循序升进的阶梯。感官的证验,在某种校正过程的帮助和防护之下,我是要保留使用的。至于那继感官活动而起的心灵动作,大部分我都加以排斥;我要直接以简单的感官知觉为起点,另外开拓一条新的准确的通路,让心灵循以行进。"①

在《新工具》第二卷中,培根详尽地阐述了他的科学归纳法,这种方法的目的就是为了从若干个别事例中发现普遍的因果规律。与简单枚举法不同,培根的科学归纳法强调把握单纯现象背后的本质性联系,寻找事物的"形式"。培根以研究热的"形式"为例,介绍了科学归纳法的不同步骤。首先是收集有关的感性材料,为此他列出了三个表,第一个是"本质或具有表"(培根列举了 28 条样式不同但同样具有热的例证,如阳光、火、热水等等),第二个是"差异表"或"接近中的缺乏表"(培根列举了 32 条与上述例子相似但却缺乏热现象的例证,如阳光和月光都是光,但阳光热而月光不热),第三个是"程度表"或"比较表"(培根列举了 41 条在同一条件下按其不同程度而具有共变关系的热的例证);在尽可能详尽地列举了有关例证之后,再通过分析、比较和排除来对这三个表中的例证进行归纳,从而得到"关于热的形式的第一次收获",即对热的"形式"的初步规定:"热是运动的一种特殊情况"。在"第一次收获"的基础上,再进一步对运动本身进行限制,找出具体的种和属差,最终得出如下结论:"**热是一种扩张的、受到抑制的、在其斗争中作用于物体的较小分子的运动。**"②

培根在《新工具》中创立的科学归纳法具有非常重要的意义,它为近代归纳逻辑奠定了基础。19 世纪英国逻辑学家穆勒所确立的寻求事物因果关系的五个方法(即契合法、差异法、契合差异并用法、共变法、剩余法),除了剩余法外,都是从培根的"三表法"中发展而来的。现代科学归纳法中的求同法、求异法和共变法更是明显地受到培根"三表法"的影响,而他的排斥法在现代形式逻辑中也得到了广泛的运用。

朴素唯物主义　培根的经验论虽然开启了近代哲学的认识论转向过程,但是他仍然对本体论问题进行了论述。培根对物质自然界及其规律的客观实在性坚信不疑,他和古代的德谟克利特一样认为,自然界的万物是由一些被称为"分

---

① 培根著,许宝骙译:《新工具》,商务印书馆 1984 年版,序言第 2 页。
② 培根著,许宝骙译:《新工具》,商务印书馆 1984 年版,第 157 页。

子"的物质微粒构成的。培根强调自然界具有支配万物及其性质的客观规律，他虽然沿用经院哲学的概念把这些规律称为"形式"，但是却坚信这些规律不仅寓于客观存在的个别事物之中，而且也可以在思维中被认识到。他说道："在自然中真正存在的东西，虽然除掉个别物体按照一定的规律进行纯粹个体的活动之外，没有什么别的，但是在哲学里面，就是这种规律以及对于这种规律的研究、发现和解释构成知识与活动的基础。"①这种观点使他超越了实在论和唯名论的一般水平，达到了对共相问题的唯物主义理解。

培根不仅承认物质自然界及其规律的客观实在性，而且还认为自然界的物质微粒是永恒存在和自己运动的，物质运动的形式具有多样性。培根曾提到过19 种物质运动形态，如"反抗的运动""连结的运动""吸收的运动"等，它们表现了不同的"趋向""生命力"和"紧张"，呈现了丰富多彩的运动形式。在物质的性质方面，培根也在古代原子论者所说的形状和大小之外，认为物质还具有颜色、声音、冷热等多种"简单性质"。由此可见，在培根那里，唯物主义还带有一种朴素的辩证色彩，没有像后来的经验论者（如霍布斯）那样将其发展成为一种僵化的机械论。马克思评论道："唯物主义在它的第一个创始人培根那里，还在朴素的形式下包含着全面发展的萌芽。物质带着诗意的感性光辉对人的全身心发出微笑。但是，用格言形式表述出来的学说本身却反而还充满了神学的不彻底性。"②马克思所说的"神学的不彻底性"是指培根的"双重真理"学说，即认为从理性的"自然之光"中得出的哲学真理可以与从神意启示中得到的宗教真理并行不悖的学说。当然，培根主张"双重真理"说的目的还是为了使实验科学和自然哲学能够获得一种相对独立的地位，从而与宗教神学达成一种井水不犯河水的妥协。

与以往的哲学不同，培根把哲学的聚焦点转向了精神与自然、思维与存在的关系，转向了认识论问题，开创了近代哲学的崭新形态和经验论的认识路线。当然，经验论在培根那里还只是初具雏形，其理论形态和思想观点都有待于进一步精确化和系统化。与此相应，经验论本身所具有的片面性和内在矛盾也尚未表现出来。作为经验论哲学的创始人，培根并没有意识到经验论的基本原则（即一切知识都来源于感觉经验）与唯物主义的首要前提（即承认物质世界在感觉之外的客观实在性）之间的深刻矛盾。当霍布斯和洛克在培根的基础上把经验论哲学向着系统化的方向推进时，他们也使经验论自身的弱点和内在矛盾逐渐地暴露出来。

---

① 《十六—十八世纪西欧各国哲学》，商务印书馆 1975 年版，第 46 页。
② 《马克思恩格斯全集》第二卷，人民出版社 1957 年版，第 163 页。

二、霍布斯

托马斯·霍布斯(Thomas Hobbes,1588—1679 年)出身于一个牧师家庭,他少年聪颖,才华过人,15 岁即进入牛津大学学习古典哲学和逻辑学。大学毕业后,霍布斯给贵族当家庭教师,跟随其学生游历了欧洲大陆各国,结识了伽利略、开普勒、笛卡尔等著名的科学家与哲学家。他也曾担任过培根的秘书,并与英国的王党分子过从甚密。英国革命爆发后,霍布斯由于主张绝对君权、反对国会分权而不得不随同英国王室逃亡到法国。1651 年他的巨著《利维坦》在法国发表,书中所宣扬的绝对君权理论极大地触怒了发动英国革命的清教徒,同时书中所表述的社会契约论和君权民授思想也引起了英国王室和法国宗教界的强烈不满。在四面楚歌的情况下,霍布斯逃回英国,受到了克伦威尔的优待,从此潜心于学问,不问世事。斯图亚特王朝复辟以后,他因被指为"无神论"而遭到朝野的訾议,在郁郁不得志的感伤中度过了余生。霍布斯的主要著作除了《利维坦》之外,还有《论公民》(1642)、《论物体》(1655)和《论人》(1658)等。

哲学的定义、目的和对象 霍布斯在《论物体》中首先明确地对哲学下了一个定义,他将哲学界定为一门从结果求原因或者从原因求结果的推理的学问:"'哲学'是关于结果或现象的知识,我们获得这种知识,是根据我们首先具有的对于结果或现象的原因或产生的知识,加以真实的推理。还有,哲学也是关于可能有的原因或产生的知识,这是由首先认识到它们的结果而得到的。"[1]霍布斯认为,哲学不同于单纯的感觉和经验(记忆),后者虽然构成了哲学的基础,但是它们尚未上升到推理,因而还不是哲学。哲学是一种推理的学问,它首先根据物体本身的能力和特性来对物体进行区分并加以命名,然后根据观察和思考把这些名称组合成判断或命题,最后再依据因果关系来对这些命题进行推理。显然,霍布斯把哲学理解为概念、判断、推理之间的关系,而这种关系就表现了物体之间的因果联系。

霍布斯明确地表示,哲学的目的或目标就是利用已有的知识"为人生谋福利"。他与培根一样强调知识就是力量,认为所有的思辨活动都是为了某种实践目的服务的。而人类最大的利益,不是在一种纯粹的思辨活动中去认识上帝和追求天国,而是掌握那些能够带来实际好处的技术,如建筑术、航海术和种种制造技术,正是这些技术使得欧洲人、亚洲人的文明水平远远地超过了美洲人。

霍布斯把哲学的对象规定为处于产生过程中和具有某种特性的物体,在他看来,神学所研究的上帝既没有产生过程,也不具有广袤(即占有空间)等物理

---

[1] 《十六—十八世纪西欧各国哲学》,商务印书馆 1975 年版,第 60~61 页。

特性,更不能加以组合或分解,因此它不属于哲学研究的对象。霍布斯克服了培根的"双重真理"观,明确表示"哲学排除神学",哲学排除一切不是靠着自然的理性、而是凭着神秘的启示和教会的权威而得出的结论。霍布斯主义由此在当时成为了无神论的同义词。

霍布斯把哲学研究的对象分为两类:一类是自然的物体,另一类则是人们的意志和契约所造成的物体,即国家。相对于这两类物体,霍布斯把哲学分为两个部分,即自然哲学和公民哲学。

机械论和功能主义　在自然哲学中,霍布斯一方面把培根创立的唯物主义经验论系统化,另一方面也把它推上了机械论的道路。霍布斯既然把物体当作哲学研究的唯一对象,在《论物体》一书中他也对物体下了一个定义:**"物体是不依赖于我们思想的东西,与空间的某个部分相合或具有同样的广袤"**,但是物体"可以为感觉所知觉,并且为理性所了解"①。从上述定义中我们可以看到,物体具有三个特性,即客观实在性、广袤性和可感知性。广袤被当作物体的唯一的本质属性,它指物体必须占有某个空间位置。与培根关于物质和运动的朴素辩证法观点不同,霍布斯不仅否定了物体的质的多样性,而且把物体看作是惰性的,它的运动来自于外力的推动。霍布斯把运动理解为简单的位移,即"不断地放弃一个位置,又取得另一个位置",这种对于运动的机械解释成为了17、18世纪机械论自然观的经典表达。

霍布斯的世界观不仅是机械论的,而且也是功能主义的,他只描述构成自然世界的各个机械部分的实际功能和运行过程,并不解释世界的终极原因和隐秘目的。有研究者指出,在霍布斯看来,例如一块表,"我们不必知道谁制作了钟表,它为什么要制作这块表,或这块表是派什么用场的。理解这块表,就是在理解其各部分的功能性相互联系之中来理解这些部分。这是理解钟表如何工作,如何发生功能。钟表的工作是由它的各部分的机械运动所决定的。"②这种机械论和功能主义的观点虽然有其表面性和片面性,但却把上帝、"第一推动力""第一因""终极目的""隐秘的质"等一切形而上学的东西都摒除在自然之外,使哲学(以及科学)不再考虑形而上的神学问题,第一次有了一种扬眉吐气和凌越一切的感觉。

实体与偶性　霍布斯把物体称为"实体",而把物体的各种属性如广袤、动静、颜色、气味等称为"偶性"。一般来说,偶性依附于物体,但是它却并不构成物体的任何部分,物体可以离开偶性而存在。物体是不生不灭的实体,偶性是变

① 《十六—十八世纪西欧各国哲学》,商务印书馆1975年版,第83页。
② G·希尔贝克、N·伊耶著,童世骏等译:《西方哲学史——从古希腊到二十世纪》,上海译文出版社2004年版,第218页。

化无常的性质:"物体是东西,不是产生的;偶性是产生的,可是不是东西。"①

霍布斯对偶性下了一个定义:"一个偶性就是某个物体借以在我们心里造成它自身的概念的那种能力。"或者"我们认识物体的方式"②。在这个定义中已经蕴含着把偶性主观化的倾向。霍布斯把偶性分为两类:一类是广袤或形状,它构成了物体的本质属性,与物体共存亡;另一类是动静、颜色、气味、冷热、硬软等,这些偶性并不属于物体本身,它们发生了改变,物体并不会因之而消灭。霍布斯虽然承认广延或形状这类偶性与物体一样具有客观实在性,但是他却认为颜色、气味、冷热之类的偶性并不具有客观实在性,它们只是"运动、激动或变动对我们的显现",是对象在我们头脑中造成的一种主观映像。霍布斯的这种观点对洛克产生了重要的影响,是后者的"第二性质"学说的先声。

另一方面,霍布斯对物质"实体"也采取了一种唯名论的态度,他认为所谓"实体"就如同"上帝""灵魂"一样,都不过是一些没有确切内涵的名称,他在批判笛卡尔的实体学说时指出:"我们也没有实体的观念;因为我虽然承认作为一种能够接受不同的偶性并且随着偶性的变化而变化的实体是由推理而被发觉和证明出来的,可是它不能被领会,或者我们对它没有任何观念。"③霍布斯对物质实体的唯名论态度不仅影响了洛克,而且最终导致了贝克莱、休谟等人从根本上否定物质实体的做法,使经验论走向了主观唯心主义和不可知论。

感觉与推理　　与培根一样,霍布斯也承认一切知识都来源于感觉经验,他说:"知识的开端乃是感觉和想象中的影像","如果现象是我们借以认识一切别的事物的原则,我们就必须承认感觉是我们借以认识这些原则的原则,承认我们所有的一切知识都是从感觉获得的。"④从经验论的立场出发,霍布斯对笛卡尔的"天赋观念"说进行了批判,认为根本就不存在什么天赋观念,人们只有对于可以感觉、观察到的物体才能产生真正的知识。至于上帝的观念,不过是一种空无内容的名词罢了——正如一个盲人坐在火边感到温暖,并且听人说这是由于火的缘故才知道火的存在,而他实际上对于火的形状、颜色等一无所知一样。霍布斯指出,当人们在追溯一个事物的原因时,他们会发现原因背后还有原因,这样一直推下去,就会引出一个"永恒的原因"(即第一因)来,信仰或者理性使人们把这个他们自己并不清楚的"永恒的原因"称为上帝,而实际上他们对于这个上帝根本就没有任何清晰的影像或观念。针对笛卡尔把上帝归于天赋观念的做

---

① 《十六—十八世纪西欧各国哲学》,商务印书馆 1975 年版,第 86 页。

② 《十六—十八世纪西欧各国哲学》,商务印书馆 1975 年版,第 83、84 页。

③ 霍布斯对笛卡尔"沉思"的反驳,参见笛卡尔著,庞景仁译:《第一哲学沉思集》,商务印书馆 1986 年版,第 186 页。

④ 《十六—十八世纪西欧各国哲学》,商务印书馆 1975 年版,第 66、90 页。霍布斯所说的"现象"是指自然向我们显现的东西。

法,霍布斯反驳道,如果有上帝之类的天赋观念,它就应该永远呈现在心中,但是"那些睡得很深、什么梦也没做的人,他们的灵魂思维了没有。如果他们的灵魂一点也没思维,那么他们的灵魂就什么观念也没有;从而没有什么观念是从我们心里产生并且居住在我们心里的,因为从我们心里产生并且居住在我们心里的东西在我们的思维里永远是当前的。"①因此,根本就没有什么天赋观念。

霍布斯虽然承认感觉是一切知识的来源和开端,但是他却认为哲学从根本上说是一门推理的学问。正如他把物体的性质和运动都加以简单化处理一样,他对推理的理解也是机械性的。他把推理等同于计算,认为"推理是与加和减相同的","一切推理都包含在心灵的这两种活动——加与减里面"②。他以"人"的观念为例,当我们看到远处有某个东西时,我们首先产生了"物体"的观念;当我们逐渐走近那个东西时,发现它在运动,于是又在"物体"的观念之外加上了"活的"这个观念;而当我们进一步接近那个东西时,又发现了它具有作为理性标记的各种特征,因而再加上第三个观念即"理性的"。这样,"物体""活的""理性的"这三个观念加在一起就是"人"的观念。反之,如果从"人"的观念中减去"理性的",就是"动物"(活动的物体);再减去"活的",就是单纯的"物体"了。由此可见,霍布斯所谓的"推理"不过是复杂观念的组合和分解过程而已。

但是霍布斯的"推理"更多地是指从结果去推论原因,或者从原因去推论结果的方法,他把前者称为分解或分析,把后者称为组合或综合。分析的方法(由果推因)是一种发明的方法,综合的方法(由因推果)则是一种证明的方法。前者是从个别的事实推出普遍的原则,即经验的归纳;后者则是从普遍的原则推出个别的事实,即理性的演绎。霍布斯一方面强调从感觉经验出发的分析法和归纳法在物理学等实验科学中的重要作用,另一方面认为在几何学中只能运用从理性原则出发的综合法和演绎法。在霍布斯那里,分析与综合、归纳与演绎、经验知识与理性知识是彼此分离和互不相干的,它们之间不存在相互转化的关系,完全是两套并列的认识方法和知识系统。霍布斯既没有说明经验的归纳是如何得出普遍必然性的知识,也没有说明理性的演绎所依据的普遍原则是从哪里来的。他一方面坚持一切知识都必须以感觉为开端,另一方面又认为演绎(或证明)所依据的普遍原则是不证自明的和"凭本性认识到的"。当他站在感觉、观察的立场上来反驳笛卡尔的"天赋观念"说时,他是一个经验论者;当他把演绎由以展开的普遍原则看作是"不能证明"和"无需证明"的时,他似乎又转向了笛

---

① 霍布斯对笛卡尔"沉思"的反驳,参见笛卡尔著,庞景仁译:《第一哲学沉思集》,商务印书馆1986年版,第189页。

② 《十六—十八世纪西欧各国哲学》,商务印书馆1975年版,第61页。

卡尔的唯理论立场。

利维坦　霍布斯认为,哲学不仅要研究自然的物体,而且也要研究人造的物体,即国家,他把关于国家的哲学称为公民哲学。在《利维坦》这部招致了时人颇多非议的巨著中,霍布斯论述了国家是如何形成的。"利维坦"(Leviathan)是《圣经·以赛亚书》中所描写的一种象征着邪恶的巨大海兽,霍布斯借用这个词来隐喻国家是一个起源于人的自私本性、具有邪恶本质的庞然大物。霍布斯认为,他在《利维坦》中所开创的关于国家和法律的学说完全可以与哥白尼开创的天文学、哈维开创的人体科学、伽利略开创的物理学等相媲美,具有科学史上的里程碑意义。霍布斯的自诩并不过分,他在《利维坦》中系统论述的社会契约论思想、君权民授理论和天赋权利学说奠定了西方近代政治学的基础。

作为自然法学派的主要奠基人之一,霍布斯的国家理论是从一种假想的"自然状态"入手的,在国家产生之前的这种自然状态中,人们都依据自然法而享有各种天赋的自然权利,如生命权、对物品的所有权等。在自然状态下,每个人都只受自己的自然法则或"利己心"的支配,为了保存自身而不惜采取任何手段来排斥和消灭敌人。霍布斯认为,自然法的第一条原则就是:用一切手段(包含战争)来寻求和平与自卫;由此推出的第二条原则就是:为了和平与自卫,人们宁愿主动放弃对一切事物的权利。前者造成了一种"一切人对一切人的战争"状态,使得"人对人就像狼一样";后者则达成了一种社会契约("权利的相互转让就是人们所谓'契约'"),最终导致了国家和法律的产生。霍布斯强调,社会契约的订立是为了使人们免于相互残杀,人们通过订立契约而把自己的全部权利转让给一个"第三者"的个人或议会,这个"第三者"体现着全体订约者的人格,并对他们进行治理,这样就产生了国家。由于这个"第三者"并没有参与契约的订立,因此他不受契约的约束,他做任何事情都不存在违法的问题。另一方面,"第三者"的权力是订约者自愿地赋予他的,服从他就是服从订约者自己,人们也不能违背诺言而从他那里收回权力,所以他的权力是不受任何限制的,或绝对的。

霍布斯的上述观点表达了一种"绝对君权"理论,但这种理论是为正在向封建诸侯和罗马教会争夺权力的欧洲世俗君权服务的,是针对"教权至上"的传统观点,而不是针对刚刚萌芽的民主思想的。更为重要的是,在霍布斯的"绝对君权"理论中包含着一种"君权民授"的思想,它与中世纪以来一直被奉为权威的"君权神授"思想是针锋相对的。虽然霍布斯用以说明国家权力的社会契约学说带有一种假想的色彩,但是它毕竟第一次用世俗的观点而非宗教的观点来说明了国家的起源。就此而言,霍布斯确实在国家理论方面进行了一次重大的革命。

三、洛克

约翰·洛克(John Locke,1632—1704 年)出身于一个商人家庭,其父是一名清教徒。洛克 1646 年到威斯敏斯特学校读书,1652 年进入牛津大学学习,毕业后在牛津大学教授希腊文、修辞学和道德哲学。1665 年洛克离开牛津大学,作为驻外使馆的秘书到德、法等国工作了两年。回国后结识了英国辉格党创始人之一沙夫茨伯利伯爵,在其后的十多年里一直担任沙氏的医生、家庭教师和秘书,并且由于后者的举荐而出任过政府的商业和宗教管理等部门的秘书。1682年沙夫茨伯利由于秘密策划反对约克公爵(即后来的詹姆士二世)继承王位的阴谋活动败露,不得不逃亡荷兰,洛克也为了躲避迫害而逃到荷兰。1687 年洛克积极参与了推翻詹姆士二世、拥立在荷兰执政的奥伦治亲王威廉入主英国的活动,于 1688 年"光荣革命"成功之后回到英国,并在新政府中任职。后来因身体原因辞去职务,潜心于学术和著述,1704 年 10 月 28 日因病逝世。洛克的主要著作有《人类理解论》(1690)、《政府论》(1689)、《论宗教宽容》(1689)和《基督教的合理性》(1695)等。

洛克在培根和霍布斯的经验论学说的基础上,对"人类知识的起源、可靠性和范围"进行了深入细致的研究。虽然他的经验论思想仍然具有某些不彻底之处,但是他却全面而系统地论证了经验论的基本原则。洛克关于认识论的观点,集中地表现在他的《人类理解论》一书中。

天赋观念批判　在《人类理解论》的第一卷中,洛克对笛卡尔等人的"天赋观念"原则进行了深入而详尽的批判。天赋观念论者有一个重要论据就是所谓"普遍同意",即认为诸如上帝的观念、几何学的公理和逻辑学的基本规律等都是人们普遍同意的,因此是天赋的。洛克针锋相对地指出,"普遍同意"这个论据并不足以证明任何东西是天赋的,因为即使有全人类所公认的真理,它也完全可以由其他途径来达到的,并非一定是天赋的。更何况事实上根本就不存在什么"普遍同意"的东西。例如对于两条被人们确认是"普遍同意"的天赋思辨原则:"凡存在者存在"和"一种东西不能同时存在而又不存在",儿童就不知道。如果说这些原则是天赋的,它们就应该像霍布斯所说的那样时时刻刻都清晰地呈现在心灵之中。针对天赋观念论者所说的天赋原则是潜在于心中的,人们"一运用理性就知道这些原则"的观点,洛克反驳道,如果需要运用理性才能发现这些原则,恰恰说明它们不是天赋的,而是通过推理得出的。洛克认为,那些一般公理等被误认为是天赋原则的东西,其实和那些并没有被人们当作天赋原则的东西一样,是通过一些同样的方式和步骤从后天的经验中获得的。

在批判了天赋的思辨原则之后,洛克又对天赋的实践原则进行了反驳。洛克考察了公道、信义、遵守契约等道德原则,他的结论是,这些道德原则并非普遍的,例如以欺骗和抢劫为生的人就不会同意这些原则。即便是那些遵守这些原则的人，也并非因为它们是天赋的，而是由于它们对人们是"有利的"。至于人们津津乐道的"良心"，同样不足以证明任何天赋的道德原则，因为"良心"不过是人"对于自己行为的德性或堕落所抱的一种意见或判断"而已，这种意见或判断往往由于历史和习俗的原因而彼此相异。洛克列举了大量的例子来说明，根本就不存在所谓人皆有之的"恻隐之心"，甚至连"父母之爱"也不是天赋的，在文明世界中就有着大量的弃婴现象，在野蛮民族中更是存在着杀婴乃至食用子女的习俗。那些被人们奉为天赋的道德原则，都是在长期耳濡目染的教化过程中逐渐形成的。

洛克还对上帝的观念进行了考察。作为一个基督徒，洛克虽然没有像 18 世纪法国无神论者那样彻底否认上帝的观念，但是他却否认了上帝观念的先验性。上帝的观念不是天赋的，而是在经验中形成的。洛克指出，且不论在许多原始民族中没有上帝的观念，即使是在开化的中国等文明国度里，人们同样缺乏上帝的观念。甚至在基督教世界里，基督徒们千百年来对于上帝观念的理解也是彼此不同的，因此导致了难以计数的教义之争。人们心中的"上帝"观念实际上不过是人们对于自然事物运动的第一原因的一种推测，它是推理的结论，而不是天赋的前提。这样就从根本上否定了一切天赋观念。

观念的两个来源   在批判天赋观念的基础上，洛克在《人类理解论》第二卷中正面地阐述自己的认识论观点。他说："在理性和知识方面所有的一切材料，都是从哪里来的呢？我可以一句话答复说，它们都是从'经验'来的，我们底一切知识都是建立在经验上的，而且最后是导源于经验的。"[①]洛克明确地表述了经验论的基本原则："凡在理智之中的，无不先在感觉之中。"人心就如同一块没有写字的白板（tabula rasa），上面的一切观念都来自于经验。这就是洛克的"白板说"。

洛克把经验分为两种，即感觉与反省，它们构成了我们观念的两个来源。感觉是我们的感官对外界物象刺激的感受，我们关于颜色、冷热、软硬、苦甜之类的观念都是来自于感觉，它构成了我们大部分观念的来源。反省则是对各种心理活动的注意，我们由此而获得了知觉、思维、怀疑、信仰、推理、认识、意愿等观念。感觉是一种外在经验，它以外物为对象；反省是一种内在经验，它以心灵为对象。感觉得到的观念在先，反省得到的观念在后，因为心灵必须在对外物进行感知的基础上才能反观自身。洛克认为，感觉和反省构成了我们一切观念的来源。

两种观念   通过感觉和反省得到的只是一些"简单观念"，这些观念是心灵

---

① 洛克著，关文运译：《人类理解论》，商务印书馆 1959 年版，第 68 页。

既不能制造,也不能毁灭的,心灵在接受它们时是被动的。例如,当一个物体在光明中向我们呈现时,我们就不能不看见它并在心中产生出该物体的形状、颜色等观念。然而,除了通过感觉和反省而形成的简单观念之外,心灵还可以通过对简单观念的组合、比较和抽象而得出一些"复杂观念"。这些"复杂观念"可以分为三类,即"样式""实体"和"关系"的观念。洛克强调,与被动地接受的简单观念不同,复杂观念"是由人心随意做成的"。

"样式"(modes,或译"情状")是指实体的一些状态,"样式"观念或者由同一种简单观念集合而成,如"一打""二十"等表示数量的观念;或者由不同的简单观念混合而成,如"美"是由引起观看者快感的形相和颜色组合而成,"偷盗"则是由"物主""所有权""变换"等观念组合而成。"实体"(substances)观念也是简单观念的组合体,但是与"样式"观念不同,它构成了各种性质赖以依附的基质,具有独立存在性。洛克把实体观念分为两种:一种是简单的实体观念,如单独存在的人或羊;另一种是集合的实体观念,如军队和羊群等。"关系"(relations)观念是对简单观念加以比较而得到的,如"父与子""夫与妻""大与小""因与果"等等。关系的本质在于两个事物的相互参照和比较,因此,关系观念是相对而言的。当关系中的一方不复存在时,另一方也就失去了意义,尽管它作为一个实体依然存在着。

两种性质　洛克在对简单观念进行考察时,把人心通过感觉和反省而直接获得的东西称为"观念",而把物体中能够产生观念的能力称为"性质"(qualities)。在他看来,物体所具有的性质可以分为两种:"第一性质"是指那些在任何情况下都不能与物体相分离的性质,如体积、广袤、形相、运动或静止、数目等。我们关于这些性质的观念,是物体的真正肖像,反映了物体的客观状态。"第二性质"(secondary qualities)虽然也与物体有关,但却不是物体本身所具有的东西,而是物体借其体积、形相和运动等第一性质在我们心中产生诸如颜色、声音、滋味等观念的能力。色、声、香、味这些第二性质虽然也源于物体的刺激,但是它们却具有因人而异的相对性。关于第二性质的观念并非物体的肖像,但是却通常被人们误认为是物体的肖像。除了这两种性质之外,洛克认为还有第三种性质,如太阳使蜡变色的能力、草药能够治病的能力等,这些能力与第二性质相似,只不过是间接作用于人的感官而已。关于这种性质的观念不仅不是事物本身的肖像,而且人们也不认为它们是肖像。

然而,在洛克区分两种性质的理论中也包含着一种内在矛盾,他把第一性质归于客观实在,而把第二性质归于主观感觉,这样就导致了两种性质的分裂,从而使他在唯物主义立场(朴素地设定物体及其第一性质的客观存在)和经验论基本原则(一切观念都应该像第二性质那样源于感觉经验)之间陷入了一种二难境地。这种理论困境更由于他关于实体的学说而进一步加深了。

两种实体　　洛克关于简单观念的考察产生了两种性质的理论,而他关于复杂观念的研究则提出了两种实体的学说。复杂观念包括样式、实体和关系,其中实体观念是最重要的,因为它构成了样式和关系赖以存在的基质和前提。洛克认为我们关于实体的观念并非来自对某个客观对象的反映,而是一种思维习惯或假设的结果。他指出,当我们通过感觉和反省获得了大量的简单观念之后,"我们由于不能想象这些简单观念如何能够独立存在,因而惯于假定一个基质,作为它们的寄托,作为它们产生的原因,我们也就因此称这个基质为实体。"①人们通常把来自感觉的简单观念所寄托的基质称为"物质实体",把来自反省的简单观念所寄托的基质称为"精神实体"。一方面,洛克承认这两种实体都是主观心灵任意构造出来的复杂观念,它们的实际作用就在于使心灵在组合简单观念时能够有所依托,"我们在此只是含糊地假定一个自己所不知的东西"②;另一方面,洛克又表示,我们对于实体的无知并不足以使我们否定这两种实体的存在,"我们不能因为自己没有任何精神实体底观念,就断言精神不存在,亦正如我们不能因为自己没有物质实体底观念,就断言物质不存在一样。"③

承认体积、广袤、形相等第一性质(以及以第一性质为前提的第二性质)赖以寄托的"物质实体"的客观存在,使洛克的认识论奠立在唯物主义的基础之上;但是承认思想、怀疑、恐惧等心理现象所赖以寄托的"精神实体"的独立存在,又使洛克保留了唯心主义的因素。在这里可以看到笛卡尔关于两种实体的思想对于洛克的潜在影响。然而,更为尖锐的矛盾在于,这种观点断言感觉经验所无法验证的"物质实体"和"精神实体"存在着,这就从根本上违背了经验论的认识论原则。从彻底的经验论立场来看,这种本体论的预设只能是一种形而上学的独断。因此,洛克关于两种实体的学说不仅使他陷入了唯物主义与唯心主义的矛盾之中,而且更使他陷入了独断的形而上学与实证的经验论的冲突之中。

两种本质　　洛克在对各种复杂观念进行了讨论之后,提出了观念的相称性问题。所谓"相称的观念"就是指完全表象了其原型的观念。洛克认为一切简单观念都是相称的,即使是关于第二性质的观念,也在对象中有着与之相应的某种能力。样式观念和关系观念也是相称的,因为它们本身就是心灵对简单观念任意集合的产物,并不存在着任何实在的原型,因此不能不是相称的。但是实体观念则不同,无论我们是用它来指称每种事物中假设的实在本质,还是用它来表象那些被集合起来的事物特性,它都是不相称的。实体观念所参照的原型或实在本质,是我们一无所知的。虽然我们往往给一些简单观念的集合体以一个通

---

①　《十六—十八世纪西欧各国哲学》,商务印书馆 1975 年版,第 384 页。
②　洛克著,关文运译:《人类理解论》,商务印书馆 1959 年版,第 58 页。
③　洛克著,关文运译:《人类理解论》,商务印书馆 1959 年版,第 268 页。

用的名称,如"黄金",但是使用这个名称的人们并不认识它所指称的实在本质,而只能认识它的名义上的本质。洛克所说的"实在本质",是指潜藏在物体的各种可感属性背后、并且支撑着这些属性的实在构造,这种构造是我们无法认识的。洛克所说的"名义本质",则是指我们通常所使用的"种名""属名",如"人""马""黄金"等,这些抽象的名称只是人们为了传达知识而制造出来的复杂观念,它们并不能使我们真正认识物体的实在构造。洛克对"实在本质"的解释表现了一种关于实体的不可知论思想,而他的"名义本质"则明显地受到了中世纪唯名论的影响。

知识的等级、可靠性与真理　在《人类理解论》的最后一卷(第四卷)中,洛克首先对知识下了一个定义:"所谓知识,就是人心对两个观念底契合或矛盾所生的一种知觉。"[1]洛克把知识理解为观念与观念的符合,而不是观念与客观对象的符合,在这一点上,他偏离了唯物主义的立场。以此为标准,他把知识划分为三个等级:(1)直觉的知识——它是指心灵直接在两个观念之间,无须插入任何其他观念,就能觉察到它们是否相契合,如红的是红的,而不是白的。这一类的知识被洛克看作是最清楚、最可靠的知识,它构成了全部知识的可靠性的根本保证和证明的知识的基础。(2)证明的知识——这是次一等级的知识,是心灵通过其他观念的媒介而推出两个观念之间是否相契合,这种证明的知识就是所谓的"推理",那些被插入的中间观念则被称为"论证"。如数学定理就是这样。证明的知识也是确实可靠的,但是却不如直觉的知识那样一目了然。(3)感性的知识——这是一种"关于特殊外物存在的知识",它不同于直觉的知识和证明的知识那样是关于一般观念的知识,它所处理的也不是观念之间的契合与否,而是观念与外物之间的契合与否。由于感性的知识是关于特殊存在物的,因此它在可靠性方面要低于直觉的知识和证明的知识。

洛克关于知识的三个等级和可靠性的观点似乎是与他的经验论立场相矛盾的,但是在洛克那里,知识与观念是有着明确区别的。观念构成了知识的基础,它来自于感觉与反省这两种经验;知识则来自于观念——知识是关于观念之间是否契合的知觉——因此,"我们的知识范围比我们的观念范围更加狭窄"。洛克强调说:"第一,我们具有知识不能越出我们具有观念的范围……第二,只有当我们能知觉到观念符合或不符合的时候,我们才能有知识。"[2]洛克认为,观念通常是清楚的,但是知识却并非总是清楚的,因为知识既然是关于两个观念是否契合的知觉,那么它的清楚性或可靠性就不在于观念本身的清楚与否,而在于这种知觉的清楚与否。洛克并不否认来自于感觉与反省的观念本身是清楚的,但

---

① 洛克著,关文运译:《人类理解论》,商务印书馆1959年版,第515页。
② 《十六—十八世纪西欧各国哲学》,商务印书馆1975年版,第428页。

是他却认为,关于观念与特殊外物之间是否契合的知觉(感性的知识)不如关于两个观念之间是否契合的知觉(证明的知识和直觉的知识)那样清楚。可见,这一观点与他的经验论立场并不矛盾——洛克在知识可靠性问题上注重直觉和推理的作用,并不影响他在观念来源问题上坚持感觉经验的重要性。况且这种注重恰恰表明,作为经验论者的洛克已经从唯理论方面接受了某些观点(如强调逻辑推理在认识过程中的重要作用)。

洛克进一步认为,当我们有了关于观念之间契合与否的知觉时,我们就有了"确定的知识";而当我们有了观念与事物真相之间契合与否的知觉时,我们就有了"确定的、实在的知识"。与知识相应,真理也有两种,即"口头的真理"和"实在的真理"。洛克说道:"真理和知识一样,亦可以有口头的和实在的区分。我们如果只知道各种名词所表示的观念是契合的或相违的,而却不管那些观念在自然中是否有实在的存在,则由这些名词所组成的真理,只是口头的真理。如果我们底观念是相契合的,而且它们在自然中又有实在的存在,则由这些标记所组成的真理是实在的真理。"①当洛克把"实在的真理"说成是主观观念与实在事物相符合时,他明确地表述了唯物主义的符合论真理观;但是,由于洛克否认了实在本质的可知性,因此"实在的真理"实际上是永远无法达到的,我们通常只能停留于"口头的真理"之上。由此可见,在洛克的这种矛盾中已经包含着经验论抛弃"实在真理"而走向主观唯心主义的内在趋势了。

社会政治思想 洛克在政治学说方面也有非常重要的建树,他在《政府论》一书中不仅对保皇党人斐尔麦的"君权神授"论进行了猛烈的批判,而且也提出了一种与霍布斯不同甚至对立的社会契约论观点。他认为,人们在组成国家之前生活在一种"自然状态"中,这种状态并非如霍布斯所说的"一切人对一切人的战争"状态,而是一种"完备无缺"的自由和平等状态,人与人之间充满了善意和友爱。"自然状态"中的每个人都天然享有各种"自然权利",其中最重要的就是人身安全和私有财产权。尽管如此,这种"自然状态"本身却还不能为人的自然权利提供可靠保障,自然权利如果没有一定的法规,它是可能遭到侵害的。为了进一步保证"舒适、安全和和平的生活",人们出于理性的考虑而放弃了在自然状态下由自己执行裁决的权利,通过契约的方式共同将裁决权交给一个委托人,以此结成政治社会,组成了国家和政府。洛克强调:"人们联合成为国家和置身于政府之下的重大的和主要的目的,是保护他们的财产。"②因此,当政府违背了人们订立契约的目的,对人民的人身和财产形成威胁时,人民就不应该像霍布斯所说的那样只能逆来顺受,而是有权利起来推翻政府,重建能够保障人民基

---

① 洛克著,关文运译:《人类理解论》,商务印书馆 1959 年版,第 570 页。
② 洛克著,叶启芳、瞿菊农译:《政府论》下篇,商务印书馆 1964 年版,第 77 页。

本权利的新政府。洛克强调,政府首脑只不过是人民的自然权利的托管人,人们在订立契约时并没有放弃自己的自然权利,这些权利、特别是私有财产权是不可剥夺和不可侵犯的。如果说霍布斯从社会契约论中引出了君主专制的结论,那么洛克则从社会契约论中引出了社会革命和君主立宪的政治主张。

洛克在《政府论》中还提出了"三权分立"的思想,他把国家权力分为三种,即立法权、行政权和外交权,主张不同的权力应该由不同的机构来掌管。洛克的"三权分立"思想后来经过 18 世纪法国思想家孟德斯鸠的进一步修改,最终发展成为立法、行政、司法三种权力彼此分立、相互制衡的政治学说,成为西方资本主义国家普遍奉行的政权组织形式,它对于防止权力滥用和政治腐败发挥了重要的作用。

与哲学上和政治上的妥协倾向相适应,洛克在宗教信仰上倡导一种宽容精神。他认为基督教世界中一切纷乱和战争都是由于不宽容所致,那些煽动起宗教仇恨和宗教迫害的教会首领们是"违反福音书的原理和仁爱的训示"的。他主张把理性奠立为宗教信仰的基础,要求驱除宗教生活中一切反理性的狂热和迷信。这种主张使他成为 17—18 世纪风靡英国的自然神论的重要代表。

四、英国自然神论

自然神论(Deism)是 17—18 世纪英国哲学家和科学家们普遍信仰的一种宗教形式,它把理性确立为上帝的本质,认为上帝按照理性法则创造了自然界之后就任其按照这些法则运行,不再干预。自然神论不仅与英国经验论哲学和实验科学有着密切的思想联系,而且也是 17 世纪英国宪政体制和政治妥协在神学上的一种反映形式。它构成了从宗教专制向科学理性过渡的重要中介,在大陆哲学中被德国的莱布尼茨等人和众多的法国启蒙思想家所接受,并成为斯宾诺莎泛神论和 18 世纪法国无神论的思想前提。

被后人称为"自然神论之父"的是与培根同时代的**雪堡的爱德华·赫伯特勋爵**(Herbert,Lord Edward of Cherbury,1583—1648 年)。此外,霍布斯也是自然神论的重要奠基人,他甚至被称为"第二位自然神论之父"。英国自然神论的重要代表人物还有**提罗特森**(John Tillotson,1630—1694 年)、**沙夫茨伯利**(Shaftesbury,1671—1713 年)和洛克等。而当休谟对经验证据与归纳、类比推理的结论之间的必然性联系提出质疑,从而将经验论哲学推向不可知论的死胡同时,自然神论在理论上也就面临着灭顶之灾了。

自然神论的基本思想可以概括为两点:第一,上帝的本质就是理性,这理性就体现在上帝所创造的自然界中,因此无须借助于神秘的启示,只要通过对自然规律的认识就可以认识上帝;第二,道德是宗教的首要之义,在每个人的心中,都有一些扬善弃恶的基本原则。赫伯特勋爵在 1624 年发表的《论真理》一书中,提出了上帝印在人心中的五条基本原则:(1)上帝存在;(2)上帝应受崇拜;(3)德行是崇拜上帝的主要方面;(4)人总是憎恶罪恶,并且应该为自己的罪过忏悔;(5)将会有报偿和惩罚。这五条原则被称为自然神论的"五大信条"(Five Articles),这些单纯而简洁的信条取代了基督教的繁琐教义,成为一个真正的基督徒的最基本信仰。至于基督教的三位一体等传统教义,由于既缺乏经验证据、又无助于人们的道德生活,因此被自然神论者们或束之高阁,或彻底唾弃。

最具有影响力的自然神论者还有约翰·托兰德(John Toland,1670—1722年)和马修·廷德尔(Matthew Tindal,1655—1733年)。这些新一代自然神论者拒绝接受任何超自然的启示真理,他们确信凡在启示中的无不已在理性之中。以洛克信徒自居的托兰德在 1696 年出版的《基督教并不神秘》一书中,直截了当地否定了启示的神秘性,强调启示和奇迹必须合乎理性,信仰同时就是认识[1]。通过对《福音书》的历史考证及其神秘化过程的辨析,托兰德断言:福音书的教义作为上帝的语言是不可能违背理性的,在基督教中"不存在任何神秘"。

1730 年,75 岁高龄的马修·廷德尔发表了被誉为"自然神论的圣经"的《基督教与创世同样古老》。在这本书中,廷德尔表达了两个基本观点:第一,宗教的基础就是理性,信仰的实质无非是对自然律的认识;第二,宗教的目的在于促进世俗的幸福和道德。这两个基本观点构成了自然神论的思想基础。廷德尔认为,早在基督教产生之前,人们就已经通过自然宗教认识到上帝的永恒不变的真理。福音书并没有颁布一种新奥秘,而只是重申了早在创世之初就已经被上帝赋予人的理性之中的真理,这真理就是普遍的自然规律和道德律。

自然神论可以看作是理性最初从信仰的控制之下要求独立权利的一种表现形式,其基本特点是试图把自然理性确立为宗教信仰的基础,把上帝变成一个合乎理性的上帝,将一切神学教义尽可能地纳入到合理性的范围内来加以解释,从而限制甚至根本取消启示的作用。自然神论承认,一位以理性为本质的上帝按照理性法则创造了自然世界,但是这位上帝在一次性地创造了世界之后就不再插手世界的事务。在他们看来,一个需要通过奇迹来对其创造的世界加以干预和随时修正的上帝是非常拙劣的,而一个遵循理性法则来创造和管理世界的上帝则要高明得多,正如一个根据法律来治理国家的立宪君主比一个任意胡为的专制君主要高明得多一样。神学观的变革与现实政治的变革具有一种对应关系。现在,宇宙中的自然规律和人类社会中的自然法(自然权利)高于一切,上帝则被空悬到现实世界之上,被剥夺了一切具体内容而成为一个抽象的符号。上帝的内容既然已经被自然所蚕食殆尽,他就不得不最终化解于自然之中。因此在稍

---

① 参见约翰·托兰德著,张继安译:《基督教并不神秘》,商务印书馆 1982 年版,第 80 页。

后的斯宾诺莎的泛神论中,上帝就被完全等同于自然本身了;而到了18世纪法国无神论者那里,这个无处栖身的上帝终于被羽毛丰满的理性送上了断头台。

第四节　唯理论哲学

与同时代的英国相比,17—18世纪欧洲大陆的文化状况总的来说显得较为保守。除了新兴的荷兰共和国在宗教宽容和思想自由方面较早开创了一种新局面之外,欧洲其他国家似乎仍然被包围在一股浓郁的旧时代氛围之中。1618—1648年以德意志为战场、以宗教冲突为契机、发生在欧洲大陆各主要国家之间的"三十年战争",严重破坏了这些地区的经济和社会关系,拖延了资本主义的发展,意识形态领域笼罩着不宽容、不开放的浓重阴影,整个社会精神生活和文化气氛颇为压抑。在这种情况下,欧洲大陆哲学虽然也像英国哲学一样用怀疑精神作为武器向中世纪经院哲学发起了攻击,但是它却比英国哲学更多地沾染上了经院哲学的气息,这一点尤其明显地表现在欧洲大陆哲学对抽象的思辨和形而上学体系的执着上。这种注重思辨和热衷于建构体系的习惯使得欧洲大陆哲学往往不是面对感性的现实生活,而是从不证自明的天赋观念或天赋原则出发,通过理性的演绎来建立形而上学的理论大厦。这样就导致了欧洲大陆唯理论哲学的产生与发展。由于欧洲大陆宗教氛围的险恶,在唯理论的三位重要思想家中,除了生活在荷兰的斯宾诺莎在哲学上公开地表现出一种特立独行的大无畏精神之外,其他两位哲学家笛卡尔和莱布尼茨都始终把自己富于创见的自由思想掩饰在虔诚的信仰面纱背后。与英国经验论相比,大陆唯理论哲学具有更加循规蹈矩的特点。

从方法论上来说,英国经验论哲学由于坚持一切观念和知识都来源于感觉经验这一基本原则,为了解决经验的归纳如何能够得到普遍必然性的知识这个关键问题,它或者向唯理论的"天赋观念"说妥协,或者把经验论推向不可知论,从根本上否认普遍必然性的知识。相反,大陆唯理论把自明的天赋观念或原则当作一切普遍必然性的知识的前提(这是唯理论的基本原则),为了解决天赋观念或原则的来源这个关键问题,它就不得不求助于上帝,以上帝作为整个知识系统和形而上学体系的最终保证。因此,如果说把经验论的基本原则推向极端必然会导致对上帝存在(以及精神实体和物质实体)的怀疑论,那么把唯理论的基本原则推向极端则必然会导致以上帝作为一切天赋的观念、原则和秩序的根本保证的形而上学独断论。

一、笛卡尔

勒奈·笛卡尔(René Descartes,1596—1650年)出身于法国都棱省拉爱伊镇的一个贵族家庭,早年在由亨利四世创立、由耶稣会神父经办的一所欧洲最著名的学校——拉夫赖公学里学习。但是当他修完了全部课程之后,却"发现自己陷于疑惑和谬误的重重包围,觉得努力求学并没有得到别的好处,只不过越来越发现自己无知"[①]。但是早年的教育却培养了他对数学的浓厚兴趣,这种兴趣伴随了他一生,并且使他在数学方面取得了伟大的成就。从学校毕业后,笛卡尔决心要在"世界这本大书"里去寻找学问。为此他游历了欧洲的一些国家和地区,对各地的风俗人情进行了广泛考察。1618年,笛卡尔在荷兰自费从军,参加了三十年战争。在1619—1620年那个寒冷而无战事的冬天,笛卡尔把自己关在巴伐利亚的旧式住宅里,天天偎在温暖的火炉边进行形而上学的沉思。据他自己说,当他度过了这个严寒的冬季从屋子里走出来时,他的哲学思想已经基本形成了。1629年,笛卡尔卖掉了自己的贵族世袭领地,来到当时具有自由宽松气氛的荷兰定居,在那里潜心从事哲学与科学研究。他的主要著作《谈谈方法》(1637)、《第一哲学沉思集》(即《形而上学的沉思》,1641)、《哲学原理》(1644)等都是在荷兰发表的,这些著作在当时都被罗马教廷列为禁书。笛卡尔在荷兰定居达21年之久,1649年应瑞典女王克丽斯蒂娜的盛情邀请前往斯德哥尔摩,由于不习惯当地寒冷的气候而染上肺炎,于次年辞世,年仅54岁。

普遍怀疑　怀疑主义是17世纪西欧思想界流行的一种普遍方法,与经验论创始人培根一样,笛卡尔哲学也是首先从对经院哲学以及现存的一切知识体系的批判开始的。在《谈谈方法》中,笛卡尔对自己早年所学的各种知识如神学、哲学、逻辑学等都表示了怀疑。神学断言天启真理是我们的智力所不能理解的,这些观点只能使人困惑;哲学千百年来始终处于永无休止的争论之中,这些彼此对立的哲学观点无一不是值得怀疑的;哲学既然如此,建基于哲学之上的其他学问就更是不足为信了;至于逻辑学(传统的形式逻辑三段式),充其量只能用来向人们说明已知的事物,而不能用来进行发明和求知。唯一具有牢固基础的学问是数学,然而令人遗憾的是,迄今人们仍然没有在其上建立起知识的大厦。面对着这些充满了谬误的陈旧知识,笛卡尔明确表示惟有将其从心中彻底清除,或者用理性来对其进行校正和重建。在《第一哲学沉思集》的开篇处他写道:"由于很久以来我就感觉到我自从幼年时期起就把一大堆错误的见解当做真实的接受了过来,而从那时以后我根据一些非常靠不住的原则建立起来的东西都不能不是十分可疑、十分不可靠的,因此我认为,如果我想要在科学上建立起某种坚定可靠、经久不变的东西的话,我就非在我有生之日认真地把我历来信以为真的一切见解统统清除出去,再从根本上重新开始不可。"[②]

---

①　笛卡尔著,王太庆译:《谈谈方法》,商务印书馆2000年版,第5页。

②　笛卡尔著,庞景仁译:《第一哲学沉思集》,商务印书馆1986年版,第14页。

笛卡尔的普遍怀疑不同于古代的怀疑主义，怀疑本身不是目的，而只是手段，笛卡尔正是要通过普遍怀疑去寻找那些不可怀疑的东西。用他自己的话说，怀疑是为了"把沙子和浮土挖掉"，从而"找出磐石和硬土"。但是，笛卡尔仅仅把怀疑限制在思想的范围内，在实践方面他却明确表示要"服从我国的法律和习俗，笃守我靠神保佑从小就领受的宗教"，并且"永远只求克服自己，不求克服命运，只求改变自己的愿望，不求改变世间的秩序"①。从这些表述中可以看出笛卡尔的谨小慎微，他在思想上敢于向包括经院哲学在内的一切传统权威挑战，在行动上却奉行明哲保身、与世无争的人生哲学。

"我思故我在"　　笛卡尔在进行普遍怀疑时，把"清楚分明"的理性确立为判定真理的唯一标准，认为任何东西，"只要我在那些东西里找到哪管是一点点可疑的东西就足以使我把它们全部都抛弃掉"②。据此，笛卡尔首先对感觉进行了怀疑。笛卡尔写道，感官本身是靠不住的，只要它骗过我们一次，我们就不应当再相信它。例如，也许我会认为我自己的身体和四肢，以及我在火炉边看书这件事是不可怀疑的，然而我却曾经多次梦见我在火炉边看书，醒来后发现自己是躺在被窝里，我怎么知道现在不是也在做梦呢？有人在战争中失去了一条腿，现在每到阴雨天就感到那条腿在疼，我怎么知道我的肢体是实在的呢？甚至连我们认为确定无疑的物理学、天文学，乃至于数学的那些知识，如二加二等于四，也都是可以怀疑的。因为不能排除，它们本来是错误的，只是上帝在创造我们时，有意把我们造得每次都犯同样的错误，觉得它们是对的；或者这些都不过是一个狡猾的妖怪精心设计的骗局。但是笛卡尔认为，虽然我们可以对一切存在物进行怀疑，有一样东西却是不可怀疑的，那就是"我在怀疑"这件事情本身。因为即使对"我在怀疑"进行怀疑，仍然证明了"我在怀疑"。怀疑就是思想，思想必然就会有一个思想者即"我"存在，这样笛卡尔就从他的普遍怀疑中引出了再也不可怀疑的第一原理，即"我思，故我在"（拉丁文为：cogito, ergo sum）。

笛卡尔在这里所说的"我"是指一个思想的主体。他解释道："严格地说，我只是一个在思想的东西，也就是说，我只是一个心灵、一个理智或一个理性。"③这个"我"是超越形体的，因为"我"完全可以想象自己没有形体、不能摄取营养和走路，但是却无论如何也不能想象"我"没有思想。思想是"我"的一种本质属性，"我"思想多久，就存在多久，"我"只要一停止思想，自身也就不复存在了。笛卡尔把思维的"我"确立为哲学的绝对起点，表现了近代哲学中自我意识的觉醒。

①　笛卡尔著，王太庆译：《谈谈方法》，商务印书馆 2000 年版，第 16 页。
②　笛卡尔著，庞景仁译：《第一哲学沉思集》，商务印书馆 1986 年版，第 15 页。
③　《十六—十八世纪西欧各国哲学》，商务印书馆 1975 年版，第 162 页。

"我思故我在"是笛卡尔哲学的第一原理,他正是以此作为根基而建构起整个形而上学体系的。但是"我思故我在"这条原理本身却不是逻辑推理的结论,而是建立在内在反省的自我经验之上的,它是一种直觉活动的结果。笛卡尔自己也承认:"我思故我在这个命题也是如此,存在也不是通过三段论法从思维中推出来的。这里只不过通过直觉的活动承认一个简单地给与的事实。"①由此可见,唯理论哲学在一开始就是建立在某种理智直观之上的,这种直观往往又被看作是一种内在的"经验",它与经验派注重的外在经验有一种异曲同工的关系。所以,笛卡尔有时又被看作经验论者。

上帝存在的证明　笛卡尔虽然在最初的出发点上诉之于内在经验,但是他很快就离开了这个起点而转向形而上学。在确立了哲学的第一原理之后,笛卡尔除了一个思维着的"我"之外,一无所有。笛卡尔的"我"只是一个思维的主体,它单凭自己是什么也干不了的。笛卡尔要想走出"我"的狭隘圈子建立某种形而上学,首先就必须超越自身。如何超越自身?笛卡尔借助了从"我思故我在"中所获得的一个原则:"凡是我们清楚明白地设想到的都是真实的。"②他论证道,当"我"对一切事物进行怀疑时,我可以立即感觉到自己是不完满的,因为怀疑本身就是由于认识上的不完满性。但在前面的论证中,我分明已经想到了一个最完满的上帝的观念。这个关于完满的东西的观念是从哪里来的呢?它显然不能是"我"自己产生出来的,"因为说比较完满的东西出于并且依赖于比较不完满的东西,其矛盾实不下于说有某种东西是从虚无中产生的……因此只能说,是由一个真正比我更完满的本性把这个观念放进我心里来的,而且这个本性具有我所能想到的一切完满性,就是说,简单一句话,它就是上帝。"③这里显然利用了"结果不能大于原因""不完满的东西不能产生完满的东西"这样的"清楚明白"的原则。接着,笛卡尔像安瑟尔谟一样认为,在这个完满的东西的观念中已经必然地包含着存在,正如在一个三角形的观念中已经包含了它的三只角等于两直角、在一个球形的观念中已经包含了球面任何一点都与球心距离相等一样。"领会一个上帝(也就是说,领会一个至上完满的存在体)而他竟缺少存在性(也就是说,他竟缺少某种完满性),这和领会一座山而没有谷是同样不妥当的。"④

笛卡尔关于上帝存在的证明与安瑟尔谟的本体论证明如出一辙。不同的

---

①　笛卡尔:《书信集》,转引自路德维希·费尔巴哈著,涂纪亮译:《费尔巴哈哲学史著作选》第一卷,商务印书馆 1978 年版,第 172 页。

②　《十六—十八世纪西欧各国哲学》,商务印书馆 1975 年版,第 151 页。

③　《十六—十八世纪西欧各国哲学》,商务印书馆 1975 年版,第 149 页。

④　笛卡尔著,庞景仁译:《第一哲学沉思集》,商务印书馆 1986 年版,第 69～70 页。

是,他是先从"我思故我在"这个最确定可靠的命题中提取出"清楚明白"这一标准,然后通过阐明不完满的"我"不可能产生完满的上帝观念这一清楚明白的关系,而从"我"所具有的上帝观念中推出上帝存在。一旦推出上帝的存在,他就反过来通过上帝说明了"清楚明白"的真理标准的可靠性之来源,由此建立起对来自上帝的各种"天赋观念"的确信,并进一步以"天赋观念"作为演绎的前提,创立了他的心物二元论的世界观和物理学体系。

不过,笛卡尔虽然论证了上帝,但是从方法论的角度来看,上帝毕竟是从自我中推论出来的(尽管在本体论上,上帝被说成是自我或精神实体的原因)。由于近代哲学的重心就是认识论,因此笛卡尔实际上是把自我意识置于上帝之上,只是在理论需要时才借用上帝的权威来确保从自我意识向二元论世界的过渡。在笛卡尔的哲学中,上帝在桀骜不驯的自我意识面前不过是一个理论跳板而已。

"天赋观念"与理性演绎法　　上帝的存在构成了"天赋观念"的合理性根据。笛卡尔认为,我们的所有观念无非具有三个来源:"在这些观念里边,有些我认为是与我俱生的,有些是外来的,来自外界的,有些是由我自己做成的和捏造的。"①第一类即所谓"天赋观念",它包括几何学的公理、逻辑学的基本规律,如"两点之间直线最短""事物不能既在此处又在彼处"之类的命题,此外,关于上帝的观念也是天赋的。第二类是指由感觉提供的观念,例如我们所听见的声音、看见的太阳、感受到的热等等,笛卡尔承认这类观念是"不以我的意志为转移的,因为它们经常不由我自主而呈现给我"。第三类是一些关于现实世界并不存在的东西的虚假观念,如美人鱼、飞马、妖怪等。在笛卡尔看来,由感觉得来的观念虽然不是完全虚假的,但却是相当不可靠的,因为感觉本身并不能为判断这些观念的真假提供证据。笛卡尔举例说,一座塔,远看是圆形的,近看却是方形;一根插在水中的木棒,眼看是弯的,手摸却是直的;黄疸病人看一切东西都是黄的,而水肿病人虽然体内水分过多却时常感觉口渴。这些现象都说明,我们无法用感官来断定真假,只有依靠理性才能使我们获得真理性的知识。因此,只有与生俱来的"天赋观念"才是真正的知识的来源和前提,所有真理性的知识都是以"天赋观念"为依据而清楚明白地演绎出来的。

与培根一样,笛卡尔也强调方法的重要性,但是与培根重视经验归纳法的做法相反,笛卡尔将理性演绎法当作获取真理性知识的唯一途径。理性演绎法是从一些"不证自明"的公理出发,遵循严格的推理规则,一步一步清楚明白地推演出各种命题或定理,形成完整的知识系统。在这种演绎的过程中,只要作为大前提的公理和推理规则是确实无误的,推出的结论一定具有普遍必然性。在笛

---

①　笛卡尔著,庞景仁译:《第一哲学沉思集》,商务印书馆1986年版,第37页。

卡尔那里,这些公理和推理规则本身就是建立在"天赋观念"的基础之上,而"天赋观念"则以上帝的权威来作为保证。

但是笛卡尔强调,他的演绎法不同于经院哲学所滥用的演绎三段式,而是综合了逻辑学、几何学和代数这三门科学的优点的新方法。他试图用精确的数学语言取代亚里士多德的日常语言来作为演绎法的基础,以数学方法为基本模式来重建逻辑学的大厦。笛卡尔创立的解析几何把自从毕达哥拉斯学派以来彼此分离的代数与几何统一起来,这使他更加有信心在数学的牢固基础上"建造起更高大的建筑物来"。笛卡尔开创的这种以天赋观念或天赋原则作为公理和前提,循序渐进地推出具有普遍必然性的知识系统的理性演绎法,被 17—18 世纪西欧大陆的许多哲学家所推崇和沿袭,他因此而成为近代唯理论哲学的开山鼻祖。

心物二元论　　对于笛卡尔来说,上帝的存在不仅在**认识论**上保证了我们观念和知识的真实可靠性,而且也在**本体论**上成为整个世界(包括物质世界与精神世界)由以确立的逻辑基点。笛卡尔认为,在一切真实可靠的天赋观念中,上帝是第一个主要的观念,"一切知识的可靠性和真实性都取决于对于真实的上帝这个唯一的认识,因而在我认识上帝以前,我是不能完满知道其他任何事物的。而现在我既然认识了上帝,我就有办法取得关于无穷无尽的事物的完满知识,不仅取得上帝之内的那些东西的知识,同时也取得属于物体性质的那些东西的知识。"①于是,笛卡尔就运用演绎法从上帝这个"十分伟大能力的观念"中推出了心物两个世界的存在。

笛卡尔认为,我们关于自我的观念是上帝放入心灵的,同样我们关于物质世界的观念也是上帝放入心灵的,正因此这两个观念才是清楚明白的。正是上帝保证了精神世界与物质世界的存在与并行。笛卡尔按照几何学的演绎方法论证道:上帝是一个具有"十分伟大能力"的东西,一个具有"十分伟大能力"的东西可以创造出天、地以及宇宙万物,因此我们只要证明了上帝的存在,也就证明了上帝所创造的一切事物的存在。其次,上帝是一个全能(即无所不能)的存在者,因此他完全可以使没有肉体的精神和没有精神的肉体存在,可以创造出一个独立的精神实体和一个独立的物质实体。

笛卡尔对实体作了如下定义:"凡是被别的东西作为其主体而直接寓于其中东西,或者我们所领会的……某种东西由之而存在的东西,就叫做实体(Substance)。"②笛卡尔把实体分为绝对实体与相对实体,前者是"自因"的存在,即自己是自己存在的原因,这种绝对实体就是上帝;后者是只依靠上帝而不依靠

---

①　笛卡尔著,庞景仁译:《第一哲学沉思集》,商务印书馆 1986 年版,第 74~75 页。

②　笛卡尔著,庞景仁译:《第一哲学沉思集》,商务印书馆 1986 年版,第 161 页。

其他事物就能存在的东西,这种相对实体有两个,即物质实体和精神实体。物质实体的唯一本质属性是广延,即占有空间,它遵循自然规律而运动;精神实体的唯一本质属性是思维,它根据自由意志而行动。物质无思维,精神无广延,这两个实体是彼此独立、互不干涉的,它们构成了两个相互平行的世界本原。一切物质性的现象都依附于物质实体,一切精神性的活动都依附于精神实体,它们分别按照唯物主义和唯心主义的法则而运行。这就形成了一种古典的二元论体系。

身心交感说　笛卡尔的心物二元论把物质实体和精神实体看作是相互独立的,但是这种观点在理论上面临着一个巨大的困难,这就是人的身心关系问题。笛卡尔生前所写的最后一部著作《论灵魂的感情》就试图通过对人的生理和心理的研究,以说明身心之间的交感。在笛卡尔看来,人不同于动物,他有理性或灵魂,因此人是物质实体与精神实体的联合体。为了说明这两种实体在人身上的结合,笛卡尔借鉴了亚里士多德的一个比喻:一艘船的舵手根据舵轮而知道了水流的情况;当舵手决定调整航向时,他扳动舵轮,舵轮通过一系列机械装置,最后带动船舵,于是船就沿着舵手所意图的方向前进。笛卡尔相信,在人身上的某个部位,也会有一个类似于舵台的交换站,它负责把身体的信息传递给心灵,再把心灵的信息传递给身体。他顺着血液一直寻找到大脑,最终在大脑中找到了一个叫做松果腺的小腺体,笛卡尔相信这个小腺体就是他要找的身心交感点。他解释道,当感官受到外物的刺激时,一种叫做"生精"(Les esprits animaux,一个旧医学概念)的血液精华就会沿着神经和血管把这种刺激信号输送到松果腺,作用于栖居在松果腺中的心灵,使之产生关于外物的观念;反过来,当心灵产生了某种活动的观念时,它就在松果腺中把这种观念传达给"生精",再由后者通过神经和血管传递到肌肉,使肌肉发生收缩和舒张,从而引起身体的运动。

笛卡尔关于身心交感的这种解释并没有使问题真正得到解决,因为心灵既然是一个没有广延的、无形的精神实体,它又如何能够通过一个占有空间的有形器官——松果腺——与身体发生相互作用呢?除非笛卡尔承认心灵也是物质性的,这样才能使身心交感成为可能,但是这样一来,笛卡尔就将背离二元论而走向唯物主义;反之,如果坚持心灵是与物质实体完全不同的精神实体,笛卡尔又无法真正解决身心之间的相互作用问题。事实上,身心交感说与心物二元论在理论上是直接相矛盾的。这种矛盾不仅折磨着晚年的笛卡尔,而且也成为笛卡尔之后的唯理论者共同面对的一个难解之结。

物理学上的机械唯物主义　笛卡尔不仅是唯理论哲学的创始人,而且在自然科学方面也卓有建树。笛卡尔把他的全部学问比作一棵树,形而上学是树根,广义的物理学是树干,其他各部门科学是树枝。他对力学、光学、天文学、医学、解剖学、生理学、心理学等都进行过深入的研究,尤其是创立了解析几何,把变数引进了数学。他还撰写过解释各种自然现象的《论世界》一书,只是鉴于伽利略遭受教会迫害的先例而未敢在生前发表。

笛卡尔在形而上学领域是一个二元论者,在广义的物理学中则是一个机械唯物主义者。物理学以物质实体作为研究对象,物质实体的唯一的本质属性就是广延,即占有空间。笛卡尔强调物体与空间在范围上是同一的,他反对古代原子论者对"虚空"的理解,认为"虚空"并非是空无一物的,任何空间中都有物质存在。他把空间比作鱼池,鱼池中即使没有鱼,仍然是充满水的;而物体在空间中运动,就如同鱼在水里游动一样。笛卡尔的这种"充实空间"的思想比后来牛顿提出的"绝对空间"观点要更加高明一些。

与霍布斯一样,笛卡尔不仅把广延说成物体的唯一本质属性,而且也把机械运动当作运动的唯一形式。他对运动的定义是:"所谓运动,据其通常意义而言,乃是指一个**物体由此地到彼地的动作而已**。"[①]从这种机械论的观点出发,笛卡尔把动物比作机器,把人体中的血液循环理解为一种机械运动,认为人的五脏六腑就如同钟表的齿轮和发条一样,而血液循环则是使各个器官发生运动的动力。只是由于人有灵魂,他才没有把人等同于机器。可以说,笛卡尔与牛顿一样成为近代机械论的主要代表,这种机械论不仅对 18 世纪法国唯物主义者产生了重要的影响,而且也支配着 19 世纪以前几乎所有的自然科学家,成为他们心中根深蒂固的一种世界观和方法论。但笛卡尔关于宇宙起源于原始星云的漩涡运动的思想,却预示了后来康德星云说的诞生。

二、伽桑狄与马勒伯朗士

1. 伽桑狄

伽桑狄(Pierre Gazzendi,1592—1655 年)出身于法国普罗旺斯省的一个农民家庭,早年曾在神学院学习,当过神甫,并在艾克斯大学教过哲学,后因批判亚里士多德哲学而引起耶稣会教士的不满,被迫辞职。他在巴黎结识了笛卡尔,在游历荷兰和英国时也与霍布斯等著名学者有过交往。伽桑狄在天文学、数学等方面也颇有研究,曾被任命为法兰西学院的教授。1641—1644 年间,他与笛卡尔进行了论战,写了《对笛卡尔〈沉思〉的诘难》等论著。伽桑狄在哲学上推崇伊壁鸠鲁的原子论,先后发表过《关于伊壁鸠鲁的生、死和快乐学说》《伊壁鸠鲁哲学体系》等著作,把在中世纪遭到禁绝的伊壁鸠鲁学说在近代复活了。

伽桑狄在哲学上以对笛卡尔的批判而著称,在笛卡尔《第一哲学沉思集》所收集的六组反驳中,伽桑狄的反驳不仅篇幅最大,而且也是最系统、最生动和最富于论证性的,他逐一对笛卡尔的六个沉思进行了详尽的反驳。虽然笛卡尔本

---

① 笛卡尔著,关文运译:《哲学原理》,商务印书馆 1959 年版,第 4～5 页。

人认为伽桑狄的反驳对于他来说并不是最重要的,并且认为这些反驳只是出于作者对他的一些基本概念的误解,但是这些反驳从唯物主义立场和经验论角度来看,确实切中了笛卡尔形而上学的要害。

伽桑狄首先对笛卡尔的"怀疑一切"的方法进行了反驳,他直言不讳地指出:"没有一个人会相信你会完全相信你所知道的一切没有一点是真的,都是感官,或是睡梦,或是上帝,或是一个恶魔继续不断地捉弄你。"[①]一个真诚的哲学家应该直截了当,老老实实,实事求是,而不应装腔作势,拐弯抹角。伽桑狄接着对笛卡尔的"我思故我在"的第一原理进行了批判,他指出笛卡尔的"我"作为一个脱离肉体的"心灵"或精神实体本身就是荒谬的,笛卡尔始终未能说明这个"我"到底是什么,他充其量只是说了"我"不是形体,不是具有广延的东西。伽桑狄以讥讽的口吻诘难道,这个被笛卡尔当作整个哲学奠基石的"我"本身就不是一个清楚明白的观念:"你说你不是一个有广延的东西;当然我由此就知道了你不是什么,但并不知道你是什么……光知道它不是什么就够了吗? 谁要是仅仅知道布塞法勒不是一个苍蝇,他对于布塞法勒就算有一个清楚、明白的观念吗?"[②]

伽桑狄坚决反对笛卡尔的天赋观念学说。他针对笛卡尔关于观念的三种来源的观点,坚持认为:"全部观念都是外来的,它们是由存在于理智以外的事物落于我们的某一个感官之上而生起的。"[③]所以在天生的瞎子的心里就没有任何颜色的观念,在天生的聋子的心里就没有任何声音的观念;而理性的作用仅仅只在于对这些由感觉获得的观念进行集合、分割、放大、缩小、对比、组合。伽桑狄还对笛卡尔的"清楚明白"的真理标准进行了置疑,在他看来,这条标准具有很大的相对性,"清楚明白"是因人而异的,一个被某个人清楚明白地理会的事物本身却可能并不是真的。

伽桑狄对"上帝"观念的反驳是非常精彩的,他虽然在《诘难》的前言中强调自己是"公开相信有一个上帝",但是他却对笛卡尔论证上帝存在的方式进行了驳斥。笛卡尔从上帝是一个完满的观念推出上帝的存在,但是在伽桑狄看来,我们首先必须知道了一个东西的存在,然后才能获得关于它的观念,而不应像笛卡尔那样,从一个东西的观念推出它的存在。至于"上帝"这一观念所具有的无限性和完满性,只不过是以一定方式把有限事物的观念加以集合和扩充的结果。"我们习惯于加到上帝身上的所有这些高尚的完满性似乎都是从我们平常用以

---

①　伽桑狄著,庞景仁译:《对笛卡尔〈沉思〉的诘难》,商务印书馆1963年版,第5页。

②　伽桑狄著,庞景仁译:《对笛卡尔〈沉思〉的诘难》,商务印书馆1963年版,第79页。布塞法勒是亚历山大大帝的坐骑的名字。

③　伽桑狄著,庞景仁译:《对笛卡尔〈沉思〉的诘难》,商务印书馆1963年版,第25页。

称赞我们自己的一些东西里抽出来的,比如持续、能力、知识、善、幸福等等,我们把这些都尽可能地加以扩大之后,说上帝是永恒的、全能的、全知的、至善的、完全幸福的,等等。"①既然如此,那么我们对于上帝的认识就不可能超出我们有限的理解力,所以当我们想象一位上帝时,我们实际上已经把他渺小化了。就此而言,如果真有一位上帝的话,他也绝非我们有限的理性所能理解的,我们不可能对他形成任何真正的观念。

伽桑狄最后揭露了笛卡尔的身心交感说所包含的内在矛盾,他指出,笛卡尔的心灵既然是一个没有广延的实体,它又如何能与具有广延的形体发生交感作用呢?它们在哪里进行交感活动呢?这个身心发生交感的场所本身有没有广延呢?它是一个物理学的点,还是一个数学的点?如果它是一个物理学的点,它就应该具有广延,那么不具有广延的心灵又如何能够在这个具有广延的点里与物质发生交感作用呢?除非它不是笛卡尔所说的精神实体,而是原子论意义上的灵魂(即最稀疏的物质);如果它是一个数学的点,它就不可能存在于任何地方,因为在任何地方都意味着占有一定的空间(即具有广延)。所以,身心交感根本就不可能发生。

对于身心交感问题,伽桑狄是从唯物主义方面来回答的,这就是把心灵归结为物质,从根本上否定独立存在的精神实体。与此相反,笛卡尔派则力图改进笛卡尔对这个问题的回答,其中最著名的就是马勒伯朗士的偶因论,即试图用上帝的干预来说明心物之间的协调。

2. 马勒伯朗士

马勒伯朗士(Nicolas Malebranche,1638—1715 年)生于巴黎,年轻时曾加入巴黎的牧师联合会,从事神学研究。26 岁时他偶然读到了笛卡尔的《第一哲学沉思集》,这本书使他耳目一新、振奋不已,从此开始对哲学感兴趣,并终其一生致力于把笛卡尔的形而上学与他自幼形成的虔诚的宗教信仰结合起来。马勒伯朗士试图用唯一的和全能的上帝来克服笛卡尔的两个实体之间的对立。马勒伯朗士的主要哲学著作是 1674 年完成的《真理的探求》,在这本书中,他从形而上学、逻辑学和心理学等不同角度对知识的原因进行了探讨。

笛卡尔形而上学所留下的最大困难就在于,两个彼此独立的实体之间如何会发生协调一致的活动。笛卡尔试图用身心交感来解决这个问题,但是身心交感说恰恰背离了心物二元论的基本立场。如果说伽桑狄力图通过将精神物质化的做法来解决这个问题,那么马勒伯朗士则试图在上帝的绝对权威的保证下来解释我们的心灵与身体既彼此独立、同时又相互适应的关系。他既反对身心之

---

① 伽桑狄著,庞景仁译:《对笛卡尔〈沉思〉的诘难》,商务印书馆 1963 年版,第 33 页。

间的交感，也反对灵魂自己产生观念的观点，他强调，精神既不可能从自身中、也不可能从外物中获得关于有形物体的观念。在他看来，精神与物质是完全对立的，因此不可能相互影响。一方面，我们只能在上帝之中来认识一切，精神的本质就是在上帝之中对观念的认识或思维，而感觉只是"精神的变相"，它的作用并不是使我们的精神认识外界事物，而在于使我们在上帝之中获得的关于物质的普遍观念（广延）呈现为某种具体的和特殊的东西。

马勒伯朗士像柏拉图一样用普遍来解释特殊，他认为一切特殊的物体观念都是对普遍的广延观念加以限制的结果。普遍的广延观念处于上帝之中，而具体的事物观念则是我们心灵或者感觉的变体，我们是在感觉表象的作用下，对普遍的和无限的广延观念进行限制，才形成关于特殊事物的观念。另一方面，物质本身作为精神的对立面是绝对不可能被精神所认识的，它是另外由上帝单独创造出来的。所以，不仅心灵对物质（包括对身体）的认识并不是对物质本身的认识，而且物质本身也决不可能作用于心灵。我们认识的只是（在上帝之中的）物质观念，而不是物质本身。但尽管如此，由于物质和精神都来自上帝，所以上帝可以使双方有一种对应的关系。因为上帝无所不能，所以上帝能使我们的认识与物质的运动保持一种相应性，以至于我们以为这种认识不是对我们自己的观念的认识，而是对作用于我们感官的外部物质世界的认识；反过来，上帝又使物质的改变与我们的意志活动保持一种相应性，以至于我们以为我们的意志支配了物质（身体）的活动。而实际上，物质与精神丝毫也没有发生相互作用或"交感"，一切相应的关系都是来自于上帝的随时安排。例如，在我们的意志和手臂的挥动之间并没有任何必然的联系，我们的意志只是使手臂挥动的自然的原因或偶然的诱因，"自然的原因不是真正的原因，而仅仅是偶然的或诱发的原因，它本身只有通过上帝的力量和活动才能发生作用。真正的原因只能是**活动**与之保持着**必然联系**的那种东西……只有上帝是真正的原因，只有上帝确实拥有使物体运动的能力。自然界的一切力量其实只不过是上帝的意志。"①

马勒伯朗士的这种观点通常被称为"偶因论"或"机缘论"（occasionalism），最初提出这种观点的人是比马勒伯朗士年长的荷兰人**格林克斯**（Arnold Geulincx，1624—1669 年），他在 1665 年发表的《伦理学》中第一次表述了偶因论的思想。偶因论者试图在坚持心物二元论的前提下来说明身心之间的协调一致，同时又要避免笛卡尔的身心交感说。如格林克斯所言："我的意志当然并不推动那动力，以使它推动我的四肢；而是'他'［上帝］给物质以运动并为它立下法则，也就是'他'形成我的意志。因此'他'把这两种最特殊的东西（物质的运

---

① 参见路德维希·费尔巴哈著，涂纪亮译：《费尔巴哈哲学史著作选》第一卷，商务印书馆 1978 年版，第 248 页。

动和我的意志的选择)联结在一起,以致当我的意志有所愿望时,它所愿望的这种运动就发生了,而另一方面当运动发生时,意志也就愿望着它,而并没有其中之一对于另一个的因果关系或影响。"①这情形就如同两座钟,它们一同敲响钟点,但是这并非由于彼此之间的相互作用,而是由于有一位手艺精湛的工匠守候在一边随时加以调节的结果。从表面上看,这两座钟之间似乎存在着某种因果关系,然而实际上控制着这两座钟的运行的都是万能的上帝,他才是使二者协调一致的真正的"有效因"。

马勒伯朗士(以及偶因论者)的最终目的是要解决笛卡尔二元论所包含的内在矛盾,在坚持精神与物质彼此独立的前提下来说明二者之间的同一性。他试图祭起上帝这面万能的大旗来解决问题,然而这样一来,精神与物质之间的对立不仅没有得到真正解决,而且变得更加壁垒森严了。伽桑狄和偶因论者都没有能够真正解决笛卡尔所提出的心物关系问题,没有实现上帝与自然、精神与物质、思维与存在之间的同一性。与马勒伯朗士同时代的斯宾诺莎则通过把上帝与自然直接等同起来,从而将笛卡尔的二元论改造为一元论的泛神论,试图用身心平行论来解释精神与物质的关系。

三、斯宾诺莎

别涅狄克特·斯宾诺莎(Benedictus Spinoza,1632—1677年)出生于阿姆斯特丹的一个犹太商人家庭,其父母原来居住在葡萄牙,因受到当地天主教会的迫害而迁居荷兰。斯宾诺莎早年在一所培养犹太教士的学校学习神学和哲学,同时也在一所世俗学校学习拉丁文,并且广泛阅读了布鲁诺、培根、霍布斯、笛卡尔等著名科学家和哲学家的著作。这些知识使斯宾诺莎对犹太教的经典和教义发生了怀疑,在犹太教会里提出了一系列的"异端"思想,并且拒绝遵行犹太教的教规和仪式。犹太教会在对斯宾诺莎使用了警告、监禁、收买、暗杀等各种手段而未果之后,将他逐出教门。斯宾诺莎则将自己原来的希伯来文名字"巴鲁赫(Baruch,意为"受惠者")改为同义的拉丁文名字别涅狄克特,以示与犹太教的彻底决裂。被革除教籍的斯宾诺莎也拒绝了父亲分给他的一份遗产,隐居乡间靠磨光学镜片为生,在艰难困苦的生活环境中继续从事哲学研究,并与惠更斯、波义耳、莱布尼茨等科学家和哲学家保持着通信联系。在哲学上,他继承并大大发挥和改进了笛卡尔的唯理论哲学,成为17世纪大陆唯理论的最典型的代表;他基于唯理论而建立的泛神论表达了一种唯物主义观点。1673年,声名远扬的斯宾诺莎有机会受聘为海德堡大学哲学教授,但是他由于不愿放弃宗教批判的

---

① 格林克斯:《伦理学》,转引自莱布尼茨著,陈修斋译:《新系统及其说明》,商务印书馆1999年版,第36~37页注释③。

自由而拒绝了这一美差,同时他也由于不愿向法王路易十四献媚而失去了一笔本可以轻易到手的终身年金。1677 年,年仅 45 岁的斯宾诺莎在贫病交加中英年早逝。斯宾诺莎的《神、人及其幸福简论》一书的英译者沃尔夫在为该书所写的导言中认为,斯宾诺莎堪称哲学史上"最完美的人物之一","他品格的最显著的特点是他对于真理事业的热诚,为此他甘愿作出一切牺牲,不管什么威胁利诱都不能使他离开那个事业。"[①]

斯宾诺莎的主要著作有:《神、人及其幸福简论》(1659)、《知性改进论》(1661—1662)、《笛卡尔哲学原理》(1663)、《神学政治论》(1670)、《伦理学》(1675)等。在这些著作中,只有《笛卡尔哲学原理》和《神学政治论》在他生前出版,后者还是匿名出版的,但是人们很快就知道了作者是谁。四年以后,《神学政治论》遭到了以宽容而著称的荷兰当局的禁止,斯宾诺莎的泛神论也因此而被教会和时人等同于无神论。

对笛卡尔认识论的批判　斯宾诺莎是笛卡尔哲学最出色的后继者,也是理性主义认识论的完成者,他把笛卡尔的唯理论进一步彻底化、系统化了,因此往往被人们视为笛卡尔派。但他与笛卡尔有一个根本的不同,即他为了克服笛卡尔的二元论而走向了一元论。这首先体现在他对笛卡尔认识论的改造上。他认为,笛卡尔所提出的唯理论原则并不彻底,所谓"我思"并不真正是在理性中直接呈现出来的"公理",而是经过一系列的"怀疑"之后才抽象出来的,因此本身就不具有笛卡尔所要求的"清楚明白"性,而由这一含混不清的前提推出一个上帝更是矛盾百出。既然要从清楚明白直接呈现的观念出发,这个观念就必须是自明的、具有自身确定性的,不需要任何怀疑,也不必由一个"我"来推出。否则,这个"我"本身又需要另一个"我"来保证其清楚明白,这就会导致无穷后退。"要知道一件事物,无须知道我知道,更无须知道我知道我知道。"[②]相反,斯宾诺莎认为真正清楚明白的观念是自足的,它自身是自身的标准。而最清楚明白的真观念就是"神"的观念。

神即自然　斯宾诺莎曾经这样说明自己哲学的出发点与笛卡尔以及其他人的不同之处:"一般哲学家是从被创造的事物开始,笛卡尔是从心灵开始,我则从神开始。"[③]斯宾诺莎把神说成唯一的实体,而这个唯一的实体同时也就是自然。他先提出了四个命题:(1)没有有限的实体;(2)没有两个相同的实体;(3)一个实体不能产生另一个实体;(4)在神的无限的理智中除了自然中实际存在

---

①　斯宾诺莎著,洪汉鼎、孙祖培译:《神、人及其幸福简论》,商务印书馆 1987 年版,沃尔夫英译本导言第 95 页。

②　斯宾诺莎著,贺麟译:《知性改进论》,商务印书馆 1960 年版,第 30 页。

③　参见斯宾诺莎著,王荫庭、洪汉鼎译:《笛卡尔哲学原理》,商务印书馆 1980 年版,译序第 19 页。

的实体外没有任何其他实体。以这四个命题作为前提,必然会推出如下结论,即只有一个唯一的实体,这个实体就是自然。因此,神即自然,亦即实体。

接着,斯宾诺莎进一步提出了神既是万物由以产生的原因,也是万物得以活动的原因;神作为万物的原因是内在于万物之中,而不是超越于万物之外的;神是万物的一个必然的原因,而不是一个偶然的原因;神是一个自由因①,从而是“自因”(causa sui);以及神是万物唯一的第一因和普遍因等观点。斯宾诺莎还借用中世纪神学的术语,把自然区分为“产生自然的自然”和“被自然产生的自然”,前者就是指神(实体)及其属性,后者则是指自然界中的万物或样式。斯宾诺莎又分别将二者称为“能动的自然”和“被动的自然”,他对这两个概念的内涵解释道:“‘能动的自然’是指在自身内并通过自身而被认识的东西,或者指表示实体的永恒无限的本质的属性,换言之,就是指作为自由因的神而言。但‘被动的自然’则是指出于神或神的任何属性的必然性的一切事物,换言之,就是指神的属性的全部样式。”②这一对术语作为同一个自然(或神)的两种不同的存在形式,表现了原因与结果、自由与必然、单一性与多样性之间的统一关系。

斯宾诺莎把神这个唯一的实体等同于自然,认为神内在于自然之中,把自然万物都看作是神性的具体表现,这些观点使他成为近代泛神论的主要代表。在斯宾诺莎的泛神论中,神(上帝)不再是有人格、有意志、超越于自然之外并且随时用神秘的奇迹来干预自然进程的纯粹精神力量,而是按照其自身规律必然运行的自然界本身。因此,斯宾诺莎的泛神论构成了 17 世纪英国自然神论向 18 世纪法国无神论转化的中介。

实体、属性与样式　实体、属性和样式是斯宾诺莎哲学的三个最基本的概念。实体就是神或自然(“产生自然的自然”或“能动的自然”),它的定义也与后者相同:“实体(substantia),我理解为在自身内并通过自身而被认识的东西。换言之,形成实体的概念,可以无须借助于他物的概念。”③斯宾诺莎反对笛卡尔区分物质实体和精神实体的二元论,他认为只有一个实体,这就是神或自然。实体是无限的,它不可以被别的东西所限制,而笛卡尔的物质实体与精神实体却是相互限制和相互否定的,因此物质和精神都不可能是真正意义上的实体。此外,实体也是自因的和永恒的,它不能被别的东西所产生,而笛卡尔的物质和精神作为相对实体,都是上帝或神这个绝对实体的产物,这种他因的和派生的相对实体根

---

① 在后来所写的《伦理学》中,斯宾诺莎对自由的定义为:“凡是仅仅由自身本性的必然性而存在、其行为仅仅由它自身决定的东西叫做自由(libera)。”参见斯宾诺莎著,贺麟译:《伦理学》,商务印书馆 1983 年版,第 4 页。

② 斯宾诺莎著,贺麟译:《伦理学》,商务印书馆 1983 年版,第 29～30 页。

③ 斯宾诺莎著,贺麟译:《伦理学》,商务印书馆 1983 年版,第 3 页。

本就没有资格被当作实体。所以宇宙间只有一个绝对无限的实体,它不动、不变,这就是神或自然。这样一来,斯宾诺莎就用自然主义的唯物主义一元论取代了笛卡尔的心物二元论。他的泛神论实质上就是唯物主义的一种形式。

实体包含着属性。"属性(attributus),我理解为由知性看来是构成实体的本质的东西。"①斯宾诺莎认为,实体具有无限性,因此它所包含的属性也是无限多的。不过在这无限多的属性里,能够被人所认识的属性只有两种,即"思维"和"广延"。斯宾诺莎强调,思维和广延是神或自然的两种属性,神或自然既是一个能思维的东西,也是一个有广延的东西。因此,我们既可以通过思想、也可以通过广延去了解神或自然。但是这两种属性在神或自然之中却是彼此独立的,它们相互之间不发生任何作用。"身体不能决定心灵,使它思想,心灵也不能决定身体,使它动或静。"②斯宾诺莎用唯一的实体取代了笛卡尔的彼此对立的两个实体,他把不同实体之间的外在对立变成了同一实体内部两种属性之间的平行关系。

样式是实体的特殊存在状态,即作为"被自然产生的自然"的个别事物。实体本身是不动不变的,但它的样式却是千变万化、各式各样的。斯宾诺莎界定道:"样式(modus),我理解为实体的分殊,亦即在他物内通过他物而被认知的东西。"③样式作为实体的分殊,它们也同样具有实体所固有的属性,其中思维的样式表现为理智,广延的样式表现为运动,它们一个服从逻辑必然性,一个服从机械运动的必然性,一切都是被决定了的。这就向人展示出一个严格合乎必然性法则的、必须通过理智的逻辑推理来认识的世界图景,其中没有任何偶然性和自由任意的松动的余地。因此,斯宾诺莎的自然观也被一些人看作是绝对的决定论甚至宿命论的自然观。

身心平行论　在斯宾诺莎看来,虽然实体只有一个,但是由于这个实体具有思维和广延这两种彼此独立的属性,因此当同一实体具体化为样式时,就呈现为两个相互平行的系列,即观念的系列和事物的系列。这两个系列各自遵行自己的次序,但是这两种次序却是完全同一的。斯宾诺莎说道:"观念的次序和联系与事物的次序和联系是相同的。""当事物被认作思想的样式时,我们必须单用思想这一属性来解释整个自然界的次序和因果联系;当事物被认作广延的样式时,则整个自然界的次序必须单用广延这一属性来解释。"④也就是说,自然万物都以一种"一体两面"的形式存在,一方面表现为具有广延的形体,遵守机械因

---

① 斯宾诺莎著,贺麟译:《伦理学》,商务印书馆1983年版,第3页。
② 斯宾诺莎著,贺麟译:《伦理学》,商务印书馆1983年版,第99页。
③ 斯宾诺莎著,贺麟译:《伦理学》,商务印书馆1983年版,第3页。
④ 斯宾诺莎著,贺麟译:《伦理学》,商务印书馆1983年版,第49、49~50页。

果律,另一方面则表现为可以被思想的观念,遵守形式逻辑规律,这两个方面是完全一致的。

由于事物的系列与观念的系列都在神或自然之内彼此平行而又相互同一地存在着,因此,我们关于自然及其样式的知识就不是通过对事物本身的感觉经验,而是通过对观念系统的理性推理而获得的。斯宾诺莎坚决反对用身体感受来说明心灵的观念,或者用主观意志来说明身体的运动,在他看来,身体与心灵既是彼此独立的,又是先定地协调一致的。身体与心灵就好像两列并行的列车,它们保持一致不是由于相互之间的影响,而是因为各自循着事先铺好的轨道以同样的速度运行。就此而论,斯宾诺莎的身心平行论既不同于笛卡尔的身心交感说,也不同于马勒伯朗士等人的偶因论。身心交感说和偶因论都有赖于经验性的相互作用或随时干预,身心平行论则强调先验性的内在和谐。

知识分类与真观念　斯宾诺莎在本体论问题上的身心平行论观点必然会导致认识论上的唯理论,即否定(对外在事物的)感觉经验是正确知识的来源,仅仅依据真观念推演出整个知识系统。斯宾诺莎在《知性改进论》中把知识分为四种:(1)由传闻或任意的名称得来的知识;(2)由泛泛的经验得来的知识;(3)由推理得来的知识;(4)由对一件事物的本质的认识而得来的知识。在《伦理学》中,斯宾诺莎又把前两种知识合并为一类,并称为想象或意见,由推理而得到的知识被称为理性知识,由对事物本质的认识而得到的知识则被称为直观知识。在这三者中,斯宾诺莎认为想象或意见是不可靠的,它是虚构的和错误的观念的来源,理性的知识是可靠的,但其可靠性最终来自于直观。所以,只有最后这种知识即直观知识才是最可靠的,这就是"真观念"。其中,关于神或自然(一个必然存在的实体)的真观念构成了一切理性知识即推理的前提。斯宾诺莎明确表示:"必须首先有一个真观念作为天赋的工具存在于我们心中。当心灵一旦认识了这个真观念,则我们就可以明了真观念与其他表象之间的区别。"[1]斯宾诺莎认为,要想获得正确知识,必须遵循如下方法:首先辨别真观念与其他表象,将真观念作为推理的前提或公理;然后建立推理的规则和确定推理的次序,以保证推理能够得出普遍必然性的结论。"知性凭借天赋的力量,自己制造理智的工具,再凭借这种工具以获得新的力量来从事别的新的理智的作品,再由这种理智的作品又获得新的工具或新的力量向前探究,如此一步一步地进展,直至达到智慧的顶峰为止。"[2]在他看来,几何学就是应用这种方法的典范,因此他的《伦理学》一书的副标题为"依几何学证明"。该书在形式上也完全遵照几何学的演绎模式,先进行界说或定义,再设定公则或公理,然后依据定义和公理来进

---

① 斯宾诺莎著,贺麟译:《知性改进论》,商务印书馆 1960 年版,第 31 页。

② 斯宾诺莎著,贺麟译:《知性改进论》,商务印书馆 1960 年版,第 28～29 页。

行推理或证明,得出命题或定理、绎理。如此层层递进,直至建立起整个哲学体系。

真理的标准　　斯宾诺莎认为,既然正确的知识都只能来自于直观和理性,而对外在事物的感觉经验则是虚妄和错误的根源,因此真理也不可能通过外在事物来验证,而必须由自身来衡量。他由此彻底贯彻了笛卡尔的理性主义的真理标准,即观念自身的"清楚、明白和恰当",认为只要是清楚明晰的观念,就决不会是错误的,通过理性的直观而呈现的真观念就是自身的标准。而这样一来,由这种真观念"恰当地"推演出来的任何观念也都是自身的标准了。斯宾诺莎说:"除了真观念外,还有什么更明白更确定的东西足以作真理的标准呢?正如光明之显示其自身并显示黑暗,所以真理即是真理自身的标准,又是错误的标准。"[1]

但是另一方面,斯宾诺莎又提出了一种"符合论"的真理观,他认为"清楚、明白和恰当"是真理的内在标志,而真理的外在标志则是与事物本身的符合。他把"真观念必定符合它的对象"当作一条公理[2],但是这种符合并没有诉之于经验的意思。斯宾诺莎的"符合论"并非从经验论、而是从身心平行论中引出来的,"真观念必定符合它的对象"这一认识论观点是建立在"观念的次序和联系与事物的次序和联系是相同的"这一本体论观点的基础之上。所以,真观念之所以符合它的对象,根本说来还是由于真观念符合自身;只要它符合自身,就必然符合于它的对象,因为观念的系列与事物的系列之间永远有一种平行关系。事物和关于事物的观念都是神或自然的两种样式,二者之间并不发生关联,它们的平行是由于来自于同一个神。观念反映的不是事物,而是神或自然,而事物本身也是神或自然的表现形式。斯宾诺莎表示:"我们所形成的明晰清楚的观念,好像只是从我们本性的必然性里推出来似的,所以这些观念,似乎只是绝对依靠我们自己的力量。而混淆的观念,则恰好与此相反。"[3]"混淆的观念"不是从心灵的必然性中推出的,而是从对事物的感觉经验中产生的。可见,斯宾诺莎的"符合说"不仅不是对经验论的妥协,恰恰是对经验论的根本否定,表现出唯理论哲学的鲜明的"独断论"特色。他认为他的出发点神、自然或实体是一个不容讨论的前提,连这个前提都不承认的人,他根本不属于与他们谈论哲学。

伦理学和政治观点　　斯宾诺莎之所以要研究本体论和认识论,最终还是为了要建立一种新的"伦理学",他把自己的哲学的目的放在人的自由和解放上。他认为,人的情感和欲望是造成人的奴役状态的根源,只有克服它们人才能得到

---

①　斯宾诺莎著,贺麟译:《伦理学》,商务印书馆1983年版,第82页。
②　参见斯宾诺莎著,贺麟译:《伦理学》,商务印书馆1983年版,第4页。
③　斯宾诺莎著,贺麟译:《知性改进论》,商务印书馆1960年版,第58页。

自由。但这种克服又不能采取禁止和禁欲的方式,而只能采取理性认识的方式。他说:"心灵具有不正确的观念愈多,则它便愈受情欲的支配,反之,心灵具有正确的观念愈多,则它便愈能自主。"①所以斯宾诺莎认为,人性具有自私和自保的欲望,这很正常,并不是什么恶;只有受到它的迷惑和驾驭才是恶。如果我们认识了情感和欲望,把它们看作自然的一种样式,我们就能够保持心灵的平静,摆脱这种样式的控制而回复到它们的实体,达到"对神的理智的爱",这才是真正的心灵自由。所以斯宾诺莎反对那种为所欲为的自由,他认为:"在心灵中没有绝对的或自由的意志;心灵之所以愿意这样或那样,乃是为一个原因所决定,而这个原因又为另一个原因所决定,而这另一个原因又同样为别的原因所决定,这样一直到无穷。"②因此,他把自由视为对必然的认识。

虽然斯宾诺莎哲学过分强调必然性而实际上否定了偶然性和自由意志,但是他对理性精神的高扬却给人们捍卫自己的自由权利提供了有力的武器。斯宾诺莎在政治学上也是自然法学派的重要代表之一,他与霍布斯、洛克等人一样主张社会契约论,但是他认为人们让渡自己的天赋权利的目的是为了建立一个民主共和国,而不是一个专制政体和君主政体。人们签订社会契约放弃了自然状态下的自由,就是为了获得社会状态下的自由。他强调,政治的真正目的就是实现自由,而"在所有政体之中,民主政治是最自然,与个人自由最相合的政体。"③这在当时来说是一种最为激进的政治主张。斯宾诺莎把自由看作社会生活中最重要的东西,他在《神学政治论》的序言中写道:"自由比任何事物都为珍贵。我有鉴于此,欲证明容纳自由,不但于社会的治安没有妨害,而且,若无此自由,则敬神之心无由而兴,社会治安也不巩固。"④但是斯宾诺莎仅仅把自由限制在思想和言论领域,而在实践领域中,他却号召人们为了维护国家的安宁而放弃"自由行动之权",认为这样做才是最明智的。不过,由于斯宾诺莎所说的"国家"是以荷兰的民主共和体制为模本的,所以这种观点具有巩固资产阶级共和国的积极意义。

四、莱布尼茨

哥特弗利德·威廉·莱布尼茨(Gottfried Wilhelm Leibniz,1646—1716年)出生于德国莱比锡,其父是莱比锡大学的伦理学教授,其母是一个虔诚的天主教徒。莱布尼茨自幼聪明,勤奋好学,15岁就进入莱比锡大学,阅读了培根、康帕

---

① 斯宾诺莎著,贺麟译:《伦理学》,商务印书馆1983年版,第92页。
② 斯宾诺莎著,贺麟译:《伦理学》,商务印书馆1983年版,第80页。
③ 斯宾诺莎著,温锡增译:《神学政治论》,商务印书馆1963年版,第219页。
④ 斯宾诺莎著,温锡增译:《神学政治论》,商务印书馆1963年版,第12页。

内拉、开普勒、伽利略、笛卡尔等人的著作。后来又到耶拿大学和阿尔杜夫大学，广泛研习了法律、神学、哲学和自然科学。在阿尔杜夫大学获得法学博士学位后，莱布尼茨到迈因兹选侯门下供职，1672年被派往巴黎从事外交工作，并曾访问英国，先后结识了马勒伯朗士、阿尔诺、波义耳、惠更斯等哲学家和科学家。在驻巴黎期间，莱布尼茨经过苦心钻研，于1676年独立地创立了微积分，并引出了一段与牛顿有关的创立权公案。1676年莱布尼茨在返回德国途中，专程到荷兰拜访了贫穷潦倒的斯宾诺莎。回国后不久，莱布尼茨出任汉诺威王室图书馆馆长，并终身在汉诺威王室的支持和资助下从事哲学及科学研究。他创办了柏林科学院并任第一任院长，他还多次向俄国、奥地利、波兰甚至中国清朝的统治者提出了建立科学院的建议。莱布尼茨才华横溢，在数学、物理学、生物学、逻辑学、语言学、法学、美学、工程学等一系列领域中都卓有建树，不仅发明了微积分，在笛卡尔提出的动量守恒定律即"死力"的法则外提出了"活力"的法则，而且还创立了数理逻辑，在传统形式逻辑的三大规律（同一律、矛盾律和排中律）之外又提出了充足理由律。在政治方面，莱布尼茨主张"开明专制"，并且用他的前定和谐学说和最好世界理论为现存制度的合理性作辩护，与当时的统治者保持着良好的关系。但他在晚年颇为寂寞，去世时默默无闻。莱布尼茨的主要著作有《形而上学谈话》（1686）、《新系统》（1695）、《人类理智新论》（1704）、《神正论》（1710）、《单子论》（1714）、《莱布尼茨与克拉克论战书信集》（1715—1716）等，他的著作几乎全部是用法文或拉丁文写成的。

单子论 莱布尼茨继承大陆唯理论的实体主义传统，力图在实体的基础上建立起自己的形而上学体系。在他看来，笛卡尔的二元论固然不可取，斯宾诺莎的唯一实体也太抽象，这种静止不变的实体无法解释大千世界丰富多彩的"样式"，失去了实体的作用。为了寻找真正的实体，他曾一度回到古代伊壁鸠鲁哲学，"相信了虚空和原子"，但是在深思熟虑之后却发现原子论并没有解决"真正的单元"的问题。因为原子无论多么微小，只要它具有广延，就不是"不可分"（"原子"一词的本义）的，因此不足以作为最终的实体。在他看来，实体一方面应当是真正单一的、不可分的，是世界的最后单元；另一方面应当是能动的，可以用来解释世界的多样性。原子论和当时流行的机械论自然观都没有办法做到这些，所以他必须另辟蹊径。

莱布尼茨认为，由于任何具有广延的东西都是可分的，所以真正单纯的和不可分的"单一实体"（einfache Substanzen）必须是没有广延、没有部分、没有量的规定性的东西，他称之为"单子"（Monaden）。单子是一种具有能动性的"实在的和有生命的点"，它既不是物理学上的点（原子），也不是数学上的点，而是"形而上学的点"。它们是"构成事物的绝对的最初本原"，也是事物运动的终极根源。莱布尼茨说道："物理学的点仅仅表面上看起来不可分；数学的点是精确的，但它们只是一些样式;只有形而上学的点或实体(由形式或灵魂所构成的东西)才是精确而又实在的,没有它们就没有任何实在的东西,因为没有真正的单元就不会有复多。"①

单子不具有广延性,因此不是物质性的东西,只能是精神性的实体。事实上,莱布尼茨常常把单子称作"形式"或"灵魂"。单子本身是单一的,但在数量上却是无限多,世界万物都是由这种精神性的实体构成的。在论及无广延的单子是如何构成有广延的万物时,莱布尼茨解释道,自然界的事物不是单子的简单堆积(无广延的单子是不可能堆积成有广延的事物的),而是单子复合而反映出来的一种现象,正如同彩虹是水蒸气所形成的云的一种现象一样。如果说物质的本性在于广延,那么单子的本性则是一种"原始的力"(forces primitives)。正是这种"力",使得每一个单子都是自由的自因,都具有某种类似于感觉和欲望的能力,这种能力导致了单子以及单子构成的万物的运动。莱布尼茨把单子称为"无形体的自动机",它们自身中的自发能动性成为它们内在活动的源泉。在《单子论》一书中,莱布尼茨论述了单子的如下特点:

第一,由于单子没有部分,因此它们不能以自然的方式合成或解散,"单子只能突然产生,突然消灭,这就是说,它们只能凭借创造而产生,凭借毁灭而消灭。"②莱布尼茨认为,上帝是最原始的单纯实体或者创造一切单子的单子,他凭借"神性的一刹那的连续闪耀(fulguration)"而创造出其他单子。可见,单子的产生和消灭都是由于上帝的"奇迹"。

第二,"单子没有可供事物出入的窗子……不论实体或偶性,都不能从外面进入一个单子。"③每一个单子都是自身封闭、彼此孤立而不发生相互作用的,因此单子的运动变化只能从其内部来加以说明。"单子的自然变化是从一个内部的原则而来,因为一个外在的原因是不可能影响到它的内部的。"④这种"内部的原则"就是单子所固有的一种精神性的"力"或"欲望",正是它驱使每一个单子追求一种更高的存在状态(更高的知觉能力或清晰程度),从而导致了整个单子系列乃至自然世界的运动。

第三,单子是精神性的实体,它们之间不存在量的差别,只有质的差别,这种差别表现为每个单子的"知觉"能力的差异。空间与时间也只不过是单子的知觉表象世界的一种方式而已。所谓"知觉"是指每个单子"反映"宇宙全体的一种能力,每个单子就像一面镜子,从不同的角度、以不同的清晰程度"表象"或反

---

① 莱布尼茨著,陈修斋译:《新系统及其说明》,商务印书馆1999年版,第7~8页。
② 《十六—十八世纪西欧各国哲学》,商务印书馆1975年版,第483页。
③ 《十六—十八世纪西欧各国哲学》,商务印书馆1975年版,第483~484页。
④ 《十六—十八世纪西欧各国哲学》,商务印书馆1975年版,第484页。

映着整个宇宙。从构成无机物和植物的那些单子所具有的无意识的"微知觉",到构成动物的较高级单子的"知觉",再到构成人的灵魂或自我意识的更高级单子的"统觉",形成了一个逐渐由模糊到清晰、从低级到高级的"知觉"序列,其中充满了丰富多样性和质的区别。人的"理性灵魂"或"心灵"具有区别于一般动物灵魂的更高清晰性,但是与构成更高级生命——天使——的单子以及至高无上的、唯一的单子"上帝"相比,人的"理性灵魂"对于宇宙的表象就要显得相对模糊了。

第四,不仅在构成不同类别的事物的单子之间,而且在构成同一类事物的单子之间也存在着知觉能力上的细微差别,莱布尼茨强调:"每个单子必须与任何一个别的单子不同。因为在自然中决没有两个东西完全相似,在其中不可能找出一种内在的差别或基于一种固有特质的差别。"[①]世界上甚至找不出两片完全相同的树叶。这就是所谓的"差异律"。由于单子的数量是无限的,而宇宙间又没有两个完全相同的单子,这样就意味着,在根据"知觉"的清晰程度而排列的整个单子系列中,在任何两个独立存在的单子之间都可以插入无数个中间状态的单子。"自然决不作飞跃",这就是所谓的"连续律"。差异律和连续律这两条依据微积分原理而建立的原则,既保证了每个单子作为"不可分的点",又使得整个单子系列成为一个不间断的连续体,从而实现了"不可分的点"与"连续性"的辩证统一。

莱布尼茨单子论的最突出的特点是强调了主体自由的原则,这种自由不是斯宾诺莎那种整体性的自由(自因),而是个体性的自由。自由在斯宾诺莎的唯一实体中是被束缚和封闭着的,在莱布尼茨这里却被释放出来了。由于"一"被解构为"多",人们把莱布尼茨的哲学称为"多元论"。我国莱布尼茨专家陈修斋先生指出:"反对抽象的普遍的无视个体存在的自由观,突出和强调具体和个体的人的自由,突出和强调本身即为普遍者的个别者的自由,是莱布尼茨自由观的最鲜明的特征之一,也是莱布尼茨自由观的最重大的优点之一,是他的自由观超越斯宾诺莎的自由观的又一突出表现。"[②]

前定和谐　莱布尼茨的单子论描绘了一幅统一而复杂的宇宙图景,所有的单子都在彼此孤立的情况下根据自身固有的内在原则而运动变化,但是如何能够保证这样一个庞大而复杂的单子系统在各自独立运动的情况下协调一致,从而体现出普遍规律呢? 如果没有规律,而是一片无政府主义的混沌,我们又如何能认识这个世界呢? 这是莱布尼茨单子论的核心问题,它与笛卡尔以来的身心关系问题相关。莱布尼茨在关于"新系统"的几篇说明文章中谈到了对于身心

---

① 《十六—十八世纪西欧各国哲学》,商务印书馆1975年版,第484页。
② 陈修斋、段德智著:《莱布尼茨》,台湾东大图书公司1994年版,第190页。

关系的三种不同看法,他以两个走得一样准的钟表为例,第一种观点认为两个钟之间存在着相互影响,第二种观点认为有一个精巧的工匠在随时调拨着它们,第三种观点则把两个钟的协调一致归因于"前定和谐"(Prestablished Harmony)。莱布尼茨认为,相互影响的观点是流俗哲学的看法,它无法解释物质性的微粒与非物质的意象如何能够相互作用;工匠协助的观点是偶因论的看法,这是一种在自然的琐细事情上都求助于"救急神"或上帝的奇迹的拙劣办法,上帝并不总是创造奇迹,他只须维持一般的自然进程就够了;而前定和谐的观点则是莱布尼茨的主张。莱布尼茨认为上帝在最初创造每个单子的时候就把能够使它们相互协调一致的程序放进单子里面去了,就像一个极高明的钟表匠所制造的每座钟不用调节而永远都在同一时刻报时一样。莱布尼茨说道:"这种和谐是由[上帝的一种预先谋划]制定的,上帝一起头就造成每一实体,使它只遵照它那种与它的存在一同获得的自身固有法则,却又与其他实体相一致,就好像有一种相互的影响,或者上帝除了一般的维持之外还时时插手其间似的。"①

　　莱布尼茨的前定和谐理论显然是受了斯宾诺莎身心平行论的影响,他反对斯宾诺莎的泛神论,但是却接受了斯宾诺莎关于实体具有内在协调性("一体两面")的思想,由此创立了前定和谐理论。但是,莱布尼茨的单子论毕竟不同于笛卡尔的实体二元论和斯宾诺莎的属性平行论,单子作为单一的实体同时又是多元的,而且处于一种受内在原则支配而不断追求更高知觉状态的运动过程中。这样一个动态的多元系统,其协调一致的复杂性要远远超过身心两个实体之间的关系。事实上,莱布尼茨并不把"形体"看作一种独立存在的实体,而是把它说成单子聚集的一种现象,"形体"的实体是"灵魂",后者才是真正的"单元"或实体。因此,身心之间的对立只是表面性的和混淆的形式,形体与灵魂的关系只是现象与本质的关系,而不是两个实体之间的关系。真正的实体间关系是无数单子之间的关系,它远非两个钟表、而是无数个钟表之间如何协调的问题。在1667 年致阿尔诺的一封信中,莱布尼茨用一支交响乐队的例子取代了两个钟表的比喻——在一个交响乐队里,每个乐器手都按照自己的乐谱来演奏,但是整个乐队却演奏出一曲和谐而优美的交响曲,这是因为整部乐曲的总谱已经由作曲家事先写好了。同样,在由无数单子构成的宇宙中,上帝就如同宇宙秩序总谱的作曲者,彼此孤立的各个单子正是根据上帝的前定和谐来进行各自的自然变化,从而既使得每一个单子都向着更高的知觉状态运动,也使得整个单子世界保持了一种有条不紊的秩序。

　　这种前定和谐理论使莱布尼茨既超越了身心交感说,也超越了偶因论,他用

---

① 莱布尼茨著,陈修斋译:《新系统及其说明》,商务印书馆 1999 年版,第 51 页。

上帝的万能先验地克服了一切经验的难题。但是,这一假说本身也存在着一系列的问题和矛盾。上帝既然也是单子,那么必定也同样是封闭的,他本身又如何能与其他单子协调? 单子是自因的实体,却又在上帝那里有自己的原因,难道它并不是真正的实体,上帝才是唯一实体? 每个单子自以为是能动的、自由的,但在上帝看来却是完全被规定好了的,其能动性和自由岂不是成了假象? 生动活泼的世界图景岂不是成了一个一开始就被决定了的、宿命论的机械因果链条,没有上帝的最初设定,就连一根头发也不会从头上掉下来? 最后,莱布尼茨的"前定和谐说"本来是设定一个上帝来解决单子之间的协调性问题,以说明为什么自行其是的单子仍然能够表现出宇宙的秩序和规律;但反过来他却又以宇宙现存的和谐秩序作为上帝存在的一个"证明",被称为上帝存在的"前定和谐的证明",这样一来,一个工作假设就变成了一种似乎被事实所证明的结论。所以,上帝在这里所起的作用只不过是如黑格尔所指出的,"仿佛是一条大阴沟,所有的矛盾都汇集于其中"[1]。

"有纹路的大理石"　与笛卡尔和斯宾诺莎一样,莱布尼茨在认识论上也主张天赋观念说,但有所改进,即认为天赋的并不是现成的观念,而只是一种能力。为此他提出了"有纹路的大理石"的学说。他认为人心并不像洛克所说的,是一块没有任何痕迹的"白板",而是一块有纹路的大理石板,在这块大理石板上能否刻出赫尔库勒(希腊传说中的英雄)的形象,除了外部加工的作用外,还要看它本身固有的纹路是否适合而定。换言之,如果赫尔库勒的形象顺利刻出了,这就说明它已经"以某种方式天赋在这块石头里了,虽然也必须要加工使这些纹路显出来"。同样的道理,"观念和真理就作为倾向、禀赋、习性或自然的潜能天赋在我们心中,而不是作为现实天赋在我们心中的。"[2]但种潜在的能力要实现出来还得有外部感性加工的"机缘",双方结合才能形成我们的知识。就此而言,这种理论是对唯理论和经验论的一种调和。

在《人类理智新论》中,莱布尼茨利用洛克在"感觉"之外还承认"反省"也是观念的另一来源的思想,指出反省的对象正是与生俱来的天赋观念:"所谓反省不是别的,就是对于我们心里的东西的一种注意,感觉并不给与我们那种我们原来已有的东西。既然如此,还能否认在我们心灵中有许多天赋的东西吗?"[3]莱布尼茨以单子论作为理论根据,认为当我们还没有对心中的微知觉活动进行反省而形成明晰的知觉或"统觉"之前,这些微知觉早已存在于心中了,并且在许多场合中决定着我们的思想和行为。我们的反省或统觉不过是对这种内心固有

---

① 黑格尔著,贺麟、王太庆译:《哲学史讲演录》第四卷,商务印书馆1978年版,第184页。

② 莱布尼茨著,陈修斋译:《人类理智新论》,商务印书馆1982年版,第7页。

③ 莱布尼茨著,陈修斋译:《人类理智新论》,商务印书馆1982年版,第6页。

的知觉活动的一种注意或反思而已,因此,无论我们是否已经注意到,我们都必须承认潜于我们心灵之中的这些天赋的倾向、禀赋或微知觉。"这种**感觉不到的知觉**之在精神学上的用处,和那种感觉不到的分子在物理学上的用处一样大;如果借口说它们非我们的感觉所能及,就把这种知觉或分子加以排斥,是同样不合理的。"①至于感觉经验的作用,只不过是把这些"感觉不到的知觉"唤醒为可以被心灵自觉地加以注意的统觉而已。例如我们听到大海的涛声,其实它是由每个细小水珠的碎裂声所组成的,但我们听不到这些细小的声音,只能听到整体的效果。但感觉不到的东西是可以通过理性的反省认识到的。莱布尼茨说道:"诚然我们不能想象,在灵魂中,我们可以像读一本打开的书一样读到理性的永恒法则,就像在**布告牌**上读到审判官的法令那样毫无困难,毫不用探求;但是只要凭感觉所提供的机缘,集中注意力,就能在我们心中发现这些法则,这就够了。"②莱布尼茨不像笛卡尔那样只把某些观念说成天赋的,承认另一些观念来自于经验,而是根据单子没有"窗子"的思想,主张我们的一切观念终归都是天赋的,只是清晰的程度不同而已。理性的观念是清晰的观念,感觉经验则是模糊的观念,它们是引起我们反省以达到清晰观念的"机缘"。

推理真理与事实真理　　正如莱布尼茨除了主张人的认识要有天赋的理性能力之外,还承认必须要有感性的机缘一样,他也把真理分成了两类:一类是根据理性而来的"推理的真理"(必然的真理),另一类是从感性经验而来的"事实的真理"(偶然的真理)。前者是逻辑的、必然的,其反面是不可能的;后者是感性的、偶然的,其反面是可能的。对事实真理的承认是莱布尼茨对经验论的一大妥协,但他并没有放弃自己唯理论的基本立场。他认为,之所以要承认事实的真理,是因为人的理性的有限性,因为我们不论多么尽力运用自己的理性,也不可能把感觉经验中那些无限微妙的逻辑关系完全搞清楚;但我们完全可以相信,只要我们具有足够的理性能力,这些关系原则上是可以搞清楚的,例如在上帝的理性中,这些关系是一目了然的。所以我们就有理由把这些感性的事实当作包含有真理的事实而接受下来。所以,所谓的事实真理在他那里最终只不过被看作尚未展示出来的推理真理而已。不过,他毕竟在人的认识中为感觉经验的真理性留出了一块地盘,认为经验带给我们的知识也是可信赖的。为此,莱布尼茨对传统的形式逻辑也进行了一番改进,认为我们的理性运用基于两大逻辑原则,一个是矛盾原则,另一个是充足理由原则。

莱布尼茨认为,根据矛盾原则,我们可以判定相互矛盾者何者为假,何者为真;根据充足理由原则,我们可以断定一个真实的事物必有其如此存在的充足理

---

① 莱布尼茨著,陈修斋译:《人类理智新论》,商务印书馆1982年版,第12页。
② 莱布尼茨著,陈修斋译:《人类理智新论》,商务印书馆1982年版,第4页。

由。矛盾原则适用于纯粹数学和逻辑学中的分析命题,它完全不依靠感觉经验的例证,只需从不证自明的公理出发,依据天赋的内在原则进行演绎就可以达到普遍必然性的真理,即"推理的真理"。充足理由原则适用于经验科学中的综合命题,它从经验的事实出发,通过对大量例证的归纳,从各种事物的纷繁复杂的偶然性联系中寻找出某一事物的动力因和目的因,在此基础上建立起来的是"事实的真理"。例如,凡是与过去长时期的经验相符合的事情,我们通常都可以期待它在未来发生,但是这并不是一个必然的和万无一失的真理,因为我们人类不可能找到它的全部"充足理由",只有建立在理性推理之上的规律才是普遍必然的。

所以,莱布尼茨虽然承认依据充足理由原则而建立的事实真理,但却认为这种事实真理只是对于我们这些知觉能力有限的单子而言的,而在上帝这个最高的单子眼里,一切真理都是建立在矛盾原则之上的推理真理。换言之,对于感觉经验来说是或然性的东西,对于纯粹理性来说则是必然性的东西。或然性与必然性的差别不是客观的,而是主观的,它们取决于每个单子自身具有的表象世界的知觉能力。我们由于不能认识宇宙的全部奥秘,所以只能断定每一个偶然存在的事物都有充分的理由,而对于作为整个世界的充足理由的上帝来说,一切事物的创造和存在都是必然的,都是根据矛盾原则必然地演绎出来的。因此,"只要有上帝那样能看透一切的眼光,就能在最微末的实体中看出宇宙间事物的整个序列。"[①]

"最好世界"理论 莱布尼茨的充足理由律不仅在逻辑学和认识论上成为他的一个重要方法论原则,而且在伦理学和神学思想上也发挥了很大的作用。他在其《神正论》(又译《神义论》)前言中指出:"有两个臭名昭著,往往使我们的理智在其中产生混乱的迷宫:其一涉及到关于自由和必然性的重大问题,尤其关于恶事之产生和来源的问题;其二是关于持续性和不可分事物的讨论。"[②]莱布尼茨的单子论主要是对后一个问题的回答,而他的神正论则力图说明上帝的正义与世间的罪恶的关系,并将其与人的自由联系起来。

在莱布尼茨看来,我们这个宇宙中虽然存在着大量的罪恶和不幸,似乎并不是一个完美的世界,但这只是从我们人类的有限的眼光看来才是如此。他认为,一个完美的世界并不是没有一点阴影,而应该是像一幅美丽的图画一样,每一处阴影都有它的作用,来衬托和构成整幅画的完美。所以任何在人看来是不好的事情,在上帝那里都是有用意的,本身就是上帝运用完美无缺的智慧、仁慈和权能进行综合考虑的结果,因而都是合理的。在现实世界中,如果没有恶,也就不

---

① 莱布尼茨著,陈修斋译:《人类理智新论》,商务印书馆1982年版,第10页。
② 莱布尼茨著,朱雁冰译:《神义论》,香港道风书社2003年版,第7页。

会有善,或者说善也就不会有表现出来的机会。有了善和恶,也才有了自由意志选择的余地,人的自由才是可能的。上帝创造的这个世界是一个保证善能够得到最大表现的世界,也是一个能够让人发挥其最大自由的世界。在上帝的理念中存在着无数个可能世界,上帝凭他的善良意志,从中选择了唯一的一个最好的世界作为现实世界。上帝的这一选择必定有其充足理由,也就是比起其他可能世界来,这个被选择的世界的各部分必定具有最大的相互适合性和天衣无缝的完满性。由此,莱布尼茨得出了"我们的世界是一切可能世界中最好的世界"的结论。这一乐观主义思想是他的神正论的主旨,他试图用上帝的全智、全能和全善来说明,尽管在现实世界中存在着一些罪恶,但是从真正理性的眼光来看,这些罪恶不仅没有使我们的世界黯然无光,反而使它更加和谐和美好。这样一个"最好世界"的存在也恰恰证明了神的正义。

对世界的这种"乐观主义"解释使莱布尼茨带上了浓重的庸人气息,遭到当时和后来的众多哲学家的嘲笑。伏尔泰甚至专门写了一部喜剧《老实人》来讽刺这种乐观主义。但另一方面也要看到,这种观点中蕴含着一种非常辩证的善恶观和自由观。上帝通过人的自由选择,借助于恶来达到善的目的,这种思想对后来的康德和黑格尔的历史发展观产生了重要影响。

莱布尼茨—沃尔夫体系   莱布尼茨的追随者克里斯提安·沃尔夫(Christian Wolff,1679—1754 年)是哈勒大学的哲学教授,他把莱布尼茨的唯理论哲学进一步系统化和刻板化,最终发展为一种形而上学的独断论。这种独断论试图遵循严格的几何学形式,通过定义、公理、定理、绎理等推理环节,从先验的抽象范畴中直接演绎出整个知识论体系。沃尔夫甚至把灵魂不朽和上帝的本质也当作了理性认识的对象,认为人类的理性能力可以把握宇宙、灵魂和上帝的全部知识。沃尔夫这种强调理性能力的观点在德国知识界曾经风靡一时,并且对德国的启蒙运动产生了深刻的影响,对当时粗俗的德国资产阶级掌握理性思维形式产生了很大的促进作用。

沃尔夫哲学包括理论哲学和实践哲学两大部分,理论哲学又包括四个部分:形而上学——研究抽象的存在本身的理论;理性心理学——关于灵魂的实体性和不朽性的理论;宇宙论——关于形体和世界的普遍学说;理性神学——探讨上帝的存在及其本质的学说。这些部分后来都成了康德批判哲学的靶子。沃尔夫的实践哲学则包括自然法、伦理学、政治学和经济学。沃尔夫哲学说到底是对莱布尼茨哲学的一种系统化,但是由于沃尔夫的大部分著作都是用德语写成的,因此他成了"使哲学成为德国本地的东西"的第一人,第一次把哲学的理性内容与德意志的语言形式结合起来。黑格尔认为:"沃尔夫为德国人的理智教育作出了伟大的贡献,不朽的贡献。他不仅第一个在德国使哲学成为公共财产,而且第一个使思想以思想的形式成为公共财产,并且以思想代替了出于感情、出于表象

中的感性知觉的言论。"另一方面,黑格尔也指出:"但是沃尔夫对这种理智教养
所作出的那些伟大贡献,却与哲学所陷入的干枯空洞成正比:他把哲学划分成一
些呆板形式的学科,以学究的方式应用几何学方法把哲学抽绎成一些理智规
定……把理智形而上学的独断主义捧成了普遍的基调。"①沃尔夫把莱布尼茨的
"前定和谐"学说肤浅化为一种神学目的论,例如认为老鼠被生出来是为了给猫
吃,猫被生出来则是为了吃老鼠,整个世界被创造出来就是为了证明上帝的智
慧。他还把矛盾律当作唯一的原则,对任何细小的事情都进行一番学究气十足
的形式主义论证,例如在他为军事学所写的规范中写道:"规条四。敌人向要塞
走得越近,就必定越难靠拢要塞。证明。敌人向要塞走得越近,危险就越大。而
危险越大,人们就必定越能抵抗他,使他的进攻粉碎,摆脱自己的危险,这是非常
可能的。因此,敌人向要塞走得越近,就必定越难靠拢要塞。证讫。"②沃尔夫去
世之后,他的思想通过他的弟子们继续统治着德国各大学,形成了所谓的"莱布
尼茨—沃尔夫体系"。这个独断论的哲学体系统治了德国思想界达半个多世纪
之久,一直到康德的《纯粹理性批判》问世(1781年),才遭到了根本性的清算。

第五节　晚期经验论哲学

　　经验论哲学发展到洛克那里,自身所隐含的逻辑矛盾已经明显地暴露出来
了。洛克一方面提出了著名的"白板说",认为我们的一切知识都来自于经验
(感觉和反省);另一方面又把"复杂观念"和"第二性质"的原因归结于心灵,这
实际上承认了心灵具有一种先天的知识能力或知识形式。莱布尼茨后来正是利
用这一矛盾而对洛克的"白板说"展开攻击的。此外,洛克还独断地设定了两个
无法用经验来说明的形而上学"实体"——"物质实体"和"精神实体",并将其作
为整个知识论得以可能的客观基石和主观基石。这种做法遭到了更加彻底的经
验论者的反对。贝克莱首先对洛克的物质实体进行了批判,以固守感觉经验的
立场;但是,贝克莱在贯彻经验论的基本原则方面仍然是一个半途而废者,他否
定了洛克的物质实体,却保留了洛克的精神实体。休谟则接着贝克莱把经验论
推到了更加彻底的地步,不仅对各种实体都进行了根本性的质疑,而且否定了因
果关系的客观性和必然性,从而使经验论最终陷入了怀疑论。休谟在把经验论
原则贯彻到底的同时,也从根本上取消了这个原则的认识客观世界的作用。经
验论的知识论在休谟那里最终走向了不可知论,其最后的结论就是:具有普遍必
然性的知识是不可能的。因此,休谟的怀疑论就如同莱布尼茨—沃尔夫的独断

---

① 黑格尔著,贺麟、王太庆译:《哲学史讲演录》第四卷,商务印书馆1978年版,第185、188页。

② 转引自黑格尔著,贺麟、王太庆译:《哲学史讲演录》第四卷,商务印书馆1978年版,第191页。

论一样,由于自身的内在矛盾而钻进了认识论的死胡同。

一、贝克莱

乔治·贝克莱(George Berkeler,1684—1753 年)出生于爱尔兰的一个乡绅家庭,未满 16 岁就进入都柏林的三一学院学习神学,也广泛学习了希腊文、希伯来文、拉丁文和法文,并对数学、物理学和光学有所了解。在大学期间,贝克莱就参加了三一学院的"洛克学说研究会"的活动,对洛克的哲学思想深感兴趣。大学毕业后曾短期留校任教,后来到英国和欧洲大陆周游,结交思想名流。1721年贝克莱返回爱尔兰,先后担任了几个教区的教长,在此期间,贝克莱怀着在英属百慕大群岛建立一所传教士学校以"改进美洲文明"的梦想来到美洲,然而他的"百慕大计划"却在历经周折之后最终失败了。1734 年贝克莱被任命为爱尔兰克罗因地区的主教,达 18 年之久,1752 年退休,次年死于英国牛津。贝克莱的主要哲学著作有《视觉新论》(1709)、《人类知识原理》(1710)和《哲学对话三篇》(1713),都是他二十多岁所作。晚年的贝克莱放弃哲学和神学研究而专心研制焦油水。

视觉与触觉　贝克莱是从洛克开始自己的哲学思考的,他的哲学可以看作是洛克哲学的进一步经验化和心理学化。在 1709 年发表的《视觉新论》中,贝克莱从心理学的角度对视觉原理作出了说明,他把洛克关于物体的两种性质转换为主体的两种感觉——触觉和视觉,认为触觉的对象——广延、形相等——是客观实在的,而视觉的对象——光和色——则是主观的观念。他声称:"视觉的固有对象并不是在心外,亦不是心外任何事物的肖像。"[1]在这本书中,贝克莱虽然承认作为触觉对象的广延是客观实在的,但是他却从心理学的角度认为,呈现在我们视觉中的物体的广延实际上只是我们根据以往的触觉经验而形成的一种联想结果——在我们的视觉中实际上只有光与色,但是由于以往我们曾经对某个物体有过触觉,感知到了它的广延和形相,因此当我们再次面对那个物体时,我们心理上的联想习惯就把视觉中的颜色与以往关于广延的触觉经验结合在一起,从而形成了视觉中的广延和形相。他强调,"所触的广袤与形相"与"所见的广袤与形相"是完全不同的东西,虽然它们常常被心理的联想习惯联系在一起。前者是客观的、绝对的、恒常不变的;后者则是主观的、相对的、因时因地因人而异的。

在贝克莱的这部最初的著作中,他的基本观点虽然还带有洛克哲学的朴素实在论色彩(即承认广延、形相、运动等第一性质的客观性),但是却已经表现出

---

[1]　贝克莱著,关文运译:《视觉新论》,商务印书馆 1957 年版,第 16 页。

某些与洛克哲学分道扬镳的思想萌芽。其一表现为把物体的性质转变为感觉的观念,用触觉对象和视觉对象来取代洛克的第一性质和第二性质,由此埋下了把事物的可感性质等同于感觉或观念、从而把实物观念化的伏笔。其二表现为把实在的广延等同于触觉中的广延,并把后者说成是由视觉中呈现出来的东西(光与色)经过心理经验或联想习惯而构造出来的东西,这样就为日后把广延、形相等第一性质也如同色、声、香、味等第二性质一样说成是纯粹的主观观念奠定了基础。其三表现为对于数目的唯名论解释,贝克莱认为,数目并不像洛克所说的那样是客观存在的第一性质,而只是人心任意给予一个观念或一群观念的一个名称:“任何东西,人心只要把它当作一个,它就是一个单位。因此,每个观念的集合体,便被人心认为是一,而且以‘一’名来标记它。”①从这一思想中就导出了贝克莱关于“事物是观念的集合”的观点。

“存在就是被感知”　　在不久后出版的《人类知识原理》中,贝克莱就彻底背离了洛克的唯物主义经验论而走向了主观唯心主义。在这本书中,贝克莱一开始就从不同的感官印象出发,把事物说成是来自不同感官的各种观念的集合。通过视觉,我们有了颜色的观念;通过触觉,我们有了软硬的观念;通过嗅觉和味觉,我们有了气味和滋味的观念。对于某些通常一同出现的观念,我们的心灵把它们集合在一起,并用一个名称来标记它们,把它们当作一个统一的东西,这个东西就是我们所说的一个苹果、一棵树、一块石头、一本书等等。在贝克莱看来,事物都是可感物,而可感物是由各种可感性质集合而成,可感性质不可能离开感觉而独立存在,而观念就是可感性质与感觉的统一(观念是被感知的可感性质),因此,“事物是观念的集合”。在贝克莱的这个推理过程中,关键之处在于通过观念而混淆了可感性质与感觉,把客观属性主观化,从而把实物观念化了。

由“事物是观念的集合”,自然而然地就得出了“存在就是被感知”的结论。贝克莱认为,世界上除了无数的观念或知识对象之外,还存在一种作为知识主体的东西,即所谓心灵、精神、自我等,它是感知各种观念的主体,观念不能脱离心灵独立存在。“这些观念是**在那种东西中存在的**,或者说,是为它所感知的;因为一个观念的存在,就在于其被感知。”由于贝克莱已经把实物观念化了,而观念又离不开心灵,因此对于贝克莱来说:“要说有不思想的事物,离开知觉而外,绝对存在着,那似乎是完全不可理解的。所谓它们的存在[esse]就是被感知[percepi],因而它们离开能感知它们的心灵或能思想的东西,便不能有任何存在。”②

贝克莱对洛克所说的“物质实体”进行了根本的否定,在他看来,洛克本人

①　贝克莱著,关文运译:《视觉新论》,商务印书馆 1957 年版,第 46~47 页。

②　贝克莱著,关文运译:《人类知识原理》,商务印书馆 1973 年版,第 19、20 页。

就已经承认了"物质实体"是不可知的,一个不可知的东西如何能够断定它是存在的呢?况且洛克认为观念有两个来源,即感觉和反省,反省的观念与外物无关,这就足以说明没有外物也同样可以形成观念。贝克莱还利用洛克关于两种性质的学说,指出广延、形相、运动等第一性质与颜色等第二性质是不可分离的,我们无法想象一个没有颜色、只有广延的事物,"所谓广延、形象和运动,离开一切别的可感知的性质,都是不可想象的。因此,这些别的性质是在什么地方存在的,则原始性质(即第一性质——引者)也一定是在什么地方存在的,就是说,它们只是在心中存在的,并不能在别的地方存在。"①贝克莱举例说,正如同滋味是因人而异的一样,不同的观察角度和不同的眼睛结构所看到的形状和广延也各不相同,这恰恰说明了"形状和广延也不是存在于物质中的性质的摹本或肖像",而只是主观的观念。既然从颜色到广延等所有的偶性都不存在于心外的物体之中,那么也就不可能存在什么作为"支撑偶性的基质"的物质实体了。就此而言,"物质实体"只不过是心灵的一个抽象概念而已,它的实际意义就等于"无"。贝克莱指出,人们之所以要设定一个"物质实体",只是为了说明我们观念的来源。但是"观念只能与观念相似",如果"物质实体"是观念,那么它同样不能脱离心灵而独立存在;如果它不是观念,又如何能够成为观念的来源呢?这个不可感知的、缺乏能动性的"物质实体"——只有"精神实体"才是能动的——又如何能够成为被感知的观念的原因呢?贝克莱总结道:"总之,假如有外物的话,则我们不可能知道它;假如没有的话,我们亦可以有同样的理由相信我们仍会有现在所有的观念。"②因此,"物质实体"无论是作为支撑偶性的基质还是产生观念的原因,都是既不可能、也不必要的。

否定了"物质实体"的存在之后,贝克莱就把观念的原因和支持者归结为"精神实体"。他明确地说道:"这些观念一定有一种原因为它们所依靠,并且产生它们,改变它们……它必然是一种实体了;不过我们已经指出,它不能是有形的或物质的实体,因此,我们只得说,**观念的原因乃是一个无形体的、能动的实体或精神**。"③贝克莱把事物说成是观念的集合,又把观念说成是精神、心灵、自我的结果,这样一来,整个世界只不过是精神或自我的一种感知而已。贝克莱也由此陷入了一种与常识相悖逆的主观唯心主义或唯我论的陷阱中。

贝克莱确实是把洛克的经验论原则向前推进了一步,从而否定了不可感知的"物质实体"。但是贝克莱并没有把经验论原则贯彻到底,因为他在对不可感知的"物质实体"进行否定的同时,却对同样不可感知的"精神实体"予以肯定。

---

①　贝克莱著,关文运译:《人类知识原理》,商务印书馆 1973 年版,第 24 页。
②　《西方哲学原著选读》上卷,商务印书馆 1981 年版,第 511 页。
③　贝克莱著,关文运译:《人类知识原理》,商务印书馆 1973 年版,第 31 页。

经验论的原则倘若贯彻到底的话,是会对唯物主义的"物质实体"和唯心主义的"精神实体"一概予以颠覆的,它的终点将是解构一切形而上学独断论的怀疑论,贝克莱尚未走到这一步。此外,贝克莱之所以单方面地否定"物质实体",也与他的宗教虔诚有关,他敏锐地意识到,"物质实体"的学说不仅在哲学上构成了唯物主义的主要支柱,而且在宗教信仰上也是各种无神论的基础。他说道:"物质的实体从来就是无神论者的莫逆之友,这一点是无须论证的。他们所有的一切妖妄的系统,都分明地、必然地依靠于物质的实体。因此,我们如果把这块基石一移掉,则全部结构只有垮台了。"①这种宗教虔诚不仅使贝克莱只把经验论的利斧砍向"物质实体",而且还使他最终借助于上帝这个"万能跳板"跳出了唯我论的狭隘泥淖。

观念客观化　贝克莱把实物观念化的结果是使自己陷入了唯我论。《人类知识原理》出版后,很快就遭到了人们的普遍反对,因为"存在就是被感知"的哲学命题与人们的常识太相违背了。在一般人看来,按照这种观点,如果不被贝克莱的"自我"所感知,世界上的一切事物和他人就都不能存在了。法国哲学家狄德罗就讽刺他是一架"发了疯的钢琴",不但自己弹奏自己,而且以为全宇宙的和谐都发生在自己身上。面对着来自世俗社会方面的各种指责和误解,贝克莱在1713年又发表了《哲学对话三篇》,为自己的观点作辩解。如果说在《人类知识原理》中他通过否定"物质实体"而把实物观念化了,那么在《哲学对话三篇》中,他则借助于上帝的权威把(上帝的)观念客观化了,从而从狭隘的唯我论走向了所谓的"自然实在论"。

在这本书中,贝克莱仍然坚持认为,我们所感知到的东西只能是观念,而观念是不可能离开心灵而存在的,因此在心外并不存在什么物质实体。他一方面宣称:"哲学家所谓**物质的实体**委实不存在,这是我郑重的信仰。"另一方面却承认可感事物的存在,认为"如果**物质**系指心以外不能思想的实体而言,那么**物质**是不存在的;如果**物质**只是指着一些可感物,它的存在只在于被知觉,那么**物质**是存在的。"②贝克莱说,他的目的不是要把事物转化为观念,而是要把观念、即把知觉的直接对象当作实在事物本身。他试图说明,世俗人们把直接知觉到的东西说成是实在的事物,哲学家们(指马勒伯朗士等唯理论者)则认为我们所能认识的东西只有心中的观念,而他恰恰要把二者统一起来,即认为心中的观念就是实在的事物。

出于既要坚持"存在就是被感知"的哲学命题、又要摆脱唯我论困境的理论需要,贝克莱就像曾经陷入"自我"藩篱中的笛卡尔一样搬出了上帝。他强调,

① 贝克莱著,关文运译:《人类知识原理》,商务印书馆1973年版,第62页。
② 贝克莱著,关文运译:《哲学对话三篇》,商务印书馆1957年版,第2、111页。

"存在就是被感知"并不仅仅是指被他贝克莱本人所感知,而是指被一切心灵所感知。当事物不被我所感知时,它仍然存在于上帝的感知中。"我的结论并不是说,它们没有实在的存在,乃是说,它们既然不依靠于'我'的思想,而且它们不被'我'知觉也能存在,那么世上一定另外有个心包含着它们。可感的世界既然分明存在着,照理也一定有一个无限的普遍的精神包含着、支持着这个世界。"①而这个"无限的普遍的精神"当然只能是上帝。贝克莱一方面用上帝的感知来保证可感事物的客观实在性,另一方面又用客观存在的可感事物来证明上帝的存在,同时他还把我们心中观念的原因也归结于上帝,认为正是上帝这个宇宙"大心灵"通过可感印象的刺激才使我们产生了相应的观念。这样一来,即使全世界的人都没有感知到,只要上帝感知到了,事物就能够照样存在。

概括而言,贝克莱在《哲学对话三篇》中的核心思想无非是说,上帝这个宇宙"大心灵"的知觉和意志是一切可感事物存在的原因,而这些可感事物则构成了我们观念的原因。这样一来,贝克莱就明显地背离了《人类知识原理》中的主观唯心主义而转向了客观唯心主义,或者如他自己所说的"自然实在论"。然而贝克莱始终坚持的一个基本观点就是,坚决否定脱离一切心灵(包含上帝这个宇宙"大心灵")而独立存在的客观事物。但他毕竟背离了自己最初提出的"存在就是被感知"的经验论原则,因为正如自我、心灵、精神或灵魂等感知主体不是感知对象,同样,我们对于上帝也没有感知,那么,我们如何能够断言上帝存在呢?他解释说,我们只是通过对自我或精神的反省,并增加其能力,去掉一切缺点,这样就形成了关于上帝的近似的"意念"。"我虽然不能以感官知觉上帝,但是我对于他也有一种意念,或者可以借反省同推理知道他……根据我自己的存在,根据我自己和我的观念的依属性,我又借着推理作用,必然地推论到上帝的存在,以及在上帝心中的一切被造物的存在。"②在贝克莱看来,观念是被动的认知对象,是通过感知活动而获得的;自我或精神是相对的和有限的能动认知主体,人们不是通过感知、而是通过直觉而知道它的;上帝则是绝对的和无限的能动创造者和感知者,关于他的知识既不是来自于感知,也不是来自于直觉,而是由自我或精神间接地推论出来并"意念"到的。在这里,我们可以看到,贝克莱把观念说成是外在经验(感知)的结果,把自我或精神说成是内在经验(直觉)的结果,但是却把观念和精神这二者的根本保证——上帝——说成是推理的结果。作为一个经验论者,贝克莱哲学最后的理论奠基石恰恰不是经验,而是推理,以至于有人甚至把他看作一个理性主义者,这不能不说是对经验论的一个莫大讽刺!

① 贝克莱著,关文运译:《哲学对话三篇》,商务印书馆1957年版,第50~51页。
② 贝克莱著,关文运译:《哲学对话三篇》,商务印书馆1957年版,第75页。

贝克莱形而上学地断定了上帝的存在,试图用"上帝的感知"来作为整个客观世界和主观观念的根本保证,从而走出唯我论的死谷。如同笛卡尔、莱布尼茨等人一样,贝克莱也把上帝当作摆脱理论困境的救命稻草。然而,把形而上学的上帝当作知识论和存在论的根本保证的做法,恰恰背叛了经验论的基本原则,从而使贝克莱的形而上学与他的经验论立场之间出现了不可调和的矛盾。这种深刻的矛盾只有在休谟的拒斥一切形而上学的怀疑论中,才能得到解决。

二、休谟

大卫·休谟(David Hume,1711—1776 年)出生于苏格兰爱丁堡的一个没落贵族家庭,12 岁时就进入爱丁堡大学学习法律,家人希望他日后能成为一名律师,然而休谟的志向却不在于此。毕业后出于经济上的原因,休谟曾一度在一个钱庄里从事商业活动,但很快又放弃了。从 1734 开始,他隐居法国数年,专心从事研究和著述,终于在 1737 年写成了他的主要著作《人性论》。他曾经期待这本书的出版能够使他一举成名,然而事与愿违,此书出版后无人问津。几年以后,在出任英国驻意大利使馆秘书时,他把《人性论》第一卷用较通俗的文风改写成了《人类理解研究》,1748 年出版后引起了较大反响,由此奠定了他在欧洲思想界的地位。从意大利回国后,休谟又把《人性论》第三卷改写成《道德原则研究》。1752 年他到爱丁堡图书馆工作,在那里写成了《英国史》,1757 年又发表了《宗教的自然史》。1763 年休谟又出任驻法国使馆秘书和代理公使,与法国的启蒙思想家狄德罗、爱尔维修、卢梭、达朗贝尔等人过往甚密。晚年的休谟辞去了外交部次官的职位,回到爱丁堡一心从事宗教问题研究,写了《自然宗教对话录》一书,死后才出版。尽管休谟的怀疑论思想对于一切形式的哲学独断论和宗教信仰都构成了致命的威胁,但是休谟一生的为人处世却堪称为一位温良恭俭的英国绅士。

印象与观念 休谟的《人性论》是西方哲学史上第一部公开以对"人性"的探讨为唯一对象的哲学著作。他把这种探讨分为三个部分或三个阶段,即人的知识、情感和道德,类似于后来康德所划分的人的知、情、意。而这三者之间,对知识的探究是最基本、最重要的。像一切经验论者一样,休谟也把感觉经验确立为知识的前提和基础,坚持"凡在理智中的,无不先在感觉之中"这条经验论的基本原则。他明确地表示:"思想中的一切材料都是由外部的或内部的感觉来的。人心和意志所能为力的,只是把它们加以混合和配列罢了。"[①]休谟把通过感觉经验而获得的东西称为"知觉"(perceptions),知觉可以分为两类,即"印象"

---

① 休谟著,关文运译:《人类理解研究》,商务印书馆 1957 年版,第 21 页。

和"观念"。休谟在《人性论》的开篇处写道："两者的差别在于：当它们刺激心灵,进入我们的思想或意识中时,它们的强烈程度和生动程度各不相同。进入心灵时最强最猛的那些知觉,我们可以称之为**印象**(impressions)；在印象这个名词中间,我包括了所有初次出现于灵魂中的我们的一切感觉、情感和情绪。至于观念(idea)这个名词,我用来指我们的感觉、情感、情绪在思维和推理中的微弱的意象。"①很明显,休谟所说的印象和观念分别具有感性认识和理性认识的含义,但是他把二者的关系仅仅说成是强烈程度的差别,这显然是把理性认识感性化了。而且他还把观念说成是印象的"摹本",认为通过感觉和反省而获得的印象是强烈的、活跃的和界限精确的,不容易陷入错误；而思维和推理中的抽象的观念"天然都是微弱的、暧昧的",常常容易与其他观念相混淆而导致错误。这种对于理性认识(思想和推理)的简单化理解和轻视态度,正是导致休谟走向不可知论或怀疑论的重要原因。

　　对实体的怀疑　休谟哲学的基本原则就是："我们的观念超不出我们的经验",他的一切哲学批判和宗教批判都是以这个原则作为绝对前提的。在任何情况下都始终坚持这个原则,这正是休谟比洛克、贝克莱等人更彻底的地方。休谟像贝克莱一样把事物说成是印象或观念的集合,坚持"存在就是被感知"的观点,站在经验论立场上对"实体"进行了根本性的怀疑。在休谟看来,我们关于实体的观念如果不是从感觉印象获得,就是从反省印象获得。但是从感觉印象获得的只是一些颜色、声音、滋味等,我们显然不能把实体等同于这些印象；另一方面,从反省印象获得的只是一些情感和情绪,这些东西同样也不是实体。因此,"实体观念正如样态观念一样,只是一些简单观念的集合体,这些简单观念被想象结合了起来,被我们给予一个特殊的名称,借此我们便可以向自己或向他人提到那个集合体。"②

　　休谟认为,我们既没有关于外物的经验,也没有关于外物与我们知觉的关系的经验,我们所经验到的只有印象和观念本身。因此,经验对于休谟来说不是沟通意识与外物、思维与存在的桥梁,而且隔绝二者的鸿沟。休谟既然把经验当作一切观念和知识的绝对界限,他就必然要对不能经验的物质实体采取怀疑态度。但是休谟对物质实体的怀疑态度不同于贝克莱对物质实体的否定态度,在休谟看来,既然我们没有关于物质实体的任何经验,那么我们就既不能肯定它的存在,也不能否定它的存在,而只能对它采取不可知的态度。不但对它们的状态不可知,而且对它们是否存在也不可知。

　　休谟把经验论推向了怀疑论,从而使它成为一把双刃剑,不仅砍向了"物质

---

① 休谟著,关文运译：《人性论》,商务印书馆1980年版,第13页。

② 休谟著,关文运译：《人性论》,商务印书馆1980年版,第28页。

实体",而且也同时砍向了被贝克莱保留的"精神实体"。休谟指出,所谓"自我"(或"精神")与"物质"一样是不可知的,我们内心所经验到的只是一些具体的反省印象,从来就没有一个脱离各种特殊知觉而独立存在的"自我"或精神实体。他说:"当我亲切地体会我所谓我自己时,我总是碰到这个或那个特殊的知觉,如冷或热、明或暗、爱或恨、痛苦或快乐等等的知觉。任何时候,我总不能抓住一个没有知觉的我自己,而且我也不能观察到任何事物,只能观察到一个知觉。当我的知觉在一个时期内失去的时候,例如在酣睡中,那么在那个时期内我便觉察不到我自己,因而真正可以说是不存在的。"①进一步说,既然"实体"观念不过是心灵对一些感觉或反省印象进行综合的结果,是一种主观的杜撰,那么关于"上帝"这个"绝对实体"的观念也同样是心理活动的产物。休谟说道:"上帝观念虽是指着全智全善的一个神明而言,实则这个观念之生起,也是由于我们反省自己的心理作用,并且毫无止境地继续增加那些善意和智慧的性质。"②

总之,休谟坚持"除了印象和观念之外别无他物"的彻底经验论立场,他不仅把物质实体知觉化,而且也把精神实体知觉化了。这样一来,整个世界就成为一堆不知道从哪里来、也不知道是什么的知觉的集合。这就成了休谟对因果联系的客观性和必然性加以解构的依据。

因果问题　休谟对因果性的解构最典型地体现在他对一般日常经验中的因果观念的分析上,即:我们怎么会认为两个观念之间有一种因果关系呢?他认为:"各观念间的联系原则似乎只有三种,就是**相似关系**(Resemblance),时间或空间中的**接近关系**(Contiguity in Time or Place)和**原因或结果**(Cause or Effect)。"③在休谟看来,我们正是依据这三条原则,通过联想的作用而把各种观念联结起来的。例如,当我们看到一幅图像时就会联想到图像中的原物,这是由于相似关系原则;当我们谈到今天时,就可能联想到昨天或明天,或者当我们谈论一栋住宅中的一间房屋时,就可能联想到另一间,这是由于时空接近原则;当我们想到一处伤口时,就会联想到它所引起的痛苦,这是由于因果原则。在这三条原则中,我们运用得最多、同时也最为重要的是因果原则,它涉及我们对实际事情的判断,因此休谟对因果问题进行了详尽的探讨。

休谟首先强调,因果联系的根据不是理性,而是经验,因而他对"一切开始存在的东西必然有一个存在的原因"这条理性派的先验原理提出了怀疑。他认为,依据感觉和反省得来的所有印象,我们只能发现所谓的因果关系不过是一种**接近关系和接续关系**。我们只看到了"太阳晒",然后感觉到"石头热",我们并

① 休谟著,关文运译:《人性论》,商务印书馆1980年版,第282页。
② 休谟著,关文运译:《人类理解研究》,商务印书馆1957年版,第21页。
③ 休谟著,关文运译:《人类理解研究》,商务印书馆1957年版,第24页。

没有在"太阳晒"中看到"原因",在"石头热"中看到"结果",因此我们甚至不能说"太阳晒热了石头"。休谟不否认结果在事实上往往是跟着原因而来的,但是却否认结果**必然**地跟着原因而来。这就摧毁了因果关系的必然性。

休谟进一步认为,所谓因果性也并不表示事物中有某种客观的"力"的传递关系。他以打弹子为例,我们所能感知到的只有两个弹子的先后运动,即第一个弹子运动到第二个弹子处停下来了,而第二个弹子开始接着运动,我们并不能感知到第一个弹子有某种能力推动了第二个弹子,或者在二者的运动之间有什么必然的联系。他总结道:"我们只能发现出各种事情相继出现,可是我们并不能了解原因所借以进行的任何能力,和原因同其假设的结果间的任何联系……一件事情虽然跟着另一件事情而来,可是我们永远看不到它们中间有任何纽带。它们似乎是'会合'在一块的,却不是'**联系**'在一块的。"①也就是说,所谓因果联系不过是对事物之间恒常出现的先后关系和接近关系的一种习惯联想或心理错觉而已。那些通常被人们说成是具有因果联系的事物只是在时间上一先一后,而且恒常地"会合"在一起出现。久而久之,人们受了习惯的影响,在看到其中一件事情出现之后,就期待着它的恒常伴随物的出现,并且相信它必然会出现。因此,因果联系是由两个要素构成的,一个是事物的恒常"会合",另一个则是心灵根据习惯而作的联想或推断。这就摧毁了因果关系的客观性。

休谟不仅否定了因果联系的客观性和必然性,而且还把必然性本身也归结为主观思想。他认为,任何事物本身都无所谓必然性,必然性不过是人的思想中的一种决定作用而已。他说道:"老实说,任何动作的必然性,不论是物质的或心理的,都不是动作者方面的一种性质,只是能考察这种动作的那个有思想或有智慧的生物的一种性质;这种必然性之成立,多半只是因为他的思想中有一种决定作用、要由先前的一些物象来推断出那种动作来。"②由于把客观实在性、因果性和必然性都说成是主观思想的结果,休谟就用心理习惯取代了自然规律,从而陷入了主观唯心主义。但休谟并没有像贝克莱那样援引上帝来摆脱唯我论的困境,而是认为,习惯是建立在经验归纳的基础上的,虽然经验归纳无法得出普遍必然性的结论,但是它毕竟具有或然性,因此可以用作"人生的伟大指南"。遵循过去的习惯我们就可以对将要出现的事情作出大致可信的判断,从而在实践中保持我们的健全常识。他并不怀疑我们在肚子饿时会去吃面包而不是吃石头,但他认为实践是一回事,实践所依据的原则是否具有可靠的理论根据则是另一回事。他作为哲学家的任务只是寻找理论上的根据,当他没有找到时就只好保持怀疑;而作为生活中的人则和其他人没有两样,只须遵行习惯就够了。

---

① 休谟著,关文运译:《人类理解研究》,商务印书馆 1957 年版,第 68 页。
② 休谟著,关文运译:《人类理解研究》,商务印书馆 1957 年版,第 84～85 页。

两类知识 然而,当休谟把经验论原则推向彻底时,他仍然表现出某种犹疑,即在经验知识之外保留了某种先天性的知识。休谟把人类知识的对象分为两类,第一类是"观念的关系",研究这一类对象的科学有几何学、数学等等。这类知识是自明的,其命题具有普遍必然性,其反面是不可能的,如"直角三角形弦之方等于两边之方""三乘五等于三十之一半"等。在休谟看来,这类知识并不以实际存在的事物为根据,而仅仅以思想的逻辑为依据,是纯粹形式方面的知识。第二类对象是"实际的事情",这一类对象由于具有经验的内容,因此关于它们的知识通常只具有或然性(可然性),它的反面完全是可能的。例如,"今天下了雨"和"今天没有下雨"虽然在事实上只有一个可以成立,但这两种情况都是完全有可能的和可理解的,它们并不会导致逻辑上的矛盾。休谟认为,一切通过实验、观察而归纳出来的知识都属于这一类知识,如物理学等实验科学知识。关于实际事情的知识都是从感官的证据和记忆出发,然后借助于"因果关系"的联想而超出感官的证据和记忆以外,推论出某些未知的东西。休谟举例说,一个人如果在荒岛上发现了一块表,他就可以由此推出这个荒岛上以前有人住过。同理,"关于实际事情的一切推论都是这种性质的。在这里,我们总是假设,在现在的事实和由此推得的事实之间,必然有一种联系。"①因此,因果关系虽然只是一种主观的联想,但却是一切以实验、观察为出发点的科学理论的共同基础,科学的目的正是要通过自然界的某些现象来推论出另一些作为原因或结果的东西。但这种推论的"必然性"只是我们"假设"的,并非真正的必然性。只有第一类知识才是真正必然的。

不过在休谟看来,上述第一类知识只是指纯粹形式的东西,它并不涉及实际事情的具体内容,因此这一类知识并不是真正的知识,虽然它具有普遍必然性。休谟指出,几何学和数学的那些抽象理论如果离开了经验的内容,并不能帮助我们在发现自然法则方面前进一步。休谟始终是把经验当作知识的唯一基础,坚持反对唯理论者仅仅凭着抽象的形式推理就建立起全部知识体系的做法。

但休谟又指出,我们虽然可以通过因果关系来设想实在事物的原因,并由此建立起科学知识,但我们并不能由此去推论一切事物的"最后的原因"。关于世界的"最后的原因"实际上已经超出了人类知识的范围,属于经验所不能达到的形而上学领域。尽管我们的理性通过经验观察、类比推理等方式把许多特殊的结果还原为少数概括的原因,但是我们对于这些原因的原因却永远也无法发现,"这些最后的概括和原则对人类的好奇心和考究是完全封锁住了的"。所以谦和明智的哲学家们从来不对自然的"最后的原因"妄加论断,而"一切哲学的结

---

① 休谟著,关文运译:《人类理解研究》,商务印书馆1957年版,第27页。

果只是使我们把人类的盲目和弱点发现出来"①,从而使我们不至于过分狂妄地硬要去认识那些不可认识的东西。这就杜绝了一切神学对上帝存在的证明。

对理性神学的批判   休谟从"我们的观念超不出我们的经验"这一基本原则出发,对传统理性神学关于上帝存在的理据或证明进行了批判。在《自然宗教对话录》中,休谟展示了如下三段论式:"我们的观念超不出我们的经验;我们没有关于神圣的属性与作为的经验;我用不着为我这个三段论式下结论:你自己能得出推论来的。"②这个结论当然只能是,我们没有关于神的观念,换言之,我们关于神的观念都是缺乏经验基础的或虚构的。

休谟在《自然宗教对话录》里对自然神论关于上帝存在的设计论证明(或者叫做"目的论证明")和传统基督教关于上帝存在的宇宙论证明分别进行了令人信服的反驳。设计论证明是一种后天证明,它从具有精美结构的钟表必有一个制造者(这是经验告诉我们的),推出具有更加精美结构的大自然必有一个创造者的结论。针对着这个看起来似乎是基于经验的后天证明,休谟认为,设计论证明并没有严格地遵循经验的原则,它所运用的类比推理缺乏充分的经验依据,"充其量也不过是关于一个相似因的一种猜想、一种揣测、一种假设"而已。在休谟看来,设计论证明从钟表的原因推出宇宙的原因的做法,与从动物的血液循环推出植物的血液循环或者从一根头发的生长推出一个人的生长一样可笑。休谟认为,相信上帝设计世界(唯心主义)并不比相信物质生成世界(唯物主义)更加具有理论说服力,二者都是基于一种超出经验的信念。为了说明在运用类比推理时必须严格遵守使原因与结果协调相称的原则,休谟举了一个天平的例子:如果在天平上,放有十两重的物体的一端向上升,那么我们可以肯定另一端的物体一定超过了十两重,但是我们既不能由此证明那个物体超过了一百两甚至是无限重,也不能断定在那一端究竟是有一个物体还是有几个物体。根据这个原则,设计论证明充其量只能推出宇宙有一个原因,但是这个原因到底是什么样的,我们却无法确定,它既可能是基督教所信仰的唯一上帝,也可能是异教(希腊罗马多神教)所信仰的有血有肉的诸神或者唯物主义所说的物质。人们对于万物起源或者宇宙终极原因的解释,只是出于他们的生活习惯、文化教养和思想信念,这些解释并不能在经验中得以验证。休谟由此得出结论:"我们并没有材料来建立任何宇宙构成论的体系。我们的经验,它自身如此的不完全,范围和持续两方面又如此的有限,不能为我们对于万物的起源提供可能的揣测。"③他强调,我们只能在经验的范围内形成关于具体事物的知识,一旦超出了经验范围,

---

①   参见休谟著,关文运译:《人类理解研究》,商务印书馆 1957 年版,第 30 ~ 31 页。

②   休谟著,陈修斋、曹棉之译:《自然宗教对话录》,商务印书馆 1962 年版,第 16 页。

③   休谟著,陈修斋、曹棉之译:《自然宗教对话录》,商务印书馆 1962 年版,第 48 页。

一切形而上学的抽象思考都具有等效性。质言之，**经验无权对宇宙的终极原因作出形而上学的判断**。

至于宇宙论证明，它是建立在因果联系的基础之上。然而在休谟看来，因果联系只是习惯联想的产物，它本身就缺乏客观性和必然性的依据，因此并不能必然地推出一个世界的终极原因。更何况"存在"只是一个经验的事实，而非一个逻辑的结论。上帝是否存在，这只是一个经验的问题，只有通过经验才能对其进行验证，而不能从逻辑中**必然地**分析出来。休谟对目的论证明和宇宙论证明的上述驳斥深深地影响了康德，启发康德以更为严密和系统的方式对先验的宇宙论和理性神学展开批判，最终砍下了自然神论和理性神学的头颅。

在《自然宗教对话录》中，休谟还对莱布尼茨的神正论进行了批判。针对莱布尼茨关于"最好世界"的乐观主义观点，休谟运用了大量的经验事实来说明，在这个被上帝所创造的世界中充满了各种罪恶。在这种情形下，我们又如何能从这个充满了罪恶和缺陷的世界中推出一个至善或正义的上帝呢？

休谟虽然对各种关于上帝存在的理据都进行了无情的批判，但是他的动机却并非是要彻底颠覆宗教信仰，而只是要反驳理性神学为宗教信仰提供的各种论证，从而将宗教信仰的根基建立在个人的良知和情感之上。休谟强调，一个怀疑主义者并不怀疑上帝的**存在**，而只是怀疑关于上帝存在的各种理性证明，怀疑人们凭着自己的有限理性而对上帝的性质妄加臆断的做法。因此，只有怀疑主义者才是真正配得上神恩的人。他甚至认为，"真正体会到自然理性的缺陷的人，会以极大的热心趋向天启的真理；而傲慢的独断论者，坚信他能仅借哲学之助而创立一套完全的神学系统，不屑去获得任何更多的帮助，也摈弃了这个天外飞来的教导者。在学术人士之中，做一个哲学上的怀疑主义者是做一个健全的、虔信的基督教徒的第一步和最重要的一步。"[1]

经验论的死胡同　休谟的怀疑论无疑是对一切形而上学独断论和神学理据的毁灭性打击，但是它同时也把经验论推向了极端，从而使经验论作为一种知识论的有效性本身面临着巨大的危机。由于否定了因果联系的普遍必然性，一切哲学和神学固然不能再从经验的事实上升到世界的最后原因，但是知识本身同时也就成为一大堆凌乱的印象、观念碎片的随机拼凑，没有任何规律性可言。近代知识论的实质就是要发现具有普遍必然性的自然规律，而因果联系一直被看作是一条最基本的自然法则。如果因果关系只是一种习惯性的联想，必然性只是一种主观的虚构，那么发现自然规律就成为一句空话，知识论也就不再具有任何价值和意义。更何况连物质、自我等"实体"也不过只是一些本能的自然信

---

① 休谟著，陈修斋、曹棉之译：《自然宗教对话录》，商务印书馆 1962 年版，第 97 页。

念,人生完全听凭习惯的指导,这样的知识论正如康德所嘲笑的,甚至还抵不上一场梦!

整个英国经验论哲学的发展,表现为一种坚定不移地向着其逻辑彻底性迈进的历程,然而这种逻辑上的彻底性恰恰成为经验论哲学的墓冢。当经验论在休谟那里终于达到了逻辑上的彻底性时,它恰恰也丧失了作为一种知识论的客观有效性。经验论的最纯粹和最彻底的形式就是休谟的怀疑论,然而这种怀疑论恰恰是对近代知识论的最高宗旨——追求客观的普遍必然性的知识——的否定。就此而言,经验论的危机是一种内在性的危机,在它的萌芽状态中就已经隐藏着使其毁灭的必然因素。经验论所面临的理论悖论就在于:经验论如果预设了先验的或形而上学的前提——如先天的知识形式、原则和"实体"等等——它就不是纯粹的和彻底的经验论;而经验论如果完全摈弃了这些先验的或形而上学的东西,严格地遵循经验论原则,它就不再是一种真正的知识论,因而不再是一种哲学,而只是一种心理学罢了。这就是英国经验论所面临的巨大的理论尴尬。

第六节 18 世纪法国哲学

在某种意义上说,18 世纪是法国人的世纪。最引人注目的事件是 1789 年的法国资产阶级革命,整个 18 世纪就是这场革命从酝酿、爆发到结束的世纪。与此同时,法国思想界和哲学领域也带上了自己鲜明的特色。18 世纪的法国形成了一场声势浩大的启蒙运动,正是这场运动,为法国革命进行了思想和舆论准备。18 世纪法国哲学采取两种途径来进行自己的启蒙,这就是"自然神论"和唯物主义的"无神论"。

一、自然神论者

1. 伏尔泰

伏尔泰(Voltaire,1694—1778 年)出身于巴黎一个大资产阶级家庭,从小就是有名的神童,三岁就能背诵拉封丹的寓言,十岁时进入教会办的贵族中学受"正规"的教育,却因出身低贱而受到封建等级制度的压迫和歧视,养成了他的反抗精神。他在学校里阅读了不少自由主义的禁书,特别是比埃尔·培尔颂扬理性、鼓吹宗教怀疑论的书。他 16 岁中学毕业后,父亲命他去学习法律,但他的诗人天赋却使他在这方面一事无成,沦落为无业文人,以其文才而出入于巴黎贵族世家。他以对封建等级制度嬉笑怒骂、无所顾忌而惊世骇俗,以语言风趣、思想锐利而闻名天下,曾因"恶毒攻击"罪而两次被捕,关进巴士底狱,两次被放逐国外。

1726年他流亡英国期间是他思想上的一个大的转折,可以说是因祸得福,他看见英国的"月亮"确实要比法国的"圆"。经过三年的考察回来后,他完成了《哲学通信》一书,从英国资产阶级的政治制度、洛克的哲学思想、牛顿的物理学成果直到莎士比亚的戏剧和斯威夫特的小说,都加以全面引进。《哲学通信》的出版引起了当局的查禁和追究,他逃亡到一个偏僻小镇上,在一位侯爵夫人的城堡里隐居了15年,写了大量的哲学和科学、文学作品,以各种化名发表出来,引起了思想界巨大的震动。他由此而成为法国思想界最具影响力的启蒙思想家。雨果曾认为,伏尔泰的名字代表了整整一个时代。1750年,他接受普鲁士的弗里德里希二世的邀请来到柏林,在德国逗留了五年,但最后终于看出他此行并不能达到自己推行开明政治的目的,于是再次潜逃到瑞士边境的小镇凡尔那,在那里一直定居到逝世前。他的家成为当时欧洲各国进步人士的聚会地和通讯中心,人们称他为"凡尔那教长"。1778年,他在民众盛大的欢迎仪式中凯旋回到巴黎,并于同年逝世。他的主要著作除《哲学通信》(又名《英国通信》)外,还有《形而上学论》《哲学辞典》《牛顿哲学原理》等,还写了大量小说、诗歌、戏剧和历史著作。

合理的上帝　伏尔泰的哲学观带有典型的自然神论的特点,并体现出自然和人的矛盾。一方面,他接受了牛顿的自然观和洛克的认识论,认为客观物质世界是不以人的感觉为转移的一个具有广延和不可入性的物体世界,对于这一点,最可靠的证明就是人的触觉和痛觉。在这一点上,他反驳了贝克莱把感觉的可靠性归之于上帝的观点,把上帝从我们的认识中完全排斥出去,使宗教本身被架空了。但另一方面,他又不能完全同意唯物论。他凭借上帝的"第一推动"来肯定大自然的惊人的"协调性"和"合理性",认为自然规律的存在本身就证明了上帝的合理的设计。上帝是一位伟大的数学家,他一劳永逸地为自然立法,然后就袖手旁观,让这些法则按自身的必然规律而起作用,来推动整个世界的运转。上帝最根本的特点就是最精密的理性,他把这种理性作为规律放进了自然之中。

不过,对上帝的这种设定并不完全是出于物理学上的考虑。因为,如果单纯从物理学上来看的话,狄德罗等人无须上帝的"第一推动"也能够很好地解释宇宙的运动。伏尔泰主要是着眼于人、人性和人的意志、情感等现实活动来看待这个问题的,他的一句名言是:"即使没有上帝,也必须造一个出来!"因为否则的话,人就会没有畏惧、没有廉耻,也没有希望,就会成为动物。因此他是考虑到人的道德和伦理生活而为人设定一个上帝的,有点像中国古代的"神道设教"的意思。自然界本来并不需要一个上帝,但人没有一个上帝就不能活,上帝又一次成为了自然和人之间的调解者。但这次上帝是置身于双方之外而作抽象的保证:物质世界是冷冰冰的、无道德的,上帝决不会随时干预这个物质世界的事物进程,因为他是一个最高明的数学家和工程师,不会拙劣到需要调整自己最初的设计;人则由于有了对上帝的信仰而懂道德、讲良心、明善恶,他通过理性来认识物质世界,凭自己内心的力量去掌握上帝创世的秘密,而不为任何外来的权威所吓倒,但他出于同一个理性而相信灵魂不灭,以便在自己的实践中保持自己人性的一贯本质,而不沦为"物"。所以伏尔泰在自然知识方面否认灵魂在事实上可以永远不死,但他同时又提出:"一切人的共同福利要求我们相信灵魂永生。"①必须相信上帝最终可以对人世的事情赏善罚恶。因而,人虽然本身也是自然物并且服从自然规律,但却并不是在自然规律面前一无作为而听任命运的摆布,而是依靠上帝的保证为自己保留了超越自然机械作用行事的权利。

自由学说　所以在伏尔泰看来,人的理性、包括"正义"的观念,都是由上帝所赐予的,是基本的人性,在这方面每一个健全的人都是平等的。在他那里这就等于平等地拥有自己天生的自由,因为所谓自由,他称之为"试着去做你的意志绝对必然要求的事情的那种权力"。②　自由不是机械物理的必然性(如斯宾诺莎所认为的),而是意志的必然性,它包括人身自由、言论自由、出版自由、信仰自由等等,更重要的则是拥有财产的自由。这些自由并不是基于人的认识,而是基于"自然法"的原则,即自由"既不在于使别人痛苦,也不在于以别人的痛苦使自己快乐"。因此这些自由并不是破坏社会秩序的,恰好相反,社会秩序和法律状态正是应该在这一基础上建立起来,是维护这一系列基本权利的规章制度。所以自由不仅应从消极的意义上理解为不受束缚,而且应从积极的意义上理解为对某种权利的保护,如伏尔泰的一句名言所表达的:"我坚决不同意你的观点,但我誓死捍卫你发表你的观点的权利。"每个人不仅要看重坚持自己观点和不同意别人观点的自由,而且更要看重任何别人发表自己观点的自由,因为别人的这种自由就是自己的自由,只有捍卫了所有人的自由,自己的自由才能得到保障。这样理解的自由也就是平等和正义了。

不过,这种自由学说也有自己固有的内在矛盾。伏尔泰也看出,拥有财产的平等权利必然导致实际上的不平等,人的自然天赋的差异就足以造成可悲的结果,如贫富的分化等等。伏尔泰认为,这虽然是不幸的,但却是自然而且必然的,富人支配穷人乃是天经地义,穷人只有出卖劳动力的自由,真正能够拥有财产的是贵族。伏尔泰并不反对贵族的存在,也不主张推翻君主体制,他只是主张用宪法限制君主的权力,建立君主立宪的国家制度。但毕竟,伏尔泰为近代自由理念摇旗呐喊,为争取自由的"可能性"立下了汗马功劳。获得自由的第一步就是获得自由的可能性,也就是自由的"机会"的平等,在这个基础上,才能谈得上去争取自由的现实性,即"实质上的平等"。人民群众对他的拥护和崇敬并不在于他

---

① 伏尔泰著,高达观等译:《哲学通信》,上海人民出版社1986年版,第53页。
② 北京大学哲学系编译:《十八世纪法国哲学》,商务印书馆1979年版,第95页。

给他们带来了什么财富和现实的利益,而在于他带来了人民争取自己利益的权利的理论。

2. 孟德斯鸠

在伏尔泰那里以自然神论为基础对自然作"人化"解释的倾向在孟德斯鸠这里得到了进一步规定,即把自然规律看作一种广义的"法",直接以自然规律为人类社会的理想制度作论证,使"法"(或"法律")凭借上帝的权威而带上了不可侵犯的神圣性和无所不在的普遍性。这可以看作孟德斯鸠的"泛法论",或者说"法的世界观"(恩格斯语)。

孟德斯鸠(Charles Louis de Secondat Monte Squieu,1689—1755 年)出身于贵族,年轻时即投身于法学研究,获得过法学学士学位,担任过律师、法院院长,后因不满于官场的陈腐体制而卖掉了院长的职位,专心从事于学术研究。他曾被选为波尔多科学院院士、法兰西科学院院士,英国皇家学会会员,具有渊博的学识和深刻的思想。主要著作有《波斯人信札》《罗马盛衰原因论》《法的精神》(又译《法意》)等。

自然法　孟德斯鸠在自然观上完全赞成牛顿的体系,但是他把自然界的合规律性观点推广到人类社会中去,认为人类也有自己固有的法(规律),这就是"自然法"。这种自然法可以归结为四条:(1)和平;(2)自保;(3)爱他人;(4)趋向社会生活(合群)。人类由于有这四条规律,所以才脱离了原始自然状态而过渡到了社会状态。然而,他又认为自然法从根本上说来其实就是人类的理性,自然界的合规律性则是"根本的理性"的体现。但是,在人身上所表现出来的这两种"法"(或理性)并不是一致的。他说:"人,作为一个'物理的存在物'来说,是和一切物体一样,受不变的规律的支配(决定论),作为一个'智能的存在物'来说,人是不断地违背上帝所制定的规律的,并且更改自己所制定的规律。"①例如,人类由上述四条自然法而组成了社会后,就打破了在"自然状态"中的原始自由平等,而进入了"一切人对一切人的战争"状态(如霍布斯所言);而这就需要一种"人为法",只有在这种法律的基础上才能够恢复自然状态中原有的自由和平等。但一种合乎理性的人为法也不是一下子就能够找到的。

三种政体与三权分立　孟德斯鸠认为,在专制政体下,"朕即法律",君王的话具有至高无上的权威,哪怕这位君王在酒醉或精神失常时所说的话也要绝对执行,一切都凭君王一时的偶然意志来决定。在这种情况下不可能立法,没有规律可遁,下属官吏无法可依,便也变成了一批大大小小的暴君,成为了君王的化身。于是,有多少官吏就有多少法律,而这些法律总是含糊的,可以由官吏随意

---

①　孟德斯鸠著,张雁深译:《法的精神》上册,商务印书馆 1993 年版,第 3 页。

解释的。因此专制政体是培养暴君的温床。一位暴君自己骨子里就具有奴才性,他之所以单凭恐怖手段进行统治,是因为他自己首先就心怀恐惧,因而以为恐怖具有绝对的效力;他无须思想,因为反正他的任何荒谬的命令都会被执行,他只要表示自己的意愿就行了,因此他可以是个白痴。他手下的人也是这样,对上绝对服从的人,对下必然绝对专制,因为这一切都不用理性。所以,专制国王实际上就是第一个囚犯,他注定是要被别人利用来达到个人的私欲的,他自己则时刻感受着他亲手造成的恐怖,不但随时面临着被人民推翻的危险,还面临着被下属篡夺王位的危险。

相比之下,共和政体当然要好得多。罗马兴盛的原因就在于共和制度:法律严明,秩序井然,人人热爱祖国,有良好的风尚和道德,军队精良。不过,这种政体并不能带来长治久安,因为人民选出的执政者握有全权,很容易被一个野心家篡夺而一下子变成专制君王,将共和制改为专制政体,这时就没有什么能够阻止君王为所欲为了。罗马共和国变成罗马帝国的历史就证明了这一点。而这就必将导致国家的衰亡。

孟德斯鸠认为,最好的政体在英国找到了,这就是君主立宪。英国的君主立宪体制是按照洛克所阐述的“三权分立”学说建立的,这就是立法、行政和外交三种权力的分割。但孟德斯鸠把洛克的三权分立作了改进,变成了“立法、行政、司法”的三权分立,互相制约,他认为这样就可以最大限度地制衡君主的权力和实现公民的政治自由。他对自由的理解是:“做法律许可的一切事情的权利”,“可以说或写一切法律所没有明文禁止说或禁止写的东西”,或“能够做他应该做的事情,不被强迫做他不应该做的事情”。在这种法律之下,“一个公民不惧怕另一个公民”。①

地理环境   不过,孟德斯鸠又认为,所谓“最好的政体”也是相对而言的,它取决于一个国家所处的自然环境和由此所形成的民族心理。在这些自然环境中,他说得最多的是地理环境,所以人们一般认为他是“地理环境决定论”者。无论如何,他开始有意识地从国家体制底下去寻找更深层次的客观原因,这表明了对社会历史的认识的深化。他由此得出,小国可以实行民主制和共和制,大国适合于专制,中等国家(如英、法)则适合于君主立宪。甚至北方人和南方人、土地贫瘠地区和肥沃地区的人,都有不同的政治适应性。但他最终还是认为,法制的根本实质在于人的理性,所以它的实现依靠统治者个人的贤明。他还认为,尽管天主教是与法制相冲突的,但新教却有利于巩固法制,因为对上帝的信仰能够使广大群众相信“法”是来自上帝的意志,真心实意地拥护它,从而使君王的行

---

① 孟德斯鸠著,张雁深译:《法的精神》上册,商务印书馆1993年版,第154、156页。

为受到更高权威的制约。不过他又主张信仰应当自由,宗教应当宽容。启蒙的精神虽然具有反对宗教、特别是反对旧的天主教的内容,但从本质上看并不是反对某种特定的宗教,而是反对宗教的思想专制,它主张把宗教变成个人的私事。个人不论信仰或者不信仰宗教、也不论信仰何种宗教都是可以的,但不得把自己的相信或不相信强加于他人。他批判的不止是某个"霸权话语",而且是一般的"话语霸权"。至于他自己对上帝的信仰,则带有很浓厚的实用主义色彩,代表一种典型的资产阶级精神。作为自然神论者,他实际上并不相信上帝,但却役使上帝为他的清醒的社会政治观点服务。在他看来,唯一重要的是为资产阶级法制找到理论上的根据和道德上的理由。

3. 卢梭

卢梭(Jean Jacques Rousseau,1712—1778 年)出身于平民,自小过着贫困流浪的生活,体验到整个社会底层的不公平和苦难。他通过自学掌握了丰富的学识,与当时法国许多著名的启蒙思想家交往,并加入了他们的行列。但在这些人当中,他又独树一帜。他的思想是最平民化、最没有形而上学气息的,他为最广大的穷人、洗衣妇、裁缝、雇工和流浪汉等等写作。他最著名的作品有《论人类不平等的起源和基础》《社会契约论》《爱弥儿》《忏悔录》等等。

关于人的知识　卢梭在人和自然的关系中,最坚决地把立足点放到人身上来,他认为自牛顿以后,我们对我们周围世界的知识已经相当完备了,但惟独对于一切知识中最有用的知识,即关于人自身的知识,却是最不完备的。不过,他所谓的人严格说来是指"自然的"人,而不是"人所形成的人"。他认为人从自然而来,但人通过自己加在自己的自然本性上的东西而把这个自然本性败坏了。在这里,他所谓"自然"主要不是指机械的物质自然,而是指人心中未加雕饰、未受文明污染的原始自然状态。人的身体和其他动物的机体一样,都是一部"机器",但人比其他动物多出来一点,这就是他的"自由主动者资格",这种自由主动性才是他的自然本性。但随着人类社会的形成和发展,人逐渐把自己的这种天性丢失了。卢梭在其第一篇成名作《论科学和艺术的复兴是否有助于敦风化俗》中,提出了一种极其大胆的见解,认为人类文明的产生就道德来说完全是一种退化和堕落。人类在原始自然状态中,是孤独的、和平的、自由自在的,只有偶然的社交。随着生产的发展,分工的产生,人类依赖于分工来创造更多的物质财富,而物质的富余则导致了私有制。在《论人类不平等的起源和基础》中他说道:"谁第一个把一块土地圈起来并想说:这是我的,而且找到一些头脑十分简单的人居然相信了他的话,谁就是文明社会的真正奠基者。"[①]人与人之间的

---

①　卢梭著,李平沤译:《论人类不平等的起源和基础》,商务印书馆 1979 年版,第 111 页。

不平等就此产生了。于是在文明社会中,人类丧失了原始的道德水准,贫富悬殊,两极分化,良知沦丧,社会纷争。他在《社会契约论》中指出:"人是生而自由的,但却无往不在枷锁之中。自以为是其他一切的主人的人,反而比其他一切更是奴隶。"①他第一个看到了人类文明社会中的"异化"现象,即自由地变成了不自由这种现象。正是为了调和人类的这种矛盾,少数富人才提出了"社会契约",建立了国家来保护自己的利益。人类从此偏离了自然状态,歪曲了自己的本性。

对文明的拒斥   因此,卢梭对现代文明有一种强烈的拒斥感,他经常在大自然中、在森林和山间小路上寻求自己写作的灵感,并一度卖掉自己的表,隐居起来。但他也清醒地意识到,人类已经不可能倒退到原始自然状态中去了,甚至人类在史前是否真有他所设想的那种原始自然状态,他也没有作肯定的回答。伏尔泰曾嘲笑他说,"读了你的书,真令人渴望用四脚走路",其实是一种误解。在卢梭那里,"自然状态"的假设并不具有历史事实的意义,而只具有哲学意义,是为了揭示出人性的"形而上学和精神方面"的本性,说明人和动物的区别在于人能"以自由主动者的资格参与其本身的动作"。这种自由不能用力学规律来解释,它是人的意志力和选择力,是一种"天赋人权",也就是一种天生的"自我完善化能力"。这种自我完善化能力首先植根于人的情感。"由于情感的活动,我们的理性才能够趋于完善",而情感本身则"来源于我们的需要"。②但是由情感发展出来的理性能力在建立国家、发展文明的过程中造成了反人性的力量,使有理性的人类失去了原始朴素的感性,产生了大量无益的需要,科学和艺术(技术)助长着奢侈浪费,自由变成了专制。

社会契约:公意和众意   但他认为,不平等发展到极端必将导致新的平等,奴隶将变成主人,暴君必将被推翻,问题只在于要找到一种社会形式来保障每一个人天赋的自由权利(不只是保护多数人的权利,更不是保护少数人的权利)。于是卢梭提出"公意"(la volontè gènèrale,又译"普遍意志")来作为新的社会契约的基础。"公意"不同于"众意"(la volontè de tous),公意是一个社会的一切人(公民)的共同意志,"众意"则只是多数人或一部分人的意志,它是不可能完全一致的。例如每个人都可以对法律或某项判决持不同意见,也可以建议某条法律必须修改,这是众意;但没有人能够真正不要法律,这是公意。通常认为民主制就是"少数服从多数",其实这在卢梭看来只是"众意"的原则,这条原则的基础和前提应当是"公意",即必须事先有过一次大家一致同意将"少数服从多数"

---

① 卢梭著,何兆武译:《社会契约论》,商务印书馆 2003 年修订版,第 4 页。
② 卢梭著,李平沤译:《论人类不平等的起源和基础》,商务印书馆 1979 年版,第 85 页。

作为投票原则的协议。① 所以新的社会契约就是每个人把自己的自由交给了一切人(既不是转给了某一个人,也不是交给了某个政府机构),因此他交出去的自由又从每个别人那里收回了。既然人民是相互在订立契约而不是与政府部门订立契约,那么洛克和孟德斯鸠的"三权分立"的观点就是不恰当的,因为所有公民的立法权是唯一的主权,它只受自身的制约,行政权和司法权不能制约它,而只是它行使自身权力的工具而已。公民立法权与其他权力的关系就像灵魂和肉体的关系,肉体不能与灵魂相互制约,更不能凌驾于灵魂之上,而必须由灵魂控制一切,肉体只是灵魂的奴仆。所以卢梭主张主权在民,不可分割,也不可由别人代表;因而他反对君主立宪制,鼓吹民主共和制,认为执政者只是公仆而不是主人,应当可以随时撤换。

但卢梭也看到,他所设计的这种民主共和制在现实中几乎是不可行的,它只适合于古代希腊罗马那样的城邦小国,而不适合于现代民族国家。只有不超过一万人的小城邦才可能使所有的公民都聚集在一起投票,而不是让别人代表自己。在这一点上,他与孟德斯鸠并没有实质性的冲突,也承认中等国家比较适合于君主立宪制,大国则适合于君主专制。不同的是,卢梭是一个理想主义者,他着眼于人类自我完善化的可能性。在他看来,只有民主共和制这种形式的社会契约才有可能保持每个人的自由,这种自由已不再是自然状态中原始的自由平等,而是法律上的平等,每个人服从法律就是服从自己的意志。这种社会理想成为了法国革命的直接纲领和战斗旗帜。但这种理想的资产阶级性质也是非常明显的。在卢梭的设想中,民主共和国并不取消私有制,也不消灭贫富差别,只是这种差别不导致自由意志的丧失而已。宗教也被保留了,但它被建立在人的情感之上,成为一种私人的事情。他认为,理性派哲学对上帝存在的一切证明都是无根据的,唯一可能的证明只能是情感的证明,宗教是使人回复到自己的情感本性的途径。这种情感的宗教是对唯物主义的无感情的自然界的必要补充。

人性论 卢梭的社会契约论是以其人性论为基础的。卢梭的人性论有两个特点:(1)感性的、个人主义的倾向。他吸收了英国感觉论的传统,非常看重人的感受和直接经验,并把这种感觉经验更多地转向人心内部。他回避对自由意志作抽象思辨的探讨,而把人的行动归结为人的自然本能和个人的"良心",并由此走向非理性主义,开近代欧洲浪漫主义思潮的先河。他反对冷冰冰的现实主义和理性主义,强调个人内心的情感体验、激情和冲动,伤感和真诚,自然和朴素、不做作。他无视一切礼法和虚饰,向外部世界敞开心扉,在大自然中沉醉于孤独的甜蜜和移情的欢乐。(2)历史辩证法的因素。卢梭的人性论与当时其他自然法学派一个很大的不同,就是他认为人的善良本性是历史地发展出来的。

---

① 参看卢梭著,何兆武译:《社会契约论》,商务印书馆 2003 年修订版,第 18 页。

人类在自然状态中无所谓善恶，只有一种自我完善化的能力或潜力；但这种潜力要能够发展出来，首先必然经过一种道德上的退化和堕落，所以在历史中，个人的进化同时也就是类的退化；只有在未来经过精心设计的社会契约中，人类才能在更高的层次上回复到自由和平等。所以恩格斯在《反杜林论》中指出，在卢梭的这种"否定之否定"思想中我们已经可以看到"那种和马克思《资本论》中所遵循的完全相同的思想进程"了。[1] 卢梭把人性当历史来考察，大大地唤起了近代人的历史自觉性和历史主动性，使得后来两百多年的历史发展超过了以前的两千多年。

　　卢梭思想对后世的影响是巨大的，康德的人本主义，浪漫派的文学思潮，拜伦、雪莱、席勒、歌德的激情，尼采的狂放，马克思的革命情怀，直到现代萨特的个人主义，都可以看到卢梭的影子。卢梭的孤僻、不合群正反映了他强烈的个性，他不是个完人，这一点他自己最清楚，并且作了深刻的忏悔。但他是一个"人"，不能容忍别人的怜悯。在近代资产阶级精神的两大要素即理性主义和个人主义中，他代表了后面这一极端，同时也体现了一般人性的永恒矛盾，即个人和群体、感性（非理性）和理性、自由与必然的矛盾。如果说在伏尔泰那里，人和自然的矛盾是由一个外在的上帝来调和的，上帝使自然界的规律为人服务；在孟德斯鸠那里，先是借上帝的名义使自然社会化，然后使人与这个社会化了的自然相调和；那么在卢梭这里，自然通过社会也被人性化了，自然在人眼睛里不再是冷冰冰的，而成了一个亲切的、具有丰富感性的、可以认同和交往的自然，人通过社会历史所实现出来的正是人的自然本性，即自我完善化的潜能。这三个哲学家的思想体现出在自然神（上帝）的预设之下由自然进向社会再进向个人的思想进程。

二、法国唯物主义者

1. 狄德罗

　　如果说以卢梭为代表的自然神论者的主要矛头是指向政治上的对手专制政体的，那么以狄德罗为代表的法国唯物论者的主要对手则是宗教和神学迷信，因此法国唯物论者都具有无神论的倾向。前者的启蒙主要是启发人的自由意识和民主意识，后者的启蒙则主要是启发人的理性思维和科学精神，双方分别从"德先生"（民主）和"赛先生"（科学）、也就是从人和自然两大原则方面相辅相成，形成了法国启蒙运动的整体格局。狄德罗在反宗教迷信、树立理性的最高法庭方面是当之无愧的思想领袖，他所领导的工程浩大的编纂《百科全书》的工作形

---

① 《马克思恩格斯选集》第三卷，人民出版社1995年版，第483页。

成了著名的"百科全书派",几乎囊括了所有法国启蒙运动的杰出思想家来进行编写,形成了一股不可抗拒的思想潮流,铸造了当时法国每个有教养人士的基本信念。狄德罗虽然不像卢梭和孟德斯鸠那样直接成为法国革命的纲领制定者,但却为思想上的革命进行了另一方面的理论工作。

狄德罗(Denis Diderot,1713—1784 年)出身于手工业家庭,20 岁获得巴黎大学文科硕士学位,后靠出卖脑力为生,过着艰苦的自学生活。他最崇拜的人是培根,后来果然实现了培根的遗愿,主编并出版了《科学—艺术与工艺百科全书》共 35 卷。为此他呕心沥血,前后历时 25 年,冲破了教会、国王和形形色色的反对者的干扰,完成了这一人类思想史上的伟大壮举。

无神论的自然系统　　理解自然神论者必须从人、人的精神和自由入手,理解法国唯物论则要从自然界开始,在这方面,狄德罗是论述得最全面、最深入的一个。首先,他排除了牛顿和自然神论者的"第一推动力",把运动看作物质自身固有的属性,从而为无神论提供了坚实的理论基础。其次,为了论证这一点,他吸收了莱布尼茨单子论关于万物的多样性、单子的能动性和相互联系的思想,在一定程度上克服了牛顿物理学的机械性。他看到,运动有不同的方式,有内部的运动和外部的运动,静止只不过是运动的一种形式;万物都由不同的分子构成,没有一个分子和另一个分子完全相同,但它们全体又构成一个秩序井然的连续的大系统;万物都处于从低级到高级的关联之中,如一切动物都多少是人,一切植物都多少是动物,一切矿物都多少是植物。这个系统生生不息,变化无穷,所有成分都相互转化、逐渐过渡,那些偏离常规的怪物由于不适应其他成分,在这个系统的自我调节和进化过程中都灭绝了。人的经验世界只不过是其中的一粒微尘,总会消失,但它们都是统一的物质世界中的一个阶段。上帝在这个世界中毫无存身之地,也不可能在另外的世界中有什么居所。

唯物论的认识论　　狄德罗的这种物质自然观在认识论上得到了洛克的经验论的支持,但狄德罗对此也有自己的发展,这就是把人的认识活动本身也看作一个系统:感觉(观察)、思考和实验三者缺一不可。感觉是认识资料的来源,思考则把这些资料整理为知识,实验的作用在于检验这些知识。在感觉上,他认为人的身体对外部事物有感受性,就像一架被弹奏的钢琴,由此他批判了贝克莱的"存在就是被感知"的观点,把这种观点比喻为一架"发了疯的钢琴","自以为是世界上唯一的钢琴,全宇宙的和谐都发生在自己身上"。[①] 在思考上,他以唯名论对待抽象概念,坚持概念所反映和整理的是实在的感知对象。在实验方面,他认为实践只是事后被动地检验真理。总之,他最终坚持的还是感觉论和反映论

---

① 　江天骥、陈修斋、王太庆译:《狄德罗哲学选集》,商务印书馆 1979 年版,第 130 页。

的唯物主义,由此而排除了一切非物质的神秘实体。他力图用物质的原因来解释一切,甚至包括人的感觉和精神活动。例如他认为一切物质本身都具有感受性,就连最冥顽的石头也有微弱的感受力,人的感受力只不过是最活跃而已,它是人脑这个特殊物质的机能。单凭物质因素就可以一步步从迟钝的物质中产生出有感觉的、乃至于有思想的生物。"用一种按一定方式构成的呆板的物质,浸染上另一种呆板的物质,加上温度和运动,就得出感受性、生命、记忆、意识、欲望、思想。"可见,狄德罗思想中既有辩证法的因素(如物质的能动性、多样性和相互联系等),又有机械论的因素(如以力学原因来解释各种运动,对精神的简单化理解等)。就后者而言,他并未摆脱自然主义和科学主义的狭隘偏见,未能建立起一种系统的人性论,也没有建立起一种有创见的社会政治学说。他对人的自由的探讨只是经济学上的和技术上的,如贸易自由、政治自由、竞争自由、学术研究的自由等等。这些探讨没有震撼人心的力量。他的最重要的贡献在于沉重打击了当时占统治地位的宗教势力,解放了人们的思想。

2. 拉美特利

拉美特利作为一个医生,完全是从自然科学的专业知识的角度来建立唯物主义的自然观的,他最纯粹地体现了法国哲学中"人的自然化"这一倾向,用纯粹自然物质的眼光来看待人的生理、心理和精神,把笛卡尔的机械论唯物主义贯彻到底,用来解决人的身心关系问题和心灵的本质问题,而清除了笛卡尔哲学中的唯心主义和神学的因素。

拉美特利(Julien Offroy de la Mettrie,1709—1751 年)出身于商人家庭,他 16岁时就立志研究自然科学,1728 年(19 岁)获得医学博士学位,写过许多医学专业的著作。他在医学界受到保守势力的反对,反而激起了他转向唯物主义和无神论,开始写一些讽刺作品和哲学著作。1745 年写了《心灵的自然史》,后来又写了《人是机器》《人是植物》等等,受到宗教势力的迫害和追究,被迫到处逃亡。他的世界观完全是机械决定论的,他以此排除了上帝的偶然意志,认为宇宙的全部环节都归属于物理的原因,是不能不如此发生的;不存在偶然性,一切偶然的东西都是由于我们的无知,并且给上帝留下了退路;所以上帝实际上等于无知,它是不可证明的。这种唯物主义的理论归宿必然是宿命论,但在当时却起到了对宗教教义进行嘲弄和发起攻击的作用。

人是机器　用这种观点来看待人,必然就会得出"人是机器"的结论,这显然是对笛卡尔的《动物是机器》一书中的观点的进一步推进。拉美特利首先像狄德罗一样论证物质本身包含有思维能力,因为物质的本质属性除了广延以外,还应该包含有运动能力、有感受性,由这种能动的物质构成动物和人的心灵是毫不奇怪的,根本不需要上帝的奇迹。其次,他认为物质在进行运动、分解和组合时,经过数不清的配合,终于产生出了一种有生命、有感觉的物种,并由此而发展出能思维的人来。他承认虽然这一具体过程至今尚不清楚,但他设想人正是像机器一样构成起来的,肌肉如弹簧,肺如鼓风机,心脏如水泵,大脑如机括或控制室,因此,人整个地是由如同自然物一样的"面粉团子"捏出来的,只是发酵剂不同而已。

利己主义　既然人不过是自然物,人的肉体就是人的根本,所以在他看来,利己主义就是人的本性。宗教要求人们牺牲自己的肉体需求,用自己的心灵去侍奉上帝,这本身就是反人性、不道德的。人应该顺应自己的自然冲动,追求人生的各种乐趣,这才是道德的。但他也反对纵欲,因为纵欲并不能真正利己,人一旦认识到利己是人的普遍本性,就会理智地成全一切人的欲求,达到"己所不欲勿施于人"的道德境界。所以他认为无神论者要比一切宗教徒更加道德、更不虚伪。

"人是机器"的说法在当时无疑具有振聋发聩的作用,它消除了宗教教会加在人性上的一切欺骗的灵光,使人更加执着地去追求自己在人世间现实的物质利益。但这种观点在理论上却导致了庸俗唯物论,因为它局限了人们的眼光和理想,把人变成了纯粹的物,人的精神主动性和道德性也就失去了根据。

3. 爱尔维修

在法国唯物主义中,拉美特利是从笛卡尔的机械论立场来考察人,爱尔维修则是从洛克的感觉论立场来考察人的。在这方面,爱尔维修的考察更具体和细致,他不仅仅是考察作为自然的人,而且考察了人的特殊的自然性,以及由此而建立起来的整个社会关系、政治伦理和道德等等。他的关注点不是研究自然界本身,而是更多地研究社会生活,但却是以感性的方式研究,提出了一种功利主义的社会历史观和道德观。

爱尔维修(Claude Adrien Helvetius,1715—1771年)是宫廷御医的儿子,家庭生活优裕。他从小就从父亲的大量藏书中获得了丰富的文学、哲学知识,却厌恶教会的神学教条。由于他父亲的功勋,他得到年俸30万里弗的包税官职务,使他成为了大富翁,得以与上流社会人士交往。但当他广泛了解到当时社会的黑暗,他深感不满,后来辞去了官职,专门从事启蒙活动,其代表作有《论精神》和《论人》。

肉体感受性　爱尔维修对人的研究主要不是建立在自然观之上,而是建立在唯物主义感觉论的认识论基础上。他认为,人的精神根本上不外是对自然之间及它与人之间的关系的认识,这些认识最终又归结为一种认识:人的肉体感受力,亦即感觉。认识起源于感觉,认识的过程即"判断"无非是比较各种感觉,认识的结果仍然是靠人的感觉—记忆而保存下来的。错误则是由于感觉不够,或是人的情感局限、干扰了感觉的活动,感觉本身从不骗人。既然如此,一切感官健全的人就是生来平等的,这就导入了他的政治学和伦理学。卢梭是从人的情感出发来理解人的本性,爱尔维修则是从人的感觉认识来建立人的本质。与卢梭比起来,他又是较为偏向理性主义、科学主义的,因而他更加冷静地考察了人性,认为人的肉体感受性是人的需要、感情、社会性、意志、行动的根本原则,是人的唯一动力。当然,这种动力并非能动性,而是被动的、接受性的。

利益和自爱　这种肉体感受性在社会伦理的角度看来,就是"利益"。"利益支配着我们的一切判断"。[①]　自然界遵循运动规律,精神生活和社会生活则遵守利益原则。个人利益支配个人判断,公共利益支配国家的判断。正如河水不会倒流一样,人也不会单纯为了别人而牺牲自己的利益,这是不可违抗的法则。因此人的理性的发展与工业和物质生产的进步是同步的,因为这种进步最明显地突出了利益的关系。利益是人性的本质,其内容包括吃、喝、穿、住、爱、荣誉、权利等等。趋乐避苦是人的本性,这就是"自爱"。任何人都是爱自己胜过爱别人,追求自己的利益、自私就是自爱。封建卫道士劝人们放弃物质利益、扑灭欲望,只是为了把财富和权力都据为己有。既然追求个人利益是客观必然的规律,那么它就是正当的,无可非议的。工人和农民正是"为了穿衣,为了打扮自己的情妇和妻子,使她们得到快乐,为了养活自己和家庭,总之为了享受与肉体需要的满足相联系的快乐",才思想和劳动。[②]　一切剥夺人的个人利益的说教都是反人性的。但他又认为,个人利益也需要限制,不能无限膨胀。因为追求巨富只能引起奢侈,并不能增加个人幸福,反而取消了个人幸福的条件,造成社会的不平等,损害了大多数人的和公共的利益。因此,为了追求更大的个人利益,必须争取公共利益,这才产生了美德,即追求共同幸福的欲望。这是典型的功利主义的道德观。

教育万能　所以爱尔维修主张,要是政府保持每个公民处在小康状态,就会使每个人都尽可能幸福了。最应当反对的是小集团的利益,如贵族和僧侣,他们插在国家和人民之间,任人唯亲、多施不义,使人民和国家利益都遭受巨大的损害。必须铲除他们,"斩除一切人与人之间的亲属关系",才能根绝"貌似美德的罪恶"。[③]　由于公共利益其实就是每个个人的利益,所以要将公共福利当作最高的法律,它是一切美德和一切法律的基础。为了使人们都认识到这一点,必须对人们进行教育。为此他提出了"教育万能"的口号。在他看来,从人的本质即"肉体感受性"出发,必然会得出"人是环境的产物"的观点。他把教育看得高于一切,甚至认为有了好的教育,就连政治革命也都不必要了。因为,既然人天生的结构和感受性都是平等的,一切道德、才能、性格的差异就都取决于后天的教

---

① 北京大学哲学系编:《十八世纪法国哲学》,商务印书馆 1963 年版,第 458 页。
② 北京大学哲学系编:《十八世纪法国哲学》,商务印书馆 1963 年版,第 496 页。
③ 北京大学哲学系编:《十八世纪法国哲学》,商务印书馆 1963 年版,第 461 页。

育,人生来是没有善恶的,所谓善恶只是教育的结果。但他又认为,最强有力的教育就是一个国家的政治法律制度,"法律造成一切",英国人就是靠四五项法律条款而获得他们的幸福和自由的。而法律是由理性制定的,但最初发现和掌握这种理性的是天才,所以法律最终是由天才制定的。但既然是"天才",那他就不必受教育了。爱尔维修就这样陷入了无法摆脱的自相矛盾和循环论证。如马克思所指出的,如果人只是教育的产物,那么最初的教育者又是谁的教育的产物呢?

于是爱尔维修认为,要使广大并非天才的人民接受教育,单凭科学理性就是不够的了,还必须建立一种"新宗教",让人们凭借信仰而承认"每个人拥有财产、生命和自由"是神圣的道德原则。这种道德宗教的提出恰好反映了爱尔维修的最深刻的矛盾,即科学知识和道德信仰的矛盾,归根结底是将自然和人割裂开来而产生的矛盾。的确,单凭科学知识是无法解决自由和道德信仰的问题的。

然而,尽管有时代的一切局限性,爱尔维修的思想却仍然是人类思想的宝贵财富。马克思恩格斯在《神圣家族》中谈到爱尔维修时说:"并不需要多大的聪明就可以看出,关于人性本善和人们智力平等,关于经验、习惯、教育的万能,关于外部环境对人的影响,关于工业的重大意义,关于享乐的合理性等等的唯物主义学说,同共产主义和社会主义之间有着必然的联系。……必须这样安排周围的世界,使人在其中能认识和领会真正合乎人性的东西,使他能认识到自己是人。""成熟的共产主义也是直接起源于法国唯物主义的。这种唯物主义正是以爱尔维修所赋予的形式回到了它的祖国英国。"[①]

4. 霍尔巴赫

霍尔巴赫(Paul Heinrich Dietrich d'Holbach,1723—1789 年)是法籍德国人,由于继承了他伯父的遗产和爵位,他成为启蒙学者中最有钱和最有地位的人。但是他用这笔钱来从事启蒙活动,利用自己的沙龙聚会各界启蒙思想家,支持《百科全书》的编纂,自费出版进步书籍。但他本人十分谨慎,不求虚名,他所写的涉及政治、宗教的书和文章总是匿名发表,在国外印刷,所以一直未受到迫害。他的最大成就在于把 18 世纪法国唯物主义系统化了,所著《自然的体系》被誉为"唯物主义的圣经"。所谓系统化,就是从唯物主义的自然观出发,在自然系统中来考察人的本性,从人的肉体本性到人的精神本性、认识和思维的本性,由此推出合理的教育和社会政治法律制度,最后得出反宗教的无神论结论,回到开端——唯物主义的自然观。这就是他这本书的结构。

自然的物质定义　首先,他对"自然"进行了精确的定义:"自然,从它最广

---

① 《马克思恩格斯全集》第二卷,人民出版社 1957 年版,第 166 ~ 167、167 页。

泛的意义来讲,就是由不同的物质、不同的配合、以及我们在宇宙中所看到的不同的运动的综合而产生的一个大的整体",狭义地说则是每一事物的特殊本质。① 在这里,他强调了物质的质的多样性、万物的联系和运动性。显然,这里的自然是由物质来定义的,而物质则由对象和主体(存在和思维)的关系来定义:"物质一般地就是以任何一种方式刺激我们感官的东西"。② 从本质上看,这是唯物主义者唯一可能的物质定义。除了这种本质定义外,他还对物质进行了描述性的定义:"一切物质的共同特性是广延、可分性、不可入性、形状、可动性,或为某个物质的运动所引动的性质"。③ 在对自然和物质的这些定义中,他吸收了狄德罗的一些辩证思想,主要是物质的能动性和多样性思想,物质和运动不可分、运动是物质的内在固有属性的思想。他认为,既然每个物质都和另一物质不同,那么这种区别就造成了运动的多种多样,有质量的运动(如力学),也有隐藏的运动(如化学、生物生长、思维情感意志等等),还有简单的运动和复杂的运动。但这一切最终被他归结为机械位移,这才是他真正的机械论的体现。他给运动下的定义是:"运动就是一种努力,由于这种努力,一个物体改变或倾向于改变位置,就是说,继续不断地对应于空间的各个不同部分,或是说相对于其他物体地改变着距离。"④正是这种机械的运动观,使他把一切运动和万物的联系都还原为机械的力学关系,从而陷入了绝对的必然性和机械决定论。在他看来,宇宙本身是一条无穷的因果链条,所谓偶然性完全是因为无知,任何小事情都可以看作巨大事件的原因,甚至"一次节食、一杯水,一次出鼻血,有时就足以挽救一些王国。"⑤然而,他的这种观点并没有能够真正取消偶然性,反而导致必然性本身也成为了偶然性,使一切在理论上是必然的东西,在实际上却是完全不可预料的、偶然的。

机械唯物论　　由这种观点来考察人的本性,霍尔巴赫就把人看作一种自然物,是由自然中发展出来、受自然物支配的必然性的产物。在他看来,灵魂是肉体的作用,思维是物质(大脑)的分子运动,肉体强壮的人思维也必强大,肉体消灭了,精神也不存在。人体是一座时钟,说灵魂不灭就等于说钟破裂后还可以报时。精神归根到底是机械运动。因此,他否认自由意志,认为人的思维、意志和行动无不被他的存在和各种动因所必然地机械地决定着。实际上,他把一切有原因的动机都划入了不自由的动机之列,认为既然万物都有原因,那就不可能再

① 霍尔巴赫著,管士滨译:《自然的体系》上册,商务印书馆 1964 年版,第 17 页。
② 霍尔巴赫著,管士滨译:《自然的体系》上册,商务印书馆 1964 年版,第 35 页。
③ 霍尔巴赫著,管士滨译:《自然的体系》上册,商务印书馆 1964 年版,第 36 页。
④ 霍尔巴赫著,管士滨译:《自然的体系》上册,商务印书馆 1964 年版,第 19 页。
⑤ 霍尔巴赫著,管士滨译:《自然的体系》上册,商务印书馆 1964 年版,第 218 页。

有自由了。但自由其实并不在于没有原因或无缘无故,而在于它的原因超越于自然必然性之上,使自然必然性隶属于人的目的之下,为人的目的服务。霍尔巴赫否定自由还是由于他否定了偶然性,因为只有偶然性才能给人提供选择的余地,如果一切都只有一种可能性,则对必然的认识就会导致宿命论,而完全消融了自由。

既然人的本质被归结为肉体,那么在认识论上,霍尔巴赫也就把人的思维建立在感觉的基础之上。他接受了爱尔维修的某些观点,又加入了拉美特利的心理学,认为一切感受都是外物给予感官的震动,它是第一种认识。感觉把这个震动传达到脑,造成了观念(影象),思维则是将这些影象分、合、比较、扩展等等。他以此来批判笛卡尔的天赋观念论和贝克莱的"意念",是有一定的合理性的,但他并不明白从感觉到思维是认识的一种质的飞跃,思维本身的能动的概念分析和逻辑推演对于真正的科学知识是不可或缺的。至于认识的真理性问题,那么他坚决认为这取决于我们的观念是否与对象相符合,这是靠长期的经验来证实的,但最终还是要看知识是否能够有用,真理永远会有益于全人类。

功利主义伦理学及其困境　同样,既然人的认识立足于人的肉体感受,那么人的行为也会以肉体感受为动机,即趋乐避苦、保存自己。霍尔巴赫认为人的情欲本身并无善恶,它是天生合理的。他依据爱尔维修的观点建立起了功利主义的伦理学。他认为,正由于每个人都追求自己个人的幸福,所以你要得到别人的帮助,你首先要帮助别人。人在经验中认识到结成社会对每个人实际上都有好处,才会去过社会生活,才会从事美好的德行。利他是为了利己,好人做好事不留名也是为了内心的快乐安宁,恶人做坏事即使未受到惩罚,他的内心也不会真正平静。所以真正懂得利己的人是不会去做坏事的,凡是干坏事的人都是由于愚蠢。所以,要让每个人都认识到这一点就必须通过良好的教育,人是环境、教育的产物,环境又靠开明的君主来创造。但在好的环境尚有待于创造时,君主又如何才能"开明"呢?霍尔巴赫陷入了如同爱尔维修同样的循环论证。他只是武断地认为,一个开明的君主可以建立一个理想的社会,制定一个保障每个公民的利益的法律。这位君主是社会意志的传达者和执行者,政治的目的只在于规范人们的情欲并指导它们趋向于社会福利,使每个人得到最大的幸福。因此霍尔巴赫不希望爆发革命。

对宗教的批判　但他认为,宗教是阻碍我们认识这一切的罪魁祸首,必须大力揭露宗教的虚伪性。宗教是无知的产物,因为人们没有认识到物质自己有运动能力,以为运动一定是由外部推动而来,因此就将动力归之于神,从而抛开理性,任凭想象而把人的性质加以夸大,加在神的身上。从原始的拜物教到多神教一直到基督教的一神教,僧侣们都在利用这种无知来欺骗人民。宗教还使人扼杀自己的肉体要求,抛弃自己的本质,使人怯懦无能,以利于暴君的为所欲为、作恶多端。因此宗教是反道德的,它导致专制暴政永存。霍尔巴赫从人性论、伦理学和政治学上全面批判了宗教,但最终的根据却是自然观。所以他在指出传统对上帝存在的一切证明都是荒唐的,灵魂不朽和来世都是欺骗之后,强调要清除宗教的影响,唯一的方法就是去除无知,进行教育和启蒙,研究自然界。

总之,无神论是霍尔巴赫、也是法国唯物主义的最高结论,它贯彻在他们的一切论题中,对人民起了巨大的启蒙作用。但法国唯物主义的两个最主要的缺点就是机械性和社会历史观上的唯心主义,这表现在把人理解为被动的机器,把历史理解为少数天才或开明君主的事,这都削弱了其实际的革命性,被卢梭斥为书斋里的贵族哲学。

第四章　德国古典哲学

第一节　概　　论

近两三百年来,德意志民族的哲学天才所放射的光辉是无可比拟的,这个民族理所当然地在哲学领域中占据着第一把交椅。一直到当代,哲学浸透在德国人的思维方式、语言方式甚至血液中,对哲学的兴趣是一般德国人的日常兴趣,通晓精深的哲理被德国人看作必备的修养。德国人的这种哲学才能是在艰苦的哲学探索过程中锻炼和激发出来的,其中奠定基础的一个时期就是德国古典哲学的发展。对于现代人来说,不懂德国古典哲学,就不懂得如何作真正的哲学思考,也无法把握现代哲学思想的来龙去脉。

那么,德国古典哲学是如何产生、形成和发展起来的呢?

一、德国古典哲学产生的时代背景

三十年战争后,德国资本主义的发展远远落后于西欧各国。国家的分裂和战争的频仍,使资产阶级长时期形成不了一个独立的阶级,而只是大大小小的封建诸侯和领主的附庸。当时德国资产阶级中充斥着资产阶级化了的"容克"地主。"容克"(Jungherr)的意思是"少爷",指地主(封建领主)家里在外经商或从事各种经营活动的儿子,他们出入于上流社会,但与农村地产有着千丝万缕割不断的联系,随时可以到旧的生产方式中去寻求退路。他们使整个社会弥漫着一种毫无作为、得过且过、封闭保守的庸人气息。但到了18世纪末和19世纪初,德国资本主义也开始有了缓慢的发展。由于在经济上有英国工业革命的推动,在政治上有法国革命的影响,德国资产阶级也有了改变整个封建秩序的要求。但与此同时,法国革命玉石俱焚的后果也使德国资产阶级胆战心惊,使他们的行动更加小心谨慎,对自己的前途更为动摇和犹疑,另一方面,也迫使他们回到内心去对人性和社会作更加深入彻底的思考。德国古典哲学就是这种时代精神和社会思潮的反映。

当然,一种哲学思想除了受到当时社会政治经济状况的影响之外,还取决于它从传统的思想源流和外来的流行思潮所接受的影响。在传统方面,德国人比英国人和法国人在某种意义上要更加得天独厚。德国传统的思辨精神是从莱布尼茨—沃尔夫派的哲学中形成起来的,但最早还可以追溯到文艺复兴时期的库萨的尼古拉。德国人长于抽象,精于思辨,天生喜欢穷究概念,同时又具有探索超验神秘事物的内在冲动。这种传统思维习惯到了18世纪末正好遇到了它生长的土壤,便发展出哲学的形而上学思辨,被马克思称之为对17世纪形而上学的"胜利的富有内容的复辟"。当然,这种复辟不是简单的回复,而是从大陆理性派和英国经验派长达一百多年的反复争辩中汲取了营养,并受到了法国启蒙哲学的洗礼。18世纪末的德国启蒙运动涌现了一大批像莱辛、温克尔曼、鲍姆加通、赫尔德、歌德、席勒这样的启蒙思想家,催生了"狂飙突进"、浪漫主义和古典主义的一个接一个的社会文艺思潮,使得德国人在欧洲思想舞台上充当着越来越积极的角色。德国古典哲学是在哲学已经相当程度上摆脱了神学的束缚,哲学与社会思潮和时代精神的关系日益紧密,哲学的一系列基本问题已经被理性派和经验派哲学明确提到了哲学研究的日程上来的前提下,开始自己的行程的,起点非常之高。我们读德国古典哲学的原著会有一个明显的感觉,就是自从康德以后,哲学开始上了一个新的台阶,思想更为复杂,句子更加难懂,行文和专业用语底下包含着大量的潜台词,未经过专门的哲学训练几乎就如同读"天书"。哲学不再是普通老百姓可以问津的学问,而成了大学教授的专业;不再是单凭业余自学(如笛卡尔、斯宾诺莎等人)可以接近和从事的知识,而是在大学讲坛上传授的学术了。所以德国古典哲学家大都是大学教授,有博士或硕士学位,他们的思想逻辑性更强,体系更严密,对问题钻研得更深。但我们如果仔细研究他们的思想,就会发现这些思想中充满着时代和生活的气息,如在康德哲学和法国大革命及卢梭之间,在费希特和德意志民族精神之间,在谢林和浪漫主义文艺思潮之间,在黑格尔和歌德的《浮士德》之间,都有某种内在的联系。从与宗教的关系来看,这一时期的哲学已不再是那种简单粗糙的"自然神论",而是从"纯粹理性"出发去建立一种"理性神学"(德国唯心主义)或"爱的宗教"(费尔巴哈)。人的主体性得到了更大的高扬,成为了一切论述的出发点和基础。

除此之外,影响德国古典哲学进程的还有当时自然科学领域内的突飞猛进的发展。18世纪建立在牛顿力学之上的静止的、机械的自然观,进入到19世纪初已有了一系列的重大突破,自然科学开始从研究既成事物的科学转移到了研究自然事物发生、发展的过程的科学,并对机械运动之外的物理、化学、电磁学、光学、生物学进行了系统的考察。其中值得提及的如道尔顿的化学原子论及其定比、倍比定律,戴维关于电解现象的发现,卡诺关于热力学的研究,拉马克关于物种变异的猜测,居维叶关于古生物学与地质年代之间的关系的确定等等。这些研究证明自然事物本身是辩证的、丰富的、多层次的,而不是单纯机械运动可以概括无遗的。到了19世纪中期,则更有三大发现的产生,即细胞的发现、能量转化的发现和达尔文进化论的发现。这一切,都向当时的德国哲学界提出了新的综合的要求,而只有德国人的高度抽象的思辨能力和穷根究底的理论热情,才能够承担起这一高水平的综合的任务,这就把整个西方哲学思想提升到了一个新的层次。

这个新的层次,就是探讨主体和客体的关系的层次。近代哲学的核心问题是思维和存在的关系问题,而这个问题在德国古典哲学以前主要表现为人和自然的关系问题。但在这种理解之下的思维和存在往往是界线模糊的。就自然来说,它不仅可以被理解为客观存在(广延),也完全可以被理解为单纯的思维(如莱布尼茨的单子实体);同样,就人来说,也是既可以被设想为思维的主体,也可以把这种主体本身看作一种实体性和客体性的存在(如笛卡尔的"我思故我在")。在一些哲学家那里,要么他们所说的存在总是包括了思维本身的存在的意思在内(如洛克的物质、灵魂和上帝三种实体的存在),要么他们所谓的思维不过是存在本身的一种属性而已(如斯宾诺莎把思维看作唯一实体的两种属性中的一种)。哲学家们都在以各种含混的方式力图把自然和人调和起来。自然和人的原则只是在法国机械唯物论者和休谟那里才彻底暴露出其赤裸裸的本质,前者把一切人的东西都从自然身上剔除出去,只剩下非人的机械自然,后者则第一次用彻底的怀疑论和不可知论切断了人和自然的真实联系,使思维变成一种纯粹主观的、非存在性的东西。拉美特利的《人是机器》和休谟的《人性论》各自把自然和人的原则推到了极端,在他们那里,人的自然不再具有人的意义,自然的人也不再具有自然的意义,对自然和人的一切调和都失效了。这就促使人们从自然和人的对立中发掘出真正本质的对立,即客体和主体两大原则的对立。客体与主体的关系和自然与人的关系的区别在于,它不是仅仅着眼于外在呈现的静止的两种现象、两件事物(自然界和人)的划分,而是着眼于自然和人、精神和物质在行动中的相对关系,即主观能动性和客观制约性的关系。在这里,思维和存在的关系不再像在自然和人的关系中那样总是表现为两种思维(人的思维和上帝的思维)或两种存在(思维的存在和物质世界的存在)的外在关系,而是表现为绝对能动的思维主体和绝对必然的思维对象的不可分割的关系了,思维的主观能动性取代上帝而成为了达到思维和存在、主体和客体的同一性之必要条件。因此,德国古典哲学对以往哲学的一个最显著的超越,就在于对主体能动作用的有意识的强调,对理论和实践的关系的高度重视,以及由此出发对自由和必然的关系问题的深入探讨。

二、德国古典哲学发展的梗概

德国古典哲学在它的创始人康德那里一开始就提出了主体和客体的最基本的同一性即认识的同一性是如何可能的问题。康德认为,认识是主体和客体的统一,即主体符合于客体;但主体如何能够符合于客体? 如果把客体理解为"自在之物"(又译作"物自身""物自体"),即对象本身不以人的意识为转移的终极实在,那么它是不可知的;只有把客体理解为由主体自己建立起来的对象,即"现象",主体才有可能认识这个客体、适合于这个客体。所以主体之所以符合客体首先还是由于客体是符合于主体的客体(而非自在的客体),即由先天的主体综合经验性材料而造成的作为现象的对象。因此康德哲学的根本问题就是"先天综合判断如何可能?"的问题。康德对这个问题的回答是:人的知性先天地具有一种综合统一感性材料的本源的能力,即"先验自我意识"的综合机能,它能够自发能动地凭借其十二范畴去统摄经验的杂多材料而形成先天综合判断,从而建构起人类科学知识的大厦。但这种能力只及于感性经验的范围,因而只及于现象界,却不能达到自在之物。所以康德只是在现象中通过发挥主观能动性而解决了主体与客体的认识关系问题,却坚持这种认识与自在之物的"本体"毫不相干,后者属于没有任何认识论意义的道德实践领域。在实践领域中,康德建构起了一个道德的形而上学,即基于纯粹实践理性的意志自律之上的一整套伦理学说,并由此推出了宗教的必要性。

与康德仅仅局限于认识领域来解决主体和客体的关系问题不同,费希特把认识的主体和实践的主体合为一体,将主体能动性延伸到了自在之物的本体领域。他沿着康德的思路,把自我意识即"自我"的能动活动当作建立客体即"非我"的前提;但自我并不像康德所说的那样,本身还需要另外提供经验材料来供它综合,而是自身就在创造着它的活动经验,因而一切经验材料都不是现成的,都要由它的活动产生出来。"我思"就是"我行",而"我行"必然会带来一切客观经验后果,导致"非我"对"自我"的限制。这样,康德作为经验材料的外在来源的自在之物本身也就被纳入了"自我"活动的范围,成为由"自我"所建立起来的"非我"了,自我就成了唯一独立存在的实体,同时又是能动的主体。主体和客体的矛盾首次在主体能动性的基础上达到了全面的统一。然而这种统一仍然局限于主体的狭窄范围内,它所建立起来的"非我"要么还是自我的一种幻想,要么就是自我所不理解而仍然要受到外来限制的"自在之物"。为了调和体系内部这一矛盾,费希特又设定了一个更高的"绝对自我"来统一自我和非我,以避免唯我论无法面对外部世界这一致命缺陷,从而由主观唯心主义转向了客观唯心主义。

这就提示谢林把立足点转移到主体和客体的原始统一即"绝对同一"上来。在谢林看来,"绝对同一"是主客体绝对无差别的原始状态,主体和客体、物质和精神、自然和人都是从这里产生和发展出来的,即通过绝对同一本身内部无意识的冲动而分化出来的。所以绝对同一实际上就是一种沉睡着的宇宙精神,当它从沉睡中慢慢苏醒,就有了区别和规定,这就形成了自然界;自然界就是包含主体性在内的客体,它的最高表现就是人和人的自我意识;人的自我意识则是包含客体性在内的主体,它通过其实践力量而在社会生活和精神生活中把自己实现

出来,最后在艺术直观中重新达到主体和客体的彻底的同一,回复到无差别的
"绝对"。主体能动性和客观制约性的矛盾在这种双向生成的过程中得到了较
为圆满的调和。但这种"绝对同一"作为"无意识的宇宙精神"既然不可言说,无
法描述,只能通过艺术来直观,靠个别人的天才来领会,它就具有神秘主义的色
彩,它如何能够从冥顽状态中苏醒过来,以及它醒过来以后如何能够断言自己原
先就是那种状态,就是完全不可理解、不可解释的了。

　　黑格尔则认为,谢林从主体和客体的同一出发是对的,但是不能靠非理性的
直观来理解其能动性,而必须通过理性和逻辑;不过不是传统的形式逻辑,而是
能动的内容逻辑(辩证逻辑),这种逻辑的最本质的特点就是概念的自我否定
性。所以绝对同一之所以发展出差异性,不是由于外来的影响,也不是由于神秘
的力量,而只是由于"同一"这一概念的自我否定的本性,因为"同一"本身就意
味着"与差异不同的东西",因而是一种包含"不同"即差异于自身的东西。只有
包含差异的同一才是真正自身能动的东西,它必然由于自身的差异而发展为内
在的对立和矛盾,形成一个东西自己运动的内在根据。所以在黑格尔看来,主体
和实体(客体)完全是一个东西,两者的同一不但体现为一个逻辑结构,而且实
现为一个历史过程;这种逻辑是运动和历史的逻辑,而这种历史则是有规律的、
合乎逻辑的过程;自然界、人、社会历史和精神生活的各种形态都成为了这一历
史过程中的各个不同阶段,整个这一体系则构成了"绝对精神"的普遍实体。这
就以一种前所未有的宏大的方式,把主体和客体结合成了一个无所不包的体系,
其中,主体是能动的灵魂,是推动万物不断超越自身的力量,但它又是合理的、合
逻辑的,所以它能够形成具有强大制约性的客体。但这客体又不是静止不动的
东西,而是内在地不安息的主体性的东西,它渴望创造奇迹,整个现实世界的等
级系统都可以看作它按照一定程序一步步创造出来的。不过当它最后创造出黑
格尔时代的现实时,它便至此止步了,它的主体能动性就被窒息在封闭的体系中
了。可见整个黑格尔的体系是一个向后看的闭合体系,它没有为未来的发展留
下余地。

　　在这个体系上炸开第一个缺口的是费尔巴哈,他所使用的炸药则是感性。
黑格尔唯一无法封闭的就是感性,所以他干脆把感性撇开了。费尔巴哈则抓住
人的感性,并在此基础上重申了人的原则和自然的原则。但经过了德国古典唯
心主义的洗礼,这种感性的人的原则和休谟的人性论已有了本质的不同,它已经
不是个人的感觉,而是作为理性根基的人"类"的感觉,因而能够为自然科学提
供最牢固的基础;这种感性的自然原则和法国唯物主义的自然原则也有了本质
的不同,它已经不是非人的自然界,而是渗透着人本主义精神、在自然中保留了
人的全面丰富的情感和美的自然主义了。然而,从主观能动性和客观制约性这
一对矛盾的角度来看,费尔巴哈并没有作出更大的理论上的直接推进,而只是为

进一步解决这一问题提供了一个更为广阔的视野和地基。因为他所理解的感性主要是"感性直观"和"感性存在",而没有把感性从本质上理解为"感性活动",即人的主体真正能动的现实社会活动。因而他把人的存在直接就当成了人的本质,离开人的可能性(自由的创造)来谈人的存在,最终使感性这种人的解放的要素成为了人的一种局限性和束缚。尽管如此,费尔巴哈的"感性的转向"为后来马克思在新的基础上解决主观能动性和客观制约性的问题准备了前提,并从此使哲学走出了形而上学封闭体系的惯性,而日益自觉地成为了开放系统上的一个个"路标"(海德格尔语)。由此可见,费尔巴哈(和马克思)是从近代哲学向现代哲学转向的一个关键的契机。

第二节　康　　德

伊曼努尔·康德(Immanuel Kant,1724—1804 年)是德国古典哲学的创始人,其"批判哲学"是德国古典哲学的起点。康德著作的文字晦涩艰深,但内涵极其丰富,直到今天还是全世界的哲学家们努力挖掘的一个巨大的思想宝库,需要我们花大力气对它作一个总体的把握。

康德生于普鲁士哥尼斯堡(今天俄国加里宁格勒)一个马鞍匠家庭,家里经济境况拮据。他 1740 年入哥尼斯堡大学哲学系,毕业后一直当家庭教师,直到 1755 年才谋取到母校的一个编外讲师的职位,同时兼任哥尼斯堡王家图书馆管理员的工作,以补贴家用。1770 年他已 46 岁,才成为哥尼斯堡大学教授。他生平未婚,除在周边乡下当家庭教师和一次短途旅行外从未离开过哥尼斯堡。他不图名利,甘于清贫,曾多次拒绝其他大学的高薪聘请教授职位,过着一种平静而有规律的生活。他学识渊博,不出户而知天下事,精通当时的自然科学,曾创造性地用物理原因解释天文、地理、气象等现象,并为哥尼斯堡大教堂设计过避雷针。他成年以后从未进过教堂,骨子里并不相信上帝,而是力图把宗教道德化。直到晚年,他还因宗教问题上的激进观点而受到国王的申斥,但却并不服罪。

他的哲学思想有一个形成过程,一般分为"前批判时期"和"批判时期",以 1770 年为界。在前批判时期,他在哲学上信奉莱布尼茨—沃尔夫派的唯理论,但主要的研究对象是自然科学,崇尚牛顿的物理学,主张用唯物主义的眼光来看待自然界。同时他也在牛顿物理学的基础上突破了机械论的僵化性,把自然界看作是自行发展起来的,提出了著名的"星云学说"。在批判时期,他的研究重点开始转向了哲学,集中于对人性的探讨。他看出,像法国唯物论那样用机械力学的眼光看待自然界固然可以做得精密完备,但排除了人,无法解释人的各种现象和活动;休谟则为了维护人的核心地位而提出了怀疑论和不可知论,从而中断了康德的"独断论的迷梦",使他得以按照卢梭的教导,去建立一门对人有用的、可以确立人在自然界中的地位的科学。批判时期康德的主要理论成果有三个方面:一是在人的认识能力方面的探讨,特别表现在为科学知识奠基的巨著《纯粹理性批判》上;二是在人的欲望能力方面的探讨,代表作为研究人类道德原理及其自由意志基础的《实践理性批判》;三是在人的情感能力方面的探讨,体现为美学和目的论的《判断力批判》。康德曾说,他的一切哲学研究最终是为了解决"人是什么?"的问题,上述"三大批判"正是围绕着这一总问题而展开的哲学视野的全景。

一、"前批判时期"的自然观与批判哲学的形成

1."前批判时期"的自然观

星云假说　康德早年,正值牛顿物理学和 18 世纪法国唯物论在欧洲各国大力传播的时代。其中,法国唯物论排除牛顿的上帝"第一推动力"的假设而将运动归于物质世界本身的思想,对于人们的自然科学观无疑是一个极大的解放。然而,如果认为自然界从来就是如此、毫无发展变化的,认为一切运动的根源终究不是来源于物质内部,而只是在物质之间传递,那么自然界终究还是不能摆脱"第一推动"的问题,不能使自然界本身表现为运动的。康德发表于 1755 年的著作《自然通史和天体理论》(中译本译作《宇宙发展史概论》)就是试图解决这一问题的,它在形而上学的宇宙观上打开了第一个缺口。康德在这本书中提出了太阳系起源的"星云假说",他认为整个宇宙最初是一团云雾状的物质粒子(即原始星云),后来仅仅是由于它们自身内部固有的引力和斥力的相互作用而导致了星云的漩涡运动,逐渐演化成了太阳系。这样,上帝的第一推动最终被取消了,上帝本身完全被逐出了自然界。由此得出的结论是:一切有限的东西由于其本性之故也一定有开始、有终结,目前的自然状态之前一定有流逝了的千秋万代,我们的太阳系也一定会走向消灭,而在这整个过程中都不需要上帝来直接插手。进而康德认为,人类本身也是产生出来的,别的星球上也可能有人类,他们离开太阳越远便越是由更轻巧的物质构造起来,也越是高级。这就用物质本身的原因来解释了一切自然的事物的变化和发展。

不过,莱布尼茨派的自然神论的世界观也并未完全退出康德的思想,他在这本书中也极力想把对自然界的科学解释与神学教条结合起来。他认为,上帝虽然并未用物质的手段创造和推动世界,但上帝仍然是宇宙的"原始的原因",而自然界的必然规律则最终体现了"上帝的意志",是上帝使自然界变得协调有序,而产生出有理性的人来则是上帝的目的。上帝把人的肉体构造得能够认识自然规律,但有机体的法则与自然规律并不完全一样。他说:"给我物质,我就用它造出一个宇宙来! 这就是说,给我物质,我将给你们指出,宇宙是怎样由此

形成的";但另一方面,"难道人们敢说,在微小的植物或昆虫身上也能找出它们的发生、发展的原因吗?难道人们能够说,给我物质,我将向你们指出,幼虫是怎样产生的吗?"①在康德看来,上帝按照两套完全不同的规律来设计物质世界和生命世界,它们之间有"无限的距离",前者是可以通过力学的手段制造出来的,后者却涉及一些"尚未展开的概念",即涉及永恒、不朽、超越物质世界的某种精神性质。康德思想中的唯物主义无神论和自然神论两种因素的交织正是当时西欧各国哲学中自然和人、科学和道德、牛顿的影响和卢梭的影响相互冲突的反映。也可以说,这个时期的康德还在唯物主义的独断论和唯心主义的独断论之间动摇,直到休谟出来打断了他的"独断论的迷梦"为止。

2. 康德批判哲学体系的形成

休谟的挑战　对于康德而言,休谟最重要的理论贡献就在于以怀疑论来对抗一切有关物质实体和精神实体的断言。在休谟看来,我们所能知道的只限于在我们的知觉和印象中呈现出来的东西,至于这些东西后面是否有一个不变的实体在支撑着它们,对此我们一无所知;因此,我们在现有知识中所认为的那些规律和法则(如因果性、必然性等等)也都不能够归之于客观的实在,而只能归之于我们主观心理上的习惯性联想,并没有确定不移的客观性。一切企图从经验中或从主观观念中推出客观实体的存在的做法都是无效的。休谟的这一观点严重地威胁到自然科学的哲学根基,整个科学大厦都摇摇欲坠,但又无法反驳,这使康德那充满自然科学信念的头脑受到极大的震撼。休谟的挑战在他看来决不能回避。但沿用近代以来的以独断论为特征的"健全知性"和通常的理性已经不能应付这一科学的危机,唯一的办法是深化理性本身的层次,即在认识之前首先对认识能力本身作一番批判的考察,看看它需要什么样的条件,以及它的运用范围和界限是什么。因此在《纯粹理性批判》的第一版序言中他提出:"我们的时代是真正批判的时代,一切都必须经受批判。"②对"纯粹理性"的这种"批判"本身当然还是理性,但已不是过去那种现成地拿来就用的工具理性("工具论"),而是自觉的、自我批判的、能动的理性了。黑格尔曾嘲笑康德的这种做法是"在学会游泳之前,切勿下水",的确如此。但这并不否认在"下水"之后对游泳的姿势作一番考察的必要性。

对唯理论和经验论的调和　康德并没有正面反驳休谟的质疑,在他看来这种反驳是不可能的,也是不必要的,因为实际上没有人(包括休谟本人)能够一贯地坚持这种怀疑。他也没有因此就动摇自己对科学的信念,他认为自己要做的是为已有的科学知识寻求其可能性条件,并划定科学知识的范围,从而为科学

---

① 康德,全培暇译:《宇宙发展史概论》,上海人民出版社1972年版,第17页。

② 康德著,邓晓芒译,杨祖陶校:《纯粹理性批判》,人民出版社2004年版,第3页。

重新奠定牢固的基础。在他看来,休谟否定科学知识能够把握我们之外自在的客观存在,并因此否定自然科学的普遍规律能够建立在对这种存在的确信上,这是完全正确的;但由此并不能推出我们就根本不可能获得确定可靠的知识,因为科学规律的普遍必然性虽然不是建立在自在之物的客观确定性上,却完全可以建立在由认识主体而来的先天必然性之上。为了说明这一点,康德分析了我们现有知识的结构。他赞同休谟和其他经验派的一个观点,即我们的一切知识都是经验知识,离开经验我们没有任何知识;但他不同意经验派把经验就看作单纯的后天感知印象,而认为在经验中就已经有先天知识的成分了,否则经验本身也不可能形成。所以"尽管我们的一切知识都是以经验开始的,它们却并不因此就都是从经验中发源的。"①任何一个经验既包含有后天经验性的成分,即自在之物(它本身不可认识)刺激我们的感官而形成的各种知觉和印象,同时也包含有先天的成分,这就是先天的直观形式(空间和时间)以及知性的纯粹概念(诸范畴)。一切知识都是由经验中的先天成分和后天成分复合而成的。康德在此又糅合进了唯理论的因素(如莱布尼茨的"大理石纹路说")。

哥白尼式的革命　　因此,他认为正是经验中的先天成分,给我们的经验知识赋予了普遍必然的性质,即一切有理性者或认识主体在认识一个对象时所不得不遵守的规律的性质;只不过这个认识对象不能视为自在之物,而只是在我们心中所呈现的"现象"。但它虽然只呈现在我们心中,却并不以我们的任意为转移,我们由于自己固定不变的先天认识结构(时空、范畴)而不得不如此看待它,所以这个作为现象的认识对象就对我们表现出某种"客观性"。而这种客观性在这种意义上也就是由主观性所建立起来的客观性,而不是离开主体的自在之物那种现成的绝对客观性。于是认识的过程就不是对象为我们立法,而是"人为自然立法"。我们在自然科学中认识一个对象看起来似乎是用我们的观念去与对象"符合",但之所以能够发生这种符合,实质上还是由于这个对象先与我们的观念(时空及范畴)相符合。以往关于真理的"观念符合对象"的独断论定义被改造成了"对象符合观念"的批判哲学的定义。康德把自己这种对传统认识论的颠倒视为认识论中的一场"哥白尼式"的"革命"。

自在之物和现象　　可见,康德在回应休谟的挑战时对认识论所作的最重要的战略性调整就在于把现象和自在之物分割开来,我们所认识的只是现象,自在之物不可知。但现象自有现象的规律,只要我们满足于现象的知识,我们就能够克服对这些知识的怀疑论而建立起它们在现象界的普遍必然性和客观性(这两者在康德看来是一回事)。至于自在之物,休谟甚至对它的存在也抱怀疑态度,

---

① 康德著,邓晓芒译,杨祖陶校:《纯粹理性批判》,人民出版社 2004 年版,第 1 页。

康德却主张我们必须设定它,其理由有三:一是为了保证由我们的感官受它刺激而产生的那些知觉印象所构成的对象具有实在性;二是为了给我们的认识树立一个"到此止步"的界碑,以此为标准,我们就可以对凡是离开感性而直接针对自在之物的断言和描述作出"不可知"的结论,把知识限制在感官世界的范围内,以保证我们的知识都是货真价实的知识而非伪科学;第三,更重要的是为了给虽然不可知、但却应当相信的东西如自由意志、灵魂不朽和上帝存在留下地盘,即他说的:"我不得不悬置知识,以便给信仰腾出位置。"①至于我们凭什么能够设定自在之物,康德认为单凭有现象向我们显现出来,就可以断定后面必然有个显现者,因为有显现而无显现者是不可设想的。当然,在外人看来,这种论断是很难站得住脚的,仍然带有某种"独断论"的残余,所以后来费希特等人批评他不彻底,说他只是"半个批判主义者"。但康德凭借这种假设却从理论理性过渡到了实践理性,建立起了他的一整套道德和宗教的学说。在康德看来,在休谟的怀疑论的摧毁下,唯理论和经验论的一切本体论的预设和证明都站不住脚了,以往的一切形而上学也都已经垮台了;但由于康德对现象和自在之物的区分,形而上学有希望在新的基础上重新建立起来,这种未来的形而上学有两种,这就是自然的形而上学(现象界)和道德的形而上学(本体界)。

道德律和至善　康德的道德学说总的来说无非是关于自由意志的法则的学说。意志的法则就是实践理性。同一个理性,既在理论上(认识论上)为自然界立法,又在实践上为人自身的意志立法。意志立法的形式就是道德律,而它的可能性条件就在于一切有理性者的实践的自由。所以道德律的"存在根据"就在于本身不可知的自由,它属于人的本体即自在之物。真正的自由不是一次性的为所欲为,而是由意志来坚持自身的前后一贯性和普遍必然性(而不受外来的和感性的束缚),这就构成了"有一言能终身行之"的道德律。但现实的人除了作为自在之物是自由的存在者外,作为现象又是感性自然的存在者,所以他未见得会将道德律作为他所选择的行为准则,常常倒是按照他的自然本能和欲望而行动。即使他做了道德的事,也不完全是出于道德律,而很可能是出于别的目的。但康德的道德律并不在乎其现实的后果,而只考虑其可能的选择和动机。就是说,道德律总是在每个人心中发布"应当"的命令,这就使一个人即使做不道德的事,也会知道这是不道德的,因而感到惭愧,感到对道德律的敬重。人在此生总是做不到使自己的感性生活与道德律相一致,同时又总是希望任何道德行为都获得与之相配的幸福,所以他作为同时是感性自然的和理性自由的人,就必然要设定灵魂不朽和上帝存在,为人在此生所无法做到和获得的"至善"留下

---

① 康德著,邓晓芒译,杨祖陶校:《纯粹理性批判》,人民出版社2004年版,第22页。

希望。

理论和实践的桥梁　　在实践理性方面的上述所有这一切都不是能够认识的,而只是应当去做和可以希望的,就是说,我们能够认识并且能够在实践中产生确定效果的并不一定是我们应当做的(如科学技术助长人类的侈奢和虚荣),而我们应当做的却不能认识,也不一定能产生相应的效果。所以在理论理性和实践理性之间有一道不可逾越的鸿沟。康德晚年力图在这两者之间架起一道桥梁,认为虽然两者不可通约,但人类却有一种象征或指引,使我们能够从此岸展望彼岸,这就是人类的审美活动和对自然整体的最终目的的追寻。这个桥梁或中介康德称之为"反思性的判断力",它本质上诉之于人的情感能力,这就是《判断力批判》的话题。自此,康德的包含"三大批判"在内的批判哲学体系才最终得以完成,它们分别探讨了人的认识能力、意志能力和情感能力的先天原则。下面我们就来分别考察他的哲学体系的这三个部分。

二、批判哲学的认识论

《纯粹理性批判》要对认识能力本身作一番检查,这马上就进入了认识论的领域,因为这种检查本身已经是一种认识。换言之,对纯粹理性进行批判本身已经运用了纯粹理性的能力。所以《纯粹理性批判》既被康德看作他的"自然形而上学"的导言(如他作为《纯粹理性批判》的通俗本和缩写本的《未来形而上学导论》所表明的),又被看作其第一部分。

总问题:先天综合判断如何可能?　　康德在这本书中所提出的认识论的一个核心问题,就是所谓"先天综合判断如何可能?"在他看来,一切认识都基于判断,因为单个的表象或概念是无所谓真假的,只有把两个表象或概念联结起来形成一个判断(如"这朵花是红的"),才有真假问题,才构成知识。但判断本身有三种类型:(1)先天分析判断,如"物体是有广延的",这种判断的谓词已经包含在主词中,只是在判断中被明确说出来、分析出来了而已;(2)后天综合判断,如"物体是有重量的",这种判断的谓词并不包含在主词中(因物体在太空中可以无重量),是在判断中被加到主词上去的,一切偶然经验性的判断都属于此列;(3)先天综合判断,如"一切发生的事都是有原因的",谓词"有原因的"并没有包含在主词"一切发生的事"中,但这一判断却不是偶然的,而是具有先天的必然性。在上述三种判断中,先天分析判断虽然有必然性,因而理性派最喜欢把知识的可靠根据建立在它之上,但它却不能够扩展我们的知识或获得新知,而只能将已有的知识作更为清晰的表述;后天综合判断虽然能够扩展我们的知识,因而经验派最喜欢由它去获取知识,但它却不能够保证我们的知识有普遍必然性,而只能获得一定程度上的或然性;唯有先天综合判断,既能够扩展我们的知识,又具有普遍必然性,它才是最终使我们能够不断地获得新的可靠的科学知识的根据。

康德认为,我们在数学和自然科学中实际上到处都是以这种先天综合判断作为基础的。如数学中的 7+5 = 12,在康德看来就并不如人们所说的那样是先天分析命题,而是一个先天综合命题,因为 12 的概念并没有包含在"7 与 5 的和"这一概念中。又如自然科学中的物质不灭定理:"在物质的一切变化中物质的量保持不变",也是先天综合命题,因为"不变"的概念并不包含在"物质的量"的概念里。再看形而上学。过去的形而上学虽然都失败了,但凡有形而上学的"自然倾向"之处,也都在致力于先天综合命题的寻求,如证明"世界有一个开端"等等;显然,未来有可能作为科学的形而上学也必然要以某种先天综合判断为基础。

现在问题是,先天综合判断如何可能? 既然先天综合判断是一切可能的科学的基础,所以这个问题按照上面的层次就被分解为四个问题:(1)纯粹数学如何可能? (2)纯粹自然科学如何可能? (3)形而上学作为自然倾向如何可能? (4)形而上学作为科学如何可能? 在《纯粹理性批判》中,第一个问题是由"先验感性论"来回答的;第二个问题是由"先验逻辑"中的"先验分析论"来回答的;第三个问题是由"先验逻辑"中的"先验辩证论"来回答的(以上三论构成了《纯粹理性批判》中的"先验要素论"部分);第四个问题是由"先验方法论"来回答的。而这也是《纯粹理性批判》一书的总体结构。这种总体安排与康德对人类知识结构的看法也是相适应的。人的知识在康德看来分为感性、知性和理性三个层次,其中理性又分为消极的辩证论和积极的方法论,后者构成了向实践理性的过渡。我们现在来依次考察这四个层次。

1. 感性

先天直观形式 所谓"感性"(Sinnlichkeit),康德是指人的认识的"接受性"(或"感受性"),即一种被动接受的认识能力,也就是"直观能力"。这是我们最起码的认识能力。但即使是被动接受,康德认为除了需要接受器官即感官之外,也要以某种先天的认识形式为前提,否则就不可能接受进来。所以感性或直观在康德那里是由两种成分结合而成的,这就是用来接受的先天直观形式,即空间和时间形式,和通过自在之物刺激感官而后天获得的直观的质料,包括知觉、印象、感觉等等杂多材料(如色、声、香、味、冷、硬等)。就后天经验性的质料而言,它们是纯粹偶然的,属于经验性的心理学的考察范围,而康德在"先验感性论"中主要探讨的是先天的直观形式的性质及它们与后天质料的关系,以说明纯粹数学如何可能,即说明纯粹数学如何能在直观中构成一个对象。为了表明空间和时间的先天性,他作了一个思想实验,例如我们可以设想一个空的空间或一段什么事也没有发生的时间,却根本不可能设想一个东西没有空间和时间而存在。所以,空间和时间不是自在之物本身或它的形式,而只是认识主体的先天直观形式,它是一切直观对象、首先是数学对象之所以可能的先天条件,如空间是几何学之所以可能的先天条件,时间是算术之所以可能的先天条件。所以这些直观对象并不是自在之物,而是自在之物刺激感官而在我们的直观中所形成的现象。当我们的时空形式把感官的杂多表象纳入到自身的秩序中来时,一个感性对象便直观地被构成了,它在我们先天的时空形式中经验性地"限制"出了自己的那一部分地盘,但这一部分和其他任何一部分都遵循着时空形式本身先天确定了的某种必然关系(如"两点之间直线最短"之类),而数学的先天综合判断就借着这种限制而彰显出了自己的先天必然法则。

先天与先验 必须注意的是,康德这里所说的"先天"(a priori)并非指"天生"的,也没有"时间上在先"的意思,而是指"逻辑上在先",即在认识过程中源于主体本身的那些要素,它们是逻辑层次上先于经验性的东西而不依赖于后天经验的知识。而在实际的认识过程中,这些要素与"后天"(a posteriori)的要素是同时起作用的,并没有时间上的先后。另外,康德所谓"先验的"(transzendental)与"先天的"也有区别。虽然一切"先验的"都是"先天的",但并非一切"先天的"都是"先验的",因为"先验的"特指这样一种先天知识,它们虽然逻辑上先于一切经验性的东西,但它们正是有关经验知识得以可能的条件的知识。或者可以说,"先天"与"经验"(即"后天")的划分是逻辑上的层次划分,"先验"与"经验"的划分则是认识论上的层次划分;"先天"的东西不一定涉及有关对象的经验知识(如形式逻辑,只管形式的正确,不管真假问题),"先验"的东西则一定要涉及有关对象的经验知识(涉及内容,即知识的真假)。所以"先验感性论"就是在感性的层面上讨论有关对象的知识的可能性条件的学说。

空间与时间 于是康德得出结论说,空间是外感官的形式,即感知一切外部现象的先天直观条件;时间是内感官的形式,即感知一切内部现象(内心状态)的先天直观条件。而由于一切外部现象最终都要纳入内部来感知,所以时间又是感知一切内、外现象的先天直观条件。在这种意义上,时间对空间而言处于优先的地位。正是由于时间和空间一方面是主体本身的先天直观形式,另一方面又是形成感性直观对象的条件,所以它们具有两种相辅相成的性质,这就是"先验的观念性"和"经验性的实在性"。"先验的观念性"强调时间和空间是主体先天固有的主观观念,而不是自在之物本身的客观属性,因而不是什么"先验的实在性"(反对理性派的独断论);"经验性的实在性"则强调时间和空间的先天形式必然能够普遍地运用到一切经验内容之上而形成经验对象,因而能够建立起现象中的客观实在,而不是仅仅作为主观联想和幻想的"经验性的观念性"(反对休谟怀疑论)。这两方面其实是同一件事的两面,即:"先验的观念论"正因为是"先验的",所以它能够成为一切经验对象之所以可能的先天条件,因而才必然能够普遍适用于一切经验对象,在这种意义上,"先验的观念论"就意味着"具有客观意义的观念论"(而不同于贝克莱的主观的观念论或主观唯心论);"经验性的实在论"则正因为是"经验性的",所以这种实在论被限制于现象界而不会延伸至自在之物,在这种意义上,"经验性的实在论"就意味着"只有主观意义的客观实在论"(而不是独断论的"绝对的客观实在论")。这两方面共同构成了任何一种科学知识的可能性条件。康德的这对概念不仅对于"先验感性论",而且对于其他各个认识层次甚至其他哲学领域(如道德和审美领域)都具有十分关键的重要意义。

2. 知性

知性与感性的关系   在感性直观的基础上,人的认识能力还必须往高处提升,才能形成真正的科学知识。所以和感性相比,知性(Verstand)和后面要讲的理性都属于"高级认识能力",它们一起构成了"先验逻辑"。先验感性论和先验逻辑组成了"先验要素论"的两个部分或两个阶段(相当于通常所讲的"感性认识和理性认识"),但并非毫不相干的两部分,而是后面的部分从更高的层次上容纳和重释了前面的部分。知性是"先验分析论"中用来解释"纯粹自然科学如何可能"的最高原理,但它决不是单独来回答这一问题,而是和感性联手来回答问题。因为知性的认识功能就在于把感性所提供出来的直观对象在思维中综合统一起来,以构成具有客观普遍性的自然科学知识,所以知性是不能离开感性经验的运用的。感性提供对象,知性思维对象,"思维无内容是空的,直观无概念是盲的"。① 康德把只要知性思维不要感性直观的理性派哲学家比作一只飞翔的鸽子,它自以为如果没有空气的阻碍它就会飞得更快,殊不知没有空气它是根本飞不起来的。但知性本身也有一整套结构和作用方式,是必须分析出来单独加以考察的。这就是"先验分析论"所要做的。

范畴   什么是"知性"? 康德认为知性和感性不同,感性只是一种被动的接受能力,知性则是一种主动地产生概念并运用概念来进行思维的能力,所以知性的特点就在于自发性和能动性。但这种自发性并不是乱来的,而是体现为一系列的知性纯粹概念,即"范畴"(Kategorie),这些范畴构成一个从低到高的层次井然的严密系统,即"先验逻辑"的系统;这个系统也不是康德偶然碰上和通过经验的搜索获得的,而是从传统已有的形式逻辑的判断分类规则中引出来的。所以康德首先列出了一个"知性的逻辑判断机能表",这就是:(1)量的判断:全称的、特称的、单称的;(2)质的判断:肯定的、否定的、无限的;(3)关系判断:定言的、假言的、选言的;(4)模态判断:或然的、实然的、必然的。然后,他根据这个判断表列出了一个"范畴表",这就是:(1)量的范畴:单一性、多数性、全体性;(2)质的范畴:实在性、否定性、限制性;(3)关系范畴:自存性与依存性(实体与

---

①   康德著,邓晓芒译,杨祖陶校:《纯粹理性批判》,人民出版社 2004 年版,第 52 页。

偶性)、原因性与从属性(原因和结果)、协同性(主动与受动之间的交互作用);
(4)模态范畴:可能性—不可能性、存有—非有、必然性—偶然性。这两个表中
的各项是一一对应的。康德认为,形式逻辑只管判断的形式不出错,对于判断的
内容却不关心,所以它只是判断的真理性的"消极条件";先验逻辑却能指导判
断的内容走向通往真理之路,所列十二种范畴都是科学知识如要获得积极的成
果就必须努力去寻求满足的条件,它们各自都体现了知性能动的"综合"作用的
某一方面,因而是人的认识主体为自然界所立的"法"。但既然两种逻辑(形式
的和内容上的)都出自于同一个知性,所以可以借它们之间的亲缘关系从一个
引出另一个。但各种范畴所表明的不再是空洞的形式,而是形成一个客观对象
及其经验知识所必须的条件,因而它们构成一切经验知识本身内部的不可或缺
的层次。

　　先验演绎　　但是,经验知识是由两个来源不同的成分所组成的,来自先天
的先验范畴如何必然能够运用于一切后天经验性材料之上呢?这就是康德的
"范畴的先验演绎"所要说明的。这个说明在第一和第二版中分别是从分析的
角度和从综合的角度来进行的。第一版的分析的说明就像剥洋葱一样,对现有
的经验知识层层剥离,直到最里面的生长点,这就是自我意识的能动作用,表明
不管在知识的哪个层次,如"直观中把握的综合""想象中再生的综合""概念中
认定的综合",这些知识都要直接间接地依靠自我意识的"统觉"和综合作用才
有可能,否则就不可能成为知识。所以一切后天经验性材料要成为知识就少不
了先验范畴。第二版的综合的说明则是从一个根本之点出发把其他环节都纳入
其下,也就是首先提出,一切知识都在于"联结"(即形成判断),而一切联结都只
有在自我意识的统觉之本源的综合统一之下才有可能,所以凡是在出现判断的
联系词"是"的地方,其实都已经表达了自我意识(借助于某个范畴)把经验的杂
多联结为一个客体的努力。这说明,一切有关一个经验对象的客观知识都是由
自我意识的先验的统觉作用建立起来的,范畴在其中代表自我意识的综合,正是
由于先验自我意识的能动性,它们就必然能够而且只能运用于一切感官对象身
上。当然,这里的"自我意识"是指"先验自我意识",而不是内感官中的"经验性
的自我意识"(自我感)。

　　图型　　不过,康德又指出,由于范畴和感性直观毕竟来自于不同的认识能
力,也由于我们人类没有什么"理智直观",所以在实际操作中,范畴要能够运用
于感官对象,还必须有一个中介,这就是"判断力"。判断力的原理就在于必须
找到一个中间环节,它既具有先天的性质,又具有感性直观的性质,才能把先验
范畴和经验直观双方牢固地结合起来。由于时间正好具有这样双重的性质,所
以这个中间环节就是由时间的种种先验规定所形成的"图型"(Schema)。如时
间的"系列"是量的图型,时间的"内容"是质的图型,时间的"秩序"是关系的图

型,时间的"包容性"是模态的图型等。总之,知性的范畴不可能离开图型而有任何先验的运用,而只能通过图型运用于经验对象上。凡是企图绕开图型、超出感性经验的范围而把如单一性、实体性、因果性等先验范畴作"先验的运用",即运用于思想中的对象之上的做法(如理性派所做的),都是不合法的,是混淆了自在之物和现象。

3. 理性

理念　在康德看来,理性(Vernunft)是比知性更高一级的认识能力(有时他也把这两个术语混用)。知性一般是产生概念(范畴)来进行判断的能力,理性则是利用范畴进行推理的能力。判断总是一次性的,它离不开经验对象,所构成的是一个个单个的知识;推理则不和经验对象直接打交道,只和知性已构成的知识打交道,因而是可以向上或向下连续推下去的。理性作为一条法规,则是要通过"理念"(理性概念)而获得完备的整体性的知识。但由于推理的大前提总是预设的,因而总是还可以继续追溯、直到无限,所以康德把理性看作是一种从"有条件的东西"去追溯"无条件者"即无限者的能力。理性的理念就是这种无条件者或无限者,它在经验的自然科学中有其作用,如理想的"纯水""纯金",或"种"与"类"的概念,尽管实际上没有一个个体能够完全符合它们,但却为自然科学提供了努力的目标和衡量的标准。不过康德要考察的是"纯粹理性",因而不是一般理念,而是"先验的理念"。这种理念有三个:主观的"灵魂",客观的"宇宙",主客观统一的"上帝",它们都具有绝对无限性的特点。理性提出这三个理念是为了形成心理学、物理学和这两者的统一的、一切经验科学知识的彻底完备的系统。当人们仅仅是为了这一目的来运用它们(即对它们作"内在的运用")时,它们对于人的一切科学知识就具有一种"调节性的"(regulativ,又译"范导性")作用,即能促使科学家不断努力去追求绝对的知识(但永远不能达到)。然而,如果人们想要把这些理念超出一切可能经验的范围而作先验的运用(在这里也就相当于作"超验的运用"),即要获得这些理念所代表的那些超验的对象(自在之物)如灵魂实体、宇宙整体和上帝存在的"构成性的(konstitutiv)"知识时,就会产生一些"幻相"(Schein),即一些伪知识。这三种幻相都是由于混淆了自在之物和现象所导致的,它们分别是理性心理学的"谬误推理"、理性宇宙论的"二律背反"和理性神学对上帝存在的各种"证明"。

(1) 理性心理学的谬误推理

笛卡尔和莱布尼茨等理性派哲学家为了证明有一个不朽的灵魂实体,从"我思故我在"这一命题开始,认为"我思维"必须以一个在思维着的"我"为前提,这个"我"必然是一个存在着的实体,而"思维"则是这个实体的"属性"。但在康德看来,这里犯了一个"偷换概念"的逻辑错误,即"我思"固然要预设一个"我",但这个"我"只是"思"的一个逻辑前提(没有"我"的"思"是自相矛盾、不可想象的），即一个"主词"（Subjekt），但却丝毫也不意味着"我"在时空中的现实存在，即一个具有各种属性并能起作用的"主体"（Subjekt）。所以"我在"的实际意义也无非是"我思"，但笛卡尔却把这个"我在"误以为是时空中的存在，不但把诸如"单一性""实体性""人格性"和"观念性"这些范畴和属性加在它身上，而且认为它住在人的大脑中的"松果腺"里面，与人的身体有某种交互关系和作用。康德认为，像"单一性"、特别是"实体性"这类范畴只能运用于时空中的经验对象，而不能运用于一个先验的逻辑主词，否则我们就会把一个先验的我降为一个经验性的我，即内感官中的作为一种心理现象（经验对象）的我，从这个经验性的我中是根本推不出一个先验的"自在之我"的属性的。逻辑的先验自我不是感性直观的对象，不能把范畴运用于其上，范畴的运用反而要以它为前提。当然，康德也不否认我们可以把这个先验自我作为一个先验的对象来思维，在这个先验主词后面假定一个自在之物（自在之我），但不是为了认识它，而是为了以它作为实践上的道德承担的主体。

（2）理性宇宙论的二律背反

独断论者，不论是理性派的独断论者还是经验派的独断论者，为了得到关于宇宙整体的绝对知识，都力图离开经验的基地，而对"世界整体"从哲学上作形而上学的推断。但这样一来，这两方面都可以从各自的立场出发，运用同样一些知性范畴而得出截然相反的结论；而由于双方都没有经验来作为裁决的手段，所以这些相互冲突的结论各自都在逻辑上言之成理，谁也驳不倒谁，从而陷入"二律背反"即理性自身的辩证矛盾之中。康德认为，这种二律背反就是对人的理性的一个警告，暗示理性不得越出经验的范围而妄想认识自在之物。他按照前述范畴的量、质、关系、模态的分类而把这些二律背反列为四个：

a. 正题：世界在时间和空间上是有限的。
　　反题：世界在时间和空间上是无限的。
b. 正题：世界上的一切都是由单纯的部分复合而成的。
　　反题：世界上的一切都是复合的，没有单纯的东西。
c. 正题：世界上除了自然因果性外，还有一种自由的因果性。
　　反题：世界上只有自然因果性，没有自由。
d. 正题：世界上有绝对必然的存在者，作为世界的一部分或是世界的原因。
　　反题：世界之中和世界之外都没有绝对必然的存在者。

由于这些命题都涉及超出经验之上的"世界整体"，所以它们没有办法用经验事实从正面证明自己，只好通过"归谬法"，即通过指出对立的主张由于包含有自相矛盾而不成立，从而反过来证明自己的主张的正确。例如，第一个二律背反的"正题"要证明世界"在时间上有开端（因而是有限的）"，就先假定时间上"没有开端"；如果这样，则在任何一刻都必须说有一个永恒无限的时间序列过去了,即是说,已完成了无限时间序列的综合;但时间序列既是"无限的",就意味着不能完成综合,因此说世界无开端是自相矛盾的,因此世界必有开端。反题则为了证明"世界无开端"而先假定"世界有开端",于是在"开端"之前必定是一个"空的"时间;但"空的"时间之所以是"空的",就在于它没有任何东西来把自己和其他时间区别开来而形成某种"开端",所以在一个空的时间中产生出某种开端来是不可能的,所以世界没有开端。又如,对第三个二律背反即有无自由的论证:正题为了证明世界上有自由,先假定世界上一切都由自然的因果性决定,但每个事件的发生都必须有充分的原因(或充足理由),缺了一个原因这件事就不会发生了;所以这些原因就必须一直往前追溯,在追溯到最后的充足理由之前一切理由都是不充分的,因而都不足以使该事件发生。但该事件毕竟发生了,这就说明一定有个最后的充足理由,它本身不再有其他的理由或原因了(否则就还不充分),而这就是自由。反题则认为,假如设定了自由的原因,就会打断自然因果性的链条,从而使得任何经验的统一性都成为不可能的了。所以一个懂得科学原理的人不会接受自由的因果性。

　　其他的二律背反的证明大体上也是如此。我们很容易看出,康德的这些论证并不严密。例如"无限"的概念有许多种,有些并不一定是不能完成综合的(如从 0 开始的"自然数"),与"有限"的概念并没有绝对的不相容性;又如"空的"时间只有把时间本身想象为某种"东西"才能够设想,没有任何东西的绝对的"空"是绝对无法设想的。再者,充足理由律自从被莱布尼茨提出后,能否成为一条逻辑规律,始终存在着争论。如果从逻辑上理解,那就只是一个经验性的指导原则(与归纳和类比层次相当),即莱布尼茨所谓"事实的真理"或"偶然的真理";如果涉及自由,它就是一条形而上学的原则,并无逻辑上的效力。但无疑,康德认为正反两方面都无法用知性来驳倒对方,则是很深刻的,这种洞见意味着一种崭新的思想即辩证法思想即将诞生。

　　康德指出,二律背反中的正题一般说是莱布尼茨—沃尔夫派(和自然神论)的观点,代表柏拉图以来的理性主义传统;反题则是牛顿派的自然科学唯物论的观点,代表伊壁鸠鲁以来的经验主义的传统。理性派的观点有利于道德和宗教的确立,经验派的观点则有利于自然科学的发展,这正是近代以来"人和自然的冲突"的一种理论化的表现。康德的意图则是要调和双方,他所采取的关键性的措施就是区分自在之物和现象界。他认为,二律背反的"幻相"的出现正是由于把现象和自在之物混淆起来的缘故,即试图把只能用于现象的知性范畴用来规定自在之物。只要把这一点区分开来,幻相即可解除。由此便可看出,第一、二个二律背反的正题和反题双方都是错误的,因为它们都涉及终极的世界整体这个自在之物,它既非有限的,亦非无限的,既非单一的,亦非复合的,而是凭任何经验都"不可确定"、不可知的。同样,在第三、四个二律背反中,正题和反题可以同时为真,但反题只能适用于现象界,在自然中一切都在因果链条中,没有自由或第一推动力的世界原因;而正题则只能适用于自在之物,只是出于道德实践的考虑才是正确的。如人作为一个本体必须假定自己有自由,人作为本体和现象的统一体也必须假定现象界最终有一个绝对必然的存在者,否则我们就会把自己的行为等同于动物的行为,或等同于自然物的作用了。因此我们可以先验地为自在之物假定自由的理念和绝对必然存在者的理念,而不必担心经验的反驳,因为它们既然不在现象界,所以虽然不能证明,但也不可否证。这些理念实际上是为道德和宗教设定的,同时又并不与自然科学相冲突,经验科学没有理由也没有必要否定它们。

所以全部宇宙论的二律背反学说归结到自在之物和现象的严格区分。康德试图用这种隔离的办法来限制理性本身,以回避理性的内在矛盾性即辩证法,但恰好由此暴露了辩证法是理性的本质属性,并表明形式的方式是无法处理辩证矛盾的,必须改换立场、提高思维层次才能正面解决矛盾。这就对后人的辩证思维产生了巨大的启发作用。

（3）理性神学的"理想"

上述第四个二律背反的正题已经包含有理性神学的成分了,但它还只是"宇宙论",即为了解释世界的"原因"。如果用这种原因来证明一个"理想"的最高存在者,那就成为了对上帝存在的"宇宙论证明",即进入了"理性神学"。康德认为,以往的理性神学对上帝存在的证明有三种基本的形式,就是"宇宙论的证明""目的论的证明"（又称"自然神学的证明"）和"本体论的证明"。其中,前两个证明是试图从经验世界（一切可能的经验世界,或是我们现有的这个经验世界）中,通过对原因或目的的不断追溯而引出一个在世界之外的上帝来。但康德认为,其实这两个证明表面上是以经验事实为依据的,实际上最终却要依赖"本体论证明"跳出经验的范围才能达到超验的上帝,而本体论证明的实质则是不要任何经验事实,仅仅通过概念而推出存在。康德指出,用上帝这个"最完满"、因而"无所不包"的概念中必须包含"存在"（否则就会自相矛盾）来证明上帝在我们（包括我们的概念）之外的客观存在,这种证明无异于从我们头脑里有一百元钱的概念推出我口袋里现实地有一百元钱。头脑中的一百元与现实的一百元在"概念上"无疑是完全一样的,不多也不少;但任何人都不会把两者混淆,就像一个商人不会通过在自己的账簿上添上几个零来增加自己的收入一样。所以这个证明诚然可以把"存在"（即"是":ist）这个词与"上帝"的概念联系起来,但"存在"并不是实在的谓词,在形式逻辑中它只是一个系词,即用来联系其他具体属性的词,因而只是表示主词在时空和经验现象中应作出相应的规定。所以单凭说"上帝存在"（或"上帝是"）并没有对上帝作出任何实质性的规定,而只是提出了问题:上帝存在于何时何地?（或"上帝是什么?"）而这正是本体论证明所要回避的问题。因此一切对上帝存在的证明都是不可能的。

不过,康德对"目的论证明"还有另一番解释,表明他认为这个证明虽然最终依赖于本体论证明,因而在理论上是错误的,但由于目的论证明后面其实隐藏的是人的道德情感上的需要,即我们人类无论如何也摆脱不了用合乎目的性的眼光来看待世界,因而总要把人自身及其道德素质看作宇宙目的链条中的最高目的,这就迫使我们推出一个安排整个自然界趋向于人的道德的"全知、全能、全善"的上帝来。所以目的论证明底下所隐藏的其实是对上帝存在的"道德证明",而这是唯一可能的对上帝的证明,由此便有可能建立起一种"道德神学"。但这一证明并不表明上帝在客观上存在,甚至不表明上帝存在于我们的道德中,而只表明我们出于道德的原因而相信上帝存在。但是,这种道德证明在目的论的形式下还披着感性经验的外衣,容易引起混乱,因此必须为它另外寻找先验的根据,即实践理性的根据。由此康德便开始向"实践理性批判"过渡了。但在此之前,还必须解决未来形而上学的方法问题。

由此看来,以往的独断论哲学在灵魂学说、宇宙论和神学这三个方面试图建立起形而上学的尝试都失败了。但康德认为,这种尝试是理性的自然本性,这种本性无可非议,只是方法不对。于是在"先验方法论"中,康德致力于阐明未来有可能科学地建立起来的形而上学的方法。

4. 未来形而上学的方法

纯粹理性的训练　康德认为理性在自然科学中所起的作用,只是当现有的经验知识已经由知性形成时对它们进行"调节"或引导,它在超出经验之外想要建立一种形而上学时便遭遇到了"辩证的幻相"。那么,它有什么办法能够重建形而上学呢?康德认为,首先,必须对纯粹理性进行"训练",这种训练有四个层次:(1)凡是在纯粹理性作先验运用的场合,就要抑制其"独断论"的倾向,尤其要防止像理性派哲学家所惯常做的那样以数学作为哲学的榜样去获取一些先天的知识;(2)而当这种独断的倾向无法阻止地萌生出来时,则训练自己利用"怀疑论"去充分展示其观点的自相矛盾性,以便从独断的迷梦中被唤醒而上升到批判;(3)在此基础上纯粹理性可以提出某些"假设"的理念,如自由、灵魂等,它们虽然不能获得经验的证明,但也不能由经验否证,由此它们能够带来某种"实践的利益",只要我们不把它们当成是某种知识就行;(4)纯粹理性也可以"证明"某些先验的命题,但必须预先对之加以先验的演绎以追溯出其前提和根源,而不能单凭"归谬法"就得出结论。通过以上四个层次的训练,纯粹理性就能一步步成熟起来。这些其实都是康德自己在前面已经做过的工作,他是在对自己使用的方法作总结。

纯粹理性的法规　其次,必须建立纯粹理性运用的"法规"。纯粹理性在认识领域里是不能成为积极意义上的"法规"的,只是消极意义上的防范和批判,顶多能够以其理念引导人类的认识不断向无限目标前进。但这种知识的前进本身有它的实践利益,这就是通过发展科学技术求得人类最大的幸福,在这方面,纯粹理性倒是可以去寻求其运用的法规。换言之,纯粹理性只是在实践方面,即在人的合目的的自由方面才有自己的法规。康德认为,求幸福虽然要运用实践理性,但其前提却并非理性的,而是立足于人的感性欲望之上,因而并非纯粹的实践理性法规;真正的纯粹实践理性的法规是自由意志本身的规律即道德律,只有它才能使人"配得幸福",并通过设定灵魂不朽和上帝存在而使自己成为贯通经验世界和超验世界的普遍法规。所以纯粹理性的法规就是坚持不懈地对道德目的的追求,并为此而相信来世和上帝,这就是我们在实践活动中应当并且能够一贯持守的法规。所以,纯粹理性的实践运用的法规贯通了人的幸福、道德和宗教,即贯通了这样三个问题:我能知道什么? 我应当做什么? 我可以希望什么? 在后来康德又进一步指出,这三个问题其实可以归结为一个问题:人是什么? 即认识论、伦理学和宗教学最终都统属于"人类学"。

所以康德认为,未来作为科学的形而上学只能有两种形式,即自然的形而上学和道德的形而上学。前者康德已在《纯粹理性批判》中奠定了理论基础,只须将其具体化就行了;后者从前者中引出,并最终通往宗教,它系统地展示在《道德形而上学》和《单纯理性范围内的宗教》两部著作中。在他看来,构成自然形而上学的思辨理性(即理论理性)是从属于构成道德形而上学的实践理性的,因而实践理性高于理论理性,前者代表了人的本性和本体,后者则只涉及人的现象。

三、批判哲学的道德哲学

1. 道德问题的提出

实践理性高于理论理性　近代哲学的两大对立原则即自然和人的原则在康德这里仍留有余绪,即:康德眼中的自然还是机械力学的自然,其中虽然有自我意识的主体能动作用,但没有人的自由意志、道德和宗教存身的余地;康德眼中的人真正说来则是纯粹道德实践的人,他可以不为自然规律所动而遵从另外一套规律,由此体现出他的自由本体。但康德又认为这两方面都是同一个理性在两个不同的领域即认识和实践中的运用,认识方面只涉及现象,实践方面则涉及自在之物。现象虽然也是由理性(知性)建立起来的,但理性在这里离不开感性经验的运用,而且归根结底是由感性(欲望、爱好、本能等)所支配的;只有人的本体才在人的意志中体现出真正独立的"纯粹理性",即纯粹实践理性,它超越于一切感性之上而对人发布无条件的命令,不管人是否现实地接受并将它在现象中实现出来,都无损于它的尊严。所以同一个理性在现象界为自然立法,在本体界则为人自身立法。在这种意义上,实践理性比起理论理性来更纯粹、更配得上称作"纯粹理性",它完全摆脱了感性的束缚;而理论理性其实只是知性,是不能脱离感性经验的运用的。当然,即使在实践中,人作为现象和本体的统一体也是离不开感性的,但他可以摆正感性和理性的位置,使纯粹实践理性对于理论理性处于立法上的"优先地位",而且这种优先地位只限于"应当"的层次,而不能像理论理性即知性那样,从现象的角度理解为有办法在感性世界中将其必然地实现出来;毋宁说,纯粹实践理性的原则在现象中所产生的效果只能被看作是偶然的,它取决于自由任意的选择。那么,这个自由任意从本体上看自身有无规律性呢? 或者说,纯粹实践理性的原则是如何可能的? 它的先天根据是什么? 这就是康德的道德哲学所要回答的问题。

纯粹实践理性高于一般实践理性　康德认为,纯粹实践理性的上述问题就是道德如何可能的问题。一般实践理性可以不涉及道德,如日常生活中的实用原则也要使用理性,除了与自然打交道时的技术实践的理性外,还有与他人打交道时的明智原则或"实践智慧"。但人类在长期的日常社会实践生活中也已经形成了一些"普通的道德理性知识"乃至于"通俗的道德哲学",如"己所不欲勿施于人"之类,其中已经隐含着先验的道德形而上学原则即纯粹实践理性原则了,但一般人们不加深究,以为这都是一些社会生活中的经验的实用原则。这就很可能歪曲道德的本性,把它降为一种功利主义的实用技巧。康德在《道德形而上学奠基》中对这些通俗道德哲学的原理进行了清理和挖掘,发现它们的真正的道德价值并不在于在客观的经验后果中"合乎道德律",而在于主观动机上"出于道德律",即不是为了感性的任何需要而服从义务,而是"为义务而义务"。当然实际上很少有人能够做到这一点,但人们一般都是用这种标准去评价和衡量一个道德行为的。所以真正的道德原则必须摆脱一切感性爱好的考虑而从纯粹理性的单纯形式上来确定,从而找到义务的真正发源之处。所以康德主张把"通俗的道德哲学"提升到"道德形而上学",再把"道德形而上学"追溯到"实践理性批判",以便从先验哲学的立场上彻底解决道德如何可能的问题。下面我们就《实践理性批判》和《道德形而上学奠基》这两部著作来阐明康德的道德体系。

2. 道德律

"绝对命令"　康德的道德学说是从纯粹(实践)理性出发的,因此,他首先就要从根本上把一般"有理性者"和自然物区别开来。所谓理性,最重要的特点就是普遍必然的合法则性,但自然法则和行动的法则应该有所不同。"有理性者"同时是一个行动者,这一点是不用证明的,因为纯粹理性不论是用于认识还是用于实践,本身已经在行动了。那么,这种行动与自然过程有什么区别呢? 区别就在于,有理性者的行动是有意志的,即它不是像自然过程那样"按照法则"而运作,而是"按照对法则的表象"来行动,因而是一个合乎"目的性"的过程,这就是实践理性的特点。但如果一种意志除了受实践理性的规定外,还受到经验或感性爱好的影响(如在人类那里),这种影响对意志来说就成为偏离法则表象的、外来的偶然干扰(虽然它本身是按照另一种法则即自然法则来运作的),于是实践理性的法则对它来说就成了"命令",被表述为"你应当……"。但命令也分为有条件的(假言的)命令和无条件的(定言的)命令。前者只是为了达到某个具体的技术性目的的明智的劝告,如"为了避免老来受穷,年轻时你应当积累财产"之类,虽然也运用了实践理性,但却有一个感性的前提条件(避免受穷),因而它对实践理性的运用只是片断性的,其法则只在一定范围内是法则,没有绝对的普遍性。后者则去掉了一切外部条件,因而是纯粹实践理性的"绝对命令";它唯一的"条件"就是实践理性本身,即要保持理性的实践运用本身的逻辑一贯性(合法则性)。这条绝对命令被表述为:"你要仅仅按照你同时也能够愿意它成为一条普遍法则的那个准则去行动。"①这就是隐含在一切道德行为中的道德律。在这里,"愿意"的(主观)"准则"能够成为一条客观的普遍"法则",表明意志是按照逻辑上的"不矛盾律"而维持自身的始终一贯,因而是出于理性的本性的。

作为"自然律"的道德律 康德认为,这条道德律有三种不同层次上的表达形式。第一种形式是:"你要这样行动,就像你行动的准则应当通过你的意志成为一条普遍的自然法则一样。"②为什么要强调"自然法则"?显然是为了便于理解。纯粹实践理性不像理论理性那样有自己的"图型",但由于都是理性,就可以把自然规律的合法则性形式当作一个"模型"(Typus)来进行类比,由此建立起"通俗的道德哲学"。于是康德举了这样四个例子让我们来思考:(1)不要自杀;(2)不要骗人;(3)要发展自己的才能;(4)要帮助别人。他说我们可以设想一下,违背这些例子的命题可不可以成为一条普遍的自然法则?或者我们愿不愿意它们成为一条普遍的自然法则?显然,违背第(1)(2)个例子的命题是不可能成为一条普遍的自然法则的,因为它们一旦被普遍化就会成为一个自相矛盾和自我取消的命题,如"自杀"一旦普遍化就没有人再可以自杀了,骗人一旦普遍化也就没有人再相信任何人、因而也骗不成人了,它们就会像在自然法则中一样被淘汰掉。违背第(3)(4)个例子的命题虽然有可能成为普遍的自然法则(如我们可以设想一个懒人组成的社会,或一个互不关心的冷漠无情的社会),但却没有人会真的"愿意"它成为一条普遍的自然法则,而只是希望自己能够例外,所以这里的自相矛盾虽然不在外部世界,但却在自己的意愿中。因此这四个例子表达了四种"义务":(1)对自己的消极义务;(2)对他人的消极义务;(3)对自

---

① 康德著,杨云飞译:《道德形而上学奠基》,人民出版社 2013 年版,第 52 页。
② 康德著,杨云飞译:《道德形而上学奠基》,人民出版社 2013 年版,第 52~53 页。

己的积极义务;(4)对他人的积极义务。其原则都是:我们的行为及行为的意志不要自相矛盾,而是要成为普遍自然法则,才能够保持理性的一贯性而存在下去。其实孔子的"己所不欲勿施于人"也属于这种类型,其特点在于"有一言而能终身行之"。

人是目的 但道德律的这种通俗的表达方式还只是从行为的自然后果上来考虑的,因而只考虑到行为实现出来的普遍性形式,而未考虑行为的实质性动机,这就有可能被利用来掩盖某种并非理性的目的。如果"童叟无欺"是为了生意兴隆,帮助别人是为了回报,甚至"己所不欲勿施于人"也可以被用来作为一种谋取现实利益的技巧,这就会丧失或减损其道德价值。于是康德提出了第二种、即更高的表达形式:"你要这样行动,把不论是你人格中的人性,还是任何其他人的人格中的人性,任何时候都同时用做目的,而决不只是用做手段。"①这就是从内在的动机来考察其理性的普遍合法则性了。人的行为有种种目的,但总的目的只有一个,就是人本身。所以"人是目的"贯穿在人的一切其他目的中,其他目的都可以成为单纯的手段,唯有人性本身、"人格"(Person)不能再成为单纯的手段,它是自己实现自己的终极目的。所以"童叟无欺"或"己所不欲勿施于人"等等仅仅在把人本身当作目的的前提下才能成为真正道德的。由此来看上述四个例子,其含义就被深化为:(1)不把自己的人性当手段;(2)不把他人的人性当手段;(3)以促进自己的人性为目的;(4)以促进他人的人性为目的。

意志自律 然而,康德所谓的"人性"(Menschheit)并不是单指地球上的人类的性质,而是任何"有理性者"的一般本性,因而它并不是仅仅主观上作为人的目的,而是被理性表象为"客观目的",即任何一个有理性者一般"能够拥有目的"这一客观法则。意识到这一层,上述道德律就有了第三种表达形式:"作为普遍立法意志的每一个理性存在者的意志的理念"。② 这就是一般意志的自我立法或"自律"(Autonomie)的原则,它比前一种表达形式更高。因为"人是目的"虽然涉及人的动机,但并未点出人们选择这一动机就是服从自己的意志,而不是服从外来的命令(如上帝的诫命)。"自律"的原则使前面的表达方式都获得了自己最牢固的根基,它把上述表达方式都包含于自身之内,表明这些法则都是每个意志的立法者自己为自己制定的,他们由此而组成了一个人人都是目的的"目的国"。这就使每个意志作为自律的意志挺身而出,成为了义务的最终承担者。所以只有第三条最高的命令形式(自律)才使得行动的主体具有了人格的尊严,从而激发起了"敬重"(Achtung)的道德情感。

---

① 康德著,杨云飞译:《道德形而上学奠基》,人民出版社 2013 年版,第 64 页。
② 康德著,杨云飞译:《道德形而上学奠基》,人民出版社 2013 年版,第 67 页。

3. 自由

先验的自由和实践自由　　道德律虽然有三个不同层次上的互相不可分割的表达形式,但其最经典的表达方式还是"要使你的行动的准则成为一条普遍法则"。显然,这条绝对命令是一个"先天综合命题",因为在(主观的)"行动的准则"这个概念中并不包含有(客观的)"普遍法则"的概念。要使这条先天综合命题成为可能,必须有一个更高的第三者,这就是"自由意志"。自由意志的行动必然会使得行动的准则成为普遍的法则,如果没有自由意志,任何一个行动的准则都会受到自己特殊的感性的束缚而无法成为普遍法则。所以康德说,道德律是自由的"认识理由",自由则是道德律的"存在理由"。① 但这种自由已不同于《纯粹理性批判》的第三个"二律背反"中的"先验自由的理念"了,或者说,实践的自由已经把悬设的先验自由落实在行动上,使之具有了"实在性",虽然不是理论的实在性(实在的经验知识),而是实践的实在性。所以自由概念就成了理论理性和实践理性之间的"拱心石",它是最高的、不可再追溯的概念。但它其实就是纯粹理性的实践能力,即摆脱一切感性的束缚和不自由,仅凭自身的理性一贯性来决定自己的行为的能力。这个能力本身是如何可能的,这是无法解释的、不可知的,是"一切道德研究的至上边界"②;但它不仅能够摆脱一切感性束缚(消极的自由),而且能够由自身建立起自己的普遍法则(积极的自由),这却是一个不必证明也无需批判的"事实"。所以实践理性批判不是要批判纯粹实践理性,而是要立足于纯粹实践理性的实践能力即自由意志这一已有的"理性的事实",并以之作标准,去批判和评价一般的(包括不纯粹的)实践理性的种种表现,衡量一切实践活动在何种程度上是合乎理性的或是受经验所制约的。

自由的任意与自由意志　　所以康德所理解的自由就有两个层次。一是泛泛而言的"自由的任意"(die freie Willkür),即任何一个主动的有意行为,它与动物本能行为的区别就在于其中已经有理性的考虑(目的和手段的设计)了,因而能够克服感性的一时诱惑而坚持长远的目标直到实现。但这个目标也可能仍然是感性的。二是属于其中的高级阶段的"自由意志"(der freie Wille),其特点是不再将理性当作服务于感性需要的手段,而是仅凭理性来规定自己的行为,命令自己"应当"做什么,哪怕没有任何感性的效果与之相应也不动摇。因此,"自由的任意"所获得的自由只是片断的,虽然可以摆脱一时的感性束缚,但最终仍受缚于感性欲求;"自由意志"所获得的自由则是彻底的、逻辑上一贯的,它完全摆脱了感性束缚,因而实际上就是纯粹实践理性本身。但它在感性世界里也有其表现(否则它就不可能成为一种"实践"能力了),这就是一种特殊的情感即"敬

---

① 康德著,邓晓芒译,杨祖陶校:《实践理性批判》,人民出版社 2003 年版,第 2 页。
② 康德著,杨云飞译:《道德形而上学奠基》,人民出版社 2013 年版,第 113 页。

重"感,其特点是对一切感性的东西感到自卑而加以否定,并引起对于超验法则的"兴趣"。由于它伴随着自我否定的痛苦和谦卑,是一种否定感性的感性,因而在感性世界里可以成为促使一个人趋向道德的"动机"(Triebfeder),但决不是道德本身的动因(Bewegungsgrund)。道德的动因不可能是感性的东西,而只能是实践理性的自由意志。

自由范畴表　于是康德为了说明从自由的任意向自由意志、即向纯粹实践理性的道德律的过渡,而在《实践理性批判》中制定了一个"自由范畴表",这就是:(1)量:执意、规范、法则;(2)质:命令、禁止、例外;(3)关系:人格性、人格状态、诸人格状态的交互性;(4)模态:允许的事和不允许的事、义务和违背义务的事、完全的义务和不完全的义务。他解释说:"这些范畴所涉及的只是一般的实践理性,因而在它们的秩序中是从在道德上尚未确定并且还以感性为条件的范畴,而逐步进向那些不以感性为条件而完全只由道德律来规定的范畴。"①所有这些自由范畴都处于一个从感性的任意到逐渐发现自己的"自然法则"、到提出道德命令、到把自己和他人的人格看作目的、直到自己为自己建立起"义务"概念(自律)的逐级上升过程中,其中感性的因素被逐步冲淡和排除。我们在日常生活中的"善恶"概念就是由此而决定的,因而也呈现为一个由低到高的等级系统。可见善或恶的最终的衡量标准应是纯粹理性的自由意志的法则,即道德律。

4. 实践理性的二律背反和道德宗教

德福一致和"悬设"　但善(即"好")的概念毕竟和道德的概念有所不同,它是包含有感性的考虑在内的。康德认为,德性是善的最高等级,是排除了感性的善,但德性本身正因此就还不是最完满的善即"至善",只有配以与德性相当的(感性的)幸福才可以说是完满的善。所以至善本身应当包括幸福和德性两个不可分割的方面。然而,历史上对幸福与德性的关系有两种截然相反的看法,即由幸福引出德性或是由德性引出幸福(如古代的伊壁鸠鲁主义与斯多亚主义),这就是实践理性的二律背反。康德认为这两者都是错误的,都把一种综合的关系当作了分析性的(同一性的)关系。他指出人生在世,这两方面是绝对没有什么(现象上的)必然联系的,但如果把现象和自在之物严格划分开来,则就自在之物而言斯多亚派还有一定的道理,即并不排除德性和幸福在一个超验的世界中有可能达到相互协调,因而一个摆脱了感性束缚的自由意志总是可以对自己的道德行为所配得的幸福抱有合理的希望。由此看来,实践理性甚至可以把思辨理性(其目的是增进人的幸福)当作自己下属的一个环节而包括于自身中,因而对思辨理性占有优先地位。于是康德从德性和幸福的一致这一纯粹实践理

---

① 康德著,邓晓芒译,杨祖陶校:《实践理性批判》,人民出版社2003年版,第90页。

性的要求中,引出了灵魂不朽和上帝存在这两个"悬设",它们的根据就在于自由意志。因为在自由意志的基础上,只有假定灵魂不朽才给人建立起追求道德上的完善和圣洁的目标,以及来世配享天福的希望;也只有假定上帝存在才能保证德福果报的绝对公正。但康德反复申述,自由意志本身也是一个悬设,这些悬设并不是有关任何对象的知识,而只是"出于纯粹理性之需要而认其为真",①即纯粹实践理性的信仰。这就把宗教的基本原理建立在纯粹理性的基础上了。

康德在《实践理性批判》的结论中说道:"有两样东西,人们越是经常持久地对之凝神思索,它们就越是使内心充满常新而日增的惊奇和敬畏:我头上的星空和我心中的道德律。"②这就是康德毕生为之奋斗的两个最重要的目的。现在的问题是,如何把这两种虽然出于同一个理性、但却如此互不相干地并行的原则调和起来。

四、批判哲学的美学和目的论

1. 康德两大批判的对立与调和的努力

过渡问题　康德在完成《纯粹理性批判》和《实践理性批判》之后,自认为他阐明了认识和道德的先天原理,规定了自然界和自由的法则,用现象和自在之物的区分在两者之间划出了不可逾越的鸿沟,而双方正因为如此又可以并行不悖。如在《纯粹理性批判》中他认为经验世界和超验世界虽然毫不相关,但却完全可以同时从这两种观点来看同一个主体(人),自然的人服从自然因果律,自由的人服从道德律,两种规律可以在同一个人的行动中"无矛盾地"被发现。在《实践理性批判》中他也认为,自由在思辨理性中是"先验自由"的理念,在实践理性中则是"实践的自由",它们表示的是同一个主体性。于是,康德本来似乎可以认为他的整个"批判哲学"的体系已经完成了。但这时他却发现,尽管他划分现象和自在之物的本意是要让"人"避开双方的矛盾带来的冲突,但结果却无异于扬汤止沸。这样的"人"仍然是分裂的,双方没有任何联结和过渡的媒介。人凭借认识可以不讲道德,人有了道德也可以不顾认识;但不讲道德的人就成了动物,不顾认识的人又得不到幸福。在这种局面下,很难想象感性的人类会自己趋向于道德,甚至道德意识怎么会觉醒都成了问题。但在康德看来,在整个人类历史中的确可以看出某种道德意识的进步(这一点他不同意卢梭关于人类文明完全是道德堕落的观点)。所以寻求从自然人向道德人过渡的先天根据就成了康德第三批判即《判断力批判》的主题,他由此也就最终完成了自己的"批判哲学"体系。

---

① 康德著,邓晓芒译,杨祖陶校:《实践理性批判》,人民出版社 2003 年版,第 194 页。
② 康德著,邓晓芒译,杨祖陶校:《实践理性批判》,人民出版社 2003 年版,第 220 页。

情感能力和反思性的判断力　　那么,如何能够在前面两个批判之间架一道过渡的桥梁呢？康德承认,这是由于他对第三种先天能力即人类情感能力的发现。在此之前他曾认为情感能力是不可能有自己的先天原则的,因此他把这种能力归于经验性的心理学范围而不加讨论。但现在,他认为可以在知性和理性之间的"判断力"的某种先天运用中发现这种情感能力的先天原则,这一原则的发现缓和了前两个批判之间的对立。人在感性的心理现象和自然现象中有可能找到某种自在之物的暗示,反过来,人在自己的实践和合目的性行为中也可能发现某种感性经验的佐证,这都是由于某种判断力的功劳。在《纯粹理性批判》中康德曾提出过知性范畴运用于经验对象之上的"判断力的原理",这种判断力是在知性的普遍范畴已经提供出来了以后,为这种普遍性去寻找合适的特殊材料的能力。但这时康德认为,判断力还有一种相反方向的运用,即在特殊的材料已经提供出来了以后,为这种特殊去寻找合适的普遍原则。前者是用知性去统摄直观,称之为"规定性的判断力";后者是就直观而运用知性(和理性),称之为"反思性的判断力"。反思性的判断力不是为了获得客观知识,而是为了在直观表象上引起诸认识能力的自由协调的活动("活动"即 Spiel,亦可译作"游戏"),以便获得某种愉快的情感。诸认识能力的协调活动在规定性的判断力中也曾发生,并且是一切知识得以顺利产生的前提,因此这种协调的先验性和可传达性也是无可置疑的,但在那里毕竟是服从范畴的规定并受其限制的;而在反思性的判断力中,这种协调是自由的,不是要向外去规定一个客体,而是要向内反思到某种内心状态即愉快的情感。所以我们依据直观表象所要寻求的不是什么客观普遍性,而是主观普遍性;也不是一个客观目的,而是主观形式的合目的性。这种反思性的判断力就是"审美判断力"。

审美判断力和目的论判断力　　但康德又认为,这种审美判断力的主观形式的原理一经确立,人们也就可以把它"调节性地"用于自然界的客观质料上,以补充自然科学某些部门(如生物学)的不足并由此构成自然科学的整个系统,这就是"目的论判断力"的原理。康德在《纯粹理性批判》中也曾谈到过,理性对理念的"内在运用"可以引导我们把自然界看作一个由低到高不断发展的目的系统;而在这里康德具体地指出,理性之所以能做到这一点,必须借助于反思性的判断力。为什么在我们看来自然界具有"种"和"类"的等级关系,具有"节约律""连续律"和"多样统一律"等,似乎是要把它的每一个细节都归总到一个唯一的目的之上,这仅仅是因为主体的反思性的判断力要在自然界找到一个最终的目的,从而实现知性和理性的协调。而这种协调只有当我们对自然目的的追寻从自然界追踪到人类文化和社会,最终追踪到人的道德素质,才能达到完满的完成。

总而言之,这两种反思性的判断力都是要从直观表象或直观对象反思到主观诸认识能力的协调状态,其中,审美判断力是使直观能力即想像力和知性(理性)相协调,目的论判断力是使知性和理性相协调。可见它们都基于认识能力,但都不是为了认识,而是指向自由和道德,也可以说它们就是自由和道德的本体在人的感性经验中所留下的痕迹(虽然只是"暗示"),没有这些痕迹,一个自然人是永远无法意识到自己的自由和道德律的,对超验世界的各种"悬设"就毫无现实的根据了。所以判断力批判是自然人向自由人过渡的不可缺少的桥梁。

2. 审美判断力批判

审美判断力的三个最重要的主题是美、崇高和艺术。

(1) 美(Schönheit)

美的四个契机　显然,从康德的"反思判断力"的立场看,美就不可能是客观事物的某种属性,而只是主观上对事物表象的一种评价,它表达的不是对事物的知识,而是对事物的态度、情感。"这朵花是美的"与"这朵花是红的"是两种完全不同的判断,前者不是规定性的,而是反思性的,它称之为"审美判断"或"鉴赏判断"。鉴赏判断有四个本质特点,康德称之为四个"契机"(Moment),它们是:①无利害的愉快感;②非概念的普遍性;③主观形式的合目的性;④共通感的普遍可传达性。其中,第一个契机是从消极的方面把审美与快适和善区别开来;第二个契机是从消极的方面把审美和认识的判断区别开来;第三个契机是从积极的方面确定了审美的形式原则;第四个契机是从积极的方面确定了审美的先验的情感原则。所以康德的四个契机总地看来是两大原则,即理性派美学所崇尚的古典形式主义原则和经验派美学所崇尚的浪漫主义的情感原则;但其中形式原则是服从情感原则的,而情感原则却又不是像经验派所说的那样完全是个人的偶然经验,而是有其先验的普遍性,即依靠共通感而普遍传达。这就以某种方式把理性派美学(古典主义)和经验派美学(浪漫主义)调和起来了。在康德看来,所有这些契机都表明了两种认识能力即想像力(直观能力)和知性的自由协调活动的特点,因而都暗示了人的主体性自由:第一、二个契机暗示了人的消极自由(摆脱利害和概念的束缚),第三、四个契机则暗示了积极的自由(自己立法)。所以,纯粹的鉴赏判断所表现的是"自由美",而最能体现这种自由美的是美丽的花朵、贝壳、羽毛、装饰、即兴的无标题音乐等。凡是附加上了概念、目的、利害等的都已经是不纯粹的美即"依附的美"了,如一匹美的马、一座美的房子,等等。

共通感　从"自由美"这点看,康德似乎比较倾向于美的形式主义;然而,从后面康德对美的鉴赏判断的先验的"演绎"来看,则他明显偏向于情感主义,就是说,他从自由美的看来似乎是"客观的"(未加任何主观目的和利害关系的)形式后面,揭示出其可能性的主观先天条件,即人性中固有的共通感。人们为什么要把审美的主观感受表达为一个判断这样的"客观"形式? 这并不是由于对象上有"美"这样一种客观的"属性",而是要表达这种感受的"主观普遍性",即表达对这种感受人人应当共有(人同此心、心同此理)的期待和希望。所以鉴赏判断看起来是"客观的",其实是主观的,就好像它是一种个人"口味"一样;但同时,它看起来是主观个人的,其实又是每个人普遍共有的,就好像它是一种"客观的"性质一样。这就是鉴赏判断的两个互相依赖的"特性"。既然这两者统一于"共通感",所以康德说:"我们甚至可以把鉴赏定义为对于那样一种东西的评判能力,它使我们对一个给予的表象的情感不借助于概念而能够普遍传达。"①

(2)崇高(Erhabene)

想像力与理性的协调　纯粹鉴赏判断除了美以外,还有一种形式就是崇高。与美在于想像力与知性相互协调不同,崇高在于想像力与知性不能达成协调,转而向更高处攀升,导致与理性协调。所以美是使人感到自由的愉快,而崇高却首先使人不愉快、甚至感到痛苦,但随后由于上升到理性的无限性,从而更大规模地解放了想像力,产生出更高层次的愉快。例如当我们面对原始而荒凉的大自然,我们惊叹它的广袤无边和巨大力量,这时明知我们的知性对于这种无限根本不可能有任何把握,于是从我们内心升起一种对于自己渺小无能的不愉快的痛感;但这同时便激发起想像力向无限的高处冲刺,因而调动起人本身的一种把握无限的能力即理性能力,获得一种反败为胜的愉快感。所以崇高总是与无限联系在一起的。康德举例说,当我们在一定距离上欣赏埃及金字塔,我们可以觉得它很"美";但如果我们走得太近,在我们的视野中已经远远把握不了它时,我们就会觉得它"崇高"。正因为崇高超越了有限的日常知性和日常的审美愉快,所以它所带来的愉快就是基于一种"道德情感"、即"敬重"之上的:"它是在人的本性中,亦即在人们能够凭借健全知性同时向每个人建议且能够向他自己要求的东西中有其根基,也就是说,在趋于对(实践的)理念的情感即道德情感的素质中有其根基。"②这正是崇高感能够普遍传达的先天条件。但康德又认为,崇高在未受过教化的野蛮人那里是不能体会的,它是人类一定文明程度的产物和标志,所以即使原则上能够普遍传达,也还需要一个文化发展过程才能现实地传达开来。

数学的崇高与力学的崇高　康德把崇高划分为两类。一类是"数学的崇高",主要由时间和空间的无限性所引起,如无边无际的大海,高耸入云的山峰,浩渺的天宇,它们超出了人类的知性理解能力。但自觉到自己的理性的人这时援引理性的无限性对这种大自然的无限加以理解。人在宇宙中虽然是一粒微尘,但他有理性,能够意识到宇宙的无限,而自然界却不能意识到自身。所以人

---

① 康德著,邓晓芒译,杨祖陶校:《判断力批判》,人民出版社 2002 年版,第 137 页。
② 康德著,邓晓芒译,杨祖陶校:《判断力批判》,人民出版社 2002 年版,第 105 页。

的理性是一种把握无限的无限,他能以自然界的无限自居,这就带来崇高的愉快。另一类是"力学的崇高",主要由力量的无限性所引起,如地震、火山,狂风暴雨,惊涛骇浪,它们都以不可抗拒的强力威胁着人的生存,给人带来恐惧。但如果人自身处于安全地带,他就可以由此唤醒人心中的理性,意识到再强大的物质力量也不可能动摇理性自身的道德力量,因而理性有能力对抗和战胜非理性的自然界,由此带来一种胜利的愉快。可见这两类崇高分别是从消极的自由和积极的自由两个层次把人引向道德情感。

总之,不论是美的鉴赏还是崇高的鉴赏,都是借助于诸认识能力的自由协调活动而引发人的自由感以至于道德情感,从而形成从认识向道德的过渡。但审美判断毕竟不是道德,只具有象征意义,所以康德说:"美是德性的象征"。①

(3) 艺术(Kunst)

天才　美和崇高都是内心的愉快情感,这种情感都有社会的普遍性,是一种"共通感"。然而如果没有艺术,这种内心的共通感虽然人人都有,却不会得到现实的社会传达,无法把自己的普遍性在经验中现实地表现出来。所以艺术的作用就在于使人的审美愉快能够经验地传达出来,是实现其普遍的社会性的手段。但这种经验的手段也有它"先天的"(天赋的)条件,这就是"天才"。但天才毕竟是大自然偶然的产物,因而终究是经验性的。天才的定义是:"一个主体在自由运用其诸认识能力方面的禀赋的典范式的独创性"。② 大自然通过天才给艺术立法规,但这种法规并不是确定的普遍规则,而只是一种"示范",它要求艺术家在观摩艺术典范后不是依样画葫芦地模仿,而是激发起自己的天才去创造。但天才要能创造出一个成功的艺术品,必须要纳入鉴赏力的制约之下,即要考虑到欣赏者普遍的可接受性(共通感),而不得任凭自己的灵气和精神的驰骋,变得怪诞和不可理解。所以即使在艺术品中,康德也认为普遍的鉴赏比个别的天才更重要,因为他看重的是艺术的普遍传达情感的作用。

艺术美和自然美　康德的"艺术"通常指"美的艺术"。艺术和美的区别在于美是无目的无概念的,艺术却有一个目的概念,因而包含有某种制作的技巧。但艺术能够表现美,因此艺术美和自然美也就有了区别,即"一种自然美是一个美的事物;艺术美则是对一个事物的美的表现。"③同时自然美和艺术美又有不可分割的关系:"自然是美的,如果它看上去同时像是艺术;而艺术只有当我们意识到它是艺术而在我们看来它却又像是自然时,才能被称为美的。"④不过总

---

① 康德著,邓晓芒译,杨祖陶校:《判断力批判》,人民出版社 2002 年版,第 200 页。
② 康德著,邓晓芒译,杨祖陶校:《判断力批判》,人民出版社 2002 年版,第 163 页。
③ 康德著,邓晓芒译,杨祖陶校:《判断力批判》,人民出版社 2002 年版,第 155 页。
④ 康德著,邓晓芒译,杨祖陶校:《判断力批判》,人民出版社 2002 年版,第 149 页。

的来说,康德更重视自然美,他认为艺术美固然能够传达社会性的共通感,但也(如卢梭所说)确实促成了人类的虚荣和奢侈,而对自然美的欣赏则通常标志着一个人内心有较高的道德素质。可见康德虽然认为鉴赏没有艺术就不能实现社会性的传达,但他又不太瞧得起这种传达,认为这只不过是在沙龙客厅中的闲谈资料和交际手段而已。在他看来,每个人先天固有的鉴赏能力即使不实现出来,也比外在经验的社交活动重要得多。康德对艺术的分类原则也体现了这一点:诗高于绘画,绘画高于音乐,越是以感性的方式直接打动人的感官的艺术就越低级,最高级的则是"演讲术"。一般评论认为康德的艺术趣味不高,康德自己也承认这一点,因为他关注的只是先验的东西。

3. 目的论判断力批判

客观的合目的性　艺术虽然在美的鉴赏方面无足轻重,但它提出了一个很重要的概念,就是:艺术品是一种"合目的性产品"。就艺术"像是自然"来说,一个艺术品就像是一个合乎目的的有机统一体,虽然这个目的实际上是一个外来的理性(艺术家)加给它的,却必须不露斧凿痕迹,如同自然界本身"长出来的"一样。而这就反过来使我们能够借这个艺术品的概念去类比自然界,通过假设某种"超人类的"理性的艺术而把自然界看作一件最高级的艺术品,以至于它就像是自行生长和发展出来的有机系统。从这里就可以过渡到自然目的论。但这种看法并没有自己的先验法则,而只是把审美判断力的主观合目的性法则调节性地转用于自然界的客观质料上,不是为了引起愉快的情感,而是为了能够完整地把握自然的无限质料,这时"无目的的合目的性"就转变为"有目的的合目的性"了。但这种合目的性仍然不是规定性的判断力,而只是反思性的判断力,因而它所关注的主要不是诸事物外在的目的与手段的规定关系(如艺术或技术的机械知识),即外在目的论,而是一个事物自身以自身为目的而组织起来的关系,即内在目的论,以便在遇到一个事物(如有机体)无法用知性全部把握其经验性材料时反思到理性的无限统一作用,以此来帮助知性在现象界的运用。所以,由此所造成的决不是真正的知识,而仍然只是对知识的一种调节或辅助。

(1) 有机体(Organisation)

内在目的和外在目的　知性在单独面对有机体时是无能为力的,因为机械因果性无法穷尽有机体的一切内部关系。但在理性的协调作用下,有机体的各部分就可以不仅被理解为(如同一个艺术品的各部分那样)相互依赖、不可分割,而且被理解为相互产生,是"有组织的且自组织的",即被作为内在目的来看待。这种理解本身并不是知识,而只是对知识的"批判",它可以引导科学家(如解剖学家)以有机体的理念为目标和指导来进行步步深入的(机械的)科学研究,但本身永远不能"还原"为机械作用(因而永远不是具体的知识)。所以,在有机体的观点之下,机械作用是被看作从属于目的之下并为之服务的,同样,外部环境也以这种形式被纳入了这种目的之下,成为了维持和延续这一目的的外部手段。这样,只要有一个自然物被看作有机体,整个无机自然界都可以作为产生有机体的手段而被联结在一个以该有机体为目的的大系统中,有机体就把一种外在的合目的性赋予了本身无目的的无机界,从而不但把自身、而且把整个自然界都"组织"起来了。

（2）自然目的系统

有机体的自然目的原理说明了每个有机体都以自身为目的而利用周围环境作为手段,但如果仅仅是这样,那么整个自然各种有机体虽然各自都有自己的目的,但相互之间就会处于互相利用、互相冲突的杂乱无章的关系中,其中的偶然性和机械作用(弱肉强食)将仍然占统治地位,人们仍然不能用自然目的原理把握和统一自然界整体。但康德指出,人们一旦承认了有机体的内在目的原理,就必然会导致把整个自然界也看作一个"自组织的有机体",即看作一个合乎目的地按照等级次序组织起来的巨大生态系统。因为如果自然界不是合目的地为有机体提供存在的整体环境条件,单是有机体自身是无法生存下来的,也就不会有有机体存在了;但有机体确实已经存在,这反过来就"使我们有理由提出自然的一个巨大目的系统的理念",所以内在目的性"这种超感性原则的统一性必须被看作不仅适用于自然物的某些物种,而且以同一种方式适用于作为系统的自然整体"。① 自然目的系统是有机体的内在目的之可能设想的先决条件。

可以看出,康德上述推论利用了"外在目的性原理"。康德反对把外在目的性单独地用于自然目的和上帝的推论(如目的论证明),但不反对在内在目的论的基础上运用外在目的性原理对自然的"终极目的"进行推导。由此他由无机界推到有机体,从植物推到动物,从动物推到人,"人就是这个地球上的创造的最后目的",整个自然都是自行向人生成的。当然,这个系统的终极目的还不是自然的人,而是道德的人,这种推导就成了由自然目的论过渡到道德目的论的中介。

（3）道德目的论

文化与历史　康德认为,自然目的论的终极根据在于人;可是如果仅仅把人看作"自然界的一部分",即一种动物,这个"终极"的自然目的仍然是缺乏根据的,因为大自然对于作为动物的人类并不特别优待,如果没有人的理性,人这种动物是要被大自然毫不留情地消灭掉的。所以康德认为只能到人的超感性的理性原则中去寻求终极目的之根据。人的理性原则有两种,一种是"幸福"的理念,但这个理念并不能把一切不幸福的事件(灾难、痛苦等)都统一起来;于是只剩下一个理念,即"文化"。但文化中有较低层次的熟练技巧(劳动),还有较高

---

① 康德著,邓晓芒译,杨祖陶校:《判断力批判》,人民出版社 2002 年版,第 230～231 页。

层次的艺术和科学,只有后两者,虽然也有导致虚荣和奢侈的倾向,但却对于人的更为粗野的兽性部分起着抑制作用,使人的意向得到锻炼,使人变得更为文明,这就为我们感到自身隐藏着一种更高的目的而作了准备。这样,对自然终极目的的追寻就引导我们到达了"作为本体看的人","只有在人之中,但也是在这个仅仅作为道德主体的人之中,才能找到在目的上无条件的立法,因而只有这种立法才使人有能力成为终极目的,全部自然都是在目的论上从属于这个终极目的的"。① 一切自然物在从低到高的目的关系中趋向于人的文化和文明,而人的文化又在一个漫长的历史过程中趋向于道德的或理性的人,这样就完成了由经验的自然界向超验的道德世界的过渡,完成了由现象的人向作为本体的人的过渡。

"天意" 康德对道德目的论的推导虽然涉及人的社会历史领域,如人的劳动、分工,文化的进步和人的异化,市民社会、阶级和国家的产生,历史和世界永久和平的前景等等,但他并不把这些看作一种真实的历史科学,而是出于"反思判断力"对历史所作的一种价值评判和"猜测",目的是为了通过这种评判和猜测唤醒人本身的道德意识,并通过设想这种自然安排是出自于一个善良的"天意",而引出一种"伦理学神学",最后则是归结为人看待自然界的"反思"的眼光。在他看来,对自然的不论是目的论的观念还是神学的观念之产生,都是由于背后有道德目的论在起作用,人是怀着道德的眼光来看世界的,人把世界看成什么样子,这恰好说明人自身是什么样子。所以我们可以从自然界中看见我们自己的镜像——即"道德的人"。

于是,康德的《判断力批判》就这样从认识领域过渡到了道德领域。康德将现象界和本体界加以调和的最终结果,是肯定了人在现象和本体两个领域所共同具有并感受到的自由。通过在审美的心理经验和目的论的物理经验中所找到的现象依据,康德表明在所有一切超验的理念中,唯有自由的理念是一个"事实",可以在实际行动中和经验中得到证实。但由于这种事实终归只是通过反思、类比、暗示和象征等而呈现在人的主观想象和情感中,所以这种过渡毕竟不是真实的过渡,人的本质究竟是什么,在他那里仍然还是一个谜。

第三节 费希特和谢林

康德哲学在当时的德国造成了巨大的影响,在各大学都形成了一批追随者。康德对纯粹理性的推崇矛头直指当时的封建教会对思想意识形态的垄断,他对

---

① 康德著,邓晓芒译,杨祖陶校:《判断力批判》,人民出版社 2002 年版,第 292 页。

人的主体能动作用的高扬不但解决了由休谟怀疑论提出的人类科学知识的基础问题,而且为人类道德生活提供了理论根据。但康德哲学本身所提出和面临的问题比它所解决的问题更多,尤其是他所建立的不可知论,以及现象与自在之物的二元论,使他体系中的唯心主义因素和唯物主义因素处于尖锐的矛盾对立之中。然而,由于他哲学的唯心主义的方面大大发展了近代以来理性派哲学中所隐含的主观能动性思想,而康德之后的时代思潮也在呼唤一种更为积极和能动的哲学,要求冲破康德对主体和客体关系的不彻底的处理方式,为人在现实的社会生活中的主体能动性作论证,这就引发了康德以后德国哲学中以费希特、谢林和黑格尔为主要代表的唯心主义形而上学的胜利大进军。而由这种内在的思想冲动,就开启了整个德国古典唯心主义哲学。其中首开其端的,就是费希特的主观唯心论哲学。

一、费希特的主观唯心主义的“行动哲学”

费希特(Johann Gottlieb Fichte,1762—1814 年)出身于贫苦的手工业者家庭,通过自己的奋斗和时代的机遇,而得以在耶拿大学和莱比锡大学完成了学业,成为当时对康德哲学的最好的解释者,并受到康德的提携。1794 年他任耶拿大学教授,开始建立自己的哲学体系,并与康德在思想上公开决裂,1799 年因“无神论”嫌疑而被解聘,但 1805 年又受聘为爱尔兰根大学教授,1809 年成为柏林大学教授,并被推选为柏林大学第一任校长。在拿破仑帝国占领期间,他发表了“对德意志人的讲演”,鼓舞德国人的民族精神。1814 年死于传染病。其主要哲学著作有《全部知识学基础》《自然法权基础》《伦理学体系》《论学者的使命》《人的使命》等。

1. 对康德哲学的批判

抛弃“自在之物”　费希特最初自认为是康德忠实的追随者,他匿名所发表的第一篇文章《试评一切天启》开始曾被误认为是康德的作品。但当费希特以为自己可以把老师的学说讲得更完善而加以发挥时,康德便撰文批判了他,由此促成了他另立门户。实际上,他完全接受并加以发展的只是康德哲学中的主体性即“自我”的一面,但他不满意于康德的地方就在于康德的所谓“半批判性”,即既然强调要对一切进行批判,为什么又独断地假定了一个客观的“自在之物”的存在。他认为一个不依赖于人而存在的自在之物完全是一种无法证明的虚构,这种假设表明康德企图调和唯物主义和唯心主义。但这两种学说是根本不可能调和的。它们也不可能互相驳倒,因为它们的根据都在经验范围之外,而按照康德所说,人的知识都只能是经验的,无法说明超经验的东西。所以费希特认为,主张唯物主义还是唯心主义,从物质出发还是从“自我”出发,这本身不是一个理论问题,而取决于你是什么样的人,或者说取决于人的“利益”(或“兴趣”)。

当人们的自我意识还没有觉醒、个体人格还未独立起来时,就对外界的物有一种依赖性,容易相信唯物主义;当人们的人性已经发展到具有了自由独立意识时,他就能够单靠自己而不需要外物来支撑自己的人格,也就有可能相信唯心主义。费希特瞧不起唯物主义者,认为他们都是些精神上的"懒汉",而他自己则是作为纯粹"自我"的行动者。显然,按照这种观点,康德的一切有关现象和自在之物、理论理性和实践理性的严格区分都将被摧毁了,整个"先验哲学"结构体系都将面临着解体。康德本人当然不会认同这种"发挥"。然而费希特认为,他这种方式是唯心主义解决它和唯物主义的冲突的唯一办法。

　　所以,费希特认为,唯物主义者和唯心主义者单纯从理论上是争论不清楚的,必须唤起人们内在的"精神"。如果一个人对于精神没有意识,那他永远也不会感到有必要对精神作出合理的解释,也就不会发现唯物主义在理论上的矛盾。费希特说:"贯彻到底的独断论同时也是唯物论。"①唯物论的独断论面临的最大困难是解释物质客体如何能够过渡到意识,唯物论只能用"跳跃"来填补理论上的鸿沟。从理论上看,唯物主义所假定的自在之物实际上正是横亘在康德的认识和实践、科学和道德、自然和自由之间的一块绊脚石,因而在一个意识到精神的人看来,即使在康德的体系中,唯物主义也具有自身不可克服的矛盾,永远无法解决自在之物如何产生出主观表象的问题。一个哲学家,如果还想真正彻底解决这些问题,那么他只有去掉自在之物,把一切经验事物都归结为"自我"的能动活动,完全从"自我"出发去理解人的一切知识构成,并以此为前提建立一套新型的伦理体系,才能摆脱自相矛盾而为现实生活奠定先验的哲学基础。

　　发扬主体能动性　　所以费希特抛弃了康德的"物自体"概念,认为意识之外的客体"是一种虚构,完全没有实在性"。②他主张从主观唯心主义方面来"完善"康德的先验唯心论,克服其唯物主义和二元论。他对康德哲学的改造主要有三个方面:一是要把诸范畴一个一个地从自我意识中逻辑地推演出来,而不是与自我意识不相关地单纯从现成的形式逻辑那里引出来;二是要从先天的形式中经验性地创造出质料来,大力发扬"理智直观"("或智性直观")的能动作用,而不是像康德那样从人的认识能力中排除理智直观,从而使形式和质料、先验和经验互不相谋,截然对立;三是将康德的认识论扩展到涵盖实践、道德和历史的全部领域,建构起一门包括"全部知识学(Wissenschaftslehre)基础"的哲学,把目光从外部世界收回到人的"自由内观的能力"。由此他建立起了一个主观唯心主义的哲学体系。

---

① 《西方哲学原著选读》下卷,商务印书馆1982年版,第333页。
② 《西方哲学原著选读》下卷,商务印书馆1982年版,第324页。

2. 知识学的基本原理

自我意识与自由意志合一　　与康德仅仅局限于认识领域片面地解决主体和客体问题,并把认识领域和实践、道德领域完全割裂开来不同,费希特把认识的主体和实践的主体合为一体,将主体的能动性延伸到了自在之物的本体领域。他沿着康德的思路,把自我意识即"自我"的能动活动当作建立客体即"非我"的前提,但自我并不像康德所说的那样,本身还需要另外提供经验性的材料让它来综合,而是自身就在创造着它的活动经验,因而一切经验材料都不是现成的,都要由它的活动产生出来。"我思"就是"我行",而"我行"必然会带来一切客观经验后果,导致"非我"对"自我"的限制。这样,康德作为经验材料的外在来源的自在之物本身也被纳入了"自我"活动的范围,成为由"自我"所建立起来的"非我"了,自我就成了唯一的独立存在的实体,同时又是能动的主体。于是,费希特在他的代表性著作《全部知识学原理》中,把康德的"理论理性"中的最高原则即"自我意识"和"实践理性"中的最高原则即"自由意志"合二为一,提出"自我"就是"自由",即一种纯粹的"活动",它创造自己、产生自己、发展自己,它是绝对第一性的、绝对能动的,是哲学(知识学)的无条件的第一原理。在这条原理的基础上,认识和实践、思维和存在、现象和本体都是一回事。自我是一切经验的根据,一切现象的本体,既是主体也是客体;它不需要从外部世界(自在之物)获得感性经验,而是由自身的活动中生出经验,以至于把整个经验世界都从自身产生出来。在费希特看来,凡是说到任何事物、客体,首先就不言而喻地肯定了其中的自我,因为事物、客体本身不可能知觉到自己,只有知性的自我能够知觉到它们,而知性、自我在知道它们的同时又知道自己。因此,在知识学中,外在的客体、经验依赖于自我,自我却不依赖于外界客体、经验。虽然一切知识都只能是经验知识,但一切经验客体及其知识都是由自我能动地创造出来的。将这一创造的秘密揭示出来,是费希特"知识学"的任务。

费希特把"知识学"的基本原理规定为三条,它们构成一个"正、反、合"的命题系统,他认为由此可以逻辑地推演出康德的一切其他范畴和原理,为此他把辩证法的灵魂注入了康德的"三分法"和"二律背反"等包含辩证萌芽的思想中,对辩证法的发展起了巨大的推进作用。这三条原理是:

A. 正题:自我设定自身。

这是一切哲学的核心和实质,是一条绝对无条件的原理。费希特借此强调自我的绝对自由、"自因",即它的第一性和不可证明性,因为所谓"自我"就是自己把自己产生出来、实现出来的活动,它不依赖于任何别的东西,它既是行动者又是行动的产物,是作为事实的行动。这种观点其实在康德那里已有暗示了,康德的"实践的自由"就是一种行动的"事实",具有实践意义上的"实在性",不过还没有与自我意识融为一体,不具有知识学上的实在性。费希特则把这两者合一了。

B. 反题：自我设定非我与自己对立。

这条原理在形式上是无条件的，因为对"非我"的设定既然是由自我作出的，它就和对"自我"的设定一样是一个自发的行动，它要设定什么是不受任何限制的，它唯一的限制和条件是它必须设定一个与自我不同的东西即"非我"。但正因为如此它在质料上又是有条件的，我们只有先知道了"自我"是什么，才能知道什么是"非我"。这种观点是对康德的"先验自我意识"能动地建立起对象意识这一原理的扩充，即不仅是一条认识原理，而且是一条实践原理。

C. 合题：自我在自我之中对设一个可分割的非我与可分割的自我相对立。

这是自我和非我的对立统一（统一于自我）原理，它在形式上是有条件的，即要以前两个命题为条件，是对前两个已有命题的"综合"；但在质料上是无条件的，它表达了"绝对自我"的原则，因为正是它在自身中安排了自我和非我的相互对立和限制。这种限制不是单纯的否定，而是"扬弃"（Aufheben），即既取消同时又保留，分割开来看是相互取消，合起来看则一起被保留，在绝对自我中得到统一。这种统一又采取两种形式，其一是自我设定非我为对自己的限制者，自我本身则是被限制者、被动者，非我作为对象而决定自我，这就是理论理性；其二是，自我设定自己为对非我的限制者和克服者，这时自我是主动的，非我成了被动的，这就是实践理性。这两种情况归根结底都是由自我设定的，这种自我经过这一过程，就成了绝对的自我，不再是主观唯心主义的"唯我论"的自我，而走向了客观唯心主义的普遍自我、一切人的自我了。这个绝对自我实际上就是思辨化了的上帝。

类似于康德从形式逻辑的判断分类中引出知性范畴，费希特也力图使自己的三条原理立足于形式逻辑，认为第一条原理"自我设定自我"相当于形式逻辑的"同一律"即 A＝A，第二条原理"自我设定非我"相当于形式逻辑的"不矛盾律"即"A≠—A"，第三条原理"自我设定非我和自我的对立"则相当于形式逻辑的"充足理由律"。同样，这样建立起来的三条原理也恰好相应于康德"质的范畴"中的"实在性""否定性"和"限制性"，但这些范畴不再被单纯理解为从形式逻辑的判断分类中引出的，而是由三条知识学原理顺次推演出来的了。所以他认为自己不过是把康德的哲学彻底化了："批判的哲学的本质，就在于它建立了一个绝对无条件的和不能由任何更高的东西规定的绝对自我；而如果这种哲学从这条原理出发，始终如一地进行推论，那它就成为知识学了。"[①]

3. 理论知识的基础

自我与非我的关系   费希特在"合题"中首先考察了自我和非我在理论理

---

①   费希特著，王玖兴译：《全部知识学的基础》，商务印书馆 1986 年版，第 37 页。

性中的关系。在这里,自我要受到非我的限制,但这种限制不是别的,正是自我自己主动设定起来的,或者说,它主动设定了自己的被动性,所以"自我设定非我限制它自己"这个命题是自相矛盾的,因而是对立面的能动的综合。这种综合在形式上推出了一系列其他范畴,如关系中的诸范畴(交互关系、因果性、实体与偶性),还有量的范畴和模态范畴;在质料上则引出了知识的经验对象,如感觉无非是自我与非我的相互限制作用,它好像是被动的,其实是自我主动发动的,亦即通过创造性的想像力而无意识地构成的;这种想像力在受到非我的客体限制时就形成了空间和时间的直观形式。但这一切主体活动本身都还是无意识的,只有当它把非我建立为对象时才意识到自身,才从感性上升为经验知识并从中看出自己的能动综合作用。所以我们在认识中似乎是在处理被动给予的对象,但实际上是以这种形式实现自我的知性能力;反之,如果我的自我不受到对象的限制和阻碍,自我本身也就会意识不到自我了。这里显然发挥了康德关于自我意识和对象意识不可分的观点,虽然比康德更彻底一些,即把对象意识中的感性质料也纳入了自我意识的创造性中,但同样也面临一个感性质料如何能在"无意识"中主动地作用于自我意识的问题。这就仍然保留了康德的现象和自在之物、理论理性和实践理性截然二分的二元论残余。

4. 实践知识的基础

自由的超越性　"合题"中自我和非我的另一层关系是实践理性的关系,即自我设定自我去限制非我。这个定理同样也是矛盾的:自我是在受到非我的限制的被动性中发挥出自我限制非我的主动性的(令人想起康德的比喻:一只鸽子只有克服空气的阻力才能飞得起来)。但在这里绝对自我的能动性毕竟是主导性的,它不是被隐藏在"无意识"中,而是作为自由和独立的力量而出场,表现出对非我的努力、冲动和渴望,要超越非我的一切限制而达到无限。这种实践上的超越性从理论上看仍然是不可证实的,它只是每个人心中的经验性的事实,并构成了绝对自我的道德义务和"良心"。一个人的义务和良心就在于按照自己的自由而行动。费希特的"合题"最突出地体现了他的哲学中重视行动的特点,他因此把自己的哲学命名为"行动的哲学"。就是说,当他的自我在理论上达到了与非我的同一时,它也就同时意识到了自己的实践的本性。这个自我意识不再像在康德那里一样,仅仅是一个认识的主体,而且是一个行动的主体,因为只有行动才能真正达到自我和非我的同一。费希特有一句话,叫做"行动!行动!——这就是我们的生存目的。"①

　　这种行动当然还是一种思想意识获得知识的行动,在费希特那里,既然认识

---

① 费希特著,梁志学、沈真译:《论学者的使命》,商务印书馆1980年版,第52页。

本身就已经是一种行动,那么行动本身也就归结为一种认识了。但毕竟,从理论知识到实践知识,自我和非我的关系发生了一个颠倒,就是在理论理性中,既然已经体现出了自我的这样一种能动作用,那么到了实践哲学里面,这种能动作用就要克服非我对它的限制,改造非我、改造客观世界,使有限的自我打破自己的限制而成为无限的自我。这样一种主观能动性在自我里面本来已经蕴涵着,体现为欲望、冲动、决心、自由意志;但是在理论的形态下,在自然科学的态度之下,它们都是被压抑的,受到了客观的限制,不能为所欲为。但是经过一定的压抑,当自我完成了自己的理论知识阶段,也就是说掌握了一定的科学知识以后,它们就会爆发出来,就会在实践中得到极大的解放。这时候的自我就成为了"绝对自我",因为它不但为当前的实践行动奠定了基础,而且反过来也证明了自身就是前面的理论活动背后的真正基础。"如果理性不是实践性的,它就根本不可能是理论性的,也就是说,如果人没有一种实践能力,他就不可能有理智能力。"①

但是这种行动,这种努力,最初固然是针对着非我、即客观世界的对象的,然而这个对象如果不是在我自身中有它的根基,它也无法真正成为自我的对象。换言之,它必须被自我看作另外一个自我,才能真正成为自我的对象。这就进入了人与人的关系。人在实践行动中与客观世界、自然界打交道,本质上是在与人打交道,因为自然界也被看作另一个与我同类的对象。人与人的关系是人与自然的关系的前提。在人际关系中,你有欲望和冲动,别人也有欲望和冲动,你的这种欲望和冲动就会遇到其他自我的强烈的抵抗,在非我那里形成一种"反努力",而在对这种反努力的协调和平衡中,也就达成了人与人之间的道德关系和义务关系。这些关系归根结底是绝对自我本身的自律关系,也就是绝对命令的关系,只不过这种绝对命令不应该像康德说的只是一种形式法则,而应该是一种无条件的冲动,即这样一种行动,它"既是被规定的,又是进行规定的,其含义是:行动的发生,是由于行动正在发生,因为它是为行动而行动的,或者说,因为它是以绝对自身规定和自由而行动的。行动的全部根据和一切条件都包含在行动本身之中。"②这就把自我投入了社会生活的矛盾冲突之中。康德那里单纯作为抽象的道德义务的命令(为义务而义务)在费希特这里被赋予了感性冲动的意义,必须在行动中对感性世界作出规定,也就是要在感性生活的基础上建立起社会普遍的法制。而这样一种行动就体现为世界历史。

5. 历史哲学和法哲学

历史进步的五个阶段 费希特所说的自我是人的本质,自我不是一个个孤立的人。他肯定:"人注定是过社会生活的;他应该过社会生活;如果他与世隔

---

① 梁志学主编:《费希特著作选集》第一卷,商务印书馆 1990 年版,第 684 页。
② 梁志学主编:《费希特著作选集》第一卷,商务印书馆 1990 年版,第 756 页。

绝、离群索居,他就不是一个完整的、完善的人,而且会自相矛盾。"①自我奋斗不是孤军奋战,作为自我化身的"理性人"在社会中为了他们共同的目的而共同行动,其结果是历史的进步和个人的全面发展。由此费希特提出了他的历史哲学。费希特像同时代的启蒙学者一样,持乐观主义的历史进步观。他认为,由于历史是自我意识在提升到绝对自我的阶段上将自身在感性世界中的展开,所以整个历史其实都是绝对自我即上帝根据其先验的"宇宙蓝图"而创造出来的作品,它的一整套法则是哲学家必须预先掌握的。用这种哲学眼光来看,世界历史就在于从经验自我中所包含的自由独立倾向发展出对绝对自我的自我意识,克服阻碍其自由的对象世界,包括自然事物和外部社会,将其纳入自身的原则,使经验的人上升为自由的人。这一过程根本说来只需要一种面对障碍而行动的"决心"。在时间中它展示为五个发展阶段。(1)人类的"无辜状态",类似于卢梭的"自然状态",但被理解成理性借助人的本能而无意识地得到表现;(2)少数强者统治人类的"恶行开始的状态",统治者凭借其合理的本能而制定了各种制度,强迫人们服从,但人的自由在被压制中得到了觉醒;(3)从专制体制下解放出来的状态,人类在摆脱这种体制的同时也摆脱了任何形态的理性,导致了个人自由的放纵,和社会的恶贯满盈,这显然是以法国大革命作为背景;(4)科学理性的状态,这是真正的理性开始的状态,不仅科学知识得到极大的普及,而且在社会关系和国家体制方面也开始体现了某种理性的安排和合理的理念,这就是费希特当时所努力争取达到的时代;(5)人类理性法则达到"圣洁完满"的状态,这是理想的未来状态,人类的一切生活都得到完善的安排,国家成为合理的管理机构,理性成为各种事务的最高准则,这是一个人人为我、我为人人的平等自由的社会。② 最后的状态是在更高的程度上向最初的原始状态的复归。这里已经包含有后来由黑格尔和马克思发挥出来的历史在否定之否定中前进的历史辩证法的萌芽了。

自由权利的演绎　在法哲学中,费希特认为最关键的问题是要把人的自由权利(法权)"演绎"出来,也就是我们如何能够把他人也看作是一个自由人? 即"人是怎样假定和承认自身以外的同类理性生物的?"③他还是从主观唯心主义的立场出发,认为每个人对于自己的自由都有一种意识,即除了自己的意志以外意识不到自己行动的任何别的原因;那么,这种自由行为就表现在它改变了现象世界的作用方式,使之不再根据以往的规律、而只能根据自由的原因而得到合乎目的的解释。于是,当我们凡是看到这样一种改变规律的情况,就可以承认那就是自由的行动,我们可以理解对方的目的,并能够使我们的目的互相协调起来。

①　费希特著,梁志学、沈真译:《论学者的使命》,商务印书馆1980年版,第18页。
②　参看梁志学:《费希特柏林时期的体系演变》,中国社会科学出版社2003年版,第103～104页。
③　费希特著,梁志学、沈真译:《论学者的使命》,商务印书馆1980年版,第13页。

所以,"通过自由所造成的相互作用是社会的积极的特性。相互作用以自身为目的;行动是按照相互作用完成的,单纯由于这个目的,行动才得以完成。"①但这种相互作用一开始是一个"智慧生物和智慧生物的斗争"的漫长历程,在这种斗争中,总是理想程度更高的人取得胜利,而为了把低层次的人提升起来,较高层次的人就建立了国家。

国家学说　国家分为三个阶段,或者说三种类型:第一种类型是专制的;第二种是法治的,即在权利方面形式平等的;第三种是绝对的,就是既具有形式上的权利平等,又具有实质上的财产平等。但国家只是"创立完善社会的手段",而不是绝对的目的。"任何一个政府的目的都是使政府成为多余的",国家将最终走向消亡。而在此之前,一个人的自由面对另外的人的自由时还处于经验的层面,他们总是互相冲突;只有当他们提升到绝对自我,使自己成为社会的人,并以此为原则建立起合乎理性的契约关系和国家法律,人们的自由才能得到全面的实现。面对当时德意志国家没有法制、充满特权、留有农奴制残余的现状,费希特为人的自由权利大声疾呼:"任何把自己看做是别人的主人的人,他自己就是奴隶。即使他并非总是果真如此,他也毕竟确实具有奴隶的灵魂,并且在首次遇到奴役他的强者面前,他会卑躬屈膝。"②他比康德更为激进地以自己的哲学介入了社会政治领域,将主体能动性注入到了当时风云变幻、生动活跃的现实生活中。但最终他把对绝对自我的这种追求归结为人在实践中的一种"信仰",这个信仰是不可能实现的,只能仰望。所以他在后期思想中成为了一个失去锋芒的、专讲爱和信仰的神秘主义者。

二、谢林的客观唯心主义的"同一哲学"

谢林(Friedrich Wilhelm Joseph von Schelling,1775—1854 年)是一个乡村牧师的儿子,大学时代是黑格尔的同学,一起追随费希特、拥护法国革命,还把《马赛曲》译成了德语。他少年得志,23 岁就被聘为耶拿大学教授,通过批判费希特而建立了自己的"同一哲学",名声大振。创办了《思辨物理学杂志》和《批判哲学杂志》(后者与黑格尔一起创办),与浪漫派运动过从甚密。后担任过维尔茨堡大学教授,长期担任慕尼黑巴伐利亚艺术科学院秘书长和巴伐利亚科学院院士,1820 年起先后任爱尔兰根大学、慕尼黑大学教授,1841 年被普鲁士国王召到柏林大学主持已故的黑格尔曾主持过的哲学讲座,还当了普鲁士宫廷的枢密顾问。他以 79 岁高龄在瑞士的疗养地拉加茨逝世。主要著作有《导向自然哲学的诸理念》《自然哲学初稿》《先验唯心论体系》《艺术哲学》等,以及身后由他人出

---

① 费希特著,梁志学、沈真译:《论学者的使命》,商务印书馆 1980 年版,第 17 页。
② 费希特著,梁志学、沈真译:《论学者的使命》,商务印书馆 1980 年版,第 19 页。

版的《神话哲学》和《启示哲学》。

1. 对费希特的批判和"绝对同一性"的提出

主体和客观的绝对同一　谢林自1796年以后便开始与费希特分道扬镳了。他认为费希特的自我不可能作为哲学的出发点,因为它最终将导致唯我论,不能解释真理和谬误。为此他引入了斯宾诺莎哲学,主张真理只能是观念与对象的符合。他认为费希特虽然用"无意识的自我"和"普遍的自我"来逃避唯我论,但无意识的自我就还不是自我,而普遍的自我既然要受到非我的限制,要克服了非我才能达到,那它就不可能是绝对的。从这种回避中就可以看出,自我(包括"普遍的自我")和非我都是相对的,因此都不能作为哲学的真正出发点或最高原理。谢林从这里就顺理成章地推出,哲学必须从费希特的主观唯心主义提升到客观唯心主义,首先去确定主体(自我)和客体(非我)之上的那个绝对同一的东西,然后从这里出发再推演出主体和客体及其相互关系。

谢林与费希特一样反对把唯物主义者的自然或"自在之物"当作哲学的出发点,认为这是人们的一种顽固不化的"原始偏见",对自在之物的客观存在的独断论的假定是永远也不可能得到确实的证明的;但他也反对费希特通过把立足点转移到自我上来解决这一问题的企图。在他看来,费希特所遇到的问题是我的表象如何能够符合不依赖于它而自行变化的自然对象,而唯物主义者的问题则在于无法解释自然界现实的客体如何能够与人的表象相应地发生变化。前一个问题是哲学的第一任务,即解决对客体的认识和理论之所以可能的问题;后一个问题是哲学的第二任务,即解决主体的实践之所以可能的问题。但我们又不能像康德那样同时把主体和客体两者都分别作为出发点来解决双方的问题,这将使两者都成了不可认识的自在之物,导致不可调和的矛盾,使理论和实践都失去了根据。所以唯一的办法是超越两者之上找到一个更高的东西,即从相对的主体和客体上溯到两者的"绝对同一",它既不是主体,也不是客体,更不是这两者的结合,而是超越于两者之上的"绝对",又称"绝对理性"或"宇宙精神",它是主体和客体的绝对无差别性,排斥了一切差别的同一性。但它有一种内在的要发展自己、认识自己的冲动,并由此而产生出自然界和人的精神及其各种差别与矛盾,而这些矛盾冲突最终又推动万物在世界历史的进程中回归到绝对同一,这时世界精神就达到了彻底的自我意识。

于是,与费希特从主体的实践理性的"行动"来建立自己的主观唯心论哲学不同,谢林把立足点转移到主体和客体的原始统一即"绝对同一"上来。在谢林看来,由于"绝对同一"是主客体绝对无差别的原始状态,客体和主体、物质和精神、自然和人都是从这里产生和发展出来的,即通过绝对同一本身内部的无意识的冲动而分化出来的。所以绝对同一实际上就是一种沉睡着的宇宙精神,当它从沉睡中慢慢苏醒,就有了区别和规定,这就形成了自然界。自然界是包含主体性在内的客体,它发展到顶点的最高表现就是人和人的自我意识;人的自我意识则是包含客体性在内的主体,它通过其实践力量而在社会生活和精神生活中把自己实现出来,最后在艺术直观中重新达到主体和客体的彻底同一,回复到无差别的"绝对"。这种"绝对同一"作为"无意识的宇宙精神"既然不可言说、无法描述,只能通过艺术来直观,靠个别人的天才来领会,它就具有神秘主义的色彩。但在谢林的这样一个哲学体系中,他最具创意的贡献、也是他最为看重的部分,就是他的自然哲学。

谢林认为,自然界和人类历史的都是由"绝对"所分化和发展出来的一些阶段,在每一个阶段上,具体的事物无不包含有主观性和客观性的因素,只是比例不同而已。在自然界中是客观性为主,但也开始体现了萌芽中的主观性,随着自然界的层次越高,这种主观性的因素也就越来越多;而发展到人和人的自我意识时,这种比例就形成了一个转折点,世界历史从客观性占优势转入了主观性占优势,直到最后主观性完全吞并了客观性于自身,又回复到了主客完全同一状态。所以,谢林的同一哲学就从总体上被划分为"自然哲学"与"先验哲学"两个阶段,前者要把自然界在发展过程中一步步归结为理智的规律(理论哲学),后者则要把理智的规律一步步实现为绝对的客观性(实践哲学),这就从不同的角度揭示了主体和客体本来就是同一的。

2. 自然哲学

"冥顽化的理智"　在自然哲学中,谢林突出地体现了斯宾诺莎哲学的泛神论特点,即把整个自然界看作由"绝对"所派生出来的产物,其中充满着宇宙精神。不同的是,他还在这种泛神论中加入了目的论的因素,认为自然界是绝对精神由于其无意识的欲望活动而从自身中分化出来的,它最初是一种不成熟的、未苏醒的理智,但已具有了内在的目的性。这种目的性不是康德所谓"反思性的判断力"对自然界所作的主观反思或类比,而确实是自然界本身所固有的客观倾向。他认为,其实在最粗糙的机械作用中自然界就已经隐含有目的性在内了,经过电学、磁学、化学作用到有机作用,自然界才越来越明确地表现出机械性和目的性的统一;又经过从矿物、植物、动物到人的发展,自然界在人身上达到了自我意识,自然必然性最终被消解为自由的理智。由于精神的东西只能认识精神的东西,人对无意识对象(客体)的认识反过来证明了那个对象原来就是无意识的精神,或"冥顽化的理智",自然界原先被认为不可认识的物质性就消失了。谢林把他对自然科学的这种唯心论的总结称之为"思辨物理学"。①

"两极性"　而整个这一过程最终都是由绝对无差别的同一无意识地否定

---

① 《西方哲学原著选读》下卷,商务印书馆 1982 年版,第 350 页。

自身的无差别性而发展出差别甚至对立和矛盾所造成的,所以谢林着重揭示自然过程中的这种"二元对立"和"两极性",把这当作自然界的一个总的原则。整个自然界都是由这一原则推动而从低级向高级不断发展的,在其中,较高级、较复杂的事物是较低级事物的"合题",从合题中又产生出新的两极性和差别(正题和反题),然后再归结为更高的合题。所以自然发展的一般公式为:"同一—差别、对立、矛盾—同一",全体则构成一个相互联系和过渡的整体。例如,物质的两极性在力学中就是引力和斥力,在物理和化学中是阴电和阳电、南极和北极、酸和碱,在有机物中是感受性和反应性,在人身上则是主观和客观;但这些都不是平列的,而是在等级上不同的,如阴电和阳电是引力和斥力的新形式,感受性和反应性是电磁的新形式,主客观关系则是感受性和反应性的新形式,整个自然界都是生成为人的一个必然的合目的性过程。

　　而人则开始以另一种原则即自由原则来规范自己的目的,力求在自己的行动中达到主观和客观的自觉的同一性,这就进入了先验哲学的领域。但是,不论是在自然哲学还是在先验哲学的每个阶段中,所出现的差别都是绝对同一自身发展出有限事物时在"因次"(Potenz,又译作"幂次",即几何学的等级)上的"量"的差别,即主客观所占比例不同而已,而从绝对同一的"质"的观点看则仍然是绝对的无差别,正如在斯宾诺莎的最高实体中取消了一切规定一样。所以后来黑格尔把谢林的绝对同一比作一个无限的黑夜,说他是"黑夜观牛,一切皆黑",不能说没有道理。谢林的自然哲学虽然充满了辩证法,但这种辩证法仍然是在片面的数学关系中来理解的,这就极大地限制了他的自然哲学的理论意义。

3. 先验哲学

　　谢林认为,自然界和人类历史的都是由"绝对"所分化和发展出来的一些阶段,在每一个阶段上,具体的事物无不包含有主观性和客观性的因素,但比例不同。在自然界中是客观性为主,但也开始体现了萌芽中的主观性,随着自然界的层次越高,这种主观性的因素也就越来越强;而发展到人和人的自我意识时,这种比例就形成了一个转折点,宇宙精神从客观性占优势转入了主观性占优势,直到最后主观性完全吞并了客观性于自身,又回复到了主客完全同一的状态。所以,谢林的同一哲学就从总体上被划分为"自然哲学"与"先验哲学"两个阶段,双方殊途同归,相反相成。谢林说:"使客观的东西为先,从而引出主观的东西,这是自然哲学的任务。假如有一种先验哲学,那么,留给它的只能是相反的方向,那就是,把主观的东西作为在先的、绝对的出发点,从而引申出客观的东西。"①自然哲学把自然界的发展过程一步步上升为理智的规律,先验哲学则要

---

① 《西方哲学原著选读》下卷,商务印书馆 1982 年版,第 353 页。

把理智的规律一步步落实为绝对的客观性,两者从不同的角度揭示了主体和客体本来就是同一的。谢林把自己的先验哲学称作"先验唯心论",即要研究自我意识从自身中创造出客观性来的历史。这一过程又分为三个阶段,即认识、实践和艺术。

在认识阶段,自我意识从感觉开始,渐次上升到感性直观、反思、意志。谢林说,这一过程是意识的历史,意识的历史发展阶段与自然的发展阶段相对应,并在自然界的法则中看出自我意识本身的法则,先验自我发挥自己的统觉作用来为自然界立法,不再认为自然界独立于意识而存在。

自由与历史发展　　自我意识在意志阶段进入了实践领域。谢林在实践哲学中阐发自我意识和人类历史发展一致性的思想。他把人类历史解释为自由从萌生到发展最后与必然相同一的过程。在开始阶段,人的自由与必然相分裂,这种自由只是"任意性"。任意性只是在它发生的那一瞬间显得自由,但马上就为命运所捉弄、所支配,历史表现为一种盲目的毁灭力量,这就是从远古时代直到希腊时代的情况。而从罗马帝国到谢林所处的时代,人的自由受自然必然性的强制,这种强制不再是盲目的,但却是受自然规律(血缘、地域、环境、种族和个人气质等)支配的,人的自由是偶然的、相对的,无规律可循。君主意志集中体现着人所向往的自由,但这种自由本身对他人而言却是扼杀自由的专制暴政。

最后,从谢林开始的未来时代,人类在相互关系的无穷偶然性中开始意识到了背后起支配作用的必然性,并使这种必然性上升到了自由的必然性,这时人自觉地使自己的自由受理性建立的"第二自然"的制约。这就是理性自律的法制时代,也是自由与必然协调得最完美的时代,在这里开始实现了自由的理想,即自由的就是必然的,而必然的也就是自由的。

理智直观　　谢林无法说明人类历史的动力和规律,因此他认为人类历史永远也达不到自由与必然完全无差别的同一。人总是自由地行动,但又总是受到必然性的支配,这一矛盾过程背后起作用的是"天意"。历史过程内在地起作用的根源和本质是神秘的"绝对同一",但现实的历史活动中人总是意识不到这个绝对同一,他们要么出于任意行事,要么又过于听天由命,不能达到对历史的真正的自我意识。只有借助哲学家的"理智直观",才能超前地意识到历史的最终目的。人凭借自己的理智创造出直观的对象来,从而使自己和这个对象直接同一。这就是哲学家所做的工作,他凭他的哲学从现实历史中超拔出来,但他所依靠的其实是天才,而不是推论,这是一种"精神的艺术感"。不过这种哲学的创造还没有把客观现实完全融合于主观创造中,因为即使对象是主观建立起来的,它仍然与主观相对立。真正完全具体的主客观同一是在艺术直观中达到的。就是说,真正要达到主客体浑然一体的"无差别的同一性",还得靠理论和实践相统一的某种直观,首先是理智直观,最后是艺术直观,这就是艺术哲学所要研究的。

4. 艺术哲学

艺术直观　谢林认为哲学家的理智直观只是在主观中建立了主客观统一,真正要达到主客体"无差别的同一性",还得依靠"艺术直观"。在艺术创造中,人不但现实地创造出一个客观对象来,而且人还忘情于对象之中,达到一种物我两忘、情景交融、主客不分的境界,有意识和无意识、直观者与被直观者、有限与无限、自由与必然在这里完全合一。谢林把艺术哲学称为自己全部哲学的"拱顶石"。①

谢林的艺术直观是他的先验唯心论体系的顶点,而他具体的艺术观却主要表达在后来的《论造型艺术与自然的关系》的讲演(1807 年)及《艺术哲学》(初次讲演作于 1802—1803 年)中。在这些讲演中,谢林表现出对于艺术发展的历史意识。在他看来,古希腊艺术更强调必然性,近代艺术则着重发挥了个体性和自由的理念。但是,他并不赞同当时席勒等人所倡导的古代"素朴的诗"和近代"感伤的诗"的区分,认为古希腊也有感伤的抒情诗,近代也有素朴的莎士比亚。真正的区别在于,古希腊在雕塑、绘画方面重讲述,在诗歌方面重雕塑感,因而更注重造型艺术和语言艺术的宁静的统一,而近代诗歌和绘画中则充满着自由理念的无限制的骚动,这种不同正是绝对中的两极的体现。

谢林还从抽象的艺术精神的"幂次"(或"因次")的观点来划分各艺术门类的等级,他把一切艺术按照绝对者的现实形式和理念本质这两极而划分为造型艺术和语言艺术(诗歌)。在造型艺术中他又分为三个幂次:音乐、绘画和雕塑,它们分别体现了无机性、有机性和现实的理念这三个幂次。在语言艺术中则分为抒情诗、叙事诗和戏剧诗,分别体现自由占主导、必然命运占主导和自由与必然的同一不分三个幂次。其中,抒情诗对应音乐,叙事诗对应绘画,戏剧诗对应雕塑,但都在更高层次上表现了绝对。这种艺术分类的方法对黑格尔的美学有一定影响。

谢林对美的定义是:"以有限的形式表现出来的无限就是美。"②谢林的艺术哲学并不研究艺术创造的特殊规律,而只是研究"以艺术形象出现的宇宙",它是上帝的作品。"宇宙在上帝那儿被构成为绝对的艺术作品,并且是处于永恒的美之中的。"③上帝(绝对)以自然界的丰富多彩来启示人将自己的主观融于客观地去创造,像上帝那样达到主客观无差别的境界,这种人神合一的艺术世界观对当时的德国浪漫主义运动起到了推波助澜的作用。

---

① 谢林著,梁志学、石泉译:《先验唯心论体系》,商务印书馆 1979 年版,第 15 页。
② 谢林著,梁志学、石泉译:《先验唯心论体系》,商务印书馆 1979 年版,第 270 页。
③ 谢林:《艺术哲学》,"导言和艺术构成之一般",《外国美学》第 2 辑,商务印书馆 1986 年版,第 402 页。

5. 天启宗教

神话与天启　作为一种世界观,艺术直观要求人们去建立一种"新神话",以便在其中体验上帝对人心的启示,去艺术地体验客观精神的"绝对"。谢林晚期哲学越来越倾向于神秘主义。与康德和费希特的理性宗教观和宗教道德化的主张不同,谢林刻意强调宗教的神秘性与非理性,他主张真正的哲学本身就是"在清晰的认识和直观明了的知识中把握'非哲学'以为只有在信仰中才能把握的那些东西"。谢林认为哲学和信仰的同一是"世俗时代"(Weltalter)的产物。最早的世俗时代就是神话时代,各民族的神话不过是同一个"绝对"的自身分化,它们表面上五花八门,但都有一个"外显的"层次和一个"内传的"神秘的层次,"神话和神秘学必然是同时产生的",但"神秘学包含着神话的真理"。随着历史中时间的推移,神秘学逐渐脱掉了残留的世俗外衣,而显露出它"天启"的本质,这种本质在基督教中表达出来。基督教是天启宗教,但它并不是高高在上、与世俗生活相脱离或者在历史中突然出现的,必须"把基督教放在一个伟大的历史关联中来表述";甚至"从永恒以来就存在着一种基督教","基督教和世界一样古老","它和世界一起产生"。[①]

因此谢林为未来的宗教发展还设想了一个更高层次的前景,那就是"哲学宗教",在那里将完全剥除世俗的外壳而启示出纯粹哲学的真理,即与世俗时代本质上无差别地同一的"绝对"。所以如果要把世俗时代的哲学构成一个完整的体系的话,就必须包括三个阶段,即神话或自然宗教阶段、天启宗教阶段、哲学宗教阶段。在谢林看来,基督教不是一个特定的宗教派别,而是宗教本身,所有的宗教包括神话或自然宗教,本质上都属于启示宗教;而天启宗教启示出来的不仅仅是基督教的上帝,而且是绝对本身。谢林的哲学开始于"无差别的绝对同一",结束于神秘的"绝对本身"。

由此可以看出,谢林的哲学思想虽然看起来动摇不定,不断地转移话题,但内在地仍然有一个一贯的思路,就是要从各个不同方面和层次来阐述绝对无差别的同一性。他后期的天启哲学和前期的自然哲学、艺术哲学等等都属于世俗时代的哲学,哲学与信仰的结合不过是理智与直观结合的一个方面,而在他对宗教的妥协中隐含着对传统基督教基础的颠覆。

第四节　黑　格　尔

黑格尔(Georg Wilhelm Friedrich Hegel,1770—1831 年)出身于一个官僚家

---

① 转引自先刚:《永恒与时间——谢林哲学研究》,商务印书馆 2008 年版,第 361、372～373、374～375 页。此处的谢林宗教观多参考此书。

庭,少年时代是一个表现平庸、循规蹈矩的学生,但后来却焕发出过人的哲学才思。大学时代正值法国大革命,他为之欢欣鼓舞,据说曾与谢林、荷尔德林三人一起植"自由树"以示庆祝,并且直到晚年仍坚持肯定法国革命的基本原则。他与谢林同学,却远不如谢林幸运,大学毕业后整整当了 8 年家庭教师,直到 1801 年才以编外讲师的资格走上耶拿大学的讲坛。6 年的讲课既没有给他带来财富,也没有给他带来名声。普法战争时耶拿大学停课,他逃出耶拿时一贫如洗,经人介绍去班堡当日报编辑,后又任纽伦堡文科中学校长,1816 年才以他发表《精神现象学》和《逻辑学》所获得的名气而受聘为海德堡大学教授。又过了两年,即 1818 年,普鲁士国王亲自任命他为柏林大学教授,直到 1831 年因霍乱病逝,其间一度当选柏林大学校长。他的哲学思想在最后这段时期中得到了最广泛的传播,不仅占据了德国大学讲坛的统治地位,成为普鲁士国家的"官方哲学",而且远播国外。他的主要著作有《精神现象学》《逻辑学》《哲学全书》《法哲学原理》,以及由后人整理出版的《历史哲学讲演录》《美学讲演录》《哲学史讲演录》《宗教哲学讲演录》,等等。

一、《精神现象学》

1. 实体即主体

黑格尔早年与谢林在思想上属于同一营垒,但后来与谢林分手,而分手的标志就是他的标明为"科学体系第一部"的《精神现象学》。他认为,谢林从主体和客体的绝对同一出发是对的,但是不能靠非理性的直观来理解其能动性,而必须通过理性和逻辑;不过不是传统的形式逻辑,而是能动的内容的逻辑(辩证逻辑),这种逻辑的最本质的特点就是概念的自我否定性及由此导致的差别的内在发生。所以绝对同一之所以发展出差异性,不是由于外来的影响,也不是由于神秘的力量,而只是由于"同一"这一概念的自我否定的本性。只有包含差异的同一才是真正自身能动的东西,它必然由于自身的差异而发展为内在的对立和矛盾,形成一个东西自己运动的内在根据。所以在他看来,主体和实体(客体)完全是一个东西,两者的同一不但体现为一个逻辑结构,而且实现为一个历史过程;自然界、人、社会历史和精神生活的各种形态都是这一历史过程中的不同阶段,整个这一体系则构成了"绝对精神"的普遍实体。这就以一种前所未有的宏大的方式,把主体和客体结合成了一个无所不包的体系,其中,主体是能动的灵魂,是推动万物不断超越自身的力量,但它又是合理的、合逻辑的,所以它能够形成具有强大制约性的客体。但这客体又不是静止不动的东西,而是内在地不安息的主体性的东西,整个现实世界的等级系统都可以看作它按照一定程序一步步创造出来的。黑格尔的这一思想经过了十几年的酝酿,而它正式发表出来的第一部分,就是他的《精神现象学》(1807 年)。

2. 从感性确定性到知性

黑格尔把《精神现象学》称之为"意识的经验科学",最初是想把它作为整个哲学体系的一个导论,把一般人引向哲学的殿堂。因为精神现象是每个人心中都有的意识的经验,由此出发就可以一步步接近黑格尔的《逻辑学》。但后来在黑格尔的"应用逻辑学"中,他又把"精神现象学"作为"精神哲学"中的一个主观性环节("主观精神")而列入,从而取消了它作为整个哲学"第一部分"的地位。但这并不能削弱《精神现象学》在整个黑格尔哲学中的重要性,现代的学者更重视的是这本书中所蕴含的极为丰富的思想,以及从意识经验出发的现实感。这种现实感的重要体现之一,就是《精神现象学》是从"感性确定性"起步的。在这本书的三大部分意识、自我意识和理性中,第一部分的第一章就是"感性确定性:这一个和意谓";第二章是"知觉:事物或幻觉";第三章是"力和知性:现象和超感官世界"。

"这一个" 黑格尔认为,在意识中,感性确定性是最直接的意识,并且是每一个人都知道的确定性,这个时候一切抽象的概念还没有建立起来,人们会以为这才是原汁原味的事情本身。但他之所以要分析感性确定性,不是要像经验派哲学家那样确立感性的权威,而是恰好相反,要通过这种分析把感性扬弃掉,使我们认识到感性之不可靠,从而提升到更高的意识层次。他认为,所谓的意识无非是把意识的主体和客体区分开来的一种观念,如果没有了这种区分,那就意味着丧失了意识。但最直接把主体和客体、我和对象区分开来的就是感性。感性确定性是最直接的确定性,它似乎也是最丰富的,包含色声香味,五花八门。但黑格尔说它其实是最抽象的,因为它包含的可以抓得住的意思最少。感性表象都是过眼烟云,它的确定性是不能说的,一说它就不是了。因此感性确定性是很难确定的,最确定的办法只有一个,就是用手指着某个对象说:"这一个"。但你意指的究竟是"哪一个",这个不能说,只能去看。凡是说"这一个苹果""这一棵树"等等的,都已经掺杂了概念了。但这样一来,"这一个"就成了一个飘忽不定的东西。因为每当你指着一个东西说"这一个"时,它已经发生变化了;而且任何东西都可以说是"这一个"。我对这里这棵树说"这一个",但是只要一转身,"这一个"已经变成了那里的一座房子;我在白天说"这时",但一会儿"这时"已经是晚上了。那么通过这种感性的确定性,我们到底确定了什么呢?唯一能够确定下来的就是"这一个"这个语词、共相。它可以用在任何东西身上,但它本身是空洞的、抽象的。

所以,感性要想达到确定性,就必然会变成一个最抽象的共相或概念:"这"。但是这个概念是如何得到的呢?通过语言、语词。没有用语言把"这一个"说出来,光是这里看那里看、这里指那里指,还是没有确定性,只有"这一个"这个语词才是第一个确定性。所以黑格尔认为,"语言具有这样的神圣性质,即它能够直接地把意谓颠倒过来,使它转变成某种别的东西[即共相],因而使意谓根本不能用语言来表达"。① 不能表达就没有确定性,凡能够表达、能够说出来的又都不是直接感性的意谓了。所以如果不愿意停留于感性的不确定性,要寻求感性的确定性,那就只有扬弃感性本身,而上升到概念、共相。感性就这样被超越了,但感性意识还不肯就此罢休,它还要在"知觉"中找回一点地盘。知觉不像感觉那样完全凭借感官,而是已经有了一些概念,如"事物"或"物",以及与它相对立的"我"。在知觉中,物和我的关系还是一种感性的关系,虽然它们本身都是概念。然而,物我关系本身是值得怀疑的,因为这个物很可能并不是自在之物,而只是我眼中的现象,甚至可能是幻觉。我不能仅仅满足于我的现象中的物,而总是要求把握物本身。这样一种要求就上升到了"知性"。

力和超感官世界　知性是第一个"超感官世界"。什么是知性? 知性就是通常讲的,知其然还要知其所以然,要找现象后面的原因或本质,而这就已经完全超出感官世界了。康德的《纯粹理性批判》就是要追究我们的经验知识"何以可能?"他发现,我之所以能够认识一物,是因为我们的先验自我意识有一种统觉的综合统一能力,能够把所有的现象统摄在一起,这才建构起了"物"的概念。所以物的概念其实可以归结为"力和力的表现"。知性的一个很重要的特点就是从"力"的角度来解释一切事物。一切事物都是由力构成的,力就是一切现象后面的原因或本质。而通过力和力的表现,知性就找到了事物的"规律",并把整个世界看作是一个"规律的世界",以此和表面的"现象的世界"相区别、相对立。但是,规律本身也是现象,不过是抽掉了其他现象而只提取某个现象而已;但每个现象都有它自己的规律,现象的世界和规律的世界其实是重合的,甚至就是同一个世界。

于是意识在这里就发现了一个新的规律,即:"等同者之成为不等同,不等同者之成为等同"。② 规律本身不是现象,但它同时又是现象;现象并不是规律,但所有的现象都有自身的规律,没有任何一个现象是没有规律的,从这个意义上说所有的现象都是规律。新的规律超越于前面那些知性规律之上,它不是静态的规律,而是动态的规律,所以它不是简单地排除感性现象,而是能够回过头来从这些感性现象中把握那些互相冲突、互相矛盾的现象。这就从知性规律上升到了理性的规律,它是"第二个超感官的世界"。而在理性的层面上,我们就可以来探讨自我意识的问题了。

3. 自我意识,主奴关系和苦恼意识

自我意识　知性对"物"的意识可以说是对象意识,康德已经指出它是由自

---

① 黑格尔著,贺麟、王玖兴译:《精神现象学》上卷,商务印书馆1979年版,第73页。

② 黑格尔著,贺麟、王玖兴译:《精神现象学》上卷,商务印书馆1979年版,第106页。

我意识建立起来的,但这个自我意识还只是单方向的"力",它不能够同时把自己也看作对象,在康德那里它本身只是空洞的自在之物。然而黑格尔认为,在理性的层次上,自我意识理所当然要把自己当作对象来看待,这是它把对象建立为自己的对象的前提。人对外部世界的认识首先是建立在我们对自己的知识的基础之上的,这种对自己的知识有三个层次,即欲望、生命本身、类意识。(1)我意识到自己就是一种欲望,这是与动物的本能欲望不同的,我在本能的欲望中同时意识到了这种欲望,把它当作我自身来追求来满足。这就已经有了初步的自我意识了,开始把自我当对象了。(2)当我把欲望本身当欲望的目的来追求时,我也就意识到我所追求的不是这个那个欲望的对象,而是由欲望构成的生命本身。欲望的整体就是生命,我意识到自己是生命,这是更高的自我意识了。(3)意识到自己是生命,也就意识到自己有可能丧失生命,即死亡,所以生命意识必然导致对永生、不死的追求,而这对于个体来说是做不到的,只有通过"类"才能达到。所以对生命的意识就提升为一种对人类的意识,意识到自己是人类的一员。这样的自我意识就是无限的,因为它已经超出了自己的肉体欲望和生命,而与其他无数类的个体发生了关系:"自我意识只有在一个别的自我意识里才获得它的满足","这里的问题是一个自我意识对一个自我意识。这样一来,它才是真实的自我意识;因为在这里自我意识才第一次成为它自己和它的对方的统一;……我就是我们,而我们就是我。意识在自我意识里,亦即在精神的概念里,才第一次找到它的转折点,到了这个阶段,它才从感性的此岸世界之五色缤纷的假象里并且从超感官世界的彼岸世界之空洞的黑夜里走出来,进入到现在世界的精神的光天化日。"①

主奴关系　以上是对自我意识在"超感官世界"中的概念结构的分析,而当自我意识达到了类意识,它就不再只是抽象的概念,当然也不只是飘忽的感性表象,而是进入到了现在世界的光天化日,即进入到了与其他自我意识的现实关系,首先是"主人和奴隶"关系。由于在类意识中一个自我意识和另一个自我意识发生关系,所以每个自我意识都有两个方面,一个是把对象看作自己,另一个是把自己看作对象。然而在"现在世界"中,要使这两个方面实现出来,必须通过双方的互相"承认",而不是一厢情愿。如何能够得到承认?如果陷在个体的欲望中,则人与人是不相通的,必生冲突;而这种为了得到承认而发生的冲突最终必然升级到以生命相拼,即生死斗争。而生死斗争的结果是一方逼迫另一方成为自己的奴隶,自己则成为对方的主人。

主奴关系是一种辩证关系,也是人类社会的第一种政治关系即互相承认关

---

①　黑格尔著,贺麟、王玖兴译:《精神现象学》上卷,商务印书馆 1979 年版,第 121～122 页。

系,它最初是通过生死斗争建立起来的。在生死斗争中,胜利的一方由于勇敢、不怕死而战胜了,他成为了主人,因此具有一种高贵意识;失败的一方,不怕死的就战死了,剩下来的是怕死的,宁可成为奴隶也要活着,于是具有一种卑贱意识。这两种意识结合起来,就在现实的人际关系中体现出了自我意识的内在结构,其中,主人代表自我意识中的自我一方,而奴隶代表着自我意识中的对象一方。双方在同一个自我意识中得到了"承认":主人把奴隶视为自己的一部分(左右手);奴隶则把自己的自我寄托在主人身上,主人的意志就是他的意志。以这种形式他们互相承认,并共同组建了一个完整的自我意识,互相依赖。离了任何一方,自我意识就不完整,不是失去了自我的主宰,就是失去了对象的支撑。

但是黑格尔认为,在这种关系中,主人表面上是主动的一方,最终却是被动的;真正主动的一方还是奴隶,因为奴隶是直接跟自然界打交道的。主人要通过奴隶跟自然界对象打交道,他把奴隶看作自己的左右手,但其实奴隶也有自己的自我意识,这种自我意识在和自然对象打交道时获得了独立。因为他虽然是主人的对象,但却是自然对象的实际的主人。他通过劳动加工对象,陶冶对象,使这个对象成为他的意志和才能的体现。对象名义上归主人所有,但主人只是享用它,而并不创造它;奴隶的产品却并不直接供自己享用,他不是直接把对象消费掉,而是当作自己的作品,当作另一个自我而真正拥有。于是通过长期的劳动,奴隶重新建立起了自己独立的自我意识,而主人则越来越成为了寄生虫,丧失了自己的高贵性和自我意识的完整性。于是高贵沦为卑贱,卑贱则成为高贵。这种由卑提升而来的高贵与主人的那种高贵有了质的不同,它不再只是一种地位的高贵,而是普遍人格的高贵,是一种人靠自己的双手独立生存于世的自豪感。

斯多葛主义和苦恼意识　　所以主奴关系的结局在奴隶那里就走向一种人格独立和平等意识的觉醒,标志着自由意识的萌芽。这种自由意识是建立在人格独立意识之上的,不是那种表面的人身主宰或依附关系。斯多葛主义的自由观就是这样,它超越了一切等级、贫富、种族、出身,而认为一切人、不论是皇帝还是奴隶,在人格上都是平等的,每个人的人格都是自由的。这种普遍的人格自由有一种信念在支撑它,这就是对世界理性、神圣的逻各斯的信念。人在感性的肉体生活中是不自由的,但是只要人认识到普遍的逻各斯,一切肉体的折磨和束缚都不在话下,人仍然可以毫不动摇地保持自己的自由。服从逻各斯就是最大的自由,理性使人刚毅、坚强、不动心,保持自己独立的人格。但实际上人又做不到这一点,他总是要陷入灵与肉的冲突。这里有两种相矛盾的自由:要么服从逻各斯、理性所规定好了的命运,要么对抗命运而服从自己的欲望。这就导致自我意识的再次分裂,产生出一种"苦恼意识"或者说"不幸的意识",即意识到人陷入灵与肉的冲突之间而不能自拔。这种自我意识的分裂一直影响到基督教,在整个中世纪都形成基督徒的内在矛盾的人格结构。在基督教里,人格虽然独立了,有了它的基地即灵魂,但它是抽象的和片面的,因为自我意识的这两个环节被切断了:自我作为灵魂而肉体作为对象,只有灵魂这一半才是天使,肉体的一半则属于魔鬼。灵与肉的这种矛盾、这种苦恼只有达到理性的阶段才能得到和解,西方文艺复兴以来的理性原则是"人的发现"和"自然的发现",是西方人格的完整自我意识的重组。人凭借自己的理性向科学知识求幸福,相信"知识就是力量",通过科学和艺术(技术)实现灵与肉的协调。自我意识由此克服了不幸的意识而提升到了更高更广阔的理性的视野。

4. 观察的理性、实践的理性、立法的理性

理论对真理性的追求   意识和自我意识阶段所追求的都是确定性,只有在最后,自我意识的确定性必须诉诸与对象的符合或被对象所承认,这才使确定性本身具有了真理性的含义,但还只是内在的。理性阶段则是自觉地以主客观的相互符合这种真理性的标准来衡量确定性了。所以理性不光是追求确定性,而是要追求真理性。这种真理性最初表现为主观符合客观,这就是"观察的理性"。观察的理性也就是理论理性,相当于文艺复兴以来的科学理性。根据这种理性观察的对象,分为对无机物的观察、对有机物的观察以及对自我意识的人自身的观察。前面两项都是自然科学的知识,但仍然限于外在性和偶然性,只有回到人自身才能获得观察的理性的必然规律。对人自身的观察先是涉及逻辑规律与心理学规律,这可以说是关于思维和关于人的科学,只是停留在形式化和主观化的层次;但还涉及面相学与头盖骨相学,它们虽然是伪科学,却表明了观察的理性想要用外部物质的形态来猜测内部心灵的活动。这实际上误解了人的精神生活,但也暗示出人的精神生活只有通过体现为外部物质形态的实践理性才能展示出其内在的规律性,这就是"理性的自我意识通过其自身的活动而实现"。

对普遍规律的实现   实践理性与理论理性相比,不是主观符合客观,而是客观要符合于主观。在这里,客观就是主观的实现,而这个主观,既然经历了观察的理性,意识到自己的普遍性,它就把自己实现为一种普遍伦理的客观性,这就是"自我意识的直向运动:伦理世界"。而当它从这个伦理世界返回到自身的自我意识,把外在的伦理法则内化为自己内心的法则,这就是"自我意识的反向运动:道德世界"。这个一正一反的过程在现实世界中体现为三个阶段。(1)"快乐与必然性",这是一对自我意识的矛盾。一方面,理性意识到追求快乐是人的天性,"自我意识投身到生活里去,将它出现时所带来的那个纯粹的个体性予以充分发挥。它并不那么注意去创造它自己的快乐,而毋宁是直接地取而享受之。"①但另一方面,单纯的快乐享受毕竟只是过眼烟云,是偶然的个体性,而自

---

①   黑格尔著,贺麟、王玖兴译:《精神现象学》上卷,商务印书馆 1979 年版,第 240 页。

我意识本身的确定的内容则无形中体现为一种必然性,或者说命运。(2)自我意识的这种个别和普遍、偶然和必然的内在矛盾逼迫它把自己的那个抽象必然性自觉地在现实中实现出来,这就造成了"心的规律和自大狂"。就是说,自我意识要按照内心的必然规律改造现实、整顿社会,要使抽象规律具体化,哪怕一味蛮干也要将自己的心置入于现实。(3)当人们想以"德行"的名义来整顿这个世界时,就会觉得一切都颠倒疯狂了,有理性的人根据理性所制定的秩序却成为了非理性的,他的德行就会被"世界进程"本身所推翻。上述三种实践的人格分别以浮士德、哈姆莱特和唐·吉诃德为模本,其中已经包含着某种历史理性的因素了。

立法及其审核 但这还是从个体性出发的理性,它一开始就面临着它的异化物。个体发现,真正的事情本身并不是他出于诚意所造成的东西,而是他的作品在社会关系中的客观影响和效果,他的"诚实的意识"反而成了自欺和伪善,不足以成为评价标准。这时实践理性就需要一种"立法的理性",以建立一种用以评价人的行动的普遍的客观原则。但是,立法的理性又是根据什么来立法的呢?只有习惯、惯例和传统,也就是一切人所构成的那个伦理实体,它对于立法的理性来说是"直接被承认了的;人们不能去追问它们的起源和论据,也不能去寻找一种别的起源和论据"。① 因此没有真正普遍适用的立法,每一种貌似公正的立法都代表一定的伦理实体的利益,离开这个伦理实体都可能遭到推翻。这样,立法的理性就仅仅成为了一种在特定伦理的前提下对法律进行形式逻辑上前后一贯性的审核,即"审核法律的理性"。但正因为这种审核总有一个未经审核的前提,它就只是一种空洞的形式。黑格尔举例说,私有制本身不是立法建立起来的,而是立法的根据,审核只涉及私有制基础上的法律是否合乎逻辑,而不能审核私有制本身。所以,这就必须从头来考察一下人们的习惯、风俗、传统,人们伦理世界是怎么形成的。

5. 走向绝对知识

《精神现象学》下卷就是首先探讨"精神",它和后面的"宗教""绝对知识"都属于"理性"的总标题之下。"精神"包括家庭的伦理、社会和国家对个人的教化、启蒙、道德等内容。这些内容连同宗教一起,黑格尔在后来都在《法哲学原理》和《宗教哲学讲演录》中作了展开。而"绝对知识"在这里则是作为《精神现象学》最后向《逻辑学》的一个过渡。黑格尔在这里指出,在从开始直到现在的各个发展阶段上,意识的内在辩证运动处处都体现为一些个别环节,但只有在绝对知识中才达到了它们的统一的整体和各环节的结合,"正是这个结合结束了

---

① 黑格尔著,贺麟、王玖兴译:《精神现象学》上卷,商务印书馆 1979 年版,第 280 页。

精神的诸形态的系列,因为在这个结合中精神达到了自我认识。"①绝对知识不过是把前此一切意识形态环节中早已出现的概念以概念本身的纯粹形式坚持下去而已。而这样一来,它就成为了"科学"。精神现象学就是这样为真正的"科学"即"逻辑学"提供了前提。实际上,《精神现象学》是按照《逻辑学》的构架展开自己的进程的,只不过逻辑学的范畴在意识的经验科学中还隐藏在每个环节的后面暗中起作用。而到了绝对知识这个最后阶段,精神终于意识到自身的逻辑本质,于是就脱除了它在意识的经验中的主客对立的现象形态,而把握住了意识现象和精神形态的概念本质,并以逻辑学的诸范畴的形态重新开始出发。绝对知识就是意识到了自己的全部逻辑本质的精神现象学。

在绝对知识这个结尾部分,黑格尔还预示了他将要建立的哲学体系的大致轮廓。也就是在逻辑学中,"达到概念式理解的精神"也就是诸逻辑范畴,在自己的发展历程中最后将是"向着特定存在的直接性返回",即必然扬弃自己的抽象形式而重新回到感性,在逻辑学的最后阶段外化出自然界。但这种回复已经不再是与感性的客观事物相对立去考察它,而是由自身发展和造就出感性世界。"这种把自己从自身的形式中解放出来的过程,就是最高的自由和自己对自己有了确实可靠的知识。"②概念的这种外化不再是意识的探索,而是充满信心地在讲述它自己的东西,实现它的抱负。所以逻辑学不论外化出自然界,还是从中再发展出精神来,它都知道那不过是它自身蓝图的实现,是绝对精神的创世纪。所以当它最后在"绝对精神"阶段再次回到自身、达到最终的自我意识时,它就发现整个过程都是它自身的一场"回忆";而黑格尔将要发展出来的全部哲学,包括逻辑学、自然哲学和精神哲学,在这种理解中都成为了"绝对精神的回忆和墓地,也构成它的王座的现实性、真理性和确定性。"③至于"精神现象学"本身,在经过《逻辑学》的这番概念的纯粹化洗礼之后,又再次出现在"精神哲学"中作为其中的一个环节。但这时它已经不是"意识的经验科学",而是由逻辑学中生长发展出来的"应用逻辑学"的一个有机阶段了,它成为了"思辨哲学"的一部分。

二、《逻辑学》

马克思说过,黑格尔的《精神现象学》是"黑格尔哲学的真正诞生地和秘密"。④ 黑格尔哲学实际上是从《精神现象学》开始的,在该书的初版中还有一个副标题"科学体系第一部分",但在再版时被去掉了。因为后来黑格尔自己所设

---

① 黑格尔著,贺麟、王玖兴译:《精神现象学》下卷,商务印书馆 1979 年版,第 262 页。
② 黑格尔著,贺麟、王玖兴译:《精神现象学》下卷,商务印书馆 1979 年版,第 273 页。
③ 黑格尔著,贺麟、王玖兴译:《精神现象学》下卷,商务印书馆 1979 年版,第 275 页。
④ 《马克思恩格斯全集》第四十二卷,人民出版社 1979 年版,第 159 页。

计的正式的哲学体系是《哲学百科全书》，其中的第一部分并不是"精神现象学"，而是"逻辑学"；"精神现象学"被降为了《百科全书》体系中"精神哲学"里面不起眼的一个小环节。这样，他的这个"真正诞生地"就被掩盖起来，成为了一个"秘密"，而取代它的位置的就是《逻辑学》。

黑格尔的《逻辑学》有两种，一种是出版于1812—1816年的《逻辑学》上、下两卷，另一种是出版于1817年的《哲学全书》中的第一部分《逻辑学》，篇幅只有前者的大约一半，俗称《小逻辑》（前者因此有时也被称作《大逻辑》），它在结构上作了一些调整，内容也更加精炼、紧凑，是专门为教学用途而写的书。

1. 存在论

黑格尔的逻辑学作为他整个哲学的大纲，是黑格尔哲学中最具重要意义的部分，也是黑格尔的方法论即辩证法的集中体现。黑格尔辩证法的最重要的特点是一种能动性的思想，这个在他的《精神现象学》里面已经有过说明，即："一切问题的关键在于：不仅把真实的东西或真理理解和表述为实体，而且同样理解和表述为主体。"[①]在《逻辑学》中，真正的实体就是范畴，所以关键就在于要把范畴理解为主体。主体就是能动性、主动性，范畴是能动的，既然范畴是万物的本质，那么宇宙万物都是能动的。黑格尔是第一个把万物的能动性纳入到一种逻辑规律中的哲学家。但这种逻辑规律是关于内容的逻辑，因此它是逻辑、认识论、本体论的"三统一"。逻辑学在他看来首先是本体论，即关于一切存在之为存在的学说，所以他的《逻辑学》的第一个作为出发点的范畴就是"存在"，或"纯存在"，由此展开为逻辑学的第一部分"存在论"。在"存在论"中，范畴演进的形式是"过渡"，即从一个独立的范畴过渡到另一个独立的范畴，中间往往要经过"飞跃"。

开端即"决心" 存在论的第一个"正、反、合"三段式是"存在、无、变易"。"存在"（Sein，又译"是""有""在"等等）是整个体系的起点和开端。为什么要以"存在"为开端？黑格尔认为，开端应当没有任何前提（先入之见），没有任何具体的内容，因而必须是最抽象的范畴，才配得上充当"绝对"的开端。凡是有内容的，就必须为这个内容寻求更高的前提，因而就不是真正的开端了。而"纯存在"就是这个最抽象的范畴，它没有任何进一步的规定，可以说什么都还没有说出来，而只是一个"决心"，即决心"去存在"。但这种决心正因为如此就是最普遍的、涵盖一切的，一切其他哲学范畴都必须首先有这种决心才能发展得出来，才能存在，否则就根本不能存在，也就无从谈起了。在这种意义上，存在是一切其他范畴的基础和开端。由此可见，黑格尔的"存在"并非我们通常所以为的意指"存在的东西"（名词），而是本身包含有内在的能动性的"存在活动"（动

---

① 黑格尔著，贺麟、王玖兴译：《精神现象学》上卷，商务印书馆1979年版，第10页。

词)、"存在起来"的活动。逻辑学中所有其他的范畴都具有这种特点,即自身能动性、自己运动的特点。逻辑学一开始什么都还没有说,就已经标明了这种特点,这是我们应当牢牢把握的。整个黑格尔的哲学体系都是由概念的这种自身能动的生命活动建构和发展出来的,而不是拼凑出来的。

存在、无、变易 但"存在"既然只是这样一个空洞的"决心",它还什么都没有规定,所以从内容上看它就是"无"(Nichts)。或者说,我们对于这样的存在什么都不能说,只能说"存在着一个无"。所以存在范畴由于其本身的内容(或无内容)的展示,就直接否定自身而过渡到自己的对立面去了,纯存在就成了纯无。但这个纯无毕竟是依托着纯存在而得以建立(得以存在)起来的,否则它根本就不可能出现(没有"无"),也不可能谈论它。所以无中本身即已包含着存在的概念了,即无就是一种最基本的存在。正如存在并非一个现成的什么东西、而是一种活动一样,无也不是一个现成的无("没有"),而是一种否定的活动即"不"的活动。既然存在自我否定为无,无也否定自身而为存在,所以这种否定或否定之否定就形成了第三个范畴,即"变易"(Werden)。变易是存在和无的动态的统一,也就是产生(从无到存在)和消灭(从存在到无)的统一。在这种统一中,变易成为了第一个"具体概念",即有了自己的具体内容,它把存在和无都变成了自身概念内部的两个环节,并由此使存在和无成为了特定的存在("定在")和特定的无,从而具有了"质"的规定性。

量变到质变 与康德从量的范畴过渡到质的范畴不同,黑格尔是从质的范畴中建立起量的范畴的。质的规定使定在成了与"他物"不同的"某物",而"某物"的质又总是靠"他物"和"他物的他物"来规定的,但这种外在的规定总是不能对某物的质加以最终的确定,而将陷入"坏的无限";所以只有回到每个某物本身使之成为"自为的一",达到"真无限",才能获得质的确定性(即它把自己规定为一个无限地"可被规定者")。而其他的各个"自为的一"则相对它来说成为了"多",这就从质的规定进到了"量"的规定。量是对质的扬弃和漠不关心,量的变化通常是渐进积累的,并不影响到质;但是一旦量的变化超过了一定的"度",事物就会发生质的"飞跃"或质变,即从量变中产生出新的质。所以从量变到质变是通过"渐进过程的中断"而突然达成的,就像理性在背后玩弄"理性的狡计",使抱有量的机械论观点的人猝不及防。但如果我们把握了事物的"度",我们就能够在质和量的统一中认识质量互变的规律,从而深入到事物的本质。

2. 本质论

反思 与存在论的"过渡"式的范畴进展不同,本质论中范畴的推演是通过"反思"的方式进行的。存在论还只停留于事物的表面外观,在思维层次上属于"知性"的直接性阶段。本质论则深入到了事物的本质,属于"消极的(或否定的)理性"阶段。但本质不过是"过去了的存在",即存在"原先"所是的东西,存在的来由、根据。"本质"一词(Wesen)在德文中正好是从"存在"(Sein)的过去时(Gewesen)变来的。从存在进到本质其实就是对存在本身的深入,追溯其来源和真相,所以本质是存在的"真理",意思是,本质才是真正的存在。但由于本质不可能直接把握,而只能像照镜子一样从它的对方身上(首先是从存在身上)"反映"出来,所以本质论属于"反思"(Reflexion)的间接性领域;又由于反映出来的镜像总是颠倒的,所以本质论总要通过对这镜像的再颠倒或否定才能获得正确的观点,这就是为什么说它在思维层次上属于"否定的理性"阶段的缘故。但正因为本质范畴与它的镜像具有这种互相颠倒的关系,所以这些范畴都是一对一对的(如"同一和差异""原因和结果""形式和内容""全体和部分""绝对和相对""必然与偶然"等等),理解其一必须理解其他,彼此互为理解的前提,这比起存在论中的单个出现的范畴来具有更为紧密的关系。存在论范畴(如"质和量""存在和无"等等)的相互关系要通过解释才显出来,而不是直接显示在范畴中的,单个范畴是可以独自存在的,不一定要和它的相对范畴联系着才能理解。本质论的范畴则不可能单独存在,而是直接就显出了各对范畴的必然关系。

差异、对立和矛盾 本质论的三个阶段是"本质自身""现象"和"现实"。先看"本质自身"。本质一开始表现为"同一性",即在变化的杂多事物中保持同一不变的东西。但由于这种"保持同一"并不是静止的、"无差别的"同一,而是表明所有的差别都是由同一个东西自身分化出来的,所以同一本身就是差异,它只有在使自己差异化的过程中才能保持自身的同一。莱布尼茨的"差异律"(万物莫不相异)所表达的其实是真正的、具体的"同一律",即万物在使自己差异化这一点上是同一的。所以同一并不是抽象的同一(A = A),而是具体的能动的同一,它自我否定、自我分化、自我综合,这都是同一个自己所做的,没有加进任何外来的东西。但正因为如此它同时又是自我差异化。在这里,同一与差异都要作动词理解(同一化与差异化)。不过差异最初并没有意识到自己的同一,它只被理解为"杂多",即毫无关联的偶然的差别,与同一处于极端的对立中。其实,并没有人真正用抽象的同一律说话,如说"星球是星球,树叶是树叶",任何判断总要说出某种差异(如"这星球是发光的""树叶是绿的")。同样,也没有人满足于用抽象的差异律说话(如说"骆驼不是钢笔"之类),差异总要有一个同一的前提才显出意义(如"橡树不是槐树")。而要显现"本质"的意义则必须进到"对立",或者说对立是一种本质性的差异。对立的东西(光明和黑暗、正和反、生命和死亡等)正是表现出本质的东西,因为从双方的对立中反映出了同一性(互相关联、互相渗透、互相转化)。对立就是从差异向同一的回复。但真正回复到同一的还是"矛盾"(所以对立面只是"统一",矛盾才是"同一")。矛盾也是一种对立,但不是外在的与他物对立,而是同一个东西自己与自己对立,用形式逻辑的观点看就是"自相矛盾",但用辩证法的观点看恰好是万物的"根据"。所以任何一个事物的运动的根据最终在于它的自相矛盾、自我否定,自己与自己不和、自己排斥自己,是"自己运动"而不是外来的推动。这样的根据本身不再有其他根据,所以同时又是"无根据"。要为万物的根据再找根据是不可能的、荒谬的。矛盾就是万物的"充分根据"(或"充足理由")。

对立范畴的转化　但根据总是某物的根据,所以根据作为本质总是要把自己表现为"现象"。于是本质论进入到了第二个阶段,它要探讨的就是本质所表现出来的现象。"根据"一旦表现为现象就进入了"实存"(Existenz,来自于拉丁文 exsisto,即"产生"),即此现象是彼现象的根据,彼现象又复是另一现象的根据,现象中的事物都被看作是有根据的或从另一现象"产生出来"的。一个现象的本质就不再是隐藏在它背后的东西(如康德的"自在之物"),而是另一个现象,对本质的追寻就变成了在现象世界中对现象的不断的追寻。这种追寻所指向的目标是"物",但到手的都是物所由以构成的"属性",即一些飘忽不定的"质料",它们之所以构成一个特定的物是由于被赋予了某种"形式"。质料和形式的这种关系看起来似乎是外在的,然而在实存的动态关系中来考察,形式不过是现象事物的自相联系,因而它就是能动的"内容",所以"内容无非是形式之转化为内容,形式无非是内容之转化为形式",不可能有无内容的形式和无形式的内容。由此所派生出来的各种"关系"如"全体和部分""力和力的表现""内和外"也都是一些相互转化的范畴,它们使现象界具有了"规律",而规律无非是现象界的"本质的关系"。在这种本质关系中,现象就成为了"现实"。这就进入了本质论的第三个阶段。

从必然到自由　"现实"是内在本质和外在现象的统一,因而它具有内在的"可能性"、外在的"偶然性"和把这两者结合起来的"必然性"三个环节。在这里,可能性不能理解为形式逻辑的抽象可能性(只要不矛盾,任何事情都是可能的),而是现实的可能性,即要考察各种偶然的具体条件和充足理由,可能性是在大量偶然性中为自己开辟道路而体现为必然性的。在这种充足理由律的意义上,"偶然的东西是必然的"。但从总体上看,这种把一切偶然性都归结为必然的"绝对必然性"却反过来把自身规定为偶然性了,这种绝对必然的偶然性就是"自由"(如上帝的自由意志)。所以一切必然性的关系如实体关系、因果关系和交互关系都追溯到一个自由。但与康德从充足理由律推出一个自由理念作为消极的条件不同,黑格尔的自由不是外在的条件,而是通过诸范畴起作用的能动的活动。它有点像斯宾诺莎的"自因",但这是一个要进行创造的、体现了实体的必然"威力"的自因;它与它所创造的对象既是因果关系,同时又有一种交互作用,这种交互作用最终将这种否定的力量提升为唯一的独立的必然关系,它是一切因果性的绝对原因,一切实体的绝对实体。在交互作用中,实体性和因果性这些必然关系都被当作全体中的不同环节而体现了一种"积极的自由",它使那种作为绝对偶然性的抽象的"消极自由"得到了充实和必然的实现。"因此必然性的真理就是自由,而实体的真理就是概念"。① 真正的自由只有在能动的概念中才实现出来。这就由现实性过渡到了逻辑学的第三个大的阶段即"概念论"。

3. 概念论

概念是存在和本质的真理,即通过本质而返回到了存在。概念才是本质的存在、"真正的存在"。从存在到概念的进展不过是存在本身的自我深入,它在概念中发现了自己的真正本质,即自由。黑格尔所理解的概念不是僵硬的形式、现成的框架,而是"自由的原则",是"独立存在着的实体性的力量"。回头来看,存在和本质的进展都是由于概念在背后推动,它们都是概念形成的"前史",概念则明确表现为对历史形成的东西的能动的"抓取"(begreifen,为"概念"即Begriff 一词的词根)或"综合"(由康德的"本源的综合"而来)。因而概念的运动方式不是一个范畴到另一个范畴的"过渡"(如"存在论"),也不是两个范畴的互相"反映",而是三个一组辩证上升的"发展"。概念论分为"主观性""客观性"和"理念"三个阶段。

"主观性" "主观概念"主要是要把形式逻辑的概念、判断、推理深入到其辩证逻辑的根基,使其获得辩证法的理解。首先,黑格尔认为概念本身不能像形式逻辑那样理解为抽象的形式框架,而应从内容上理解为"具体概念",即"不同规定的统一"。任何概念都是由普遍、特殊和个别所构成的内容丰富的概念统一体,其中,"普遍的东西是自由的威力",②它要成为真正普遍的东西就必须把特殊的东西包括在自身之内,否则它就只是和特殊相分离、相对立,不具有涵盖特殊东西的普遍性,而只是与特殊相外在的另一种特殊的东西。而含有特殊东西的普遍性则具有了把自己实现出来和贯彻下去的手段,因而具有了自我超越并将自己扩展和推广开来的现实力量,所以必然凝聚而体现为个别性、"这一个"。其中,普遍性和特殊性都成为了个别性的两个环节,个别性则能动地突向外部世界,从而否定自身并跃进到另一个更高的普遍概念。具体概念由于这种自我分裂而建立起了两个概念之间的关系,这就是"判断"。

所以在黑格尔看来,判断也并不是形式逻辑所认为的把两个现成的概念外在地联结起来而构成的主词和宾词关系,而是同一个概念的"自我划分"所形成的("判断"的德文词 Urteil 即"原始剖分"之意)自身关系,因此即使在判断中被分成了主词和宾词,它们仍然具有内在的同一性。这种同一性通过判断的四种形式即"质的判断"("这朵花是红的")、"反思的判断"("这朵花是有用的")、"必然的判断"("这朵花是植物")、"概念的判断"("这朵花是美

① 黑格尔著,贺麟译:《小逻辑》,商务印书馆 1980 年版,第 322 页。
② 黑格尔著,杨一之译:《逻辑学》下卷,商务印书馆 1981 年版,第 270 页。

的")而越来越加强,越来越显出主词和宾词的客观上必然的联系,表现出认识的内容不断深化的进程。"判断运动的目的,就是恢复,或不如说,建立概念的这种同一。"但判断由于只有主词和宾词两个环节,它虽然以概念的同一性的恢复为目标,却总是不能达到完整的同一性,只有在三段论推理中,这种同一性才最终恢复起来。

三段论推理分为"质的推论""量的推论""反思的推论""必然的推论",这是一个重新建立起来的概念同一关系使自己越来越客观化、实在化、形成"客观概念"的过程,它表明,概念通过判断和推理恢复自己的同一性并不是简单地回到概念,而是在更高层次上返回概念,也就是使"主观概念"成为了客观概念、客观思想,最后向客体过渡。这种过渡一方面说明主观概念本身具有凭自身的自由本性能动地使自己客观化的力量,而无须借助于外在的帮助来获得自己的客观对象;另一方面也说明一切客观对象其实都是由主观概念建立和形成起来的,其本质无非是"客观概念"。所以要理解客体,同样要从它们所蕴涵的概念入手才能把握其本质。在这里,黑格尔虽然借用了形式逻辑的一整套框架,但却巧妙地表达了辩证法的逻辑学、认识论和本体论"三统一"的思想,或者说,使形式逻辑获得了自身的内容上的合法性根据。

"客观性" 客观性由于内部的概念本性的推动而展示为三个阶段,即"机械性""化学性""目的性"。其中事物从外在的单一的量的关系(机械性)进展到对立面的统一关系(化学性)再进到自行发展的能动关系(目的性),越来越显示出了概念的自由本性。值得注意的是黑格尔对"目的性"概念的分析。他认为,目的性已经突出了客体中的主观因素,因为目的一开始是主观的,只是这种主观是指向客观实现的。主观目的最初与客观性处于外在的对立中,但目的知道它必须寻求自己的手段才能实现出来。于是它首先利用它所能掌握的第一个外部对象作为手段(如自己的手),并利用这个手段再去掌握另外的手段(如工具),这样间接地与外部对象打交道。黑格尔把这一过程称为一个"推论",把目的称为推论的"概念",而把工具或手段称为这个推论的"中项"。在这里,目的并不直接与对象发生关系,而是让工具去和对象互相消耗,以达到自己的目的,体现出某种"理性的狡计"。其中工具似乎只是被利用被消耗者,但从本质上看,工具比它所达到的目的更高贵,"工具保存下来,而直接的享受则会消逝并忘却。人以他的工具而具有支配外在自然界的威力,尽管就他的目的来说,他倒是要服从自然界的。"①这里面已经包含有后来由马克思所发展出来的历史唯物主义的萌芽思想了。

---

① 　黑格尔著,杨一之译:《逻辑学》下卷,商务印书馆 1981 年版,第 438 页。

通过目的的实现而达到的主观和客观的统一就是"理念",即体现在客体上的概念,这就是"真理"。通常人们认为"概念与客体的符合"就是真理,但黑格尔认为真正说来,真理应当是"客观性与概念相符合"。正因为如此,真理有三个主要特点。一是真理是全体,因为概念本身是一个整体,客观性在没有达到与概念符合之前总是零星的、分散的、片面的,不能视为真理;二是真理的整体性决定了它包含有丰富的内容、层次和矛盾关系,因而是对立统一的、具体的,具有"自己运动"的冲力,抽象的东西不能视为真理;三是这种动力使真理成为一个不断发展运动的历史过程,它在这一过程中必然地一步步把自己实现出来,从"自在"到"自为"并最终抵达"自在自为",而那静止僵化的东西不能视为真理。所以对真理必须从其整体性、丰富性和能动性来理解,而不能从字面上抽象地、形式地理解,正如同一句格言,从青年人口里说出来远没有从饱经风霜的老人口里说出来那样具有真实而丰富的含义。

"理念" 理念的三个环节是"生命""认识"和"绝对理念"。生命从目的性而来,它是第一个符合概念的客体,是灵魂与肉体的直接统一;但在死亡中灵与肉开始显出分裂,死亡所涉及的不是灵魂,而是肉体,灵魂则超越个体的死亡而使生命成为了普遍的"类"。所以生命的理念通过类而上升到了认识的理念。认识的前提是主体和客体、人和自然的二分,认识就是要达到二者的统一。它最初是被动地分析现有的客体,然后是能动地综合那分析的结果,但最终却发现这一切只不过是认识主体把自己分化为客体又回复到自身的过程,认识客体不过是主体认识自身的手段。于是主体就上升为实践主体或"意志"的理念,它是倒过来的认识,即不仅是用认识主体去吞并认识客体,而且是使这种吞并了客体的主体成为真正的绝对的客体,主体的实践(以及前此一切阶段)就被理解成了作为绝对客体的绝对主体自我认识的过程。这个自我认识的绝对主体—客体就是"绝对理念"。绝对理念是整个逻辑学体系的内在灵魂,即它的"方法",不过不是外加于对象上的方法,而是客观对象本身(即"概念"本身)的自我运动方式,同时也是我们认识"绝对"或"绝对"自己认识自己的方式。

三统一 所以在黑格尔看来,惟有"概念论"才是真正的"本体论"(或"存在论"),在此之前的"存在论"和"本质论"只不过是对旧的形而上学本体论的"批判",或真正的"本体论"的"形成史"即"概念的发生史"而已。同样,"概念论"也是认识论,是宇宙精神的概念本体经过存在论和本质论在自己身上达到了自我意识的认识。最后,"概念论"最纯粹地体现了黑格尔哲学的方法即辩证法的实质,即"否定之否定"的三段式或"圆圈式"进展法则。在此之前,"存在论"中的诸范畴是一个一个地跟进,"本质论"中的诸范畴是一对一对地排开,它们虽然最终都被排列为三个一组的"正反合"结构,但这种排列都还是外在的,并未直接体现于范畴内部,因而这些范畴总是互相遮蔽了它们潜在的辩证本性;到了概念论,范畴本身就体现为具体概念的自身发展,或"否定之否定"的三段式辩证进展,所以一切概念都去掉了杂质而"透明"了,真正形成了一种辩证"逻辑"。概念论就此成为了本体论、认识论和逻辑学的统一体。

从总体来看,黑格尔逻辑学从"存在论"开始,经过"本质论"的自我深入,在"概念论"中达到了宇宙存在的真正本质即"概念",或"作为存在的存在",它同时也是"对思维的思维"。范畴的全部进程在最后阶段又回到了起点,形成了一个首尾相接的大"圆圈",实现了"思维和存在"的同一。不过黑格尔强调,这个终点对起点的返回并不是简单的回复,而是在更高的层次上的回复,是把整个过程的内容都包容在内的回复,终点因而就比起点要无比地丰富,整个过程就展示为一个"从抽象到具体"的越来越丰富的过程。"因此不应当把进程看作是从一个他物到一个他物的流动。……普遍的东西在以后规定的每一阶段,都提高了它以前的全部内容,它不仅没有因它的辩证的前进而丧失什么,丢下什么,而且还带着一切收获和自己一起,使自己更丰富、更密实。"①这样一种逻辑进程,虽然每一个后面的范畴都取代了前一个范畴,但这种取代并不是单纯的取消,而是"扬弃"(Aufheben),即将之降为自身的一个环节而保留于自身。逻辑学经过全部发展的历程,它所返回到的存在就不再只是存在的一个单纯"范畴"了,而是一种凝聚着全部逻辑力量的理性的直观能力(相当于康德归之于上帝的"知性直观"),它能够"外化"出丰富多彩的现实的客观存在即"自然界"。如果说,黑格尔把他的逻辑学看作"上帝在创造世界之前是怎样想的",那么他的"自然哲学"就是描述上帝在考虑成熟之后所创造出来的现实世界。如果说,逻辑学的第一个范畴"存在"还只是一种空洞的"决心"的话,那么逻辑学的最后一个范畴"绝对理念"则是一种掌握了具体方法的现实的"决心":"享有绝对自由的理念……在它自身的绝对真理性里,它自己决定让它的特殊性环节,或它最初的规定和它的异在的环节,直接性的理念,作为它的反映,自由地外化为自然。"②这就一方面以思辨的语言表达了基督教的上帝创世说,另一方面则曲折地表达了主体对客体、思维对存在的能动的创造作用和实践作用。

由此可见,黑格尔提取和纯化了前人思想中的唯心辩证法因素,将之建构成了一个层层递进的、具有严格规律性的逻辑体系;但这种规律性又不是外来强加于事物之上的,而是事物本身所蕴含并在历史发展的生命过程中展示出来的。但这种系统的扩展最初是以纯粹逻辑的方式进行的,其结果就是由全部逻辑理念即范畴按照某种确定的方法所构成的"逻辑学"体系。这个体系,按照黑格尔的说法,是绝对精神(即上帝)在创造世界以前的一个全面的筹划,因而表现了

---

① 黑格尔著,杨一之译:《逻辑学》下卷,商务印书馆1981年版,第549页。

② 黑格尔著,贺麟译:《小逻辑》,商务印书馆1980年版,第428页。

宇宙的本质和规律,万物都是无形中按照这个范畴体系而运动发展的,所以它是黑格尔全部哲学的一个总纲。在"逻辑学"的终结处,它凭借自己内在的冲动而"外化"出自然界,即把自己展示在外部自然的丰富多彩的客观形式中。这种客观形式一方面是内在的逻辑理念在外部自然界中的客观确证,另一方面又是这些逻辑理念的一种客观的实现,表明它们确实是"客观的思想"。所以自然界无非是以自然界的形式出现的逻辑理念,它正如逻辑理念一样,也经历了一个从低到高的上升发展过程,最后是从自然界中发展出人和人的精神来,这就开始进入了人类社会历史和精神生活的领域,即"精神哲学"的领域。精神哲学同样经历了从主观精神到客观精神直到绝对精神的历程,最后回到了整个过程的出发点(绝对知识),但这时由于经过了整个系列的外化和回归的历程,这种向出发点的返回就不是简单地回到原点,而是在更高层次上所达到的绝对精神的自我意识。到这时,绝对精神就实现了最终的完满性,形成了一个封闭的"圆圈"。这就是黑格尔所建构的客观唯心主义体系的总体结构。按照其《哲学全书》的划分,这个体系由三大部分组成,这就是《逻辑学》《自然哲学》和《精神哲学》;但实际上,"逻辑学"才是黑格尔哲学的实质,"自然哲学"和"精神哲学"都只不过是"应用逻辑学"而已。

三、自然哲学

逻辑学从自身中"外化"出自然哲学,虽然表现了逻辑理念本身的自由的能动性和创造性,但所外化出来的东西毕竟不可与纯粹的逻辑理念同日而语,就本身而言是一种在层次上降低了的东西,只有着眼于它们所包含的逻辑理念才有其不可缺少的价值。但自然界的这种缺陷正好给其中所潜藏的逻辑理念自由地展示其威力提供了一个新的现实的舞台,它推动自然界一步步向前发展,提高其层次,以至于从中产生出具有自我意识的人和人的历史来,并在一个返回到绝对精神的历程中使自然界和人的精神都获得了最终的拯救。所以这种"应用逻辑学"可以看作一种"理性神学",这整个过程实际上相当于基督教中的创世、原罪、堕落和拯救等一套神学教义的思辨形式。

上帝创世 黑格尔的"绝对精神"就是上帝,上帝的本质就是逻辑理念。但上帝并不满足于仅仅是逻辑理念,他不但全知,而且全能、全在,所以他还要外化出整个自然界。黑格尔的"自然哲学"就是要在自然界里揭示出上帝或逻辑理念的身影来,并阐明上帝在他的这个"异在"里暗中所做的工作。自然界的产生虽然显示了上帝(逻辑理念)的大能,但这还不够,上帝还要能够扬弃自然界的"异在性",让自然界自己从自身中发展出精神来。所以我们看待自然界就必须有双重的眼光,即一方面,从自然界的自然物质来看,"太阳底下无新事",自然本身是不变的、僵死的存在,它将它自身中所隐含的逻辑理念死死地遮蔽住,成为精神的沉重的枷锁。物质是惰性的,它里面的一切运动变化似乎都不是它自身所固有的,而是外来的推动。但尽管如此,另一方面,物质不过是绝对精神的外壳,它里面有能动的精神在自由地冲突,终有一天会冲出重围。"上帝永远不会僵死,而是僵硬冰冷的石头会呼喊起来,使自己超升为精神。"①这样一个超升过程在自然界中经历了三个阶段,即机械论(力学)、物理论(除机械力学外的广义的物理学,包括光学、热学、地学、天文学、电磁学、化学等等,但也包括古代的气水土火"四元素"理论)、有机论。它们分别与《逻辑学》中的存在论、本质论和概念论相对应。

机械论、物理论、有机论　　在机械论阶段,黑格尔致力于用能动性的眼光在当时流行的机械论自然观中看出某种主体性的学说。他对自然科学中的唯物主义和原子论是不以为然的,而是更偏向于莱布尼茨的单子论。尽管他不否认机械力学把一切运动归结于外部传递而来,但在牛顿的万有引力学说中他发现,万有引力作为一种中心性的力不再是外在于客体的,而是普遍渗透于一切客体中的内在固有的本质,"因此,客体所具有的向中心的趋向,是客体的绝对的、不通过传递而建立起来的普遍性"。② 这是宇宙总体的根本法则,"这个总体构成了自由的机械性。在这种机械性中,相区别的客体以客观普遍性,即以渗透的、在特殊化中保持自身同一的重心为它们的基本规定"。③ 这样,外在的秩序就成了客体自身内在的规律,成了"自己运动的原则",他把这种原则称之为概念本身的"灵魂鼓荡的规定性"。不过,这种原则在机械性阶段还"沉没在它的躯体中",到了化学性阶段,这种原则才在对立两极的化合与分解中客观地呈现出来。在化学的客体那里,与他物的关系不再是传递而来的,而是每个客体的本性,它"自行规定地开始了过程",④化学过程不是由于外来的压力,而是由于客体本身的紧张度和"亲和力"。这里面已经暗含着目的性和生命的概念了,只不过化学过程不能由自身保持和延续下去,化学反应一结束,过程就中断了。相反,有机生命的过程则是一个"不断自我振作和自我保持的无限过程"。⑤

在有机论的顶点即人和人的精神身上,自然界意识到了自身,意识到自己实际上不过是精神这样一种本质,因而就否定自己而向精神哲学过渡。"精神是从自然界发展出来的,自然界的目标就是自己毁灭自己,并打破自己的直接的东

①　黑格尔著,梁志学等译:《自然哲学》,商务印书馆1986年版,第21页。
②　黑格尔著,杨一之译:《逻辑学》下卷,商务印书馆1981年版,第408页。
③　黑格尔著,杨一之译:《逻辑学》下卷,商务印书馆1981年版,第410页。
④　黑格尔著,杨一之译:《逻辑学》下卷,商务印书馆1981年版,第415页。
⑤　黑格尔著,梁志学等译:《自然哲学》,商务印书馆1986年版,第372页。

西与感性的东西的外壳,像芬尼克斯那样焚毁自己,以便作为精神从这种得到更新的外在性中涌现出来。"精神是自然界的"真理"。①

四、精神哲学

精神哲学分为"主观精神""客观精神"和"绝对精神"三个阶段。"主观精神"中又包含三个阶段:"人类学""精神现象学"和"心理学"。其中最重要的是"精神现象学"。这在前面已有交代。下面重点考察客观精神和绝对精神。

1. 客观精神

"客观精神"体现在"法哲学"中。所谓"法"(Recht)又译作"权利",这个词的意思就是自由的外部规定,即我能够自由地做什么的规定。这些规定分为三个层次:"抽象法(权利)""道德"和"伦理"。

(1)自由的理念

在黑格尔的《法哲学原理》中,真正称得上是狭义的"法哲学"的只是"抽象法"的部分,以及"伦理"的后面一部分。"道德"不过是一般法的原理的内化(内心的法),而"伦理"也被视为道德的外在化、制度化。抽象法里面谈的主要是私法和财产关系,包括刑法,而伦理里面谈的是法律制度,包括公法。但所有这些都是围绕着一个主题展开的,这就是人的自由意志。黑格尔的这些讨论中充满着对当时德国社会的现实感,他是德国古典唯心主义哲学家中最具现实历史意识的哲学家,这一点可以用黑格尔在《法哲学原理》序言中一句名言为证:"凡是合乎理性的东西都是现实的;凡是现实的东西都是合乎理性的。"但他这里的"现实"概念并不是人们通常所误解的"现存的东西""存在的东西",而是"正在实现着的"意思。凡是真正合理的理想都必然体现为现实的历史发展过程,凡是正在实现的东西都是向着一个合理的理想而前进的。因此黑格尔这句话意味着现实主义和理想主义的统一。

在《法哲学原理》的导言中,几乎全是在讨论自由意志的问题,因为"法的理念是自由"。② 他在那里把自由意志分为三个层次:①抽象的自由,这是一种"绝对抽象的可能性"。由于有无限的可能性,所以人可以对任何一种现实性说"不";但这样一来,任何可能性都无法变成现实性了。黑格尔以法国革命为例,说明这完全是一种消极的否定性的自由,它客观上没有任何积极的建设,只是一种空洞的观念上的自由。②任意的自由,比抽象的自由高一个层次,因为它有了一个追求的目的,而不再是盲目的否定了。但这种自由是非常有限的,一旦追求到手,就会成为自己的束缚,它只是一时的自由。③**具体的自由**。前两种都是抽象

① 黑格尔著,梁志学等译:《自然哲学》,商务印书馆 1986 年版,第 617 页。
② 黑格尔:《法哲学原理》,范扬、张企泰译,商务印书馆 1979 年版,导论,第 1～2 页。

的,一个是主观自由,一个是客观自由;具体的自由则是使追求的对象成为另一个我自己,他(她)的自由就是我的自由,例如真正的爱情和友谊就是如此。这样的自由既是主观的同时又是客观的。这种自由的本质只在于对自由本身的追求,即追求自由的自由,是对意志的意志。在与法的关系中,黑格尔认为第一种自由是无法无天的自由,只有第二种自由才开始建立起法。但真正的法必须上升到第三种自由才能体现出法的本质,即成为一贯的法则。这是一个漫长的历史过程,以往的法都不能达到完全一贯,总是有某些特权和不平等,在内容上也总是以家法代替国法。黑格尔认为在他的时代,首先就要把法本身的概念关系搞清楚,然后再用它去考量其他更加具体的法权关系,所以法哲学必须先讨论抽象法。

(2)**法或权利**

在抽象法中,黑格尔认为,既然法的理念是自由,那么法哲学就是探讨自由意志的,法就是自由意志相互之间的关系体系。①所有权。自由意志首先体现在所有权上。而"所有权所以合乎理性不在于满足需要,而在于扬弃人格的纯粹主观性。"①因此所有权与个人的人格有内在的联系,你侵犯了人家的所有权,并不只是导致人家的财产损失,而且是侵犯了人家的人格。因为人格虽然是主观的,但它必须要表现在外,首先就表现在人对财产的占有上。只有在这时,人格的自由意志才能成为客观事实,才能与他人的自由意志发生关系,也才能形成合理的法权。所以,法是自由的直接定在,任何人如果能够超越法,他的自由也就不存在了。所有权就是这种定在的第一个层次,黑格尔把它等同于占有,即凭自由意志占据一个自然物对象,他还未能把所有和占有明确区分开来。所有权的三个环节是占有、使用和转让。到了转让,就进入到第二层次即:②契约。契约是不同意志的统一,双方同意,契约就可以生效了。但黑格尔认为这种意志的统一只是偶然的,临时的,它只是一种"共同意志",而不是一种"普遍意志"。所以黑格尔坚决反对把这种契约关系扩大化,运用于比如婚姻关系和国家关系上,它只适用于财产关系。③不法。黑格尔深刻地看出,不法恰好是法的一种现实性的表现,有不法,才能体现法的威力,才使得法是现实有效的。如果大家都自觉地遵纪守法,法就不需要了。这就从民法延伸到了刑法。黑格尔对历来的刑法理论,如预防说、警戒说、惩罚说、威吓说、纠正说等等都不赞同,他援引的是意大利法学家贝卡利亚的观点,即认为犯人服刑是根据他的自由意志,因而是对他人格的尊重,因为这个法律最初是经他自己同意而建立起来的。

(3)**道德**

道德在黑格尔哲学中占的分量远不如在康德那里那么重,黑格尔一般是不

---

① 黑格尔:《法哲学原理》,范扬、张企泰译,商务印书馆1979年版,导论,第1~2页。

屑于谈道德的,要谈,也是作为法的一种内化形式来谈。在他看来,道德也是一种法,即一种主观意志的法,是一种"应当"的东西。但真正的应当只有在伦理中才能实现,道德只是内心里面觉得应该怎么样做。不过,道德也是两个自由意志之间的关系,而不是完全内在的。它是人们对人与人之间发生的实践关系的一种评价。道德分为三个层次:故意、意图和良心。

故意 带来责任。一个人的行为只有是故意的,才能负完全责任,如果是完全无意做出来的则可以不负责任。所以故意与人的自由意志直接相关。但故意还涉及人的认识,也就是说,这种自由意志的前提是必须知情,能够预见到这样做的后果。但是在现实中,由于事物的因果链条是无限的,一个人要完全估计到行为的全部后果是不可能的,所以故意的行为应当对之负责的只是最近的后果或者直接后果,至于间接的后果,如果隔得太远了,就不能负责了,因为人不是上帝,不可能全知。

意图 和故意看起来似乎没有什么区别,但实际上是不同层次的。如果我对自己行为的后果已经预见到了,但我还是要做这件事,我愿意为它负责,那么这就不仅仅是"故意"了,而且是有自己的"意图"。也就是说,你干这件事情是故意的,但故意也得有一个原因,你为什么要这样干? 我们除了要搞清一件事是他故意干的而不是无意中干出来的以外,还要追问他的意图。所以康德所谓的"为义务而义务",在黑格尔看来肯定是不可能的。一个人做道德的事情总是有某种"福利"的考虑,也许不是物质的福利,但至少有精神上的满足,而意图可以归结为广义的福利。黑格尔主张即使只是为了满足自己幸福的要求或感觉,也可以是真正的道德行为,而对于福利的这种考虑就是道德。道德应该是动机和效果的统一,当然首先要从好的动机出发,但也要考虑好的效果,一个道德的行为必须是动机好,效果也好,而且效果就是动机的体现,效果是善的,才能说明动机是好的。至善是道德的最终目的,也是世界的最终目的,虽然不能一次实现,但可以一点一点地接近。

良心 对最终至善的动机就叫做"良心"。善一旦在后果中体现出来,你就意识到它是由我的主观动机造成的,我的意志就是为了追求这个善。但如果我们也能意识到善也是绝对的客观性,是"自在自为的善",我们就有了良心。所谓良心就是从善良意志出发而意识到这种善良意志是最普遍的意志,它不受任何特殊目的的束缚和影响,不受任何干扰地存在于内心。黑格尔说它是"自己同自己相处的最深奥的内部孤独"①。良心就是自己内心的一杆秤,这杆秤有理性的普遍性标准,但实际上只是在你主观中。所以黑格尔又批评良心,认为这种

---

① 黑格尔:《法哲学原理》,范扬、张企泰译,商务印书馆 1979 年版,第 139 页。

主观内在的良心只是形式的良心，只是自己对自己的感受。如果一个人自我感觉良好，只求对得起自己的良心，做了什么恶事都问心无愧，那就可能成为伪善。伪善有几种，最低的就是用道德形式来装扮自己的邪恶动机，只要表面上看起来自己是善人就心安理得了。较高的是为了达到善的目的不惜采取邪恶的手段，做下了天大的坏事，却强调自己动机是好的。对良心的这种标榜表现出缺乏真正的反省精神，以"优美灵魂"自居，却不用现实后果对照一下自己灵魂的深处。黑格尔对康德以来标榜良心和优美灵魂的道德倾向很不以为然，他更欣赏的是与之针锋相对的"讽刺"精神，认为这才是伪善的解毒剂。

道德与伦理的关系   法的内化就是道德。康德对"道德"和"伦理"并没有作出明确的区分，他所谓的"伦理"（Sitten）其实主要包括内心的道德意识，而与这个词本来的意义"风俗""习惯""规矩"不完全吻合。黑格尔则严格区分了两者。但他对道德不是很重视，像康德那样脱离实际来谈道德，在他看来就是伪善，一种道德只有同时成为一种外在的社会制度才有意义。而这就是伦理。

（4）伦理

伦理不是单纯个人内心的道德，而是按照人们的道德意识而确立的保障人的权利的外部行为规范。因此伦理是自由的外部权利和内心道德的统一体，是一种"伦理实体"，但它又是建立在主体上的，它一方面对个人是外在的规章制度，但它同时又是合理的，是每个人自由意志的体现，它使得个人能够摆脱主观冲动而获得自由。

在"伦理"中黑格尔讨论到的社会制度，分为家庭、市民社会和国家三个层次，它们都具有道德的内涵和法的外在形式。**家庭**虽然产生于自然关系（男女两性），形成了固定的家庭模式，但却是靠超越自然的"爱"来维系的，与人的"良心"有关。**市民社会**中人丧失了家庭之爱，但增加了一种社会道德，即诚信和"天职"，所谓职业道德。但这种道德体现在外，人必须作为一个独立的个人与他人打交道，这就形成了普遍的社会制度，如劳动和需要的体系、交换等等，它们所创造的财富都不仅是个人财富，而且也是社会财富。经济活动的社会性还体现在从中所产生的司法、警察和同业公会组织，它们都不是自上而下由国家组建的，而是首先自下而上出于经济活动本身的需要而形成的。当然一旦形成，也就成为国家的调控手段。

到了国家层次，这种制度不再是由人为建立起来的，而是先定的。因为人不能离开社会生活，所以必须要成为国家的成员。他这里把国家神圣化了，称国家为"地上的神"，个人只有在国家中才获得真正的自由，但不能把国家看作保证个人自由的工具。国家是个人的最高义务和目的，需要个人为之作出牺牲，对国家的道德就是爱国和英勇。在国家体制上，黑格尔既不赞成卢梭的社会契约论，也不赞成孟德斯鸠的立法、行政、司法三权分立说。他提出的是立法权、行政权和王权三者的有机统一,其中王权名义上是最高的,但他的权力限于在议会提供的提案上作出裁决和签字。他认为英国的君主立宪就比较接近于这种理想的国家体制,他也主张保留王权的世袭制以象征国家的神圣性。其次,行政权底下包括司法权和警察权,是直接管理市民社会的,但官僚由国王任命。公务员和官僚的作用就在于调和沟通国王和市民社会的关系。再就是立法权,它虽然由人民中来,但其作用和行政权没有根本区别,也是调和政府和人民的矛盾,造成上传下达的渠道,一方面反映人民的疾苦,另一方面教育人民为国家着想。这一点受到马克思强烈的批判:人民代表不为人民说话,反而成了政府机构;议会成为宣读政府文件的地方。黑格尔还主张议会中起决定作用的应当是第二等级,即土地贵族,他把容克地主阶级沿袭下来的长子继承制视为"王位和社会的支柱",这也遭到马克思的批判,认为黑格尔的国家理念保留了太多的封建残余。

不过,黑格尔对国家的神化也是有他的前提的,他心目中的国家不是君主专制,而是君主立宪制,他主张君主的权力要接受同业公会的监督,而公共舆论、言论自由则应完全放开,以促进逐步的改良。伦理通过家庭、市民社会和国家三个层次,它最初还未达到自觉,而是体现为习惯、风尚、传统,好像是"自然律";但经过这三个阶段就上升到了伦理自我意识。国家内部有宪法,而对外有国际法,但在国际上实际上遵行的是弱肉强食的原则,最终诉之于战争。不过黑格尔认为即使如此,也不说明一切都是由偶然的力量强弱决定一个民族的强盛和衰亡,而是有种世界历史的隐秘法则在起支配作用,由此延伸出黑格尔的"历史哲学"。历史发展的方向肯定是从野蛮到文明,从不自由到更为自由,历史是绝对精神在地上行进。

（5）历史哲学

国家在面临别的国家时必须致力于建立"国际法",但由于国与国之间利益的冲突,战争是不可避免的,战争所导致的国际契约也只是为了维护本国的最大利益,不可能讲道德。因此康德所理想的"永久和平"是不可能的。然而,战争和征服可以使一个民族保持生机,是清除腐败和推动世界历史发展的力量。在他看来,国与国之间的不公只有在**世界历史法庭**中才能得到公正的裁判,世界历史是一个大法庭,只有合乎理性精神和自由精神的发展方向的民族才能被判决为在世界历史上占据优势地位。君主和历史上的英雄人物不过是绝对精神利用来实现自身目的的一个工具,在历史人物的主观动机后面还有历史本身的合理的动力,在以**理性的狡计**的方式支配着人们的行动。

因此世界历史从本质上看无非是"**自由意识的发展**",它在每一时代只选择一个民族来实现自己的目的,即世界历史的核心依次从自由意识的水平较低的国家转移到水平较高的国家。所以历史最初是从东方开始,即从中国、印度、波斯、埃及这些国家开始,因为这些国家"只知道一个人是自由的",这是对东方专制国家政体和国民心理的概括;然后是希腊罗马,这些国家知道了"一部分人是自由的",即奴隶主和自由民是自由的,奴隶并无自由,但毕竟在自由人之间有了公民意识,国家则尝试了民主政体;日耳曼国家(基督教国家,从中世纪到近代)开始意识到了"一切人是自由的",每个人的灵魂在上帝面前都是平等的,但由于政教分离,这种灵魂的自由只在人们的宗教生活中被意识到;只有到了世俗化的新教和王权相结合的普鲁士君主立宪国家,人们开始向世俗生活中全面实现"人人自由"的原则,世界历史才开始实现了自己的最终目的。这种观点虽然有美化普鲁士王国之嫌,但也表达了德国资产阶级对自己的理想王国的明确诉求。

2. 绝对精神

精神哲学的最后阶段是"绝对精神"。黑格尔认为,客观精神的实质只有在人们的精神生活中才能得到最纯粹的体现,这些精神生活都是时代精神的反映,但却蜕除了经济政治和社会历史的外在的客观性,但又不是单纯心理上的精神现象,而是本身体现为社会历史所追求的理想的客观目标,这就是艺术、宗教和哲学,这三者构成绝对精神。从历史上看,艺术在古希腊达到了顶峰,宗教的繁荣期是在中世纪,哲学则是近代的最为高超。这三者都是绝对精神,但体现为一个三阶段的发展:艺术是以感性的方式来把握绝对精神,宗教是以表象的方式把握绝对精神,哲学则是以概念来把握绝对精神,最终在黑格尔自己的哲学中达到了思维和存在、主观和客观的绝对同一,即绝对精神的自我意识。

(1)艺术哲学

先看"艺术哲学"。黑格尔认为美学本质上应当是有关艺术创造的哲学。艺术是绝对精神向自身复归的第一阶段,即感性的阶段,这一点就决定了他对美和艺术的定义:**"美是理念的感性显现"**。[1] 正因为只有人的艺术才自觉地显现出理念,自然则达不到这一点,所以自然美只是"为我们而美",[2]其本质是艺术,即人的一种精神活动。这种精神活动反映了人的其他有限的自由活动如经济、政治、伦理等等,但比它们更高。在美和艺术的本质定义中,理念作为内容,感性显现作为形式,构成了艺术美本身内在的矛盾结构,艺术哲学就是这一结构在不同层次上展现的体系。艺术的理念作为艺术美的内容还不是纯粹的理念(Idee),而是"理想"(Ideal),即以感性自然作为自己外在的表现形式的理念;但这个感性自然作为艺术的形式又必须是本身被理念征服、提高了的"第二自然",它是心灵的自然而然的表现。所以艺术必须把内容上的理想主义与形式上的自然主义有机地结合起来,这就构成了艺术哲学原理的"内容""形式""内

---

① 黑格尔著,朱光潜译:《美学》第 1 卷,商务印书馆 1979 年版,第 142 页。

② 黑格尔著,朱光潜译:《美学》第 1 卷,商务印书馆 1979 年版,第 160 页。

容和形式的统一"三个层次。

在理想的内容上,黑格尔将其分为"一般世界情况"(它体现了普遍精神即"神性")、情境和动作以及"人物性格"。人物性格的中心是"情致"(Pathos),即一种普遍性的情感。所以黑格尔认为,艺术虽然要表现普遍精神和情境动作,但这一切都是为了表现人物性格和情致。"情致是艺术的真正中心和适当领域。对于作品和观众来说,情致的表现都是效果的主要来源。情致所打动的是一根在每个人心里都回响着的弦子。"①"情致说"和"性格论"表明黑格尔美学中有浪漫主义的因素。但同时他又反对当时浪漫主义思潮所流行的怪诞、滑稽和伤感,认为情致应当能够激发出古典主义的"美"的感动,因而必须受到外在的自然形式的约束。而在自然的形式上,黑格尔强调的是要使西方古典的形式主义原则(整齐、平衡、对称、和谐等等)得到"人化"的理解,认为自然界的和谐协调只不过是人与自然相协调的体现,是人的自由活动和实践技能的产物和象征,"人把他的环境人化了"。② 所以他认为艺术的客观性并不是外在自然的客观性,而是内心自然的真实性,即情感和情致的真实、个性的真实。这样,不论是理想方面还是自然方面,艺术美的全部问题都归结到了人的情感和情致,归结到"艺术家"的精神素养、情操和气质上来了。艺术的这两环节就统一为艺术家的主体创造活动,它诉之于艺术家的想像力、天才和灵感。但这种灵感又不完全是主观任意的,而是由普遍的时代精神所触发和启示出来的。

于是,艺术哲学的下一步工作就是揭示决定艺术家灵感的那个时代精神,这就进入到了艺术史的进程。艺术史发展的内在动力仍然是艺术定义中理念内容和感性形式的矛盾,这一矛盾首先展示为"象征型艺术",即表现在东方神秘象征(如埃及金字塔、斯芬克斯等)和原始自然宗教中的艺术,其特点是艺术的内容和形式正在互相寻找,但总是不能相适合,只能间接地猜测,感性物质粗糙、笨重,压抑和遮蔽了精神的活力。第二阶段是"古典型艺术",以古希腊艺术为典范,其内容和形式和谐一致,精神完全体现为感性形象,物质(主要是人体)则充满活力,点点溶入意蕴之中,这就达到了最高的美的理想,同时又是最丰富最坚定的个性表现,如古希腊的雕刻。但由于理念毕竟只能表现在感性物质这种有限的形式中,所以在古希腊的美中仍然透出一股"静穆的哀伤"。精神寻求超出肉体的出路,于是造成了第三阶段的"浪漫型艺术",在这里艺术的内容与形式再次分裂,形式成为对自然的机械摹仿和技巧的卖弄,失去了意蕴,内容则成为艺术家个人主观偶然心绪的自我表现。这就是从基督教以来直到今天的艺术发展之路,它表明艺术正日益走向衰亡。精神由此就抛开了感性自然的形式,而提

① 黑格尔著,朱光潜译:《美学》第 1 卷,商务印书馆 1979 年版,第 296 页。
② 黑格尔著,朱光潜译:《美学》第 1 卷,商务印书馆 1979 年版,第 326 页。

升到了更高的自我意识层次即宗教的层次。

（2）宗教哲学

"宗教哲学"比艺术哲学更高是由于，宗教不再以感性的形式，而是以象征和比喻的"表象"形式来表达同一个绝对精神。但它低于哲学的概念式的表达方式，如它用"圣父、圣子、圣灵"的所谓"三位一体"来表现哲学上的"正、反、合"的逻辑进程（逻辑学、自然哲学、精神哲学）。黑格尔用这种方式把宗教哲学化，也把哲学宗教化了。宗教哲学的三个层次是"自然宗教""精神个体性宗教"和"绝对宗教"。

自然宗教　包括："直接宗教"如巫术和自然崇拜等，其中关于中国的儒教黑格尔评论道：中国的"天"是最高但最空洞的概念，只具有"自然"的意义，其精神性只体现在地上唯一的世俗个人即皇帝身上，皇帝才是真正的实体，是衡量一切的"尺度"；臣民无自由主体，他对一切惟有"恐惧"，因为一切都外在于他；个人自轻自贱、毫无决断，服从就是道德。所以孔教就是"道德宗教"，但这种道德不是基于自己的自由意志，而是出于外部意志。

比自然宗教更高的是**精神个体性宗教**，在这里，精神个体通过"天人相分"，克服了自然物而得到了独立，自然则成了精神的附属物。其中从犹太教（崇高的宗教）到希腊宗教（美的宗教）再到罗马宗教（实用宗教），体现了一个精神与自然相对立、然后相融合、最后支配自然的发展过程。

最高的宗教则是"绝对宗教"，指基督教。在这里，上帝通过化身为人（耶稣基督）而显示了人与神的统一。但基督教本身也经历了三个阶段。最初是表现在《旧约》中的"启示宗教"，宗教概念被客观地启示出来；其次是表现在《新约》中的"实证宗教"，以基督和众使徒的传记现身说法地表达宗教思想；第三是表现在新教中的"自由宗教"，人在上帝中认出了自身。不过，黑格尔又认为，真正的宗教精神最突出地体现在启示宗教中，上述三个阶段其实都可以归结为启示宗教，因为实证宗教只不过是"已启示出来了"的宗教，自由宗教则是自我内心启示的宗教。它们体现了启示宗教本身的三个环节：圣父，普遍性，世界的创造者，实体，相当于逻辑学；圣子，特殊性，外化为肉身，相当于自然哲学；圣灵，个别性，返回到主体性，人与神同一，得救，相当于精神哲学。到了最后这个阶段，宗教精神就扬弃了表象而意识到了概念，从而过渡到了哲学。

（3）哲学史

哲学如艺术和宗教一样，也体现为历史发展的进程，这就是"哲学史"。如果说宗教从艺术的客观性转向了内心生活的话，这种内心生活却仍然要承认一个外在的神秘的上帝，而不能达到完全的主客体同一；而哲学则是通过思维、概念来把握绝对、上帝，这就拆除了思维和存在之间的最后一道藩篱，终于达到了人的精神与上帝的同一，实现了绝对真理和绝对自由。哲学既克服了艺术的客观外在性,又克服了宗教的主观内在性,它既是主观的又是客观的。不过,哲学要实现自己的这个目标也要经历一个漫长的历程。黑格尔由此认为,哲学史不是一个堆积着各种过时意见的"死人的王国",它是每个时代的时代精神的集中体现,是精神向绝对真理前进的步骤,因此每一时代的哲学都是绝对真理的一个不可缺少的环节。所以,即使一个哲学被更新时代的哲学所扬弃,但没有一个哲学是真正死亡了的,它必然继续活在后来的哲学中。每一个哲学都有自己的一个中心范畴,这个范畴占据着真理发展的一个阶段,而这个哲学不过是将这个片面的范畴扩展为一个体系而已;但后来的哲学并不推翻先前的,只是推翻前一原则的绝对至上性,将它降为自身的一个较低环节。这样看来,哲学史就是一个有机的整体,其中各个哲学就相当于逻辑学中各个范畴,哲学之间的更替就相当于范畴之间的推演,而全部哲学史就展示了最后出现的最完备的哲学的内部逻辑结构。黑格尔由此表达了"**历史和逻辑相一致**"的辩证法原则,认为哲学史就是哲学,历史上那些哲学系统的次序与理念中那些范畴的逻辑推演的次序是相同的,历史发展就是逻辑体系的形成过程,而整个哲学史就是他自己的哲学产生、发展和形成的历史。我们如果把握到了历史发展的内在本质规律,去掉其外在偶然的形式,我们就把握到了哲学;反之,如果把握到了哲学,也就可以不为历史的偶然性外表所迷惑,而揭示出历史中隐藏的必然性。

历史的终结　于是,黑格尔就力图按照他的《逻辑学》的概念发展程序来解读哲学史的进程。如自泰勒斯以后的古希腊罗马哲学相当于**存在论**(本体论),中世纪和近代初期相当于本质论,自康德以来的德国唯心论相当于概念论。所有这些哲学都是唯一的哲学从抽象到越来越具体的发展的不同阶段,时间上最早出现的哲学就是逻辑上最贫乏最抽象的哲学,而时间上最晚出现的哲学则是逻辑上最丰富最具体的哲学。正如他在《法哲学原理》导言中说的,密纳发的猫头鹰只在黄昏才起飞。由此可见,哲学的发展并不是哲学家个人天才的偶然结果,而是绝对精神暗中支配和利用哲学家在完成自己的伟大工程,而最后那个哲学家,即黑格尔本人,则看透了绝对精神的这个秘密,掌握了前此一切哲学所不断推进、而在他这里达到最后成熟的绝对真理。他自认为自己的哲学就是绝对精神在其中达到自我认识的哲学,因而在他的头脑里,主体和客体、思维和存在都最后统一起来了。在他这里,哲学史终结了,整个人类历史都终结了,以后的历史只不过是对他所发现的真理的一种再次确证或推广,不会再有什么新的东西产生出来了。全部辩证的发展在这一点上达到了最终的结束和静止,那能动的生命活动就被窒息在这一封闭的体系之中了。

但实际上,正如歌德所说的,"理论是灰色的,生命之树长青"。历史的车轮滚滚向前,生动活跃的生活现实不久就把黑格尔的体系抛到了后面。现代哲学有的从黑格尔体系的茧壳中脱颖而出,发展出费尔巴哈和马克思主义的哲学;有的从黑格尔哲学中把神秘主义因素扩展和膨胀为新黑格尔主义和存在主义；有的在一个更高的、由黑格尔提升了的思想层次上返回到康德的起点，形成了新康德主义和现象学思潮；还有的则干脆从康德出发走向了非理性主义，突进到意志主义、生命哲学，如此等等。所有这些都是黑格尔不可能预料到的。黑格尔终究不是上帝，他没有终结绝对真理。但黑格尔的伟大贡献在于，他第一次为人类提供了一种系统的、充满生命力和锐利的穿透力的思维方法，即辩证法，这种方法本质上是批判性的和历史性的，是高扬人的自由和人的解放、激发人的创造热情和首创精神的有力武器。

第五章　近代哲学的终结与
向现代哲学的过渡

　　黑格尔哲学是德国古典唯心主义的顶峰,也是西方传统哲学中的理性主义精神之集大成。就此而言,他对自己的哲学的自我评价有一定的合理性,即他的哲学是西方哲学史上最后一个具有自己严密逻辑系统的、以抽象概念建构起来的、无所不包的形而上学体系。在他以后,这样一种体系在西方哲学的发展中就再也看不到了,形而上学不再是哲学家们梦寐以求的理想目标,而是人们极力想要避免甚至拒斥的思想迷雾了。因此,黑格尔哲学通常被视为从近代哲学向现代哲学过渡的一个分水岭。当然,要实现这种过渡首先必须在黑格尔体系的内部有所松动。由于黑格尔哲学的巍峨耸立,防卫森严,从外部攻破它是相当困难的;但它内部有其固有的矛盾,这就是革命的方法和保守的体系之间的矛盾。正是这一矛盾促使黑格尔哲学走向了自我解体。就方法来说,黑格尔辩证法对于现存的一切具有强烈的批判性,它立足于人的创造精神和对自由的不懈追求,将现实生活看作一个不断前进的历史过程,极大地激发了人的主体能动性和历史创造性。但就体系来说,黑格尔哲学作为最终被发现的"绝对真理"和普鲁士官方的正统哲学,又确实具有树立逻辑和概念的霸权、窒息新思想的萌芽、将思想封闭于思辨体系之内,以及不触及现实、甚至美化现存秩序的作用。因此,是死守住黑格尔哲学僵化静止的保守体系,还是从黑格尔辩证法中发展出新的矛盾冲突来,是黑格尔之后的整个黑格尔学派所分裂出来的两大思想派别的不同致思方向,这就是所谓"老年黑格尔派"(黑格尔右派)和"青年黑格尔派"(黑格尔左派)的对立,前者不久就被当时的哲学思潮抛到后面去了,而后者则导致了黑格尔哲学的解体。

第一节　青年黑格尔派与费尔巴哈的
直观唯物主义哲学

　　青年黑格尔派是从黑格尔学派中分裂出来的一个激进的哲学派别,其成分和倾向性都很复杂,但在发挥黑格尔哲学中的革命的辩证法这一点上却是一致的。这派人中包括大卫·施特劳斯、鲍威尔兄弟、施蒂纳、卢格等人,早年的费尔巴哈和马克思、恩格斯也都曾属于这一派。这派哲学本身也分裂为两个方面,一方面以大卫·施特劳斯为代表,抓住黑格尔哲学中的"实体"概念大加发挥,认为这是黑格尔哲学中最有价值的内容;另一派以布鲁诺·鲍威尔和埃德加·鲍威尔兄弟为代表,抓住黑格尔哲学中的"主体"即"自我意识"概念大做文章,认为由此才能把黑格尔哲学推向彻底的激进方向。而这两种倾向相互争论的导火线和理论背景则是对于宗教的看法。

一、"实体"与"主体"之争

大卫·施特劳斯 (David Friedrich Strauss,1808—1874 年)最著名的著作是《耶稣传》(1835—1836)。在这本书中,他借用黑格尔关于世界历史不过是绝对精神自我意识的历程、宗教是以表象方式表现绝对精神的观点,把《圣经》中的耶稣看作是当时的时代精神和民族精神借以表达自身的一个象征。耶稣虽然是实有其人,但附会在他身上的那些奇迹和神秘传说却都是虚构的,是当时人们的共同愿望和普遍意识的表现。所以科学地研究《圣经》,就是要通过仔细区分耶稣其人的真实事迹与虚构神话而把其中所体现的集体意图突现出来,以把握那个时代的实体精神。施特劳斯通过用历史的眼光对福音书中耶稣事迹的详细研究指出,所有那些违背人们日常经验和科学规律的奇迹及启示都是不存在的,是实体性的精神使当时的人们(包括福音书的编纂者)不自觉地创造出来并获得大众的信仰的,因而从表层事实上根本无法为其自圆其说,只有通过对人类精神发展的阶段性特点的分析才能得到正确的解释。在施特劳斯看来,宗教是人类精神进到了表象思维、但还未达到哲学的概念思维的阶段所体现的形态,一旦进到了概念化的思维方式,人类就必然会超越和扬弃宗教,例如他自己对宗教的批判就正是绝对精神进展到更高的哲学阶段的必然表现。所以绝对精神在人类历史发展中实际上在背后操纵一切,个人的主体性和主观意识只不过是绝对精神手中的玩物和工具,人们心里想的不是他们所说的,他们所说的又不是他们实际上做的。人们即使认识了绝对精神的客观意图,他们对此也完全无能为力,主体的能动性纯粹是一种幻觉。

年仅 27 岁的施特劳斯在这本书中表达的对宗教的强烈批判在当时引起了极大的震动,激进的青年知识分子齐声欢呼,保守势力(包括神学家们和老年黑格尔派)则极力压制,以至于没有一所大学敢于聘请他担任教职。然而,在由此引起的论战中却杀出了一支更加另类的人马,这就是鲍威尔兄弟。

布·鲍威尔 (Bruno Bauer,1809—1882 年)与其弟埃·鲍威尔(Edgar Bauer,1820—1886 年)原属于老年黑格尔派,但受施特劳斯激发而转变为更激进的青年黑格尔分子。布·鲍威尔在其《约翰福音史批判》(1840)等书中提出,福音书并不是其作者们无意识的产物,而是僧侣们有意识的编造,正是一代一代神学家们的欺骗才使得基督教在历史中逐渐形成起来。因此对基督教的科学态度不应当是寻求人们的主观性背后那虚幻的客观精神实体,而应当对那些历史上编造基督教教义的人的主观意图进行研究,看他们是如何影响和促成了基督教的形成过程的。例如,他把亚历山大里亚学派的斐洛称为"基督教的真正的父亲",把斯多葛派的塞涅卡称为"基督教的叔父",他们的哲学思想形成了基督教教义的核心内容,并使之表达为宗教神话的形式。正是这样一些人,出于一定的宗教目的而有意识地创造了福音故事。由此推而广之,不仅宗教的历史,而且一般的历史都被看作人的主体即"自我意识"的创造活动的产物。这样,鲍威尔兄弟就把与施特劳斯之间的"实体""主体"之争扩展到世界历史的真正动力是什么的问题上了:推动历史进程的究竟是超越于个体之上的"客观精神"呢,还是个别人的"自我意识"?虽然黑格尔早已说过,实体就是主体,但问题仍然存在:按照施特劳斯所说,只有实体才是真正的主体,个人的主体是虚幻的、不起作用的;按照鲍威尔兄弟所说,只有个人的主体(自我意识)才是真正的实体,不存在任何超越于个人之上的绝对实体。前者强调现实生活和历史自有其不以人的意识为转移的客观规律,后者强调这种规律正是由人自己的主观能动性所造成的,离开人的意识并不存在任何客观的历史规律。当然,这种对立仍然只是客观唯心主义和主观唯心主义的对立,基本上还没有超出黑格尔唯心主义的范围,但其中所透露的历史辩证法却不仅瓦解了黑格尔的"理性神学",而且对当时的宗教思想统治构成了极大的威胁。布·鲍威尔为此被解除了波恩大学的教职,埃·鲍威尔甚至还因自己的一部思想激进的小册子而坐牢。鲍威尔兄弟公开宣称自己是无神论者,施特劳斯晚年也表示赞同唯物主义,他们都为后来德国思想的进一步发展开辟了道路。

从鲍威尔兄弟的主体性原则中还产生出一位更走极端的思想家,他就是以《唯一者及其所有物》(1844)一书成名的青年黑格尔派麦克斯·施蒂纳(Max Stirner,1806—1856年)。他立足于唯我论,把一切社会制度、国家、财产、伦理道德和宗教都说成是唯一的"我"的产物,并可由"我"自由支配;未来的社会应当建立在各个"我"及其私有财产的自由联合的原则上,不应使"我"受到任何束缚。马克思和恩格斯在《德意志意识形态》(1845～1846)中对这种极端唯心主义的思想作了系统的批判。与之反复论战的另一位哲学家则是费尔巴哈。

二、费尔巴哈的感性的人学和直观的唯物主义

路德维希·费尔巴哈　(Ludwig Feuerbach,1804—1872年)早年在海德堡大学学习神学,1824年转至柏林大学听黑格尔的课,不久成为青年黑格尔派的一员,1828年任爱尔兰根大学讲师。后因发表反宗教的言论而失去教职,从1837年起一直隐居于布鲁克堡乡村,从事哲学研究和著述。代表作有《黑格尔哲学批判》《基督教的本质》《关于哲学改造的临时纲要》《未来哲学原理》和《宗

教的本质》等。他的思想标志着德国古典哲学从唯心主义转向了唯物主义,从抽象的思辨哲学转向了感性的哲学人类学,并直接激发了马克思、恩格斯从青年黑格尔派向实践唯物主义的突变。

对黑格尔"理性神学"的批判　如同其他青年黑格尔派一样,费尔巴哈也是从对宗教的批判进入自己的思想行程的。不同的是,他第一个看出宗教与唯心主义哲学具有内在的本质关系,不彻底批判唯心主义哲学就不能真正批倒宗教。因此他对近代从笛卡尔开始经过康德直到黑格尔及青年黑格尔学派的思辨唯心主义哲学进行了系统的清理,指出所有这些唯心主义哲学家虽然各自有自己的不同原则,甚至互相对立和互相批判,但有一点却是共同的,这就是唯心主义地解决思维与存在、主体与客体的关系问题。在费尔巴哈看来,黑格尔哲学是这一切谬误的集大成。黑格尔作为自己整个体系的出发点的"存在"概念并不是现实的感性存在,而只是思维、概念的面具而已,因此思维和存在的对立在他那里只是表面的对立,其实不过是思维和思维本身的内部对立,与现实的客观存在毫无关系。所以思维和存在的矛盾并没有在现实中得到解决,而是被思维和思维自身的虚假的矛盾偷换掉了,其矛盾的同一就成了"思维等于思维"的同语反复。其次,黑格尔逻辑学从"绝对理念"中"外化"出自然界是毫无道理的无中生有,它是《圣经》中上帝创世、童贞女怀胎、水变酒、瞎子复明等故事的翻版,不过表明了黑格尔被迫承认感性世界存在的权利。但黑格尔一开始就预先埋下了伏笔,将物质的东西理解为精神的东西的"异在",以便将来能够轻而易举地用精神的东西"克服"它。但精神也只是在自身之内、幻想之内克服了自然界,并未触及真实存在的自然界本身。最后,费尔巴哈指出黑格尔哲学实质上不过是理性神学,是"神学的最后避难所和最后的理性支柱"①。与以往的神学不同的只是上帝被黑格尔看作绝对精神的一个历史过程,但绝对精神的本质只是人的精神,是"抽象的、与自己分离了的所谓有限的精神"②,这是一切宗教共同的本质。费尔巴哈由此引出了一个重要的观点:一切宗教、包括基督教的本质其实都是人的本质的抽象的形式,宗教是人的本质的异化。他从这里就进入了对宗教的唯心主义根源的批判,并进一步展开了对于人的本质的全面探讨。所以他说:"我的第一个思想是上帝,第二个是理性,第三个也是最后一个是人。神的主体是理性,而理性的主体是人。"③

朴素直观的人本主义　但费尔巴哈在对唯心主义的这种批判中忽视了对黑格尔辩证法的吸收,他将辩证法当作唯心主义的思辨的呓语和唯心主义体系一

---

① 荣震华、王太庆、刘磊等译:《费尔巴哈哲学著作选集》上卷,三联书店 1959 年版,第 115 页。
② 荣震华、王太庆、刘磊等译:《费尔巴哈哲学著作选集》上卷,三联书店 1959 年版,第 104 页。
③ 荣震华、王太庆、刘磊等译:《费尔巴哈哲学著作选集》上卷,三联书店 1959 年版,第 247 页。

起抛弃了(如列宁所说:把小孩子和洗澡水一起倒掉了),而只是诉之于人的朴素的直观。于是费尔巴哈便企图立足于现实的、未经异化的人的立场来建立一种新哲学,以真正解决主体与客体、思维与存在的关系问题。不过他也看出,以往的机械唯物主义和庸俗唯物主义并不能解决这一问题,因此他甚至不愿意接受"唯物主义"这个称号,而自称为"人本主义"或"人类学"。他把人看作一个三层次的统一体,即:(1)灵与肉的统一,没有脱离大脑的思维;(2)人与自然界的统一,自然界是基础,人是自然的一部分,依赖自然而生存、延续和思维;(3)"你"和"我"的统一,"你"是"我"的直接的感性对象,与"我"处于外部的交往关系中,因而人是"类"的一分子。由这种人学观中费尔巴哈引出了对思维与存在的关系问题的两个方面的回答。首先,既然思维不能脱离大脑,人不能脱离自然,我不能脱离你,那么思维与存在的关系就只能是:"存在是主体,思维是宾词,思维是从存在而来的,然而存在并不来自思维。"①这就肯定了自然界是第一性的,精神、思维是自然界的产物,是第二性的。自然界是它自身的原因,是不以人的意志为转移而独立存在的。其次,既然思维是自然界的产物,人是自然的一部分,那么人的思维也就必然与存在的特性相一致,而他的存在本身就证明了他的感官是联系主客观的桥梁,他完全能够通过自己的感官来认识客观存在,与存在达到认识论上的同一性。对思维与存在的关系问题的上述两方面的回答,已充分说明费尔巴哈的新哲学已经是以唯物主义为基础的了。这种唯物主义的一个鲜明的特色就是它的感觉论。

感觉论　与黑格尔把概念视为思维和存在的同一相反,费尔巴哈认为感性才是思维和存在的现实的同一,因为感觉是认识的唯一源泉。感觉虽然有主观性,但其原因是客观的,正因此它成为了主观和客观的桥梁,能够向我们揭示出客观事物的真相,如盐的味道就是盐的"自在特性的主观表现"。感觉当然也有局限性,它只有过渡到理性才能够成为科学。但理性在他看来无非是将感性所提供的个别、分散的东西联结起来,而且最终要由感觉来修正和验证,才能反映出客观真理。他把感性直观看作真理的最后标准,诚然有一定的合理性,但他把理性归结为"感性的总和",认为"思维、精神、理性,按其内容,除了说明感觉所说明的东西以外,并未说明什么其他东西"②,却无疑是简单化了。此外,他的感觉论的最大的局限性还在于马克思所指出的,他仅仅把感性理解为感性的"直观",而没有理解为感性的"活动",没有理解为人的现实的社会实践活动。换言之,他没有辩证地理解感性。人的实践在他眼里只是满足日常需要的吃、喝等等

---

① 荣震华、王太庆、刘磊等译:《费尔巴哈哲学著作选集》上卷,三联书店1959年版,第115页。

② 荣震华、王太庆、刘磊等译:《费尔巴哈哲学著作选集》上卷,三联书店1959年版,第252页。

行为,甚至是"卑污的犹太人"的活动即赚钱活动①,而不是马克思所说的"自由自觉的生命活动"。而这就导致了费尔巴哈在人的本质问题上的深刻矛盾,即把人的东西当作动物的东西,而把动物的东西等同于人的东西。如他主张人"完全与动植物一样"也是一个"自然本质"②,人吃的喝的东西是他的"第二个自我,是我的另一半,我的本质"③,因为人是含水的生物;人脑与猿脑的区别仅在于颜面骨倾斜度的不同、位置配备不同;灵与肉的关系被归结为头部同身体、肚子的外在关系。至于人的内部感性,费尔巴哈归结为"欲望",认为"我欲故我在"体现了人最内秘的本质,他由此引出了人的"自爱""追求幸福""利己"的本性,并认为这也是一切生物(如一条"幼虫")的本性。在人与人的关系上,他则归之于两性的性爱或情欲,认为这是最基本、最直接的"你"和"我"的关系,在此之上所建立的广泛的你我关系则是"类"的基础。这就把人与人之间具体丰富的、社会性的感性关系完全归结为抽象一般的生物学关系了。

"爱的宗教"　但正是在两性关系上,最清楚地体现出了费尔巴哈的矛盾。他一方面从生物学的角度看待这种关系,将其建立在两性身体解剖和种族的延续上;另一方面却又从意识和精神的角度来引申这种关系,认为由此可以将性爱提升为一种道德甚至宗教,即"爱的宗教"。他看出,单凭生物学和解剖学上的区别很难把人和动物从本质上区分开来,必须借助于人的意识;但他又力图把人的意识植根于生物学的要素。所以他就从两性之爱中引出"你我关系",除了将这种关系泛化为"类"的社会关系外,还将它内化为一个人的内在关系,即一个人自己与自己交谈、把自己当作一个"你"来审视的关系,这就是自我意识。所以人作为"类"的职能在内在方面就在于自己把自己一分为二,这就构成了人区别于动物的真正本质,即"类意识",包括理性、意志和心(爱)。于是费尔巴哈把人能够无利害地静观和欣赏星空的理论兴趣当作人之超出于动物的最典型的表现,并用"类意识"来解释人与人的一切社会普遍关系。这就使得费尔巴哈在用自然科学的唯物主义看待人的同时,又用意识的唯心主义来看待人的社会生活和历史活动了。如他一方面说:"与吸食母亲的奶和摄取生命的各种要素的同时,也摄取道德的各种要素,例如互相依赖感、温顺、公共性、限制自己追求幸福上的无限放肆。"④另一方面却又认为"对道德律、法、礼尚、真理的意识,本身就仅仅联系于对别人的意识"⑤。人类社会历史虽然有其自然界的物质基础,但本身却是一个意识(尤其是宗教意识)的逐步觉醒过程,如道德的真正形态就是合

---

①　参看《马克思恩格斯选集》第一卷,人民出版社 1995 年版,第 54 页。
②　荣震华、王太庆、刘磊等译:《费尔巴哈哲学著作选集》上卷,三联书店 1959 年版,第 312 页。
③　荣震华、王太庆、刘磊等译:《费尔巴哈哲学著作选集》上卷,三联书店 1959 年版,第 530 页。
④　荣震华、王太庆、刘磊等译:《费尔巴哈哲学著作选集》上卷,三联书店 1959 年版,第 573 页。
⑤　荣震华、王太庆、刘磊等译:《费尔巴哈哲学著作选集》上卷,三联书店 1959 年版,第 194 页。

理利己主义,国家则随着这种利己主义的合理化而走向民主共和国,宗教则必将由于每个人从对自己的自爱进到性爱、并扩展到爱一切人,而上升为"爱的宗教",整个历史无非就是这种宗教发展史。

局限及"基本内核" 可见,费尔巴哈哲学的主要局限在于,由于抛弃了能动的辩证法,他无法从自然界过渡到人类社会领域。他试图直接从自然本能中引出社会意识(如从自爱和性爱中引出自我意识,从"吸食母奶"中引出道德等等),但却缺乏最重要的中介即人类社会实践活动(特别是社会生产劳动)。因而,为什么动物具有同样的本能,却不能具有人类这样的社会意识,就成了一个难解的谜。因此他的哲学就处于对自然的唯物主义和对社会历史的唯心主义的不可调和的冲突中。所以马克思和恩格斯评论道:"当费尔巴哈是一个唯物主义者的时候,历史在他的视野之外;当他去探讨历史的时候,他不是一个唯物主义者。在他那里,唯物主义和历史是彼此完全脱离的。"[①]当然,尽管有这样一些致命的缺陷,费尔巴哈的理论贡献还是不可抹杀的。他用清醒的理智一下子扫除了黑格尔式的"醉醺醺的思辨"(恩格斯语),结束了德国古典唯心主义,促成了向马克思主义哲学的伟大转折。马克思和恩格斯正是通过吸取黑格尔辩证法的"合理内核"和费尔巴哈唯物主义的"基本内核"而发展出自己的实践唯物主义哲学的。此外,费尔巴哈的人类学和人本主义思想成为了现代哲学人类学和现代人本主义的一个重要思想来源,而他所开辟的感性哲学的道路(在很大程度上通过马克思的改进)也为现代哲学重视感性体验的全面丰富性的种种思潮指出了方向。

第二节 马克思的实践唯物主义哲学的创立

卡尔·马克思 (Karl Marx,1818—1883 年)出身于德国莱茵省的特利尔市一个律师家庭。1835 年,他毕业于本地的中学,于同年进入波恩大学法律系,父亲想让他将来当律师。第二年,他转入柏林大学法律系,但他的兴趣在历史和哲学方面,受到黑格尔哲学的深刻影响,曾加入青年黑格尔派。1841 年他以一篇论德谟克利特和伊壁鸠鲁自然哲学差异的论文获耶拿大学哲学博士学位。1842年,马克思开始主编《莱茵报》,由于报纸对政府的激烈批判态度,该报于次年被查封,他与新婚妻子一起流亡巴黎。1844 年他创办《德法年鉴》,发表《黑格尔法哲学批判导言》,正式宣布与黑格尔学派分手。同年结识**恩格斯**(Friedrich Engels,1820—1895 年),与恩格斯合著《神圣家族》,并写作了《1844 年经济学

---

① 《马克思恩格斯选集》第一卷,人民出版社 1995 年版,第 78 页。

哲学手稿》。1845 年流亡布鲁塞尔,写了《关于费尔巴哈的提纲》,并与恩格斯合写了《德意志意识形态》,系统阐明了历史唯物主义原理。1846 年至 1848年与恩格斯一起从事国际共产主义运动的组织和领导工作,1847 年发表《哲学的贫困》批判浦鲁东,1848 年受共产主义者同盟第二次代表大会委托起草了《共产党宣言》。在 1848 年至 1849 年德国革命期间,与恩格斯一起回国从事革命活动,创办《新莱茵报》。革命失败后再次流亡巴黎,后定居伦敦,总结革命经验,创立并领导"第一国际",阐述无产阶级革命理论,研究资本主义社会发展的规律。1859 年发表《政治经济学批判》,1867 年出版《资本论》第一卷,此后直到逝世,他全力以赴投身于《资本论》第二、第三卷的写作中,这两卷在他身后由恩格斯整理出版。第四卷《剩余价值理论》在恩格斯去世后由考茨基整理出版。

马克思和恩格斯把自己的哲学称之为"实践的唯物主义"[①]。在这里,"实践的"(praktisch)这个概念包含丰富的含义。首先,它包含有感性现实的意思。黑格尔也讲实践,但他所讲的实践只是精神实践,只是作为概念认识的一个环节的实践;马克思的实践则是作为一切认识的源泉的感性活动的实践,这种感性活动是与外部感性的对象世界(包括自然界和其他人、人类社会)直接相关的,而不是封闭在思想中的孤立抽象的思维活动。其次,它包含有自由自觉的意思。费尔巴哈的实践是不自由的单纯动物式的谋生活动,因而费尔巴哈把实践排除在人的真正本质之外,仍然用抽象的理性、意志、心(即知、意、情)来规定人的本质;马克思则把实践视为人的"自由自觉的生命活动",具有自由的创造性、对生物性需要的超越性,以及能动改造现实社会的革命性。第三,因此它也包含有历史性的意义。历史在黑格尔那里是绝对精神的发展史,所以虽然他的思想"有巨大的历史感作基础"(恩格斯语),但并不懂得真正的现实历史的无穷创造作用,而自以为整个历史在他的哲学中已经终结了;至于费尔巴哈更是把历史看作人们头脑里的宗教观念的发展史。马克思则把历史性看作人的能动实践活动的本质规定,认为人的"把自己和动物区别开来"的第一个历史行动不在于他们有思想,而在于他们开始"生产自己的生活资料"[②]。所以马克思的实践的唯物主义同时也就是历史的唯物主义。第四,这种实践本身具有社会性的意义。马克思吸收了黑格尔的自我意识的辩证法和费尔巴哈的"类"的概念,认为哪怕是单个人的实践活动本质上也具有社会的性质,不仅要对社会的发展发生影响,而且本身就是以人类社会长期发展的积累为前提的。第五,这样理解的实践就是现实的人和现实的人类社会的现实本质,它表明了人的本质的两个方面,一是"劳

---

① 参看《马克思恩格斯选集》第一卷,人民出版社 1995 年版,第 75 页。
② 参看《马克思恩格斯选集》第一卷,人民出版社 1995 年版,第 67 页。

动创造了人本身"①,一是人的本质"在其现实性上,它是一切社会关系的总和"②。所以马克思的实践的唯物主义就是立足于现实的人和现实的人类社会的唯物主义,就是唯物主义的人本主义。第六,这样理解的实践同时具有辩证法的发展形式,即具有通过对象化直到异化来实现自身、通过自我否定来肯定自身的意义,因而它赋予了自身以辩证的规律性。马克思的毕生工作,可以说都是为了探索人类实践活动中的这种异化和扬弃异化的规律性,最终是为批判和改造现实社会以实现人的解放提供锐利的精神武器。下面我们分三个主要部分来阐述马克思的实践唯物主义的思想。

一、马克思的感性学

马克思还在早年作为青年黑格尔派分子的时候,就与黑格尔哲学有一个重要的分歧,即不同于黑格尔重视整体性和逻辑普遍性的理性主义偏向,马克思更强调感性个体的自由自发的创造性,这从他的博士论文《德谟克里特的自然哲学与伊壁鸠鲁的自然哲学的差别》中可以看出来。后来受到费尔巴哈的影响,马克思的感性学逐渐成形,在《1844年经济学哲学手稿》中,马克思提出了自然科学和人的科学应当在感性的基础上统一起来而建立为"一门科学"③的思想,因为在他看来,人的感性是对于"真正本体论的本质(自然)的肯定",因而感性不仅是对于自然对象的肯定,也是对于人自身的肯定。"人是自然科学的直接对象;因为直接的感性自然界,对人说来直接地就是人的感性(这是同一个说法),直接地就是另一个对他说来感性地存在着的人;因为他自己的感性,只有通过另一个人,才对他本身说来是人的感性。……人的第一个对象——人——就是自然界、感性"④。在感性的意义上,自然和人、物质和精神、存在和思维、客体和主体都是同一的。但这时马克思的感性已经与费尔巴哈的单纯的感性直观不同了,他着眼于人的感性活动即现实的社会实践活动,如工业和私有财产的运动。"这种物质的、直接感性的私有财产,是异化了的、人的生命的物质的、感性的表现。私有财产的运动——生产和消费——是以往全部生产的运动的感性表现,也就是说,是人的实现或现实。"⑤所以"工业的历史和工业的已经产生的对象性的存在,是一本打开了的关于人的本质力量的书,是感性地摆在我们面前的人的心理学"⑥,只不过人们(包括费尔巴哈)以往通常都只是以非感性的抽象的

① 参看《马克思恩格斯选集》第四卷,人民出版社1995年版,第374页。
② 参看《马克思恩格斯选集》第一卷,人民出版社1995年版,第60页。
③ 《马克思恩格斯全集》第四十二卷,人民出版社1979年版,第128页。
④ 《马克思恩格斯全集》第四十二卷,人民出版社1979年版,第128~129页。
⑤ 《马克思恩格斯全集》第四十二卷,人民出版社1979年版,第121页。
⑥ 《马克思恩格斯全集》第四十二卷,人民出版社1979年版,第127页。

方式(异化的方式)来看待这部心理学,不去阅读其感性的内容,而只是看作外在"有用性"的对象。马克思则从劳动者在社会生产中与自然界和其他人的现实关系来考察人的感性,如劳动者(工人)在劳动中的异化感、不自由感,对于劳动对象和劳动过程的陌生感,对于自己在劳动中沦为动物或非人的压抑感等等。而从这种消极的、被颠倒的、异化了的感性中,马克思恰好看出人与自然的那种未经异化的关系本来是什么样的,这就是使人类与动物相区别的"自由自觉的生命活动"。在这种生命活动中,人"通过实践改造对象世界,即改造无机界,证明了人是有意识的类存在物,……动物的生产是片面的,而人的生产是全面的;动物只是在直接的肉体需要的支配下生产,而人甚至不受肉体需要的支配也进行生产,并且只有不受这种需要的支配时才进行真正的生产;动物只生产自身,而人再生产整个自然界;动物的产品直接同它的肉体相联系,而人则自由地对待自己的产品。动物只是按照它所属的那个种的尺度和需要来建造,而人却懂得按照任何一个种的尺度来进行生产,并且懂得怎样处处都把内在的尺度运用到对象上去;因此,人也按照美的规律来建造。"①

但私有制使人与自然界的这种关系日益丧失掉了,使其中的感性变得越来越片面和狭隘,使人对动物的优点变成了缺点。异化使人失去了人的美感,使忧心忡忡的穷人对最美丽的景色都无动于衷,使贩卖矿物的商人只看到宝石的交换价值而看不到矿物的美。人的感性的全面丰富性(如感受音乐美的耳朵、感受形式美的眼睛等等)现在被唯一的感觉即对财产的"拥有感"所取代。这一切是如何发生的呢?人类又如何能够摆脱这一困境呢?这些问题仍然只能通过对人的感性活动的具体情况的分析和研究才能作出回答。而这就是马克思毕生所从事的工作。

因此,马克思不仅在其早期著作中,而且在他成熟时期的著作中同样表现出对感性实践活动的高度重视。例如在被恩格斯称为"包含着天才世界观的萌芽"的《关于费尔巴哈的提纲》中,马克思说:"从前的一切唯物主义(包括费尔巴哈的唯物主义)的主要缺点是:对对象、现实、感性,只是从客体的或者直观的形式去理解,而不是把它们当作感性的人的活动,当作实践去理解,不是从主体方面去理解。"因此费尔巴哈并没有彻底贯彻自己的感性原则,而是把感性的人的本质看作只是"单个人所固有的抽象物"②。在系统阐述了唯物史观的《德意志意识形态》中马克思、恩格斯也说:"全部人类历史的第一个前提无疑是有生命的个人的存在。因此,第一个需要确认的事实就是这些个人的肉体组织以及由此产生的个人对其他自然的关系。……任何历史记载都应当从这些自然基础以

---

①　《马克思恩格斯全集》第四十二卷,人民出版社1979年版,第96~97页。

②　《马克思恩格斯选集》第一卷,人民出版社1995年版,第54~56页。

及它们在历史进程中由于人们的活动而发生的变更出发。"①在这里,为了与费尔巴哈的"感性"区别开来,也为了具体考察感性的方方面面,马克思更多地使用了"现实""存在""生产活动""生活方式""物质关系""历史活动"等等概念,来表达他所说的"感性活动"的意思。他说:"这种活动、这种连续不断的感性劳动和创造、这种生产,正是整个现存的感性世界的基础"②。所以当马克思把"一切历史的第一个前提"规定为:"人们为了能够'创造历史',必须能够生活",也就是必须要为满足吃喝住穿等等而进行生产时;当他提出"第二个事实"在于,为满足这些需要所进行的活动和所使用的工具又引起新的需要,由此形成了"第一个历史活动"时;当他从历史中分析出"第三种关系"即人本身的生产(繁殖)所带来的家庭和社会关系时,——他的立足点始终是人的现实的感性活动,它们归结为人的"生命的生产"③。

　　所以,马克思的感性本身不是一种静止的直观形式,而是一种充满内在矛盾冲突的活动过程,它有着各种不同的丰富内容,也有由于自身矛盾而带来的片面化、抽象化的趋势,因而体现为一种自我异化并在实践中扬弃异化的历史,但这个历史本身仍然是感性的。马克思的"唯物主义"(Materialismus)既不是立足于唯心主义的主观意识之上,也不是立足于旧唯物主义的抽象物质(Materie)之上,而是立足于感性活动这种丰富的现实内容的"质料"(Materie)之上,思想、观念、意识只是人们的"物质活动""物质交往""物质行动"等等的产物,所以"意识在任何时候都只能是被意识到了的存在,而人们的存在就是他们的现实生活过程"④。正是在"物质"的这种(作为与意识"形式"相对的感性"质料"的)意义上,物质决定精神,存在决定意识,或者说"不是意识决定生活,而是生活决定意识"。马克思强调说,这种考察方式的前提是"有血有肉的""从事实际活动的人","是处在现实的、可以通过经验观察到的、在一定条件下进行的发展过程中的人。只要描绘出这个能动的生活过程,历史就不再像那些本身还是抽象的经验论者所认为的那样,是一些僵死的事实的汇集,也不再像唯心主义者所认为的那样,是想象的主体的想象活动。"⑤可见,马克思的唯物主义与以往一切旧唯物主义(包括古代朴素的唯物主义、近代机械的和自然科学的唯物主义、费尔巴哈的直观的唯物主义)的本质不同之处正在于,它的出发点是在能动的、自由自觉的感性活动中创造着历史的人,而不是与人和人的活动抽象对立着的那种僵死的"物质"对象。因此马克思的实践唯物主义本身具有强烈的人本主义色彩,它

---

①　《马克思恩格斯选集》第一卷,人民出版社 1995 年版,第 67 页。
②　《马克思恩格斯选集》第一卷,人民出版社 1995 年版,第 77 页。
③　参看《马克思恩格斯选集》第一卷,人民出版社 1995 年版,第 78~80 页。
④　《马克思恩格斯选集》第一卷,人民出版社 1995 年版,第 72 页。
⑤　《马克思恩格斯选集》第一卷,人民出版社 1995 年版,第 73 页。

并不排除自然科学及对自然界的哲学思考,但它把这些思考纳入到对人类历史和人类社会的思考中来,作为其中的一个要素,因而展示了更为广阔的哲学视野。这就是历史唯物主义的视野。

二、马克思的历史唯物主义

马克思的历史唯物主义并不是把已经准备好的唯物主义"运用于"历史领域中的结果,而是马克思的整个实践的唯物主义的本质属性。换言之,实践的唯物主义既然是实践的,所以它必定是历史的,即它所考察的是人的实践活动作为一个感性的发展过程从一种形态向另一种更高形态的转变,这种转变与自然界的物理过程不同,它立足于人的自由自觉的生命活动,因而是创造性的,不可逆转、不可还原的。单纯的物理过程不存在"高级"与"低级"之分,虽然存在变化,但不存在严格意义上的"发展",因为它没有目的;但人类历史却是不断追求更高级的自由状态的发展过程,它永远不会由于获得了某种程度的自由而满足。所以历史虽然也可能有暂时的"倒退",但最终说来是不会退回到原处的,而总是在为更高的上升运动准备着前提,积蓄着能量。波普尔后来把这种历史观称之为"历史决定论"并将之等同于一种宿命论,其实是误解了马克思的真正意思,把马克思的历史主义看作一条类似于物理学上的自然规律的原则了。

但马克思的历史唯物主义所描述的恰好是人的自由的规律。马克思所提出的社会存在决定社会意识、经济基础决定上层建筑,以及生产力和生产关系的矛盾构成历史发展的内部动力的观点,如果离开了作为自由自觉的感性存在者的人来抽象地理解,都会变成束缚人的自由的僵死教条。所谓社会存在和经济基础,无非是亿万人追求自己自由生活的现实活动(劳动和生产方式)。从宏观来看,正是由于人类对自由的生命活动的不懈追求,人类才从原始的动物状态走进了奴隶社会的高度文明,并由于同一个动力而上升到封建社会以至资本主义社会,最终将要跨入到真正自由的王国即共产主义社会。在《共产党宣言》中,马克思和恩格斯对未来社会的设想是自由人的联合体,即"这样一个联合体,在那里,每个人的自由发展是一切人的自由发展的条件"[①]。他们不是要把这一理想强加给社会,而正是从人类社会几千年的发展中看出了人们不断追求范围更大、内涵更具感性的丰富性和真实性的自由这一历史趋向,从而对历史的前景作出了有科学根据的预言。

马克思的历史唯物主义无疑受到了黑格尔的有关历史是"自由意识的发展"这一深刻观点的影响,但与黑格尔不同,马克思所考察的是自由"意识"背后

---

① 《马克思恩格斯选集》第一卷,人民出版社 1995 年版,第 294 页。

的更深层次的动力,即人的感性的实践活动、生产劳动。此外,正因为如此,马克思的历史观也就克服了黑格尔的封闭性,而成为了一个开放的系统,它呼唤着人在现实生活中的能动的首创精神并指向未来的实践;黑格尔的历史观则没有未来,他不谈未来,而是把自己已达到的思维高度当作历史的终点。马克思的历史唯物主义却不再只是一种哲学家的哲学,而是一种实践哲学,即一种指导工人阶级争取自己的解放的"武器"。他说:"哲学家们只是用不同的方式解释世界,问题在于改变世界。"①所以,马克思的历史唯物主义同时也超越了西方传统哲学的形而上学范围,不再只是一种本体论、认识论、逻辑学的"理论"(如亚里士多德的"第一哲学"),而且同时是一种"实践的"价值论和伦理学,甚至也是一种美学。不过,马克思也看出,要建立这样一门新型的哲学,实证的、"科学"的维度也是绝对不可缺少的,否则共产主义就还只能是乌托邦。因为当一种新型哲学涉及千百万人的社会实践并打算成为他们的"武器",而不是一种头脑里的空想时,这种哲学就必须尽可能精确地规定它的对象,这才有可能对感性的客观世界有现实的"改变"。这就是马克思为什么要把后半生绝大部分精力投入到《资本论》的撰写、投入到对资本主义经济关系的深入研究中去的缘故。

人们往往把《资本论》看作一部单纯的经济学著作,把马克思看作一个社会学家、经济学家而不是一个哲学家,这是一种肤浅的观点。实证科学、包括国民经济学等社会科学把一切对象定量化、精密化、数理化,这是现代资本主义大工业时代的产物,也是有关人的科学被异化的典型表现。但这种现象不可能通过道德义愤来解决问题,而必须深入到这种异化的内在机制,挖掘出资本主义社会运转的秘密,并揭示其自身矛盾和自我扬弃的契机。马克思通过《资本论》的研究揭示了,资本主义异化的形态尽管如此压抑人、摧残人,但其根子还是来自于人对自由的追求,人自由地使自己成为了不自由。正因为如此,这种异化的扬弃之路也必须从这种异化本身中开辟出来。资本主义为自己准备了掘墓人,它通过高效率的工业生产而为自己的被否定提供了越来越充分的物质条件。所以,对资本主义社会异化现象的研究本身不能不采取实证科学的形式,这是由研究对象的性质所决定的,但并不说明马克思就无条件地赞同这种方式,去把现实的人和现实的人类社会完全归结为这种量化的模式。相反,马克思通过对资本主义生产的价值规律的研究表明,人的感性的自由自觉的生命活动由内涵丰富的具体的劳动蜕变为单一的抽象劳动即"社会一般劳动",由此形成商品的价值尺度,并反过来以这种一般尺度来规定劳动本身,形成劳动力的价值与剩余劳动价值之间的分离和对立,这只是资本主义社会下人的本质中的社会普遍性方面得

---

① 《马克思恩格斯选集》第一卷,人民出版社 1995 年版,第 57 页。

到片面发展的表现。随着这种普遍的人的自由权利的获得,它的抽象性和虚假性也就越来越暴露无遗了。劳动者从各种旧的封建人身束缚下解放出来,却发现自己"自由地"落入了资本的魔掌,他逃不出资本主义生产的逻辑规律。然而,普遍的公民自由权利毕竟使无产阶级具有了使这种自由权利不是停留于抽象形式上、而是进一步在感性生活中实现出来的前提条件,引发了他们对这种现实自由的强烈要求,并给他们提供了追求真正自由的感性手段——阶级意识和无产阶级的联合斗争。所以,马克思的《资本论》作为"政治经济学批判"(即该书的副标题),本身具有一个批判的维度,它所揭示的资本主义社会发展的规律(包括定量化、精密化的运作方式)并不是永恒的,而是应当被扬弃的,必将随着人的不可定量的本质力量的感性丰富性的全面恢复,而下降为人的本质的一个方面,而且不再是占主导的方面。从这个立场看,《资本论》所研究的其实并不是物,而是人,是人与人的关系和人的本质,是人的"物化"和这种物化的扬弃之途,因而它实际上是经济学—哲学。虽然这种研究只能运用"抽象力"①,但它时刻考虑的是客观过程的感性后果和人性后果。《资本论》是人学。

既然马克思心目中的人是历史中发展着的人,所以他对资本主义社会人性的异化形态的研究也就不仅仅是对某一特定时代的人性的研究,而是对这种人性是如何历史地形成起来的研究。只不过在资本主义时代,人的本性中的自相矛盾性暴露得特别明显、特别深刻,因而站在这个高度去回顾整个人类的历史,就会对人的本质的历史发展有一个清晰的轮廓和一种逻辑的理解。这就是由黑格尔最先提出、由马克思和恩格斯所特别加以改造和发挥了的"逻辑和历史相一致"的方法,这是马克思的唯物辩证法的集中体现,也是马克思的哲学在方法论方面的最重要的特点。

三、马克思的辩证法

马克思在《资本论》第二版跋中承认他是黑格尔的学生,即继承了黑格尔的辩证法;但同时又表明他对黑格尔的辩证法作了根本性的改造和颠倒,克服了它的神秘主义的形式,使之立足于唯物主义的基地上,发挥了它对现存的一切进行批判的革命作用。马克思的辩证法从形式上说有"三大规律"的说法,即量变和质变、对立统一和否定之否定的规律。但所有这些规律从内容上说都是为了表述历史进程的,而不只是单纯自然科学意义上的实证的方法(当然也不与自然科学方法相冲突,而是层次上更高)。所以,要防止把这种方法理解为一种与人和人的社会历史相脱离的客观世界的抽象运动法则,或对这种法则的熟练掌握。

---

① 《马克思恩格斯选集》第二卷,人民出版社 1995 年版,第 100 页。

辩证法当然是客观世界的规律,但这个客观世界并不是与人无关的物理世界,而是作为人与自然的统一体的感性世界,这个规律只是对于研究者和描述者而言是"客观的",而对于在人之外现存的客观世界来说它反倒像是"主观的"和"先验的",似乎是研究者运用抽象力"加在"客观事物身上的。但正因为如此,它并不是肤浅地反映了客观事物的历史进程,而是深入到了这个历史进程的本质。

马克思在《政治经济学批判》导言中对自己的方法作了一番描述。他认为政治经济学有两种方法:一种是从具体到抽象,一种是从抽象到具体。前者是历史的方法,从历史事实中抽象和概括出一般概念;后者是逻辑的方法,立足于最抽象的概念去按逻辑层次一步步整合历史事实,使抽象概念越来越上升到具体。前者是以往经济学家们的实证方法,它不能形成真正的科学,而只是一些经验归纳的事实描述;后者则"显然是科学上正确的方法"①,只有按照这种方法才不至于停留于表面现象,而能够深入到历史的本质规律。马克思形象地把这种方法比喻为:"人体解剖对于猴体解剖是一把钥匙。"②事物的概念本质只有在一个事物发展过程结束时才最清晰地显露出来,因此这一清晰的本质就是我们理解和把握以往进程的实质的一把钥匙,借此我们可以对整个历史重新作出合乎逻辑的描述,展示出历史的内在规律性;而在此之前我们只不过是在盲目地搜集经验的事实而已。所以,从本质上说,逻辑的方法才真正是历史的方法,因为它不是描述表面的历史事实,而是展示历史规律。这就是马克思所提出的历史的东西和逻辑的东西相一致的方法。这种方法最初来自于黑格尔,但黑格尔陷入了错觉,以为历史本身就是先有概念而后才有具体事实。马克思则认为这种方法只不过是我们(研究者)用来叙述和理解历史规律、掌握世界的"专有的方式"③。尽管如此,马克思和恩格斯对黑格尔所首创的这一方法却赞赏有加。如恩格斯在《卡尔·马克思的〈政治经济学批判〉》中说:"黑格尔的思维方式不同于所有其他哲学家的地方,就是他的思维方式有巨大的历史感作基础,……他是第一个想证明历史中有一种发展、有一种内在联系的人","这个划时代的历史观是新的唯物主义观点的直接的理论前提",马克思"从黑格尔逻辑学中把包含着黑格尔在这方面的真正发现的内核剥出来,使辩证方法摆脱它的唯心主义的外壳并把辩证方法在使它成为唯一正确的思想发展形式的简单形态上建立起来。马克思对于政治经济学的批判就是以这个方法作基础的,这个方法的制定,在我们看来是一个其意义不亚于唯物主义基本观点的成果。"④这是

---

① 《马克思恩格斯选集》第二卷,人民出版社 1995 年版,第 18 页。
② 《马克思恩格斯选集》第二卷,人民出版社 1995 年版,第 23 页。
③ 《马克思恩格斯选集》第二卷,人民出版社 1995 年版,第 19 页。
④ 《马克思恩格斯选集》第二卷,人民出版社 1995 年版,第 42、43 页。

一个极高的评价。

正如在"逻辑和历史相一致"的理解下,马克思的"历史"概念已不同于通常所理解的"历史材料""历史事实"的经验概念,而是历史的规律和本质的概念一样,马克思的"逻辑"也不是通常的形式逻辑,而是黑格尔所创立的辩证逻辑了。这种辩证逻辑从形式上表现为量变到质变、对立面统一、否定之否定的三阶段上升过程(相当于黑格尔《逻辑学》的存在论、本质论和概念论三个阶段),但实质却只有一个,这就是事物的自我否定性原则,而这一原则只有从人的立场上看才有意义。所以马克思说:"黑格尔的《现象学》及其最后成果——作为推动原则和创造原则的否定性的辩证法——的伟大之处首先在于,黑格尔把人的自我产生看作一个过程,把对象化看作失去对象,看作外化和这种外化的扬弃;因而,他抓住了劳动的本质,把对象性的人、现实的因而是真正的人理解为他自己的劳动的结果。"①自我否定、自我外化或异化,以及异化的扬弃,这就是历史的"推动原则和创造原则",也就是自由的原则。所以马克思的辩证法就是自由的法则、历史的法则,"辩证唯物主义"实质上就是历史唯物主义,归根到底是实践的唯物主义。

至于"自然辩证法",则也只有从人的角度看、至少把人作为自然界的目的看才有意义,它不是对于离开人的抽象的自然界而言的,而是对于自然界作为与人相统一的整体而言的。许多人(不仅包括一些自然科学家,而且也包括像萨特这样自认为熟悉马克思主义的哲学家)由于看到自然辩证法不能直接用于自然科学研究,就企图把它排斥于一般科学范围之外,甚至当作无用的累赘而排除于马克思主义哲学之外。但这都是误解。自然辩证法本身并不是一个实证自然科学(如物理学)的原则,而是自然科学作为一门"历史科学"的原则。如马克思、恩格斯所说的:"我们仅仅知道一门唯一的科学,即历史科学。历史可以从两方面来考察,可以把它划分为自然史和人类史。但这两方面是不可分割的;只要有人存在,自然史和人类史就彼此相互制约。"②恩格斯在《自然辩证法》中说得更加直截了当:"有了人,我们就开始有了历史。动物也有一部历史,即动物的起源和逐渐发展到现在这个样子的历史。但是这部历史是人替它们创造的,如果说它们自己也参预了创造,这也不是它们所知道和希望的。"③自然界是以人为目的、向人生成的,自然在人身上第一次达到了自我意识;人是自然的一部分,但由于他并非寻常的部分,而是公开体现和实现了自然界的本质潜能,即物质世界的自由自发的能动性,所以我们也可以把整个自然界看作是人借以发生

---

① 《马克思恩格斯全集》第四十二卷,人民出版社 1979 年版,第 163 页。
② 《马克思恩格斯选集》第一卷,人民出版社 1995 年版,第 66 页。
③ 《马克思恩格斯全集》第二十卷,人民出版社 1971 年版,第 374 页。

和生长起来的"无机的身体"。正是在这个意义上,马克思说:"这种共产主义,作为完成了的自然主义,等于人道主义,而作为完成了的人道主义,等于自然主义,它是人和自然界之间、人和人之间的矛盾的真正解决,是存在和本质、对象化和自我确证、自由和必然、个体和类之间的斗争的真正解决。它是历史之谜的解答,而且知道自己就是这种解答。"①共产主义在马克思的哲学视野中正意味着通过扬弃私有财产而复归于**自然和人的统一**。所以自然辩证法实际上是一种人学辩证法和历史辩证法,或者说是人学辩证法在自然科学方面的一个分支。自然辩证法不仅使得哲学有了自然科学的佐证,而且从本质上说,它使得自然科学有了哲学的前提,并且由此而与人文科学结合为一个整体了,自然科学就摆脱了其唯科学主义的抽象性和片面性————而这恰好是现代哲学(如胡塞尔、海德格尔等人)梦寐以求的。

总的来看,马克思的哲学作为实践的唯物主义,包含感性的人学、历史实践的人学和与自然科学一致的人学,它的核心和出发点是人,是现实的人和现实的人类社会。马克思的哲学是一种不以任何非人的原则为条件的"人学",它把"人是人的最高本质"作为自己的立足点,②或者说,"我们的出发点是从事实际活动的人","是处在现实的、可以通过经验观察到的、在一定条件下进行的发展过程中的人",③而人的这些条件最初也是人的活动所造成的。与此同时,马克思也意识到,从事这种研究的学者同样也是人,他的这种研究也是一种实践或"实际活动",与历史的活生生的进程、与无产阶级争取自身解放和全人类解放的运动有直接的联系,本身就是这个运动的"大脑"或重要组成部分。由此更可以证明马克思对"人学"的理解不仅是理论上的,更是实践上的,他的人学比任何其他有关人的学说都更加彻底、更加言行一致。但马克思也绝不是一个今天人们所说的"人类中心主义"者。人类中心主义是与现代科学技术对自然的宰制分不开的,实际上是唯科学主义和技术主义的一种形态;马克思的实践唯物主义人学则是对唯科学主义的超越,其目标恰好是自然主义与人本主义的统一。

马克思真正深刻地揭露了人类中心主义和唯科学主义的资本主义根源,但他并没有停留于单纯道德的谴责,而是对自然科学的异化和工业的作用作了正反两面的考察和评价,指出了人类摆脱自身困境的出路。马克思的一些具体结论在今天也许已经过时了,但他的哲学基本精神和思维方式仍然有着巨大的现实意义,并将随着时间的推移而彰显出更加鲜活的生机。

---

① 《马克思恩格斯全集》第四十二卷,人民出版社 1979 年版,第 120 页。
② 《马克思恩格斯选集》第一卷,人民出版社 1995 年版,第 18 页。
③ 《马克思恩格斯选集》第一卷,人民出版社 1995 年版,第 73 页。

第三节　非理性主义的兴起

　　总的来说,欧洲近代哲学都属于理性主义的哲学,即使是完全立足于感性之上的经验派哲学,在更广义上都是理性主义的,其特点就是把认识论作为哲学的基础,把哲学视为一种最高的科学、科学的科学。不过,在这种理性主义的哲学中,也已经有某种非理性主义的因素在悄悄地生长,这表现在两个方面:一方面是力图把非理性的东西如情感、直觉和意志纳入到理性中来加以规定和考察,但不是作为一般的认识对象,而是作为更高级的、带有某种神秘色彩的认识的对象。如帕斯卡尔的"敏感性的精神"、莱布尼茨的"模糊知觉"、费希特的"理智直观"、谢林的"艺术直观",甚至黑格尔的"思辨的理性",都带有某种非理性的倾向,但最后又终于通过某种更高的理性、特别是上帝的无限理性而被归于理性认识的范畴,即理性的最高阶段所能够完全把握的一种知识。另一方面,非理性主义因素还表现在对认识能力本身的限制之上,即表现在某种形式的"不可知论"上。如休谟的怀疑论和康德的不可知论,都暗示了在科学和知识之外别有洞天,人的认识和实践是两个不可通约的领域。但他们仍然把实践的领域看作服从理性(日常理性和实践理性)的一般法则的,虽然不是认识的理性,但仍然是某种实践的知识。在这里,马克思的实践唯物主义是理性主义和非理性主义两种倾向的一个结合点,马克思的感性活动或实践活动既保存了认识论的含义,但又不能归结为认识论,而是同时具有自由的创造性的本体论内涵。知、情、意在马克思这里还保持着一种古典式的和谐,因而蕴含着后来的发展的各种可能性。但比马克思更早的叔本华,则已经在与黑格尔摆擂台,表达了非理性主义哲学的异军突起,并宣布了与近代理性主义哲学的公开决裂和对立。这种对立并不是双方的完全隔绝,而是理性主义因素和非理性主义因素两者的结合方式的彻底改变和颠倒,即"理性主义是在把理性绝对化的前提下来考察意志等因素的,它力图把意志作为理性的一个环节、特殊的形式等等",而非理性主义则"把意志本身绝对化,在此基础上来考察意志的本质和作用,理性仅仅被当作从属于意志的工具"①。它们的共同源头,则要追溯到康德。叔本华的哲学正是返身回到康德而从中引申出了一条不同于理性主义的非理性主义思维路线。

一、叔本华的生命意志哲学

　　叔本华　(Authur Schopenhaur,1788—1860年)是唯意志论哲学的始祖。他

---

　　①　杨祖陶:《德国近代理性哲学和意志哲学的关系问题》,载所著《德国古典哲学逻辑进程》,武汉大学出版社2004年新版,第391页。

出身于但泽(今属波兰)一个银行家家庭,1809 年入哥廷根大学学习医学,后对哲学感兴趣,1811 年转入柏林大学专攻哲学,听过费希特的课,1813 年以博士论文《充足理由律的四重根》获耶拿大学博士学位。因家境富有,他不必为生计奔忙,一生潜心著述。只有 1820 年和 1826 年两度试图在柏林大学开课,均因找不到听众而失败。1819 年,他出版了自己最重要的著作《作为意志和表象的世界》,但几乎无人问津,直到三十多年后,人们才认识到他的哲学的价值,他的声望在他 70 岁时达到顶点,两年后他死于肺炎。

意志本体论　叔本华自认为自己的哲学是康德思想的继承和发挥,康德的"自在之物"其实就是他所说的"意志",但他认为康德并没有说清楚,因为康德把自在之物只理解为绝对的客体,而没有理解为主体。在叔本华的《充足理由律的四重根》中,他把一切有关"为什么"的问题归结为在四个层次上寻求认识对象的"充足理由",这四个层次分别为感性经验、知性逻辑、客观存在和主观意志。前面三个层次是自然科学、逻辑学和数学的基础;最后一个层次涉及伦理学(实践哲学,包括政治、历史等等)的基础,它的特殊性在于其对象(意志)不能单纯当作客体看待,而是主体和客体的同一。从这里就过渡到叔本华视为"最高意义上的哲学真理"[①]的意志本体论。不过,所有这四个层次都还不是世界的本体,而只是世界的"表象"即康德意义上的"现象",我们所有的知识只能认识这些表象,而不能认识它们底下的意志。

世界是意志的表象　叔本华在《作为意志和表象的世界》第一篇"世界作为表象初论"中依次探讨了这四个知识领域的层次问题;而第二篇"世界作为意志初论"则说明在这些表象底下实际上就是意志在起作用,它们都是意志的客观化的结果。表象世界按照其不同层次等级而构成了从矿物、植物、动物到人的不同阶段,但它们都是意志的表象,只不过有的是盲目地表象出来,有的是自觉地表象出来。人则具有最清晰的意志表象,最有资格说"世界是我的表象",因为他有自我意识,能够通过自己对意志的领会来理解万物,直到最盲目的无机的机械物体的运动,从中看出意志的作用,从而认出自己的本质。万物的表象与它们的意志都隔着遥远的距离,只有人的意志与他的身体表象显示出同一性,即他可以支配他的身体,身体是意志的客观化。人由此理解到其他事物(包括自己身体中不受自己意志支配的部分)其实也是意志的客观化,从而使自己的意志不再被局限于自己个人来理解,而是被扩展为世界万物的统一本体。所以我们不能像机械论者那样把万物还原为最盲目最低级的无机规律,而必须倒过来,把最简单的无机物及其运动都归结到人在最高层次上所领会到的意志作用。所以对

---

①　叔本华著,石冲白译:《作为意志和表象的世界》,商务印书馆 1997 年版,第 155 页。

世界的认识和科学知识并没有至高无上的地位，而只是"从意志自身产生的"一种"辅助工具"，"认识和身体的任何器官一样，也是维系个体存在和种族存在的工具之一"，它是"命定为意志服务的，是为了达成意志的目的的"。① 所以这一篇的结论就是："我们生活存在于其中的世界，按其全部本质说，彻头彻尾是意志，同时又彻头彻尾是表象"。② 但表象是相对的，是这个世界的假象，如同印度哲学所谓的"摩耶之幕"，而意志才是真正的自在之物。

美的理念和天才　第三篇"世界作为表象再论"是专门探讨一种最高等级的表象，即"理念"。康德的自在之物就是理念，在叔本华这里，理念也是超出一切现象和根据律（充足理由）范围之外的，它是"自在之物的直接的，因而也是恰如其分的客体性"③。理念既然也是意志的客观化表象，所以主体对它也有一种"认识"；但由于这种认识超出了充足理由律，不再去问"为什么"，而仅仅诉之于静观，它就是一种特殊的认识，即审美。在这里，"人们自失于对象之中了，也即是说人们忘记了他的个体，忘记了他的意志；他已仅仅只是作为纯粹的主体，作为客体的镜子而存在；好像仅仅只有对象的存在而没有觉知这对象的人了，所以人们也不能再把直观者和直观本身分开来了，而是两者已经合一了；这同时即是整个意识完全为一个单一的直观景象所充满，所占据。"④艺术和美是对意志的忘怀，是主客同一的理念的获得，而做到这一点需要天才。天才如同疯子，他能够不顾常识的束缚，因而摆脱求生的意志，而让最高理念完美地呈现出来。审美也正由于摆脱了意志，因而也摆脱了意志所带来的痛苦，所以使人感到愉快，审美快感是不带意志的快感。为了说明自己的美学观点，叔本华用大量的篇幅探讨了各门艺术的原理，显示出他对建筑、美术、雕刻、戏剧、诗歌、小说等等的全面而丰富的修养，但最为他所重视和推崇的还是音乐。他甚至认为："人们既可以把这世界叫作形体化了的音乐，也可以叫作形体化了的意志。"⑤

人生的痛苦与拯救　第四篇"世界作为意志再论"是讨论意志的伦理学和人生哲学的。叔本华认为，意志是世界的本体，自觉的意志体现在人身上，但人越是自觉，就越是痛苦，他必须不断求生存，因恐惧死亡而奋力挣扎。意志的本质就是挣扎，它没有目的、没有满足，欲望的暂时的满足也立刻导致空虚无聊，导致进一步的欲望和挣扎，欲壑难填。所以人生本质上就是无休止的痛苦。意志的肯定意义表现在对生命和繁殖（生命的延续）的不懈的追求，它不受任何认识

① 叔本华著，石冲白译：《作为意志和表象的世界》，商务印书馆1997年版，第220页。
② 叔本华著，石冲白译：《作为意志和表象的世界》，商务印书馆1997年版，第233页。
③ 叔本华著，石冲白译：《作为意志和表象的世界》，商务印书馆1997年版，第244页。
④ 叔本华著，石冲白译：《作为意志和表象的世界》，商务印书馆1997年版，第250页。
⑤ 叔本华著，石冲白译：《作为意志和表象的世界》，商务印书馆1997年版，第364页。

的干扰而赋予人以自由的特点;意志的否定意义则表现在对他人生命的阻碍和剥夺,即不义和罪恶。由此也就生出伦理、道德、法、正义和国家等等一系列符合"根据律"的表象来,但即使是为了这些而杀身成仁、舍生取义,在叔本华看来也还是没有跳出根据律的假象。真正的善只在于对一般的生命意志的尊重,即把自己的个体的意志看作普遍意志,善待一切生物(包括动物和植物)。但人在这样做的时候,无非是看出所有的生物由于生存意志而遭受着痛苦,因而是对它们的同情和悲悯,所以并不能使人从痛苦中获救。

寂灭与虚无主义　要完全跳出根据律,只有一个办法,就是把自己的意志变成"否定意志的意志",即"禁欲"。人如果认识到意志的本质,对生命意志所追求的一切都自觉地加以克制,对生命意志所逃避的一切都坦然承受,包括对必然到来的死亡的承受,这就使自己的精神上升到比善和仁爱更高的神圣性,这种人才能达到"充满内心的愉快和真正天福的宁静"①。这种否定意志的清心寡欲、解脱尘缘的境界,有些类似于在美的欣赏中所获得的那种超现实功利的物我两忘的愉快。但也正如审美中一样,具有肉身的人类达到这种境界是不容易的,也是不持久的。禁欲的决心时时受到生命意志的诱惑和干扰,需要极大的意志克制力才能保持,只有死亡才能使人得到彻底解脱。那么,是否可以通过自杀来一劳永逸地摆脱生命意志呢?叔本华强烈地否定这种做法。他认为自杀并不是取消生命意志,而正是生命意志过于执著的表现。所以唯一的办法就是向历史上的圣徒和耶稣基督本人学习,不是从任何意志出发,而是从静观的认识出发,意识到一切世俗的生活都是空无,生命意志就是人的"原罪",人只有靠"恩宠"("天惠之功")才能得救,而所谓得救也无非是一种无欲无为的寂灭境界。叔本华的哲学在其最后的归宿上与基督教教义达到了某种一致,但更多的是一种佛教式的虚无主义。他甚至认为:"我们这个如此非常真实的世界,包括所有的恒星和银河系在内,都是'无'。"②

　　上述四篇构成《作为意志和表象的世界》一书的体系,其中第一篇可以看作全书的导论,也可以和第二篇合起来看作第一部分,讨论认识论和"真"的问题;第三篇讨论"美"的问题,第四篇讨论"善"和人生的终极关怀问题。各篇之间层层深入,最后落实为一种悲观主义的人生哲学。这样完整的体系颇有古典形而上学的遗风,形式上并未与理性主义哲学有什么本质区别。但叔本华对后世的影响主要在于他对生命意志的本源性的强调,虽然仍然要以认识论和自然哲学为自己开路,却已指示出一条与传统理性主义哲学截然不同的致思方向,它直接影响了现代非理性主义哲学的重要代表人物尼采,并对弗洛伊德有启发作用。

---

①　叔本华著,石冲白译:《作为意志和表象的世界》,商务印书馆1997年版,第534页。

②　叔本华著,石冲白译:《作为意志和表象的世界》,商务印书馆1997年版,第564页。

二、尼采的权力意志哲学

尼采　（Friedrich Wilhelm Nietzsche,1844—1900 年）出身于普鲁士萨克森地区洛肯村一个牧师家庭,五岁时父亲去世,母亲举家迁往瑙姆堡。20 岁时入波恩大学,后转往莱比锡大学,沉醉于叔本华哲学和瓦格纳的音乐,并在古典语文学方面展露才华,受到语文学大师李奇尔教授的欣赏。1869 年,他于获得博士学位前即受聘于瑞士巴塞尔大学任语文学副教授,翌年转为正教授。十年后,他因病辞去巴塞尔大学教职,开始其自由创作活动。他生命的最后十年被严重的精神分裂症所困扰,已失去写作能力。1900 年尼采在新世纪的曙光中逝世于魏玛,其遗稿由其妹整理出版,标为《权力意志》。其著作多以散文和片断的方式写成,代表性的如《悲剧的诞生》(1872)、《不合时宜的思想》(1873—1876)、《人性的、太人性的》(1878—1880)、《查拉图斯特拉如是说》(1884)、《善与恶的彼岸》(1886)、《道德谱系》(1887)等。

权力意志　作为叔本华的衣钵传人,尼采的意志主义与叔本华一脉相承,但也作了一个很重要的改变,就是将叔本华的悲观主义转向了一种积极入世的英雄主义,使生命意志转变为一种"权力意志"(der Wille zur Macht,又译"强力意志")。尼采认为,这个世界的真正意义就在于充斥于宇宙间的权力意志,这既是创造的意志,也是毁灭的意志,它导致万物的永恒轮回。但这种意志本身则致力于使自己不断上升为统治世界的力量,人类因此而成为万物的统治者。"权力意志专门化为谋生图存,谋求财产、工具、奴仆(俯首听命者),谋求当统治者:人体就是例证。——强大的意志指挥软弱的意志。除了为意志而意志之外,根本不存在别的什么因果关系。"[1]但人类由于两千年来的惰性,已经丧失了这种统治意识,败坏了自己的权力意志,沉迷于人性的温情和小家子气的伤感。人类的理性和逻辑则是对意志的最大束缚,它们用一套一套的形而上学体系和概念的思辨使庸人们心安理得,使弱者得到安慰,但却窒息了权力意志的冲撞和爆发。因此他主张对人类自从进入到文明时代以来所成就的一切进行一番"价值重估",打破一切自欺和虚构,让人类恢复野性的高贵的力量,由现在普遍庸俗化了的人类提升到"超人",也就是摆脱了一切怜悯、同情和伤感,不为"自由、平等、博爱"之类的字眼所打动的强者。

酒神与日神　尼采运用自己扎实的古典语文学的功底,把人类堕落的源头追溯到古希腊。在他看来,古希腊艺术精神中包含有两种截然不同的因素:一种是自然本能的盲目冲动,它体现为古希腊的酒神狄奥尼索斯的精神,致力于狂热

---

[1]　尼采著,张念东、凌素心译:《权力意志》,商务印书馆 1991 年版,第 148 页。

地创造和毁灭、打破一切现成界限而追求生命力的最高宣泄；一种是在和煦阳光朗照下的静观，它体现为古希腊的日神阿波罗的精神，致力于以梦幻般的美丽形象来中和酒神的力的发散。尼采指出，在任何一种古希腊艺术作品中都蕴涵着酒神精神和日神精神、醉和梦这两个基本要素，只是偏重的方面有所不同而已，而两者的高度和谐典型地表现在希腊悲剧艺术中。但在尼采心目中，他更看重的是酒神精神那种无穷尽的创造力和毁灭的意志，认为它在更深层次上展示了原始的宇宙意志的力量，日神精神则只不过是作为酒神精神的一种补充及调和，使得酒神的意志不致流失的一种手段而已。所以日神精神在艺术中更加倾向于造型艺术，而酒神精神在艺术中则特别体现在音乐和抒情诗上。与叔本华一样，尼采出于对音乐的爱好而把这种艺术看作最高的艺术形式，他对音乐的理解渗透了他的权力意志的哲学，对当时的浪漫主义音乐和歌剧都产生了不小的影响。

超人与末人　然而，在尼采看来，随着苏格拉底和柏拉图的理性主义哲学的兴起，酒神和日神的艺术精神全都让位给理性的逻各斯精神了。在这里，"日神倾向在逻辑公式主义中化为木偶，一如我们在欧里庇得斯那里看到相似情形，还看到酒神倾向移置为自然主义的激情。"①从此之后，柏拉图主义使西方人沉迷于抽象概念的游戏而不能自拔；基督教进一步使人变得谦虚和自卑，受到固定的一套善与恶的规范的束缚；现代人则受制于科学、理性和知识，这些都使人类成为了只具有"奴隶道德"的"末人"，即缺乏自主性、一味服从别人的人。尼采傲然向世人宣布："现在，我教你们什么是超人！"②超人是在权力意志的较量中的胜利者，他不凭借任何外部的助力、只靠自己而鹤立鸡群，他是孤独的、强大的，精神上是高贵的，普通人只配作他的工具。在超人面前，一切真理的和道德善恶的标准都不存在，他以自己为标准去判定真理，去决定什么是善恶，即：对他有用的就是真理，就是善。尼采鼓励人们摆脱社会的禁锢，返回到"野兽良心"，像远古时代的日耳曼贵族那样成为"非常漂亮的、伺机追求战利品和胜利的金发猛兽"，而不要成为"温顺的、有教养的动物、一种家畜"③。人的生活目的就是要努力成为主人，成为上等人，"上等人有必要向群众宣战！""目标并不是'人类'，而是超人！"④在现代社会，"上帝已死"，人们再也没有外界的精神寄托了，只有依靠自己。如果人们不发挥自己的意志的力量，而只会哀求宽恕和怜悯，那就活该灭亡。

---

①　尼采著,周国平译:《悲剧的诞生》,生活·读书·新知三联书店 1986 年版,第 59～60 页。

②　尼采著,尹溟译:《查拉斯图拉如是说》,文化艺术出版社 1987 年版,第 7 页。

③　尼采著,周红译:《论道德的谱系》,生活·读书·新知三联书店 1992 年版,第 25、26 页。

④　尼采著:《权力意志》,转引自洪谦主编:《西方现代资产阶级哲学论著选辑》,商务印书馆 1982 年版,第 22～23 页。

尼采是个身体力行的人,他的学说就是他的做人原则。这点甚至体现在他的文风上。他在其自传《瞧！这个人》中竟然无视大众的眼光而采用了如此大胆自我夸耀的小标题:"为什么我这样智慧""为什么我这样聪明""为什么我会写出如此优越的书"等。他的直率、自信和无所顾忌并不使人讨厌,反而显出几分天真。他在这本书的篇末向人们发出邀请:"我的同胞们,打起你们的精神,高高地,更高地吧！不要忘记你们的腿！你们优秀的舞蹈者们,提起你们的腿吧！如果你们倒立起来,那会更好！""我的同胞们,我把这顶王冠抛向你们！我曾把笑声奉为神圣;你们这些更高贵的人们,我希望你们学习——去笑！"①可见,尼采的哲学的本意是要激发人们在一个普遍沉沦的时代摆脱对一切外在权威的依赖、努力发挥自己的潜能以求出类拔萃,特别对于当时德国庸人的苟且偷安和浪漫温情起了振聋发聩的作用。但由于这是一种极端贵族化的哲学,后来被纳粹德国用来美化希特勒和纳粹党徒的种族主义偏见,而使广大德国人民更深地陷入到毫无价值的"末人"或"畜群"状态,这恐怕是尼采始料未及的。尽管如此,尼采的哲学深刻地预见了20世纪西方精神的冲突,击中了基督教文化的软肋,它所提出的一系列尖锐的问题成为后世一百年间众多哲学家思考的一个不可取代的维度。

三、克尔凯郭尔的存在哲学

与叔本华大致同时代的另一个非理性主义哲学家是丹麦的宗教哲学家、存在主义哲学的先驱者索伦·克尔凯郭尔(Søren Kierkeggaard,1813—1855 年)。克尔凯郭尔出身于哥本哈根一个富有的羊毛商人家庭,在虔诚的基督教氛围中,从小具有忧郁的气质;1830 年入哥本哈根大学攻读神学,1841 年完成硕士论文《讽刺的概念》后,去柏林大学学习哲学,不久因对谢林的讲课失望而于次年返回,专心从事写作,直到病逝也没有离开过哥本哈根;1840 年曾与一位姑娘相爱并订婚,但一年后解除婚约,决心献身于上帝。主要著有《或者—或者》《恐惧的概念》《生活道路的各阶段》《恐惧与颤栗》《致死的病》等等。

对黑格尔的批判　克尔凯郭尔比叔本华更彻底地抛开了传统理性主义的体系化的思维方式,执著于从个人内心体验出发去阐发一种人生哲学。他早年曾沉浸于黑格尔哲学并深受其影响,但后来对黑格尔的理性主义进行了激烈的批判。他认为黑格尔的逻辑必然性对于分析外部客观世界固然有其合理之处,但完全不能解决个人生存的根本问题,如孤独、恐惧、忧郁、厌烦、绝望、选择和自由等等,黑格尔的主要错误就在于用统一性、整体性和必然性扼杀了个体性、偶然

---

①　尼采著,刘畸译:《瞧！这个人》,中国和平出版社 1986 年版,第 127、128 页。

性和无限的可能性,也就是忽视了人的存在的一次性和荒谬性。黑格尔的体系本身也只不过是他作为哲学家的一次偶然的个人选择而已。克尔凯郭尔甚至说,黑格尔如果在他的体系建成以后附加上一句:"这一切都是荒谬的",他将是个天才;但现在他却成了小丑。因此,克尔凯郭尔主张哲学应当把立足点完全转移到个人的独特体验上来,如他的恐惧和颤栗,热情和欲望,选择和动摇,对有罪的忏悔和对无意义的困惑,对疾病和死亡的焦虑等等,并探讨其中的意义。但这种意义的探讨不可能再用逻辑或其他世俗的现实价值作标准,而唯一地是面向上帝的。哲学的起点是个人的存在,终点是上帝。

人生的三阶段　克尔凯郭尔认为,当一个人独自面对上帝时,他的存在将面临三个阶段的选择,即"美学阶段""伦理学阶段"和"宗教阶段"。美学阶段(实际上是"感性"阶段)是感性的世俗阶段,其中充满着偶然性和享乐的欲望,是一个人最有可能选择的生活方式,也是一种最肤浅的"自由"境界,这时他所理解的自由就是"为所欲为"。但久之将产生厌烦和空虚,并由于意识到人生苦短、必有一死而产生恐怖,于是就有可能向第二阶段即伦理学阶段"飞跃"。在伦理学阶段,人立志过道德的生活,这时他所理解的自由就是康德式的"自律"。他为了达到不朽而立足于普遍的道德责任、良心、正直和善良意志,限制或抛弃自己那过眼烟云的感性享乐。但在所有这一切道德情操底下隐藏着的是一种无法克服的忧郁,因为人之所以需要自律,正说明感性世界的不可抗拒的诱惑,说明人依靠自己永远不可摆脱自己的动摇和矛盾,这就导致了人对自己凭道德获救感到绝望。这种绝望使人有可能再次飞跃到一个更高阶段即宗教阶段,在这个阶段上,人意识到自己的罪是与生俱来的"原罪",是道德行为不能抵销,甚至死亡也不能使人摆脱的。原罪就是人的"永恒的自我"。绝望把人带到了彻底的孤独状态,人想要摆脱原罪就是想要摆脱自己,但他就连自杀也仍然还是他自己,"人之所以绝望,是因为他不能消灭自己,而令自己成为他物"①。于是他就彻底放弃一切妄想,平息一切外在和内心的骚动不安,独自一人转向上帝,为上帝而活,与上帝对话,期待着上帝的神恩与拯救。

自由选择与信仰　上述人生的三阶段看起来似乎和黑格尔的逻辑三段式(特殊—普遍—个别)有类似之处,其实已经有本质的不同。关键在于,每一阶段的"飞跃"都不是通过黑格尔式的"从量变到质变"的逻辑推演,而是通过在"或此或彼"的可能机会面前的瞬间自由选择来决定的。这种选择不仅是任意的、非理性的,而且也是严肃和严重的,甚至是人所不堪重负的。正如哈姆雷特要尽力延宕自己决心动手的时机一样,人只要有可能就要逃避自己的自由。

---

① 克尔凯郭尔著:《致死的疾病》,转引自徐崇温主编:《存在主义哲学》,中国社会科学出版社1986年版,第61页。

"对一个人来说,他认为最可怕的事情就是:选择、自由。"①自由就是前途未卜,就是冒险生存,而所冒的危险中最大的危险就是信仰。克尔凯郭尔举《圣经·旧约》中的亚伯拉罕为例。亚伯拉罕笃信上帝,上帝叫他把自己最爱的独生子以撒杀了来献祭。凭借日常伦理观念,他完全可以认为这是不义的,他的亲子之爱也阻拦他这样做。但"相信上帝"毕竟战胜了"相信自己"。就在他的刀尖刺向以撒心口的一刹那,上帝用一头公羊替代了以撒,原来这只是上帝对亚伯拉罕的信仰的一场"考验"。但克尔凯郭尔认为,对于亚伯拉罕来说,他并不知道这是一场考验,他的确是准备忍受内心的巨大痛苦去犯罪,他在他自己眼中无疑是一个凶残的谋杀犯。这件事在那个圆满的结局到来之前纯粹是一个恐怖事件。亚伯拉罕的行为表明,不经历这场恐怖,他就不能证实自己的真信仰,不弃绝这个感性的人生,他就不能获得更高的神性的生存。如果他当时把刀尖刺入自己的心脏,他就会演出一场流芳百世的悲剧,受到万人的景仰。"不过,受人景仰是一回事,成为引导大众脱离苦海的星辰又是另一回事。"②前者还只是美学和伦理学的境界,后者才是宗教的境界。因此,真正的信仰是自己对自己的一场考验,它以恐怖为前提,表现为"恐惧与颤栗",表现为冒着万劫不复的危险去行动。信仰的"悖论"就在于一个真正有信仰的人不能为自己的信仰提供任何根据,甚至不能"说出"他的信仰,他不能说"我信!"否则他就是过于自信了。因而亚伯拉罕不能为自己的凶杀找理由,而只能通过真正的凶杀去成就神圣。他意识到他是彻底孤独的,而把信仰"说出来"就是寻求他人的理解;他意识到他是完全未定的,而"说出来"就是自己给自己确定,从而已表明自己没有信仰,因为只有上帝才能确定他是否真信。所以亚伯拉罕只有沉默,这种沉默是不可理解、不可通约的,连克尔凯郭尔自己都说:"我不能理解亚伯拉罕,而只是敬仰他罢了。"③

因此在克尔凯郭尔看来,宗教信仰完全是个人的事,上帝也只是每个人心中的上帝。"信仰是人的最高激情",它无理由可言,而是"起于荒诞"④。这样,克尔凯郭尔心目中的宗教信仰与教会的通常的宗教教义已完全不是一回事,它只是一种个人选择的人生哲学,但同时又具有一种"引导大众脱离苦海"的意义。它不是向大众作论证,而是展示人的生存境遇,触发人的生命激情,提高人的存在意义。就此而言,克尔凯郭尔的宗教哲学思想为后来的存在主义哲学提供了一个基本的立场和视角。

---

①　克尔凯郭尔著:《日记》,转引自徐崇温主编:《存在主义哲学》,中国社会科学出版社 1986 年版,第 66 页。

②　克尔凯郭尔著,刘继译:《恐惧与颤栗》,贵州人民出版社 1994 年版,第 7 页。

③　克尔凯郭尔著,刘继译:《恐惧与颤栗》,贵州人民出版社 1994 年版,第 83 页。

④　克尔凯郭尔著,刘继译:《恐惧与颤栗》,贵州人民出版社 1994 年版,第 93、45 页。

第四节　实证主义哲学的滥觞

对古典形而上学(特别是黑格尔哲学)的反叛除了非理性主义这个方向外,另一个重要的方向就是实证主义。实证主义是非理性主义的对立面。古典的形而上学本来是理性和非理性的统一体,即把非理性也纳入到理性的框架中来。形而上学的解体则导致理性和非理性的分离和各自为政。如果说非理性主义是通过把理性限制在表面日常生活的领域,从而撇开理性去挖掘人类日常生活背后的本质生存的非理性层面的话,实证主义则是尽可能地寻求理性在日常生活现象中所可能发挥的作用。从哲学上说,一切实证主义的根源都在于从康德哲学的起点上退回到休谟的经验主义立场,把理性的运用限制在经验自然科学和日常生活的范围内,拒斥形而上学。由这一根源生长出后来的现代逻辑实证主义、实用主义、科学哲学和语言分析哲学,它们本质上都是这一思路在不同方面的表现。而这一思路最初是由孔德、穆勒和斯宾塞所代表的实证主义思潮所确立起来的。

一、孔德的社会学的实证主义

孔德　(Auguste Comte,1798—1857 年)为实证主义和现代社会学的创始人。他出身于法国一个拥护保皇党的税务官家庭,但青年时代即背叛了家庭的政治立场,并因思想激进而被他仅就读了两年的巴黎综合技术学校开除。他通过自学掌握了大量的数学、哲学、历史学和政治经济学知识,曾当过几年空想社会主义者圣西门的秘书,后建立自己的实证哲学。1833 年被聘为巴黎综合技术学校数学教师,1848 年组织实证哲学研究会。孔德主要著有《实证哲学教程》《实证政治体系》《实证宗教教义问答》等。

实证哲学　孔德最早把自己的哲学称之为"实证哲学"。他接过了 18 世纪法国启蒙运动的旗帜,主张科学是万能的,精确的观察和实际的经验是科学的唯一手段,由此获得的知识是实证的知识,不仅可用于考察自然界,而且可用来考察人类社会,其目的则是改进社会。但他不关心事物背后的隐秘的原因,只注意经验和实验向我们提供的现象关联,认为科学并不问"为什么",而只问"怎么样"。因此科学是超越唯物主义和唯心主义的,它拒绝一切神学或形而上学,只探讨对人有用的知识。他认为人类认识发展到今天的实证主义是一个必然上升的过程。在人类思想史上,人们最早都是用神学的方式去探讨万物的根源,后来才用形而上学取代神学的地位,最后才进到了实证的阶段。这与每个个人的成熟阶段是一致的,人在童年是"神学家",在青年是"形而上学家",到了成年才是

"物理学家"。这是他所发现的"一条伟大的根本规律"①。所以实证哲学是对一切形而上学的超越,是人类发展到今天所获得的唯一正确的对事物的科学说明方式。"实证哲学的基本性质,就是把一切现象看成服从一些不变的自然规律;精确地发现这些规律,并把它们的数目压缩到最低限度,乃是我们一切努力的目标,因为我们认为,探索那些所谓的始因或目的因,对于我们来说,乃是绝对办不到的,也是毫无意义的。"②所以传统的本体论和世界观学说是无效的。而在这种实证哲学基础上,就可以按照复杂程度的不同而依次建立起数学、天文学、物理学、化学、生物学和社会学这样六大科学门类,每一在前的门类都比在后的门类更简单、更普遍、更抽象,因而都成为了在后门类的基础;而社会学则是最复杂最具体的科学,必须运用前面的一切科学作为工具,当然也必须运用数学方法,但又不止于数学方法,而主要是有机论的方法。

社会静力学和社会动力学　当然,孔德的实证哲学的着眼点主要还不是自然科学,而是社会学,也就是把人类社会生活当成一门像自然科学一样可以精密确证的科学来看待。这种想法在当代西方哲学中很有影响,在今天的社会科学各领域中也有广泛的运用。孔德认为,人类关于自然界的科学到牛顿就基本上完备了,唯独对于人类自己的社会生活还迟迟没有形成科学,受到神学和形而上学的误导。他提出,对于社会学也应当像对待物理学或力学那样,区分为社会静力学和社会动力学两个部门。社会静力学探讨一般社会关系的结构方式,如构成社会的是人,人性的性质则是感觉、理智和情感,其中情感及其活动即意志属于人的本能,是最重要的决定因素。但本能又分为个人本能和社会本能,分别表现为利己心和利他心。人的利己心是最基本的,但如果没有利他心,社会根本就形成不起来。所以社会不是单个个人的堆积,而是有机的整体,是分工协作的产物,其最基本的单位是家庭。家庭使人的两种本能得到了调和,由爱来维系;社会关系也应当建立在"普遍的爱"之上才能达到和谐。社会动力学则探讨社会进步的规律,即考察如何达到社会和谐的理想。他认为,与人类思想的神学阶段、形而上学阶段和实证阶段相应,社会的发展也经历了军事时期、过渡时期和工业时期,只有最后这个时期才建立起了万古不移的秩序,才能够做到以"普遍的爱"为社会的基础。晚年孔德鼓吹一种以"爱"为教义的宗教,即所谓"人道教",使他一贯推崇的科学实证方法变质为一种空洞的宗教说教了。

二、穆勒的归纳逻辑及其运用

约翰·斯图亚特·穆勒　(John Stuart Mill,又译弥尔、密尔,1806—1873

---

① 洪谦主编:《西方现代资产阶级哲学论著选辑》,商务印书馆1982年版,第25页。
② 洪谦主编:《西方现代资产阶级哲学论著选辑》,商务印书馆1982年版,第30页。

年)是英国实证主义的开创者,其父詹姆士·穆勒是著名的休谟派哲学家,他立志按自己的方式把儿子培养成才,没有让他进学校学习,而是自己给他制定了系统的学习规划。小穆勒从小天资聪颖,是有名的神童,少年时代即已熟悉古典文献和各门自然科学与社会科学,后受到边沁、孔德等人影响,服膺于功利主义伦理学,与孔德有过书信来往。其著述涉及多方面知识,主要哲学著作有《逻辑体系》《论自由》《功利主义》等等。

"可能的感觉" 穆勒在哲学观点上与休谟可以说大同小异,他也认为我们的一切知识都是建立在主观的经验直观之上的,不可能有超越经验之外的关于世界本体的知识。与休谟不同的是,他并不否认经验世界的客观性和可靠性,因为他超出了休谟的"习惯性联想"而诉之于"感觉的恒久可能性",这种可能性不是由某种心理状态、而是由逻辑来保证的。立足于经验之上的逻辑可以在感觉有时不在场的情况下保证经验对象的实在性,由此,经验世界就不会由于某个特定的个人的感觉的消失而消失,而是能够用"可能的感觉"的眼光来对之加以客观的研究和考察。这种逻辑就是穆勒所重点阐发出来的归纳逻辑。

穆勒五法 穆勒认为,自亚里士多德以来的逻辑通常都重视演绎逻辑,其实三段论演绎并不能使我们获得新的知识,而只不过是把建立在归纳之上的知识更清晰或更简洁地重述一遍而已。因为实质上,演绎的大前提不过是众多特殊命题的集合,结论则只不过是把小前提和那些众多命题加以类比的结果,而演绎推理就只是对这种类比关系的一种解释。所以唯有归纳法才能发现和证明新知识,演绎只是归纳的附带工具,甚至本身也是归纳的组成部分。穆勒大大发展和深化了培根所提出的归纳法。他认为,以往的枚举归纳法和不完全归纳法虽然都试图从已知推出未知的知识,但由于没有一个严格的程序来保证,它们得出的知识往往是不可靠的,就连培根的"三表法"也嫌过于粗糙。于是他提出了一种系统地寻求事物因果关系的方法,后人通常称之为"穆勒五法"。(1)求同法(契合法):如果所研究的现象出现在两个或更多的场合,其中只有一种共同的情况,则这一共同情况就是该现象的原因或结果。(2)求异法:如果在两个场合中只有一个发生了某现象,而且发生该现象的场合与另一场合只有一点不同,该不同之点就是该现象的原因或结果。(3)同异并用法:如果某现象出现在两个以上场合,这些场合中都只能找到一个共同情况,而在另外两个以上场合中则没有该现象,也正好找不到该共同情况,则这唯一共同情况就是该现象的原因或结果。(4)剩余法:在某一现象中已知某些项的结果,则其余项的结果就是从该现象中减去前面那些结果的剩余。(5)共变法:只要某个现象随另一个现象的变化而发生变化,则前一现象就是后一现象的原因或结果,或与之有因果关系。穆勒认为,通过这样五种方法交替运用,一个事物或现象的因果关系就能够得到越来越精确的规定。当然,事实上这种归纳法与以往的归纳法(包括培根的归纳法)有一个共同的缺陷,就是只涉及表面现象的关系,而并不能真正建立起对客观规律的必然性信念,只是使或然性更多地往前跨了一步而已。因为对现象的搜集任何时候都不可能是绝对完备的。但他的确通过这种方法为实证主义提供了一种具体可操作的步骤,而不再是一种泛泛而谈的设想了。

"合理利己主义"　其实上述操作步骤在自然科学家那里早已不自觉地运用于研究自然现象之中。但穆勒将之系统化之后,它就成为一种广泛适用于社会政治伦理中的方法了。穆勒所关注的焦点也正在于此。他通过运用归纳法而找到了人类社会活动的终极原因,这就是个人的利己心,即对个人最大利益的考虑。他立足于这一基点而研究了人们的经济活动,被视为古典政治经济学的大师;研究了社会政治学说,成为激进的自由主义的重要代表;还研究了道德学说,发挥和改进了边沁的功利主义伦理学。他认为趋乐避苦是人的天性,也是道德的标准;社会的目的在于促进最大多数人的最大幸福;为了达到这个目的,人们不仅应当考虑幸福的量,也应当考虑幸福的质,即把自己的功利主义提升到精神的层面,甚至把利他和自我牺牲也作为实现自己最高幸福的一种方式。这就以他自己的方式表达了爱尔维修等人提出的"合理利己主义"的道德原则。孔德的带有某种空想性的实证主义社会学在他这里成为了资本主义社会现实生活原则的体现。

三、斯宾塞的社会达尔文主义

赫伯特·斯宾塞　(Herbert Spencer,1820—1903 年)出身于英国德尔比一个中学教师家庭,从小对博物学和机械学感兴趣,没有接受过正规教育,自学成才。从 1837 年起在铁路上担任过十年工程师,后任《经济学家》杂志副主编,开始形成自己的哲学观点。50 年代曾与孔德交往,并先后出版了多部哲学、心理学、生物学、社会学、伦理学专著,统称为"综合哲学",建立了一个庞大的实证主义体系,其特点是将生物进化观点引入哲学世界观、特别是社会生活领域,被人称之为"社会达尔文主义",虽然他比达尔文更早提出自然选择和适者生存的观念。

"力的恒久性"　斯宾塞受孔德和穆勒的影响很深,但他自己的哲学观点更带有康德的不可知论色彩。他认为科学知识只限于现象的领域,至于造成现象的那些背后的"力"或物质的"实在"是我们所不可能认识的,所以知识就在于对相同或相异的东西进行分类。不过,"力"虽然不可认识,但却是决定事物发展变化的,万事万物莫不受进化规律的支配。进化就是"物质的合成整体与伴之而来的运动的分散;在这个过程中,物质由不确定的、离散的同质状态进到确定的、凝聚的异质状态；而且在这个过程中，被保留的运动也发生了平行的转化。"①这条普遍的规律基于"力的恒久性"，它涵盖了从无机物到有机物直到人类社会的一切领域，使之呈现为一个不断上升、复杂化和越来越高级的过程。他由此把整个宇宙的运动发展都有机体化了。所以斯宾塞的进化论与达尔文的进化论不尽相同，它既不是局限于生物界，也不是依赖偶然形成的进化机制，而是认为有一种内在的目的在背后持续地起着隐秘的作用，使得整个物质世界的结构越来越精巧有序，越来越复杂。不过，在达到某个均衡点之后，宇宙又会发生退化，可资利用的能量或运动则越来越分散，一切将陷入死寂。这与现代宇宙学关于宇宙进化的普里高津（Ilya Prigogine）"耗散结构理论"和热力学第二定律（熵增加）是相吻合的。

社会进化论　但与其他实证主义者一样，斯宾塞主要关注的还是社会生活领域。他以生物学中的自然选择、生存竞争和自然淘汰所体现的进化论观点来解释社会现象，人与人之间、国与国之间乃至于种族与种族之间的关系都被他解释为生物界的单纯弱肉强食的关系，劣等人类必然要被淘汰，剩下来的就是优等民族，必然充当统治者，这就为后来的种族主义和法西斯主义提供了理论根据。他所说的这种情况特别在刚从动物状态走出来的早期人类社会中所起的作用比较明显，在今天的社会生活中也仍然发生着一定的影响，如国与国之间的所谓"丛林法则"；但人与动物不同之处就在于其生产方式的创造性及由此形成的精神生活和文化建构的自我调适性，因此人类社会的发展规律也就与一般动物有根本的区别，是立足于人的超越本质之上的。斯宾塞还把人类社会比喻为一个有机体，认为其中的各个阶级就像有机体的各个器官一样缺一不可，他们共同维系着整个社会的生存。这种比喻也是不完全恰当的，社会的分工和阶级的分化并不像有机体中各部分的机能一样是恒常不变的，而是随着社会的发展进步而不断改变并趋向于融合的。斯宾塞不过是把资本主义社会既定的社会关系结构永恒化了而已，他的社会进化论和社会有机体学说并没有将运动发展的观点贯彻到底。

总的来看，黑格尔以后的整个 19 世纪西方哲学都处于从古典哲学向现代哲学过渡的时期，其中最重要的思潮有三个：第一个是费尔巴哈特别是马克思将哲学转向人的感性生活和实践的方向，20 世纪的新黑格尔主义（如依波里特）、生命哲学（如狄尔泰）、存在主义（如萨特和海德格尔）、哲学人类学（如卡西尔）、哲学解释学（如伽达默尔）、实用主义（如杜威）、法兰克福学派等等，都自觉或不自

---

①　索利著，段德智译：《英国哲学史》，山东人民出版社 1992 年版，第 276 页。

觉地表达了这一方向。第二个是以叔本华为代表的非理性主义方向,其影响与前一方向多有重合,如 20 世纪的意志主义、新黑格尔主义、新康德主义弗莱堡学派、生命哲学、存在主义、人格主义、弗洛伊德主义、哲学解释学、法兰克福学派等等。第三个是以孔德、穆勒为代表的实证哲学方向,它影响到马赫主义、实用主义、实在论和新实在论、逻辑实证主义、分析哲学、结构主义和现代科学哲学。后面这两大方向常常被人们划分为"人本主义哲学"和"科学主义哲学",这种划分只能是大致的,不少哲学家是身跨两边,甚至兼及好几个学派。20 世纪游离于甚至超越于所有这些方向之上的唯有以胡塞尔为创始人的现象学学派,现象学的方法几乎像当年康德的"批判主义"一样,标志着哲学方法论的一个根本性的转变,是这一百年间最重要的哲学创获。今天几乎没有哪一个重要的哲学流派没有受到过现象学的洗礼。但现象学的视野本身也是在近代西方哲学中孕育出来的,它被胡塞尔归结为笛卡尔和康德的影响,其实与黑格尔的精神现象学有更为深刻的联系,而且在这个向现代哲学过渡的时期也以萌芽的形式表现在马克思的感性学中,留给我们说不完的话题。

2005 年版后记

要出一本适合于大学本科生阅读和学习的西方哲学史教材,这是我们多年以来的心愿,也是我们的两位业师陈修斋先生和杨祖陶先生的嘱托。但由于种种原因,这本书直到现在才由我们两人合作写出来,也算是完成了夙愿。现在由高等教育出版社接受并惠允出版,我们对付出了大量心血的责任编辑致以衷心的感谢!

中国的西方哲学史教材,曾在一个长时期内受到苏联和国内"左"的思想干扰,成了为现实政治服务的阶级斗争史。许多毕生治西方哲学卓有成就的老先生们,迫于情势不得不在自己的著作和教材中放进大量不相干的政治批判内容,严重割裂了思想史的逻辑进程,败坏了哲学的趣味,这是那个时代的悲剧。改革开放以来,思想学术界逐渐获得了解放,出版了大批具有学术品位和学术水准的教材,西方哲学的研究和教学开始走上正轨。但人们在思想上的松绑还有个过程。20 世纪 80 年代所出版的一些教材中,还遗留有某些"左"的痕迹,受制于所谓的"穿靴戴帽"(即先讲一通时代的政治背景,最后作一番政治批判)的公式,但毕竟已经开始阐述西方哲学思想本身的问题,其中尤以陈、杨二位先生所主编的《欧洲哲学史稿》(湖北人民出版社 1983 年初版,1987 年再版),在客观描述哲学家们的思维结构及哲学思想的逻辑发展方面做得最为突出,得到了国内西方哲学史的专家、爱好者和学习者们普遍的好评,重印达九次以上,并被教育部定为全国大专院校通用教材,也是我们武汉大学哲学系多年来开设西方哲学史课唯一的指定教材。

但陈、杨二位先生始终认为,他们所作的工作只是一个"史稿",而寄希望于后来者在他们已达到的基础上更上一层楼,特别是将西方哲学思想的演进过程更纯粹地展示出来。然而,在后来出版的一些教材中,虽然在编写的方式上有了很大的改进,进一步走向学理化和客观化了,"左"的偏向也基本得到了克服,但对西方哲学思想的内在规律性的把握仍未能超出《欧洲哲学史稿》的水平,有的还走向了另一个极端,即认为写哲学史就是原原本本地把资料摆出来,不需要展示什么规律性。近年来的一种倾向是过分追求大而全的多卷本介绍,而忽视了大学本科生的实际要求。当然,我们绝不是否认这种工作作为学术积累和研究的基础工作是很有必要的,它反映了国内学术研究视野的全面拓展;但另一方面,值得忧虑的是,国内大学本科生近十年来一直缺乏一本适合于当前发展了的形势而又篇幅适中的西方哲学史教材,许多大学还在沿用 80 年代的老教材。有条件的则干脆改用英文原版教材,这种做法给学生带来的好处当然不可否认,但这种好处与其说是哲学思维方面的,不如说更多的是外语能力方面的。正是由于深感在大学课堂上面对学生的窘迫,我们在多年教授西方哲学史的基础上编写了这部新的教材。其中绪论和第四至六章由邓晓芒执笔,第一至三章由赵林执笔,全书由邓晓芒统稿。

作为大学本科教材,我们认为必须满足两个条件,一个是形式上不能贪大求全,篇幅以能够在两个学期的课程内讲完为宜;二是内容上必须具有思想性和哲学味,不一定要深入到每个细节,但要能够训练人的思维,启迪人的智慧,开拓人的视野。本书就是本着这样的要求来撰写的,我们力求将陈、杨二位前辈的教学理念贯彻到我们的教材中。我们的尝试是否成功,还有待于读者和同行们的批评和检验。

邓晓芒   赵林

2004 年 12 月,于珞珈山

后　记

　　本书自从 2005 年初版以来,已经过去 8 年多了,其间收到各方面传来的反馈信息,除有读者指出个别地方的表述不当外,基本都是正面的。我们作为高校哲学教师,也感到在数年的教学实践中,这本教材还是用得颇为顺手的。然而,学问无止境,这些年来我们也感到,本书在某些方面还可以做得更加完善,更加符合今天学术发展的趋势。因此,我们根据高等教育出版社的建议,对本书从头至尾重新审视,并作了一些必要的修订。其中在结构上有两处较大的变更,一处是把"18 世纪法国哲学"从单独的一章(第四章)纳入到了第三章"16—18 世纪西欧哲学"中,作为其中的第六节,因此总体看来减少了一章。这样做,主要是考虑到更加符合标题的含括范围,以及更加贴近那个时代西欧哲学的全貌。原来的划分则是沿用了国内过去为强调法国哲学作为法国革命的理论准备以及唯物主义、无神论的特点而使之单独成章的做法,实际上这种做法并不是单纯从学术上考虑的。如上世纪六七十年代商务印书馆陆续出版的一套西方哲学丛书,就将古希腊罗马哲学、中世纪哲学、16 至 18 世纪西欧各国哲学、18 世纪法国哲学、18 世纪末至 19 世纪初德国古典哲学和 19 世纪俄国哲学分别成卷,反映了一种当时意识形态上的需要。但从思想史来考虑,18 世纪法国哲学不论是从年代上还是从问题域上,显然是不能从 16—18 世纪西欧哲学中脱离开来单独考察的,所以这次做了结构上的调整。

　　另一处较大的调整是关于黑格尔哲学,原来是将黑格尔的《精神现象学》压缩为"精神哲学"中"主观精神"的一个环节一带而过,这是按照黑格尔本人的"哲学百科全书"的体例来安排的,表面看来十分严整,没有破坏黑格尔"逻辑学""自然哲学""精神哲学"的三段式,但实际上还是有问题。马克思曾指出,《精神现象学》是黑格尔哲学的"真正诞生地和秘密",而且从 20 世纪 60 年代以来,国际黑格尔研究越来越重视《精神现象学》的地位,黑格尔自己早年也有把《精神现象学》作为哲学体系"第一部分"的设想。凡此种种,都使我们觉得有必要把《精神现象学》作为他的哲学的第一部分来讲述,并且单独加以强调。当然,实际上这里所详细分析的还只是《精神现象学》上半部分(意识、自我意识和理性),下半部分(尤其是精神和宗教)则由于在后面"精神哲学"中有系统展开而忽略了,但毕竟使《精神现象学》在黑格尔哲学中占据了一个几乎可以和《逻辑学》并肩而立、相互参照的地位,这是符合当今学术发展的大趋势的。

　　再就是一些细节上的推敲,包括表述上的修改,体例上的一致,以及某些引文的增删。一般来说,我们主张对一个哲学家尽量少引一些外部的评论,以免增加教材的篇幅,这是与我们最初定下的方针相一致的。为当今大学生和爱好哲学的年轻读者计,我们一开始就着意要编一本目前国内篇幅最短小精悍的西方哲学通史,最初的目标定在 30 万字以内。虽然初版没有完成这一指标,字数接近 35 万,但已经是国内最短的了。这次修订尽管某些部分有所增加,但还是想尽办法控制字数,根据电脑上的显示,可能会与初版相当。曾有同行向我们建议,是否可以在书后增列一些参考书和思考题。经再三考虑,还是放弃了这种做法。现在是网络时代,参考书可以上网查询,我们所指定的肯定不如网上的周全。至于思考题,我们担心会有另一种负面作用,就是把读者的思想限定在自己预先想好的某些问题上,那就还不如留下空白的好。其实会读书的读者朋友,每一个人可能都会有自己的思考题,不必强求一致的。当然,字数的考虑也是其中原因之一。

表述准确、逻辑清晰、行文简洁,这是我们在这次修订中尽可能追求的目标,但是否做到了这些,还有待于广大读者评说。

最后,我们仍然要对高等教育出版社对本书的重视以及责任编辑在修订本上付出的心血表示衷心的感谢!另外,还要对那些仔细阅读过本书初版并提供了宝贵意见的读者致以深切的敬意!

邓晓芒 赵林

2013 年 12 月 11 日,于武汉